삶의 격

* 이 도서의 국립중앙도서관 출판예정도서목록(CIP)은 서지정보유통지원시스템 홈페이지(http://seoji.nl.go.kr)와 국가자료공동목록시스템(http://www.nl.go.kr/kolisnet)에서 이용하실 수 있습니다.
(CIP제어번호: CIP2014027412)

일상 인문학 03

Peter Bieri

존엄성을 지키며 살아가는 방법

•

페터 비에리 지음 | 문항심 옮김

삶의 격

은행나무

존엄성은 하나가 아니라 많은 것을 의미한다.
이 많은 것들이 한 인간의 삶에서 서로 얽혀 있다는 것을
이해하는 것이 중요하다. 만일 그것을 이해한다고 자부하는 인간이 있다면
그는 자기도 인식하지 못하는 사이에 인간 존재의
광대한 지도를 그리는 자가 되고 말 것이다.
하지만 그 속에 있는 오만은 불가피한 것이며 그렇기 때문에
관대히 넘어갈 수 있기를 바란다.

1901년 리스본
페드루 바스쿠 데 알메이다 프라두
《중요한 것에 대하여》

차례

5 | 자아 존중으로서의 존엄성 · 283

6 | 도덕적 진실성으로서의 존엄성 · 315

일러두기

1. 이 책의 인용문들은 독일어 작품의 경우 옮긴이의 번역이며 다른 언어권 작품의 경우 저자의 번역을 한 번 더 옮긴 것이다. 책에 등장한 원서의 제목은 옮긴이의 것을 따랐다.

2. 원문의 이탤릭체가 강조의 의미일 경우 고딕체로 표기했다.

서문

삶의 형태로서의 존엄성

인간이 살아가면서 겪는 중요한 여러 경험에 이해 가능한 빛을 비추려는 시도, 그것이 내가 생각하는 철학이다. 이러한 경험들을 돌이켜 생각하고 그에 대해 이야기할 수 있기 위해 우리는 일반적인 의미에서 당연하다고 받아들여지는 것들을 이용해 개념을 만들어냈다. 그러나 때로는 언어로 표현되는 것들 중에서 그 의미를 더 정확히 알고 싶어질 때가 있다. 어떤 개념을 이해하려고 할 때, 또는 개념을 행동으로 옮기려는 과정에서 그 개념에 담긴 의미가 매우 큰 역할을 할 때가 바로 그때다. 일상적인 화법에서 한 발짝 뒤로 물러나 그 개념 자체에 집중하게 되면 도대체 그 말에 대해 과연 무얼 알고 사용해왔는지 갑자기 아득해져 당황하는 일이 있다. 개념은 돌연 낯설고 난해해진다.

존엄이라는 말이 그중 하나다. 존엄성이란 아주 중요한 것, 절대 훼손되어서는 안 되는 것이라고 모두들 알고 있다. 그러나 **정확하게** 무얼 말하는 것인가? 명쾌한 해답을 얻기 위해서 우리는 두 가지로 생각해볼 수 있다. 첫 번째는 인간의 **특성**으로 존엄성을 규정짓는 것이다. 즉, 우리가 사람이라는 사실에 근거하여 이 특성의 성질을 이해하는 것이다. 그러면 존엄성을 자연적이고 감각적인 특성으로 보지 않고 어떤 특별한 성질, 즉 **권리**라는 성질을 지닌 인간의 특성으로 보게 된다. 이 권리는 특정한 식으로 간주되고 대접받을 권리다. 인간이라면 누구에게나 내재되어 있고 타인이 그에게 그 어떤 끔찍한 짓을 하더라도 결코 빼앗을 수 없는 권리로 이해된다. 이 권리를 조물주로서의 신과 인간과의 관계 안에서 이해하려고 하는 시각도 존재한다.

그러나 내가 이 책에서 시도한 것은 다른 접근법이다. 이 책에서 내가 말하는 존엄이란 인간이 삶을 살아가는 특정한 방법이다. 그것은 사고와 경험, 행위의 틀이다. 이러한 존엄성을 이해한다는 것은 그 틀의 개념을 행동으로 나타내고 생각으로 동의한다는 뜻이다. 그러기 위해 꼭 형이상학적인 세계관을 가져야 할 필요는 없다. 중요한 것은 자신의 경험을 매번 이해하고 인과관계에 관해 스스로 물어보는 것이다. 존엄성에 대한 경험에 담긴 직관적 내용을 끝까지 자기 것으로 만드는 것이 그것이다.

존엄한 삶의 형태를 세 가지 차원으로 나눠서 생각해볼 수 있다. 첫 번째는 내가 타인에게 어떤 취급을 받느냐 하는 것이다. 나는 타인에게서 내 품격이 지켜지도록 대접받을 수도 있고 타인은 내 품격이 파괴되도록 나를 다룰 수도 있다. 여기서 일컫는 존엄 내지 품격이란 타인에 의해서 좌지우지되는 것이다. 이것을 설명하기 위해 나는 이런 질문을 해본다. 타인의 존엄성을 파괴하는 것에는 어떠한 것들이 있는가? 다른 말로, 타인의 존엄을 지켜주기 위해 절대 손대선 안 되는 것은 무엇인가? 이런 질문들을 통해서 우리는 타인의 손에 달린 존엄성의 여러 가지 측면을 살펴볼 수가 있고 이 측면들이 서로 맺고 있는 관계에 대해서도 이해해볼 수 있다.

두 번째 차원은 내가 관계 맺고 있는 타인들에 관한 것인데, 이번에는 그들이 나를 어떻게 대하느냐가 아니라 **내가 그들을** 어떻게 대하느냐, 즉 내가 타인을 대하는 **생각**과 태도라는 측면에서 이해하는 것이다. 즉, 그들이 내 생에서 어떤 모습으로 나타나느냐의 관점이다. 이제 존엄이라는 것은 타인이 정하는 것이 아닌 나 스스로가 정하는 것이 된다. 그렇다면 굵직한 질문이 생긴다. 타인을 경험하고 타인에게 행위를 가할 때, 어떻게 하는 것이 내가 나의 품격을 **지킬** 수 있는 방법이며 어떻게 할 때 그것을 **잃어버리는가**? 첫 번째 차원에서의 품격은 그것이 지켜지고 지켜지지 않고에 대한 책임을 타인이 지지만 두 번째 차원에서는 그 책임이 온전히 나만의 것이 된다. 한 인생이 존엄성을 갖춘 인생이 되느냐의 여부가 내 손에 달려 있다.

세 번째 차원에서의 접근 역시 결정권은 나에게 있다. 그것은 내가 나를 어떻게 대하느냐다. 우리는 자신에게 이런 질문을 던져야 한다. 나 자신을 보고 평가하고 대접하는 방식 중에 어떤 것이 나의 존엄성을 세워주는가? 또 내가 나를 어떻게 취급했을 때 내 존엄성을 내동댕이쳐버린 결과를 낳았는가?

남이 나를 어떻게 대하는가? 나는 남을 어떻게 대하는가? 나는 나에게 어떻게 대하는가? 이 세 가지 물음, 세 가지 경험의 종류, 세 가지 분석의 차원은 모두 존엄성이라는 개념으로 흘러 모인다. 이 세 가지가 한곳에 모여야 개념을 이루는 밀도가 더욱 **조밀**해지며 무게감을 지니게 된다. 세 가지 면은 따로 분리해서 생각해볼 수 있다. 그러나 지켜진 존엄, 손상된 존엄, 잃어버린 존엄이라는 일상적 경험 안에서 서로 얽혀 있다. 특히 존엄성이 지켜지지 못할 위기 속에서는 더욱 복잡성을 띤다. 우리가 우리 자신을 보는 태도는 타인을 보는 관점에 영향을 주고, 이것은 다시금 타인이 우리의 존엄에 영향을 끼치는 범위와 정도에 큰 역할을 하게 된다. 존엄이라는 것은 다층적 사건인 것이다. 각각의 층들은 여러 겹이 겹쳐 있어서 하나하나 분리하기가 쉽지 않을 때가 많다. 그들을 서로 다른 경험으로 분리해서 나타내는 것은 개념적 이해를 돕기 위한 표현 방식이다.

우리는 **결함**을 통해 불행해질 때 존엄의 상실을 경험한다. 그것은 시간이 지나면 익숙해지거나 내적으로 나 자신과 거리감을 둘 수 있는 그런 **평범한** 결함이 아니다. 또 이런 결함 이외에, 돌이킬 수 없는 중대한 과실이 있다. 이런 과실이 일어나면 삶을 지속시키고자 하는 의지에 의문을 품게 된다. 우리가 살아갈 만한 가치를 발견하지 못한 채 살아간다면 그 인생은 무언가가 부족한 인생이다. 이 상실은 삶을 살아가는 것이 아닌, 그저 참아내는 삶으로서 우리의 인생에 어두운 그림자를 드리운다. 그럴 때 우리가 느끼는 것은 도저히 이대로는 살 수가 없다는 것이다. 나는 존엄성이라는 것의 최고 가치가 무엇이며 존엄이라는 최고 가치를 상실했을 때 나타나는 결함이 왜 위험한 것인가에 대해 알아내고자 한다.

이것은 하나의 **정의**를 내리고 그 정의에 따라 존엄의 개념을 찾아내고자 함이 아니다. 즉, 어느 때 존엄성을 잃어버리고 어느 때 지켜내는지 필요충분조건을 가려내고자 하는 것이 아니라는 뜻이다. 그것은 우리가 알고 싶은 것이 아니며 우리가 추구하는 정확성과 투명성이 아니다. 우리가 여기서 하나하나 알아내어 결국 전체적인 그림을 그리고자 하는 것은 사건과 경험 들이 어떻게 서로 모여 우리가 존엄성이라고 부르는 것을 구성하느냐다. 내가 삶을 살아가며 경험을 쌓아갈 때마다 드는 의문점이 있었다. 왜 우리는 존엄성이라고 하는 삶의 형태를 **만들어냈을까**? 존엄성은 과연 어떤 질문에 대한 **답**이 되는 걸까? 그러면서 서서히 들었던 생각은 이런 것이었다. 사고하고 경험하고 행동하는 존재로서 우리의 삶은 연약하고 무너지기 쉬운 것이다. 그 원인은 안에도 있을 수 있고 밖에도 있을 수 있다. 존엄을 지키는 삶의 형태는 이런 위험을 **견제**한다. 그리고 언제나 그 위험에 노출되어 있는 우리네 삶을 지탱해준다. 처참한 일이 일어났을 때도 단순히 거기에 찢겨 흩어지는 것이 아니라, 그 일들에 **도전을 받아들이겠다**는 마음으로 맞설 수 있는 특정한 **태도**를 부여한다는 점에 의미가 있는 것이다. 그러므로 존엄성 있는 삶은 그냥 이렇게 또는 저렇게 살아라, 하는 지침이 아니라 위험을 겪은 실존적 경험에 주어지는 실존적 대답이다.

그런 의미에서 이 책은 인간 삶에 관한 전체적이고 종합적인 확인이 되겠다. 다시 말해 다음과 같은 물음에 대한 답인 것이다. 인간으로서 살아야 하는 삶이라는 것이 진정 무엇인가? 삶에서 우린 무엇을 기대할 수 있는가? 그리고 그 기대를 우리는 어떻게 이해해야 하는가? 나는 종종 비유법의 도움을 빌렸다. 그것은 **균형**이라는 은유다. 위협에 굴복하지 않는다는 것은 거센 중력장의 한가운데에서 스스로 균형을 잡으려고 애쓸 때처럼 무척 힘들게 느껴진다. 존엄성을 잃기도 하고 다시 찾기도 하는 것은 이를테면 균형을 잃었다가 다시 잡았다가 하는 것과도 같다. 영영 돌이킬 수 없는 존엄의 상실은 중심을 잃고 다시 일어서지 못하는 것이다. 바로 이런 특별한 균형이 존엄성인 것이다. 이는 없어서는 안 되는 것이다. 만일 존엄성이 없으면 우리는 어떤 일을 경험하고 나서 그 경험의 고갱이를 머릿속에 고착시킬 수도 없고 언어로 표현할 수도 없게 된다. 마치 사고의 시야에 허연 얼룩이 자리를 차지하는 것과도 같다.

존엄성 있는 생활 방식은 매끈하지도 완벽하지도 않다. 금이 갈 수도 있고 이가 빠질 수도 있고 울퉁불퉁하거나 다른 것이 섞여 들어갈 수도 있다. 인간의 존엄성을 이해한다는 것은 이 불완전함을 덮거나 외면하는 것이 아니다. 그것은 불완전함을 인정하고, 한마디로 간추릴 수 없는 성질의 논리성을 설명하려는 시도다. 동일한 경험이라고 하더라도 반드시 하나만으로 해석할 수는 없다. 또한 여러 경험이 충돌해서 딜레마를 불러일으킬 수도 있다. 인간의 경험이라는 것은 순수 결정물이 아니다. 유리같이 투명하지도, 그 경계가 완전히 명확하지도 않다는 뜻이다. 존엄성을 지켰다거나 잃었다거나 하는 것에 대한 본능적인 느낌은 불분명할 때가 많고 수채화에서 색이 번지듯 선 밖으로 번져나갈 때가 많은 것이다.

나는 애초에 존엄성에 관한 **이론**을 펼치고 싶은 의도를 가진 게 아니다. 그것이 정녕 필요한 일인지 확신할 수 없다. 삶의 중요한 면인 이 존엄성에 대해 어떻게 생각해야 한다는 규칙 같은 것을 내세울 생각도 없다. 내 말이 옳다 그르다에 관한 문제가 절대 아니다. 이 책은 독자들이 한번쯤 생각해보는 계기가 마련되었으면 하는 바람을 바탕으로 쓰였다. 나는 무엇을 증명하려는 것이 아니라 다만 독자들의 눈앞에 그림으로써 이해할 수 있게 하고 싶다. 일상적인 사건들을 펼쳐 보임으로써 최대한 세밀하고 풍부하고 정확하게 글로써 이끌어내고 싶었다. 특정한 상황에 처한 특정한 인물에 대해 이야기하여 결국 마지막 단계에서는 추상적인 설명에까지 도달하려는 의도인 것이다. 독자는 살짝 길을 잃고 헤맬 수도, 삐딱한 생각에 갇혀 앞으로 나아가지 못할 수도 있다. 나는 책을 쓸 때 독자에게 이 점에 대해서도 주지시키려고 주의를 기울였다. 또 내가 든 예가 실제 경험에 부합되는지, 단지 말장난이나 언어의 신기루에 지나지 않는 것은 아닌지 나는 중간중간에 묻는다. 이것은 비판적 거리를 두기 위한 또 다른 장치다. 그저 우리 좋을 대로 생각해버리는 것은 아닐까? 나는 이러한 의심을 내내 떨쳐버릴 수가 없었다.

혹시 다른 개념적 예들이 내가 든 예보다 더 낫지는 않을까? 다른 문화권에서는 어떤 설명을 내놓을까? 이 책에 나오는 경험들과는 그 출발점부터가 **전혀 다른**, 정말로 상이한 이야기들이 만일 있다면 상당히 놀라울 것이다. 또는 같은 이야기라고 하더라도 다른 판본이 있을 수 있다. 강조점을 다른 곳에 둔다거나 다른 식으로 평가를 할 수도 있고 내가 미처 알지 못하는 다른 주제들과 연관시키거나 내가 당연시하는 것에 한 번 더 의문을 품어볼 수도 있다.

이 책을 쓰면서 겪은 경험은 완결되지 못한 채 계속될 수밖에 없는 사고의 움직임이었다. 이 책이 가진 개방성이 독자 여러분의 경험에도 전이되어서 각자 자신의 경험을 불러내어 책 속 이야기와 비교해본다면 저자로서 행운이겠다. 내가 이 책을 쓴 목적은 독자를 내 생각의 흐름 속에 끌어들여, 명료함을 얻고자 하는 치열한 시도에 동참시키고

자 하는 것이다. 아무쪼록 독자가 사고 자체만이 아니라 이러한 사색의 리듬에 휩쓸려 들어왔으면 좋겠다.

"사실, 아주 새로운 것은 없었어. 이미 알고 있는 내용도 많아. 하지만 누군가가 그것을 말로 정리해주었다는 점이 마음에 든다. 그리고 사고의 주변에 머무를 뿐 명확하고 뚜렷하게 규정지을 수 없는 것들도 실제로는 아주 많다는 것을 저자가 숨기지 않았다는 점도 좋다."

이 책을 읽고 누군가 이렇게 말해준다면, 나는 목표를 이루었다고 안도할 수 있을 것이다.

1장

독립성으로서의 존엄성

1장

우리는 자신의 삶을 스스로 주도하고 싶어 한다. 무엇을 할 것인지, 타인에게 무엇을 하도록 허용할 것인지 본인이 직접 결정하려는 것이다. 그리고 권력이나 타인의 의지에 이끌려 가려 하지 않는다. 다른 사람에 의존하지 않는 것이다. 우리는 타자에 대한 의존 없이 스스로 서고 싶어 한다. 여기서 나온 모든 단어들은 삶에서 빼놓고 생각할 수 없는 인간의 기초적 욕구를 말하고 있다. 그러나 이러한 욕구가 묵살되는 시기가 존재한다. 그리고 그 시기는 짧지 않은 동안 지속될 수도 있다. 그렇다고 하더라도 욕구가 없어지는 것은 아니다. 그것은 우리 삶 내면 깊숙한 곳에 있는 나침반과 같다. 한 인간이 존엄성과 관련해서 겪는 이런저런 경험들은 이 욕구와 정확히 맞물린다. 남에게 의존하거나 종속될 수밖에 없는 상황들, 무력함을 느끼게 하거나 존엄성을 해친다고 느껴지는 사건들, 이런 것들을 겪게 되면 우리는 의존과 무기력을 벗어나 잃어버린 자주성을 찾으려고 발버둥을 치게 된다. 바로 그런 것들을 토대로 존엄성이 존재한다는 것을 우리가 알기 때문이다.

그런데 독립성에 대한 이런 설명과 믿음이 언뜻 보기에는 분명하고 간단해 보이지만 그것과 관련되어 일어나는 일들은 실상 간단하지가 않다. 이들은 하나의 거푸집에서 구워낸 것처럼 똑같은 것이 아니다. 독립적이라는 것은 아주 많은, 그리고 매우 다양한 것을 의미할 수가 있다. 여기서 인간의 존엄성이라는 개념을 다루고자 할 때, 특히 인간이 살아가는 형태와 방식 안에서 이것을 다루고자 할 때는 단순하고 암시적으로만 들리는 몇몇 개념 안에 숨겨진 다양한 실제 상황들을 가시화해야 한다. 사람은 혼자가 아니고 모든 것을 혼자서 할 수도 없다. 우리는 실로 다양한 방식으로 타인에 의존하고 타인은 우리에게 의존한다. 우리는 타인에게 영향을 받는다. 그중 어떤 것이 우리가 원하지 않는 인간관계를 만들어내는 것일까? 또, 어떤 상황에서 우리는 우리의 존엄을 위협하는 의존성을 경험하는 것일까?

주체 되기

위의 질문에 대답하기 위해 우리가 어떤 존재이며 어떠한 종류의 독립성을 추구하며 왜 독립성이 그토록 중요한지 구체적인 이야기를 기억 표면으로 불러낼 필요가 있다. 그 이야기는 **주체가 된다**는 것이 무엇을 의미하는지에 대한 것이어야만 하겠다. 대체 어떠한 능력이 인간을 대상이나 물체, 물건 또는 단순한 육체가 아닌, 주체가 될 수 있도록 하는 것일까?

우리는 각자가 **경험의 중심체**다. 우리는 경험을 함으로써 특정한 방식으로 우리 자신이 인간임을 실감한다. 사람이란 내면의 시각과 내면의 세계를 지닌 육체적 존재다. 그 가운데 가장 간단한 것은 신체 감각이다. 몸의 상태와 움직임을 감지하는 것은 물론 욕구, 욕정, 고통, 더위와 추위, 어지러움과 혐오감, 가벼움과 무거움을 느끼는 전형적인 신체 감각이 모두 포함된다. 그것뿐만이 아니다. 우리가 오감으로 느끼는 것들, 즉 보고 듣고 냄새 맡고 맛보고 손끝으로 느끼는 것들도 들어간다. 그보다 한 차원 더 위에 있는 것은 감정이다. 기쁨과 무서움 또는 질투와 부러움 같은 감정, 슬픔과 우울함 같은 것들이다. 그런데 감정과 밀접한 상관관계에 있는 것은 그 사람이 가지고 있는 욕구의 형태다. 우리가 소망하는 것이 감정을 통해 밖으로 표출된다는 뜻이다. 그리고 그 소망은 상상, 즉 머릿속으로 꿈꾸거나 속으로 바라는 것들을 통해 구체화되어 밖으로 표현된다. 이러한 현상은 시간적 차원 위에서 이루어진다. 다시 말해 과거의 기억 그리고 앞으로의 삶에 대해 품은 희망과 기대의 청사진을 토대로 형성된다는 의미다. 이러한 것들 모두가 합쳐져 우리가 세상에 대해 품고 있는 전체적인 그림이 만들어지게 된다. 세상을 바라보는 생각과 믿음, 무엇이 옳고 무엇이 그르다고 판단하는지, 어떤 것을 정당하거나 부당하다고 생각하는지의 기준 또는 합리적이냐 비합리적이냐를 가르는 경계가 한 사람의 세계관이다.

바로 그렇게 할 때 한 인간은 주체적인 인간이 된다. 보고 듣고 경험하는 모든 것의 중심이 되는 것, 다시 말하면 **의식이 있는** 존재라는 뜻이다. 의식의 경험을 기반으로 우리의 행위가 형성된다. 그러나 눈 깜박임이나 반사작용같이 단순히 동작에 불과한 무의식적 행위도 존재한다. 이런 행위들은 그동안 내면에서 체득된 것으로, 본인이 그 동작을 한다는 것을 스스로 느낄 수도 있겠지만 경험에서 **발원**된 것이 아니기에 그 어떤 표현이라고도 할 수 없다. 어떠한 태도는 특정한 **행위**가 될 때만이 비로소 경험의 표현이 될 수 있다. 어떤 행위를 받치고 있는 경험 안에는 그 행위의 **동기**라는 것이 있다. 내가 어떤 행위를 하는 것은 내가 어떤 것을 느끼고 소망하며 과거의 무엇을 기억하고 상상하고 또 숙고하며 믿기 때문이다. 그럴 때 나는 내 행위의 **장본인**이 되며 내 경험에서 비롯된 행동의 **행위자**가 된다. 또한 나를 이끄는 동기는 내 행위에 **의미**를 부여한다.

우리는 행위의 동기를 말로 표현할 수도 있다. 자신이 어떤 생각과 희망과 감정 때문에 행동을 하는지 알맞은 말을 골라 언어로 표현한다. 이런 방식으로 우리는 본인의 행위를 남에게뿐만 아니라 자신에게도 **설명**하게 된다. 특정 행위 또는 행동의 일정 부분 원인이 되는 동기를 이야기를 통해서 풀어낸다. 우리는 본인의 삶을 이런 의미에서 설명할 수 있는 존재다. 즉, 이야기를 만들어가는 중력장의 중심과도 같은 주체라고나 할까. 다르게 말해 동기에 얽힌 이야기는 바로 우리 자신의 이야기인 것이다. 기억에 얽힌 이야기, 현재 겪어나가고 있는 사건에 관한 이야기, 그리고 앞으로의 미래를 상상하는 이야기, 또 어디서 왔는지, 어떻게 지금의 모습이 되었는지, 현재의 모습은 어떤지, 앞으로의 계획은 어떤지 등등에 관한 이야기가 모두 포함된다. 이들 이야기 안에서 **자화상**, 즉 한 인간이 자신을 어떤 모습으로 보고 있는지가 생성된다.

주체로서 겪는 경험은 겉으로 드러나는 이력이나 자신만이 알고 있는 내면의 이력보다도 우리의 사상과 감정과 소망과 미래에 대한 환상을 더 많이 드러내준다. 시간이 흐르면서 사람은 어둠 속에 싸인 숨겨진 동기의 차원이 존재한다는 것을 조금씩 알게 되고, 삶의 주체로서 살아가는 인생은 이러한 동기들을 인식해나가는 것과 다르지 않음을 깨닫게 된다. 물론 줄기차게 그 일만 해야 한다는 것은 아니다. 숨겨진 동기 중에는 파헤치지 않고 영원히 어둠 속에 묻어놓는 편이 더 나은 것들도 있다. 그러나 주체로서의 특성은 무의식적이고 드러나지 않은 동기가 존재한다는 것을 인정하고 자아 발견의 범위를 내면으로 넓혀나가는 시도를 한다는 데에 있다.

우리가 하나의 주체로서 갖는 자화상은 현재 우리의 모습에만 국한되지 않고 우리가 **되고 싶은** 모습, 그리고 **되어야만 하는** 모습도 해당된다. 주체가 가진 능력에는 스스로를 평가 대상으로 삼고 행동과 경험이 만족할 만한 것인지, 즉 기꺼이 받아들일 만한 것인지 내쳐야 할 것인지 자문하는 일련의 과정도 포함된다. 현재 존재하는 모습과 되고 싶은 모습 사이의 갈등을 체험하는 것, 되고 싶은 대로 되지 못할 수도 있다는 것을 체험하는 것도 주체가 가진 본질이다. 그러므로 주체로서의 인간은 내적 **검열**을 할 수 있는 존재여야 한다. 자신의 행위와 사고, 희망, 공상을 **금지**할 수 있는 능력이 그것이다. 이 능력의 원천은 스스로에게 **책임**을 물을 수 있는 능력이다. 주체적 인간은 내적 갈등을 안고 살아갈 수 있어야 하며 스스로의 행위와 경험을 **존중**할 것인지 **무시**할 것인지 자문할 줄 알아야 한다.

주체적 인간의 특징은 무엇에 끌려가는 것처럼 그저 앞만 보고 터덜터덜 나아가는 것이 아니라 이러한 방식으로 자신에 대해 의구심을 품어보는 것이다. 그러나 자문하는 것으로 끝이 아니다. 주체적 인간은 의심의 여지를 가지고 자신을 돌아볼 뿐 아니라 계획을 갖고 자신과 자신의 행동에 대해 영향을 미쳐 원하는 방향으로 **변화**시킬 수 있어야 한다. 우리는 마구잡이로 일어나는 온갖 경험의 희생양이 아니라, 자신을 성찰할 수 있도록 한 걸음 떨어져서 새로운 사고와 희망과 감정을 시작할 수 있는 가능성을 숙고하고 그 방향으로 발을 내디딜 수 있는 존재이기 때문이다. 이것은 자기 자신과 함께 그리고 자신을 위해서이다. 다른 말로 하면 정신적 **정체성**을 갈고 닦는 것이라고 할 수 있다.

이제 주체가 된다는 것이 무엇인지에 대한 초보적이고 개략적인 그림이 그려졌다. 이 그림은 이 책의 페이지 수가 더해지면서 계속 세밀하고 풍부해질 것이다. 우리가 존엄성과 관련해 겪게 되는 일들은 주체로서의 우리 모습과 아주 밀접하게 엮여 있다. 존엄성이 위협받을 때 주체로서의 삶도 동시에 위협받는 경우가 자주 일어난다. 위협과 그에 대한 방어라는 사건을 경험할 때, 우리는 자동적으로 주체로서 겪었던 경험들 속으로 더 깊이 파고들어 가게 되기 때문이다.

존재 자체로 목적 되기

주체로서의 인간은 단순히 **이용당하는** 존재가 되길 원치 않는다. 내가 아닌 타인이 정해놓은 목적을 달성시키기 위한 **수단**은 되고 싶어하지 않는다. 바꿔 말하면 우리는 존재 자체로 목적이 되거나 또는 존재 안에 목적을 담은 **자기 목적**적 존재로 받아들여지고자 한다. 그러지 않을 경우 단순히 불쾌한 정도를 벗어나 무시받는 대상이 된다거나 더 나아가 짓밟힌다고 느끼게 된다. 우리는 이것을 존엄성을 앗아 가려는 시도로 체험한다. 타인이 우리를 어떻게 취급하느냐에 존엄성이 얼마나 크게 좌지우지되느냐에 따라, 우리가 목적을 위한 단순한 수단이 아닌 우리 존재 자체가 목적으로 취급되고자 하는 당연한 권리를 기대하는 정도가 달라진다.

여행을 하다가 1년에 한 번 열리는 어느 큰 장터에 들르게 된 나는 믿지 못할 광경을 보게 되었다. 그것은 난쟁이 멀리 던지기 대회였다. 힘센 사내가 난쟁이를 들어 올리더니 온 힘을 다해 힘껏 던져 물렁물렁한 매트리스 위에 패대기치는 것이었다. 난쟁이는 패드와 손잡이가 달린 보호복과 헬멧을 착용하고 있었다. 모여든 군중은 난쟁이가 던져질 때마다 매번 즐겁게 환호성을 올리며 박수를 쳤다. 그날의 기록은 4미터였다. 나는 그 난쟁이가 난쟁이 멀리 던지기 세계 선수권대회에도 참가한 경력이 있다는 것을 알게 되었다. 믿어지지 않겠지만 사람을 멀리 던지는 세계 대회라는 것이 실제로 존재한다. 집으로 돌아온 나는 최고법원 차원에서 이 경기를 다룬 적이 있다는 것을 알게 되었다. 프랑스 대법원은 난쟁이 던지기 대회를 금지시켰고 유엔에서는 항소심을 기각했다. 사유는 두 기관 모두가 같았다. 인간의 존엄성을 수호하기 위해서라는 것이었다.

장터에서 경기를 지켜본 내 머릿속에 제일 처음 든 생각도 같았다. 인간을 갖고 저런 짓을 하면 안 된다, 던져지는 사람의 존엄성을 해친다는 생각이 그것이었다. "대단합니다, 그렇죠?" 내 옆에 서서 구경하던 남자가 다른 참가자들보다 좀 더 좋은 기록을 낸 참가자를 보고 크게 외쳤다. "거부감이 듭니다. 용납이 안 돼요." 내가 말했다. "왜요?" 남자는 짜증이 난다는 듯 이렇게 반문했다. "누가 억지로 강요한 것도 아니잖소. 난쟁이도 돈을 받고 하는 거고, 일단 엄청 재미나지 않습니까!" "저 사람의 **존엄성**을 무너뜨리는 일이오!" 나도 성이 나서 되받았다. 박수 치며 환호하는 군중 한가운데서 그런 엄숙한 말을 한다는 것이 실로 이상했다. 홍수에 휩쓸려 들어가다가 겨우 물 위로 머리를 들어 올려 숨을 들이마시는 느낌과 비슷했다. "무슨 뚱딴지같은 소립니까?" 남자는 이렇게 말하며 등을 돌리고 가려다가 이렇게 다시 물었다. "그리고 그 **존엄성**이란 게 대체 뭐요?"

난쟁이 던지기는 투포환 경기나 망치 멀리 던지기 같은 것이다. 난쟁이 던지기에서는 사람의 몸이 던져지는데, 위의 경기와 같이 얼마나 멀리 던지느냐가 승패를 좌우한다. 사람이 뭔가를 던지기 위해서는 쇠공이나 망치처럼 부피와 무게를 지닌 물건이 대상이 되어야 한다. 난쟁이를 던질 때도 다르지 않다. 난쟁이는 더도 덜도 아닌 덩어리, 즉 **물건**으로 취급되는 것이다. 던져지는 순간, 그 이외의 다른 것은 전혀 중요치 않다. 난쟁이가 스스로 움직이는 생명체라는 것, 누가 자신을 들어 올리고 내던지는 것을 자신의 특정한 방식으로 느낄 수 있는 신체를 가진 존재라는 것, 그 느낌이 무력감과 혐오감과 공포라는 것, 이 순간이 어서 끝나기만을 기다린다는 것, 그 자신도 환호하는 군중과 이 행사가 가진 특성과 난쟁이로서의 자신이 가진 기술에 대해 생각할 줄 안다는 것, 이런 사실들은 경기 참가자와 관중에 의해 가려져 보이지 않는다. 아무도 중요하게 생각하지 않고 어차피 금방 잊힌다. 이제 난쟁이 던지기 대회에서 느껴지는 분노에 대한 첫 번째 설명이 나왔다. 사람을 던질 때 그 사람에게서 존엄성이 박탈되는 이유는 그도 하나의 **주체**라는 점이 간과되기 때문이다. 그는 단순한 물체, 물건으로 격하되고 이러한 인격의 물화(物化)에 바로 존엄성의 상실이 있는 것이다.

그러나 이런 설명만으로는 어딘가 부족하다. 극장에서 불이 났다고 해보자. 사람들은 모두 앞다퉈 출구로 줄달음칠 것이다. 다른 관객들을 옆으로 밀치고 끌어내며 밟을 것이다. 다른 사람이 마치 앞길을 가로막는 물건처럼, 그저 치워내야 할 덩어리로만 보일 것이다. 이렇게 대형 사고가 일어났을 때, 타인도 자기처럼 주체성을 가진 존재라는 사실은 개인에게 그 어떤 역할도 하지 못한다. 잔인한 일이지만 이것은 망가진 존엄성이 가진 잔인함이 아니다. 몸집이 큰 사람이 앞을 헤쳐 나가다가 물건을 움켜쥘 때처럼 아이를 움켜잡아 옆으로 던져버리는 행위는 장터에서 열리는 난쟁이 던지기 대회 때와는 경우가 다르다. 어떻게 다를까?

동기가 달라짐에 따라 그에 기인한 **상황**에 차이가 생긴다. 황급히 대피하는 사람의 동기는 무조건 그 공간에서 **나가고자** 하는, 단순한 공포다. 타인을 육체적 장애물로 격하시킬 때의 몰인정함은 미리 생각해 두거나 계획한 것이 아니라 살아남고자 하는 의지에서 비롯된 잔인성이다. "나도 어쩔 수가 없다, 내 목숨이 걸렸단 말이다!" 방금 나왔던 덩치 큰 사람이 앞을 가로막고 있던 의자를, 그다음에는 앞사람을 잡아 냅다 던지면서 하는 말이다. 그러나 장터에서는 그런 변명조차 없다. 그곳에서는 인간이 그냥 재미로 던져진다. 박수 치고 즐거워하며 환호하는 관중의 쾌락은 **다름 아닌 사람이** 물건처럼 던져지는 걸 보는 데에 있다,라고 표현하면 그 안에 있던 다른 의미가 더 선명하게 드러날 것이다. 그들은 던져지는 물체가 한 인간, 자기 자신들과 다름없는 지각 활동의 주체인 인간이라는 사실을 잠시도 잊지 않는다. 만일 그 사실을 잊게 된다면 재미는 금방 사라진다. 재미로 던져진 사람에게서 왜 존엄성이 박탈된다는 것일까? 하나의 주체인 그가 절박한 이유도 없이 계획적으로 대상이나 물건처럼 다루어지기 때문이다. 대회를 금지한 재판관은 바로 이 점을 막으려고 한 것이다.

그리고 관중이 재미를 느끼는 또 다른 이유는 난쟁이를 **장난감**으로 만들어버리기 때문이다. 난쟁이는 던지기 놀이를 할 때 쓰이는 물건이며 대회의 수단이다. 그는 대회의 목적을 이루기 위한 수단과 도구로 간주되며 그렇게 이용된다. 대회가 열리는 동안 그는 단지 하나의 장난감, 관객을 즐겁게 하기 위한 하나의 수단이다. 그도 상황을 함께 **체험**하기는 하지만 그 사실은 전혀 중요치 않다. 그의 생각과 관점은 전혀 존재하지 않는 것처럼 다뤄진다. 이러한 상황은 인간이 총알받이나 폭탄으로 이용될 때도 마찬가지다. 이들은 앞에서 말한 난쟁이처럼 단순한 육체라는 수단으로 축소된 존재다. 게임이라는 속성이나 재미, 그리고 구경거리의 요소는 없지만 이 두 가지 경우 모두 핵심은 동일하다. 인간이 오직 수단으로만 이용된다는 것이다.

판사가 염두에 두었던 것은 존엄성에 대한 이해였다. 비록 인간이 목적을 달성하기 위한 수단이나 도구로 다양하게 이용될 수는 있다고 해도, 단지 이런 기능을 수행하는 존재만으로 **축소**될 수 있는 존재로 간주되거나 취급되어선 안 된다는 것이다. 아무리 우리가 다른 인간과 목적 지향적이고 기능적인 관계를 갖고 있다고 해도 이것이 우리를 이끄는 **유일**한 관계가 되어서는 안 된다는 뜻이다. 존엄성이 제대로 서려면 잊어서는 안 되는 것이 있다. 결국은 당하는 사람 자신에 관한 사건이라는 것이다. 난쟁이 던지기 대회에서 우리를 불편하고 화나게 만드는 것은 사람이 단순한 노리개로 이용되면서도 정작 난쟁이 본인과는 전혀 상관없는 놀이가 되어버림으로써 그에게 가장 소중한 지위, 즉 자기 목적적 존재로서의 지위가 박탈된다는 사실에 있고, 판사가 고려한 것도 바로 이 점이라고 하겠다.

이러한 관점에서 볼 때, 전쟁에 나가는 병사들도 존엄성을 잃어버린 존재이다. 최전선으로 투입되는 병사는 총알받이 외에 아무것도 아니라는 사실이 분명한데도 전장으로 보내진다. 앞으로 달려 나가다가 총알을 맞고 쓰러져 죽는, 그래서 뒤에서 전진하는 병력이 좀 더 쉽게 전진할 수 있는 역할을 하는 총알받이 말이다. 로베르트 발저의 소설《야콥 폰 군텐》에서 주인공 야콥은 나폴레옹의 군대에 들어가 러시아로 진군하는 장면을 상상해본다. "나는 이제 인간이 아니고 거대한 기계의 작은 부품이 될 것이다. 부모님, 친척들, 예전에 부르던 노래, 나만의 고뇌나 희망, 고향 생각과 신비함 같은 것은 모두 까마득히 잊어버리고 말 것이다. 전투 훈련과 인내의 과정을 거치면서 단단하고 침범 불가능한, 알맹이가 거의 없다시피 한 살덩어리로 만들어질 것이다."

도축장

도축장에 가면 당황스럽다. 왜일까? 피와 분비물이 쏟아지고 지독한 냄새와 좀처럼 뇌리에서 사라지지 않는 가축의 공포에 찬 울음 때문이다. 도축장은 죽음의 공장이다. 수천의 동물이 끌려와 기계에 의해 목숨이 끊어지고 그런 다음에는 육가공 공장에서 부위별로 나눠지는 공정을 거친다. 동물은 살아 있는 생명체라는 사실 말고도, 그들 하나하나가 경험의 주체다. 동물은 자신의 움직임을 감지하고 배고픔과 목마름과 아픔을 느끼며 즐거움과 공포를 경험한다. 그들의 경험이라는 것은 우리 인간의 것보다 단순하기는 하지만 그래도 경험임에는 틀림없으며, 이런 의미에서 동물도 하나의 주체가 된다. 이러한 동물들이 우리 인간에게 먹히기 위해 죽음을 당한다. 생각이 여기에 이르면 고민스러워진다. "짐승들도 서로 잡아먹지 않습니까!" 그러나 그들은 살생 기계를 갖춘 살생 공장을 운영하지는 않는다. 이러한 기계는 최단 시간에 최대 동물을 도살하기 위한 장치다. 즉, 가장 빠른 시간 내에 가장 많은 수의 동물을 판매 가능한 포장육으로 탈바꿈시키기 위한 장치라는 것이다.

마음이 불편한 이유는 단지 죽음 때문만이 아니다. 이곳에서 죽는 짐승들이 **애초부터** 여기서 죽임을 당하고 상품으로 변환된다는 단 하나의 목적을 위해 그동안 길러지고 관리되어왔음을 생각할 때 또한 불편해진다. 이들이 인공의 환경에 둘러싸인 채 사육장에 빽빽하게 갇혀 자라는 동안 단 한 순간도 그들 자체로 취급되어본 적도, 그들의 삶과 욕구가 고려되어본 적도 없다는 사실이 그러하다. 이들은 탄생의 순간부터 죽음의 순간에 이르기까지 한 번도 슈퍼마켓에 진열된 음식물의 전 단계를 벗어나본 적이 없다. 인간의 식생활이라는 목적에 봉사하는 사육된 물건일 뿐이다. 이들이 취급되는 양상을 보면 그 어디에도 존재의 목적성이라는 면은 손톱만큼도 찾아볼 수 없다. 인간이 반려동물이나 야생동물에 대해 생각하는 것과는 이런 점에서 매우 다르다. 도축장을 나오는 우리의 마음이 무겁고 울렁거리는 까닭은 단지 피와 냄새 때문만은 아니다. 설사 동물이라 할지라도 그들의 존엄성을 해치는 취급 방법이 존재함을 알게 되고, 또는 원래 알고는 있었을지라도 이제 너무나 노골적으로 강렬하게 인식되어서이기 때문이다. 만일 우리가 이같이 느낀다면 방금 언급했던 잣대로 보기 때문일 것이다. 즉, 수단이 아닌 그 자체가 목적을 지닌 존재로 취급된다는 데에 존엄성이 존속한다는 것이다.

그러나 만일 자발적인 것이라면?

대회가 끝난 저녁, 나는 난쟁이 던지기 대회의 스타를 만나러 캠핑카로 찾아갔다.

"어떻게 참으셨습니까!" 내가 말했다.

"아무것도 아닌데요, 뭘. 푹신하게 떨어지니까요."

"그런 얘기가 아닙니다. 위험하지 않냐는 말이 아니에요." 내가 말했다.

"그럼 뭔데요?"

"존엄성요."

"무슨 소리죠?"

"마치 물건처럼 사람을 던지니까 드리는 말씀입니다."

"가끔 애들을 던지기도 하잖아요. 그러면 애들은 좋아서 꽥꽥 소리 지르고 난리도 아니죠."

"그건 다른 이야깁니다. 아이들은 단순한 물건으로 던져지는 게 아닙니다. **재미**를 느끼게 해줘야 할 존재로 던져지는 거지요. 이런 경우 아이들 자신이 중심이 되고 아이들이 어떤 느낌을 **체험**하느냐가 중요합니다."

"아까 공중그네를 타다가 인간 피라미드 꼭대기로 튀어 올라간 남자아이 보셨습니까? 그 애가 재미 때문에 공중을 휘휘 돌았겠습니까?"

"하지만 그 소년은 직접 어떤 **행동**을 하지 않았습니까. 특정 방식으로 돌고 방향을 틀었죠. 그러기 위해 오랫동안 훈련을 거치며 기술을 연마한 후 기량을 선보인 겁니다. 소년은 곡예사예요."

"옆 동네에서 열리는 서커스에 가보시면 사람을 대형 대포에 집어넣고 그물을 향해 쏘아 올리는 묘기도 있어요."

나도 어렸을 적에 고향에서 그런 묘기를 본 적이 있었다. 당시엔 그저 놀랍고 신기하기만 했고 공중으로 날아오른 사람이 겪을 아슬아슬한 위험에 손에 땀을 쥐었다. 지금의 나는 주저하다가 결국 이렇게 말했다.

"그 사람은 **타인의 손에 의해** 던져지는 게 아닙니다. 누가 나서서 직접 던지는 것이 아니라 기계에 의해 쏘아 올리는 겁니다."

"그래서 그건 괜찮다고요? 그 사람도 스스로 하는 게 없잖습니까. 그냥 일이 일어나는 대로 **몸을 맡기는 것** 말고는 그자도 하는 게 없다고요."

"그건 그렇습니다. 하지만 당신의 경우, 타인이 집어서 들어 올리지요. 그것은 당신이 이용당한다는 것, 그리고 당신을 이용하지 않으면 그 경기가 성립할 수 없다는 말과 같습니다."

"이용요? 뭐에 이용을 해요?"

"재미, 그리고 구경거리요."

"광대가 발을 걸어 상대방을 넘어뜨려 관객이 웃으면 그것도 광대가 뭔가에 이용당하는 겁니까? 또 배우가……."

"그건 다른 문제입니다. 그들은 어디까지나 **연기**를 하는 겁니다. 서로 역할을 나누어 자기가 맡은 몫을 하는 거지요. 그런데 당신 같은 경우에는 당신이 무언가를 함으로써 관객에게 오락을 제공하는 것이 아니라 당신은 가만히 있고 오직 당신에게 일어나는 일이 오락거리가 됩니다. 그러면서 당신은 하나의 **장난감**이 되어버리고 말입니다."

그러자 그의 눈동자가 날카롭게 번쩍인다.

"한마디 할까요. 나처럼 생긴 사람이 돈 벌기가 어디 쉬운 줄 아십니까. 당신 같은 분들이야 무슨 말을 못하겠습니까. 고를 수 있는 직업이 천 가지도 넘겠지만 나는 그렇지 않아요. 누가 난쟁이에게 일거리를 주려고 하겠습니까? 또 하나 더 말하자면, 나는 그 쇼를 위해서 **자발적**으로 나선 겁니다. 던져지겠다고 결정한 사람이 바로 나란 말입니다. 뭐 좋습니다, 다른 이의 재미를 위해 이용된다고 굳이 표현해야겠다면 그렇게 하세요. 그렇지만 나는 나를 이용하고 조롱하도록 **허락하겠다고** 결정했습니다. 자유로운 의사 결정이었다고요. 웃으실지도 모르겠지만 어쨌든 내가 자유로이 선택한 직업입니다. 그러니까 이렇게 나타나서 존엄성이 훼손됐느니 어쩌니 하시면 곤란합니다. 혹시 마뉘엘 이야기를 아세요? 마뉘엘 바케나임이라고, 프랑스 출신의 난쟁이가 있습니다. 유엔 법정까지 찾아가서 서커스에서 던지기 경기를 계속할 수 있는 권리를 돌려달라고 싸운 인물입니다. 비록 졌지만요. 인간 존엄성을 손상시킨다는 이유였습니다. 그렇다면 나는 이렇게 묻고 싶습니다. 자유로운 의사 결정에 관련된 존엄성은 어떻게 된 겁니까?"

이 장의 후반부에 가면 독립성에 기반을 둔 존엄성이라는 관점에서 자유로운 의사 결정이 얼마나 중요한 역할을 하는지 나온다. 이것이 제한되거나 파괴되면 존엄성도 흔들린다. 결정의 자유는 존엄성의 **필요조건**이다. 그렇다면 **충분조건**도 될 수 있을까? 난쟁이 던지기 대회에 대해 판결을 내린 최고법원은 그렇지 않다고 보았다. 결정의 자유는 **그**

하나만으로 존엄성을 이루지는 못한다. 비록 결정이 자발적으로 이루어졌다고 해도 그 결정에서 비롯된 행위는 인간 존엄성에 반할 수도 있다. 그러므로 법원은 여기서 자유에 선을 그은 것이다. 다른 말로 바꿔 보면, 한 사람의 존엄성을 지켜주기 위해 그의 자유를 제한했다고 할 수 있다. 그 뒤에는 존엄성에 대한 다음과 같은 이해가 깔려 있다. 존엄이란 각 개인이 스스로 결정할 수 있는 문제다. 그러나 존엄은 개인이 마음대로 할 수 있는 것, **그 이상**의 무엇이다. 그것은 개개인에 관한 문제에 그치지 않고 그보다 한층 더 광대하고 객관적인 것으로서, 개인적인 차원을 넘어선다. 즉, **삶의 전반적 형태**라는 특성을 띤다. 난쟁이를 던질 때 위태로워지는 것은 바로 이 전체적인 삶이다. 인간은 물질화·수단화되면서 굴욕을 당한다. 그래서 존엄성은 법적 장치를 통해 보호된다. 이는 개인의 자유로운 의사 결정권보다 상위에 있는 가치다. 그러므로 누구든 자신의 존엄을 마음대로 내던져서는 안 된다.

내가 캠핑카에서 만났던 난쟁이 사나이가 말했던 것은 자유의지뿐만이 아니라 도대체 일할 곳이 없는 데 대한 호소였다. 그가 덧붙였던 말이 아직까지 뇌리를 떠나지 않는다. 나는 그와 이야기를 나누다가 하마터면 이런 위험한 주장을 할뻔했다. 당신은 직업적으로 볼 때 존엄성이 없는 인생을 살고 있습니다,라고. 그 누구도 이런 말을 들어야 할 사람은 없다. 이 말은 그 사람을 완전히 파괴시키는 거나 다름없다. 그래서 사나이의 신경질적인 태도가 이해된다. 그는 자신을 방어하는 말을 시작했고 그와 함께 중요한 또 다른 면이 드러나게 되었다. 존엄성을 판단하는 데에는 **행위** 자체뿐만 아니라 **상황**도 기준이 된다는 사실이다. 상황이 절박하고 선택의 여지가 없을수록 존엄성에 대한 판단 기준도 관대해진다. 너무나 절박한 상황에 처해서 자신을 장난감으로 파는 것 말고는 선택의 여지가 없을 수도 있다. 그러면 타인은 한 인간을 수단이나 물건으로 취급함으로써 그의 존엄성을 앗아 가는 것은 물론, 그에 그치지 않고 그로 하여금 스스로를 팔도록 함으로써 존엄성을 스스로 내던지게 만드는 방식으로 그의 존엄을 해친다. 이런 경우 누군가가 자기의 존엄을 내버렸다고는 할 수 없다. 존엄을 내다 버리는 데에도 자유가 전제되어야 하는데 그에게는 자유가 없었기 때문이다.

무력감을 일부러 보여줌으로써 굴욕 주기

타인으로부터 우리가 주체라는 사실을 무시당하거나 수단으로 악용당할 때 우리는 **굴욕**을 느낀다. 굴욕은 우리에게서 존엄성을 앗아 가는 행위이다. 이 행위의 핵심은 무엇인가?

바로 내가 아무것도 할 수 없다는 **무력감**이다. 무력감이란 대체 무엇인가? 힘이 없는 것이다. 그러나 **힘**이 없을 때를 모두 무력하다고 하지는 않는다. 행성의 궤도를 변경시키거나 물을 포도주로 바꾸거나 걸어서 바다를 건널 능력은 우리에게 없다. 우리에게 절대 그럴 능력이 없다는 것을 알지만 그것을 무력감으로 느끼지는 않는다. 무력감은 **특정한** 힘을 갖지 못하는 것, 즉 **소망**을 이루지 못하는 것이다. 형식적으로 표현하자면, 자신이 바라는 것을 이루지 못했을 때 우리는 무력해진다. 그런데 굴욕으로서의 무력감은 이와는 다른 것이다. 다시 말해 삶에서 결정적으로 중요한 소망이 있을 때 그것을 이루지 못하는 불능성이다.

이동의 자유를 예로 들어보자. 전신 마비 환자나 몸이 묶여 있는 사람, 또는 눈앞에 높은 장벽이 설치되어 가족과 헤어지거나 그 나라

안에 발이 묶인 사람들은 이동의 자유라는 소망을 실현시킬 수 없다. 또 그 밖에도 직업 선택이나 어떤 특정한 직무를 하고 싶은 소망이 있을 수 있다. 이 경우 실직자가 이를 이룰 수 없는 무력감을 느끼는 사람이다. 빈곤한 사람이 생필품이나 의약품을 사고 싶은 소망을 이룰 수 없는 경우도 있다. 자식이 강에 빠져 죽을 때, 가족이 어디론가 강제로 끌려갈 때, 누군가 고통에 몸부림치며 비명을 지를 때와 같이, 그 고통을 막으려는 헛된 바람을 품을 때도 있다. 마지막으로, 친구를 배신하라든지, 성스러운 무언가를 모욕하라든지, 혐오하는 이데올로기로 전향하라든지 하는 식으로 우리의 소망에 반대되는 행동을 타인에 의해 강요당하는 경우이다.

이 중 불의의 사건 사고를 **당한** 경우는 굴욕이라고 할 수 없다. 지진, 기근, 전염병 등은 우리에게 무력감을 안겨주지만 그렇다고 굴욕을 주지는 않는다. 굴욕이 주는 무력감은 장애물을 극복하거나 과제를 수행하지 못하는 등 자신의 능력이 기대에 미치지 않을 때 느끼는 종류의 것과는 다르다. 굴욕이 주는 무력감은 타인과 관련이 있다. 의미를 잘 따져보면 굴욕에는 굴욕을 **주는 사람**과 **받는 사람**이 존재한다. 누군가가 누군가에게 굴욕을 준다. 주는 자가 받는 자에게 무력감을 안겨줌으로써 굴욕이 생기는 것이다. 이때의 무력감은 우발적으로나 무계획적으로 일어나는 것이 아니다. 공황에 빠진 군중들에 의해 밀쳐지거나 질질 끌려간다면 그것은 무력감이지 굴욕은 아니다. 굴욕은 한 사람이 다른 사람에게 **의도적**으로 무력감을 느끼게 할 때 성립된다.

그렇지만 단순히 무력감을 안겨주는 것으로 충분치는 않다. 누군가 자기도 모르게 다른 사람에게 무력감을 안겨 단순히 그 행위의 결과가 피해를 주었을 경우 그것은 굴욕이라고 보기 어렵다. 굴욕이 굴욕으로 느껴지기 위해서는 무력감을 느끼게 하는 상황이 일부러 **만들어져야** 한다. 무력감이 단순한 무력감이 아니라 굴욕으로 성립되려면, 당하는 쪽에서 굴욕감을 느끼게끔 누군가 자신에게 어떤 상황을 일부러 불러일으켰다고 분명히 느낄 수 있어야 한다. 바로 코앞에서 삶을 파괴하는 장벽이 건설된다. 사장실로 불러내어 해고한다. 유태인들에게 칫솔로 길바닥을 닦으라고 강요한다. 굴욕은 상대방의 무력감을 드러내 보이는 것이다. 권력의 **횡포**와 전횡이 그중 하나다. 횡포를 부리지 않을 선택권을 의식적으로 배제하는 것이다. 장벽을 반드시 세워야 할 이유가 없는데도 장벽을 세우고, 해고할 필연적 이유가 없는데도 해고하는 것이다.

그런데 굴욕은 단순히 무력감을 드러내기보다 더 많은 것을 포함하고 있다. 나에게 굴욕을 주는 자는 자신이 굴욕을 선사하는 장본인이라는 것을 나로 하여금 느끼게 하는 데 그치지 않고 내가 스스로의 무력감을 느끼는 모습을 보며 그 장면을 **만끽한다**는 것을 내가 알게끔 한다. 여기서 만천하에 드러나는 것은 당하는 자의 무력감 자체가 아니라 그것으로 인한 가해자의 즐거움이다. 장벽에 하나하나 돌을 쌓아 올리면서, 절망과 속수무책의 참담한 심정으로 창문 너머 조금씩 높아지는 장벽을 바라봐야만 하는 사람들을 히죽 웃으며 바라보는 가해자가 노리는 것이 바로 그것이다. 그는 자신이 얼마나 이 광경을 즐기는지 피해자들이 똑똑히 **볼** 수 있도록 한다. 우리의 무력감이 드러나는 것 자체만으로도 사실 끔찍한 일이지만 굴욕이 정말로 참담한 사건이 되는 것은 다음과 같은 마지막 요소가 충족될 때다. 가해자가 우리의 무능력을 얼마나 즐기는지, 그리고 그것을 우리가 분명히 보고 느낄 수 있도록 필요한 장치를 해놓는다는 사실을 알게 될 때 그러하다. 이것은 아부그라이브 교도소의 미군 병사들이 수감자들의 옷을 벗기고 겹겹이 서로 엎드리게 한 후 웃고 즐거워하는 사진에서 알 수 있다.

내면의 요새로의 도피

존엄이란 굴욕을 당하지 않을 권리다. 이 권리가 침해받으면 어떻게 되는가? 굴욕을 그냥 **견뎌낼** 수는 없다. 그저 그 상황을 **참고 받아들일** 수도 없다. 그러면 어떻게 해야 할 것인가? 제발 내게 이러지 말라고 가해자에게 **간청**하거나 **애원**할 수도 있다. 장벽을 도로 허물어달라고, 해고를 철회해달라고 할 수도 있다. 그러나 그런 것들은 으하하 웃음을 터뜨리는 거인의 손아귀에 붙잡힌 채 부질없이 허공에 손발을 휘젓는 행동과 하나도 다를 바가 없다. 그러면 그럴수록 상황은 더 불리해진다. 왜냐, 그것은 내 무능력을 인정하는 것이며 내 간청이 무시될수록 무력감은 더욱더 깊어지기 때문이다.

이렇듯 가망 없는 애원을 반복하는 자를 보며 우리는 저럴수록 스스로에게 더 굴욕을 안겨주는 것 아니냐고 말한다. 그러나 그건 잘못되었을뿐더러 이치에 닿지 않는 말이다. 자기가 그 상황을 즐기지 않는 한 그는 자기 스스로에게 무력감을 줄 수 없으며, 사람이 자신에게 무력감을 선사한다는 것 자체가 불가능하다. 불행하게도 여기서 나타나는 사실은, 간청과 애원을 반복할수록 굴욕은 더해질 뿐이며 자신의 존엄성을 더 떨어뜨린다는 것이다.

그렇다면 대안이 있는가? 그저 입 다물고 가만히 있을 수만은 없다. 그건 견딜 수 없는 일이다. 그렇기에 대안은 필요하다. 무력감과 맞서려면 비록 겉으로 무슨 행동을 취하지는 않을지라도 뭔가를 해야만 한다. 또 그것은 자신의 존엄성을 손상시키지 않는 반응이라야 한다. 나는 프랑스 출신 난쟁이가 낸 재판 청구에 대한 법원의 입장에 대해 이야기하고 난 후 자리에서 일어날 준비를 했다.

"그 누구도 내게서 존엄성을 빼앗아 갈 수는 없습니다. 그가 무슨 짓을 하더라도 말입니다." 내가 등을 돌려 나가려고 하는데 난쟁이가 말했다.

"사람들이 당신의 외모를 갖고 오락거리로 삼는 걸로 그치지 않고 던지고 놀면서 더 크게 즐거워합니다. 그래도 괜찮다는 겁니까?"

"그건 그 사람들 일이고 나랑은 상관없습니다."

"자존심 상하지 않습니까?"

"눈 딱 감고 머릿속으로 좋은 걸 생각하지요. 그러면 나중에 아무 일도 없었던 것처럼 괜찮아집니다."

굴욕적인 상황 한가운데 처했을 때 타인이 들어올 수 없는 내면의 요새로 도망친다, 이것이 과연 가능할까? 이것은 상황에서 물러나서 경멸과 굴욕의 시선에서 도망치고자 하는 내면의 시도다. 비록 겉으로는 남의 손아귀 안에 있더라도 속으로는 차갑게 무시하는 태도다. '지금 내가 가는 곳에는 너희가 들어올 수 없어! 너희가 굴욕을 주려는 사람은 여기 없는 거야! 아무리 날 찾아와봤자 집은 텅텅 비었단 말이다! 나는 이제 내 안으로 들어가련다. 너희들의 굴욕적 제스처가 통하지 않는 곳으로!' 입으로만 하는 신앙고백과 같은 맥락이다. 매우 중요해 보이는 행동을 충실히 수행하지만 실제로는 공허하고 기계적인 동작에 지나지 않는, 참된 경험에서 이미 등을 돌린 행위 말이다. 이렇게 함으로써 나는 사람들이 소리 높여 비웃는 가운데에서도 칫솔로 길바닥을 문지를 수 있게 된다. 존엄성을 지켜내는 마지막 수단으로 공허한 행위를 선택하는 것이다. 아니면 이것이 정신적으로 살아남기 위해선 피할 수 없는 자기기만이기는 하지만 존엄성을 지키는 수단으로는 역시 역부족인 것일까? 이 문제에 대해서는 5장에서 다시 한 번 다루기로 한다.

권리 갖기

권리라는 것은 전횡에 의한 종속에 맞서는 성벽과 같다. 이것을 바탕으로 우리는 자립이라는 의미로서의 존엄을 지켜낼 수 있게 된다. 권리가 있는 사람은 요구를 할 수 있다. 무엇을 해달라고, 아니면 하지 말아달라고 **요청**할 필요가 없다. 단지 **요구**하거나 **소송**을 제기하면 된다. 타인의 너그러움에 기대지 않아도 된다. 권리가 없는 사람은 이리저리 떠밀리지만 권리를 가진 사람에게는 그럴 수 없다. 내가 어떤 것에 대한 권리를 가졌다는 것은 나를 위해 어떤 것을 해주거나 하지 말아야 할 의무가 타인에게 지워진다는 것을 뜻한다. 내가 가진 법적 위치는 횡포에 대한 보호라는 의미에서 나를 자립적으로 만들어준다.

권리는 무력감으로부터 나를 막아주는 방화벽이다. 그것은 내가 내 뜻을 밀고 나갈 수 있도록 권력을 준다. 그러므로 권리는 굴욕으로부터의 보호책도 된다. 내가 받는 굴욕을 세상에 내보이고 즐기려는 자들의 활동 범위를 제한한다. 더는 손쓸 수가 없다고 생각될 경우 소송을 제기하면 된다. 법정에서 내 손을 들어주고 뜻이 관철되면 나는 존엄성을 확인받고 다시 바로 세워지는 느낌을 받게 된다. 이전에 내게 가해졌던 굴욕은 다시 무효가 된다.

집에 돌아와 보니 한 떼의 사람들이 몰려와 집 안을 부수고 물건을 훔치고 있는 장면을 상상해보자. 그들은 내가 어쩔 줄 몰라 하는 모습을 보며 고소해한다. 그들은 나에게 굴욕을 주는 셈인데, 무법 사회에서라면 존엄성은 짓밟히고 나는 두 발만 동동 구를 뿐 아무 대책이 없다. 그에 반해 법적 권리를 가진 이는 경찰을 부르는 행위를 통해 스스로 대처할 수 있고, 자신의 존엄을 지킬 수 있다. 그는 그럴 권리가 있기 때문이다. 그리고 이 권리 안에 그의 존엄성이 있다. 그가 하나의 법적 주체로서 행한 행위를 통해 존엄성이 부여되고, 법적 주체로서 그가 소멸될 때 존엄성이 박탈되거나 배제된다.

후견인 노릇

우리가 독립적인 개인으로 여겨지고자 요구할 때, 우리는 스스로를 **성숙한 개인**이라고 일컫는다. 그러나 타인 마음대로 조종되거나 의견이 무시받을 때 이런 요구의 정당성은 흔들린다. 그런 경우 **금치산자**나 **후견인을 필요로 하는 사람**이 된 것 같은 느낌을 받게 된다. 우리가 우리 자신의 삶에 대해 갖고 있는 권위, 다시 말해 자유로이 결정하고 독립적으로 행동할 수 있는 힘을 마음대로 빼앗아버리는 것이다. 그렇게 되면 이제 원하는 것이나 해도 되고 하면 안 되는 것을 정하는 사람은 우리 스스로가 아니라 다른 사람이다. 이것은 굴욕을 의미하며, 우리의 존엄을 위험에 빠뜨릴 수 있다.

그러나 후견인을 내세워야 하는 모든 경우가 다 존엄성에 반하는 것은 아니다. 중요한 것은 우리의 권위와 독자성을 앗아 가는 자가 **누구**며 그 **이유**가 어디에 있느냐다. 가장 심한 경우가 독재다. 독재자와 그와 결탁한 무리인 당은 우리의 생각과 의도와 행동에 상치되는 삶을 강요한다. 협박과 감시, 위협과 고문을 통해 복종을 강요하며 사람들이 자기 삶의 주인 노릇을 완전히 포기하도록 굴복시킨다. 막강한 전횡이 지배한다. 사는 곳, 하는 일, 심지어는 누구를 사랑할지, 누구와 결혼할지도 남이 정해준다. 또한 무슨 말을 할지도 엄격히 통제된다. 독재 권력은 우리의 마음속까지도 무장해제하여 사상과 감정과 소망을 통제당하는 꼭두각시로 만들어버리려고 한다.

조지 오웰이 그려낸《1984》의 세계에 이러한 것이 잘 드러나 있다. 고문 기술자인 오브라이언이 끌려온 윈스턴에게 말한다. "당은 무슨 수를 써서든지 권력을 잡으려고 하지. 권력은 수단이 아니야. 목적이지." 당이 국민을 대신하려고 하며 억압하는 이유는 절대 국민의 안녕을 위해서가 아니라 그들을 이용해먹기 위해서다. 국민은 그 자체로서 손톱만큼도 가치를 인정받지 못한다. 그저 권력이 갖고 노는 고무공에 불과할 뿐이다. 게다가 국민은 굴욕을 받는다. 오브라이언은 윈스턴이 느끼는 무력감을 만끽하며 윈스턴이 그것을 인식하게끔 항상 신경을 쓴다. 그 어떤 잔혹한 신체적 고문도 마다하지 않고 시도하는 그가 괴물인 이유는 그 잔인성에 있다기보다는 무엇보다도 굴욕을 가하는 데 가히 천재적이기 때문이다.

그러나 국가 권력이 우리 삶에 간섭한다고 해서 그것을 모두 다 반존엄적 행위라고 볼 수는 없다. 의회에서 통과되는 법은 대부분 우리의 자유를 제한하는 허용이나 금지를 내용으로 하고 있다. 각 개인의 권위는 이를 통해 축소되고, 이런 의미에서 법은 개인을 대신하는 후견인 역할을 한다. 하고 싶다고 해서 모두 다 할 수는 없게 되는 것이다. 교통

법이나 재산 문제, 매매에서부터 형법까지 그 범위는 넓다. 그중에는 꼭 지켜야 하는 의무 사항도 있다. 헬멧이나 안전띠의 착용, 특정한 장소에서의 흡연 금지, 마약 매매 금지, 사유지 침입 금지, 타인의 재산에 대한 존중, 타인에 대한 의도적 상해 또는 살해 금지 같은 것들이 그것이다. 우리가 이를 받아들이는 이유는 이러한 법들이 전체적으로 우리의 존엄성을 지켜주려는 목적을 띠고 있기 때문이다. 국민을 굴종시키거나 독재 권력을 쥐려는 목적이 아니라 자유를 제한함으로써 사회적 이익을 창출하려는 의도인 것이다. 간단히 말하자면 이렇다. 공공의 선을 위해 자유를 포기하는 대신 결국 개인에게도 이익이 돌아간다. 후견인 제도가 생긴 것도 본디 이런 논리에서 비롯되었다. 결정적인 요소는, 각 제한 조항마다 적절한 설명과 명분이 붙느냐, 또 **납득 가능**한 것이냐다. 생각하고 이해하는, 그래서 이해할 수 없는 것이나 그저 막연한 추측에 반발하는 존재로서의 존엄성은 이를 통하지 않으면 지켜질 수 없다. 특정한 사안에 대해 다른 의견을 품을 수도 있고 제시된 증거에 의심을 품을 수도 있으며 논거의 증명력에 대해 의문을 제기할 수도 있다. 우리에게 자유가 있는 한, 그리고 언제나 경청하며 논쟁의 기회를 놓치지 않고 참여하는 한 우리의 존엄성은 절대 손상되지 않는다. 존엄성의 손상은 입이 단단히 봉해질 때 이루어진다. 그러면 권력이 행하는 후견인 노릇이 우리에게 굴종과 무력으로 다가오게 된다.

나는 테헤란에서 열리는 도서전에 간 적이 있다. 비행기가 테헤란에 착륙할 즈음, 기장의 안내 방송이 나왔다. "기내 승객 중 여성분들에게 알려드립니다. 기내를 떠나실 때 반드시 머릿수건을 착용해야 하니 주의해주십시오. 외국인들에게도 똑같이 적용됩니다." 나는 그 사실을 이미 알고 있었지만, 설마 진짜로 그러리라고는 생각하지 못했다. 무슨 옷을 입을지 국가가 지시하다니. 도서전에 들어가 여성 통역사를 소개받은 나는 손을 내밀어 악수를 청하려 했다. 그러나 그녀의 손은 검은 천 뒤에 숨겨져 나오지 않았다. "모르는 남자가 여자한테 손을 내미는 것은 금지되어 있습니다." 옆에서 다른 사람이 말해주었다. 조금 있다가 밖으로 나온 나는 어느 모르는 여인 옆을 우연히도 몇 걸음 나란히 걷게 되었다. 아치형 통로 앞을 지키고 섰던 혁명군 경비병이 내 팔을 붙들며 말했다. "여자랑 걷지 마시오!(You not go with woman!)" 나는 여인과 **동행**이 아니라 우연히 여인의 옆을 지나게 된 것이라고 설명했으나 경비병은 방금 한 말만 되풀이할 뿐이었다. 나는 비행기 표를 바꿔서 예정보다 일찍 집으로 돌아왔다. 저녁에 텔레비전을 틀자 사우디아라비아에 대한 뉴스가 나왔다. 여성은 자동차를 운전할 수 없으며 보호자를 동반해야만 여행을 할 수 있다는 내용이었다.

그로부터 며칠 후, 프랑스에서는 공공장소에서 종교적인 의미를 가진 머릿수건이나 부르카 착용을 금지하는 법이 시행되었다. "이건 참을 수 없는 간섭입니다!" 인터뷰에서 어느 여성이 부르짖었다. "의복에 대해 이래라 저래라 지시하다니요! 내 존엄성이 짓밟힌 느낌입니다!" 그러자 정부 관계자가 나와 말했다. "프랑스는 정치와 종교가 분리된 나라이므로 종교적 탄압의 상징을 공공장소에서 드러내는 행위를 허용할 수 없습니다." 여자가 외쳤다. "나는 탄압받는다고 느끼지 않습니다. 베일을 착용할 겁니다! 내 종교적 존엄성의 일부니까요!" 그 말에 정부 관계자가 대꾸했다. "국가는 그 문제를 다르게 보고 있습니다. 국가는 정교분리 원칙을 고수하고 그것을 위협하는 요소를 금지함으로써 헌법을 수호해야 합니다." 여성이 다시 말했다. "베일을 벗으라고 강요하는 건 **굴욕적**입니다! 내가 한없이 **무력**하다고 느껴져요!"

후견인적 성격을 띤 법률의 존재 의미와 목적이 투명하게 유지될 때만이 존엄성이 보장될 수 있다. 빌헬름 폰 훔볼트가 여기에 딱 들어맞는 말을 남겼다. "국가가 국민을 일깨울 수 있는 거의 유일하다시피 한 방법은 국가가 최선이라고 판단되는 정책 조사의 결과물을 즉시 공표하고 법률을 통해 직접적으로, 또는 국민이 참여하는 기관을 통해 간접적으로 맡기는 것, 또는 명예나 상금을 내걸거나 여타 격려의 수단을 통해 그 결론에 이르도록 자극하는 것, 또는 단순히 그 이유를 설명하여 설득하는 것 등이다. 그러나 이 중 어떤 방법을 따르든 간에 이들 모두는 진정한 일깨움과는 거리가 멀다. 왜냐하면 일깨움이란, 문제에 따르는 모든 가능한 해답을 앞에 제시하여 사람들로 하여금 가장 적절한 것을 스스로 알아서 결정하도록 준비시키거나 발생 가능한 모든 장해요소를 그려봄으로써 스스로 해답을 찾게 만드는 것이기 때문이다."

"자네들이 사는 바깥세상 나라에서는 국민투표 같은 것이 없으니까 그렇지!" 베른에 사는 동료 한스가 지난번 만났을 때 했던 말이다. "자네가 사는 나라가 그런 나라잖아. 물론 국회의원을 뽑기는 하지. 하지만 그걸로 끝이잖나. 그들이 결정하지 내가 결정하는 건 아니라니까. 그럼 내가 나의 권위에서 물러나는 꼴이 되지. 권리를 **양도**한다는 것은 **포기**한다는 뜻이야! 나머지는 내 후견인이 된 그들이 전부 처리하는 거고. 그저 텔레비전 앞에 앉아서 그자들이 제멋대로 일을 결정하는 꼴을 두 손 놓고 쳐다보기만 해야 하는 걸세. 내 인생에 관한 중대한 일들을 말이지! 그런데 나는 이런 권리들을 양도했거든. 도대체 그게 무슨 웃기지도 않는 소린지! 그런데 이 나라스위스—옮긴이는 그렇지 않아. 아주 다행이지. 여기서는 마지막까지 내가 직접 결정에 참여할 수 있어. 물론 다수결이니까 내 의견 쪽이 질 수도 있지. 그러나 결국은 내 뜻대로 되지 않는다고 해도 투표를 하고 영향을 끼칠 수도 있다는 말일세."

내가 말했다. "그런 일들은 함부로 결정할 수 없는 복합적인 안건들이야. 전문적 지식과 특별한 능력 없이는 신중한 결론을 내릴 수가 없지. 사람들이 모여서 이러쿵저러쿵 토론하는 걸로는 충분하지 않아. 그뿐인가. 위험하기도 해. 근거도 확실치 않은 이야기들이 만들어내는 이야기들과 반은 진실이고 반은 거짓인 이야기들, 선동적 구호 같은 것들이 만연할 수 있네. 권위가 영 미덥지 않은 형태를 띠는 거지. 국회의원이나 장관, 행정 각료들에게 이런 일들을 대신 해달라고 맡길 때에는 개개인이 주먹구구식으로나 느낌만으로 결정해버릴 수도 있는 사안을 더 이성적이고 전문적으로 처리해달라고 희망하며 믿고 맡기는 거라네. 한 가지 더, 지금 내가 살고 있는 나라의 경우에는 직접민주주의와 관련해 매우 좋지 않은 경험을 했네. 그래서 직접민주주의를 하지 않기로 결론 내린 거야. 민중은 사상 교육이나 사실 은폐를 통해, 또는 무조건적 호감이나 반감 같은 것들에 넘어가 쉽게 휩쓸릴 수 있네. 그렇게 되면 개개인의 권위도 함께 휩쓸리는 거지. 정작 자신은 알지도 못하는 사이에 말일세. 바로 그것이 완벽한 금치산자 선고 아니겠나."

"희망하며 믿고 맡긴다고? 엄청 순진한 소리구먼. 그자들도 무식하긴 마찬가지야! 그리고 그들의 동기를 믿을 수 있나? 검은 거래가 없다고 할 수 있어? 아니, 내가 한마디 해야겠네. 인생에서 중요한 일들에 관해서는 자기의 권위를 절대 손에서 놓으면 안 되는 걸세. 제 발로 찾아가 내 후견인이 되어주십시오, 하고 청해서는 안 된다는 말이야. 그건 우둔하고 **반존엄적**인 행위야!"

나는 그건 단어의 오용이라고 차분히 대꾸해주었다. 우리는 다소 냉랭하게 헤어졌다. 며칠 후, 엽서가 날아왔다. 반존엄적이라는 말이 의도했던 것보다 과한 표현이 되었다고 한스는 엽서에 적었다. "이곳에서 일어나고 있는 여러 가지 일들을 보다 보니 내가 했던 말이 옳다고 완전히 확신하기가 힘드네."라는 말도 덧붙였다. 나는 답장에 이렇게 썼다. "나도 이곳에서 일어나고 있는 여러 가지 일들을 보다 보니 내가 했던 말이 옳다고 완전히 확신하기가 힘드네."

진심 어린 개입

국가권력뿐 아니라 개인도 타인의 후견인이 될 수 있다. 그것이 존엄성을 위협하는 일이 되는지 아닌지는 뒤에 숨은 의도가 무엇이며 피후견인의 자유에 대한 개입이 투명하고 정당하게 비춰지는가에 달려 있다. 그뿐만이 아니다. 개입을 당하는 피후견인의 의지가 얼마나 중요하게 다뤄지는가에도 좌우된다.

결정을 앞둔 일에 애초부터 **의지**라는 것이 없는 경우도 있다. 예를 들어 어린아이는 **아직** 성숙하고 굳은 의지가 없다. 따라서 개인적 권위를 가지지 못하기 때문에 복잡다단한 결과를 가져오는 어떤 사안에 대해 의사 결정을 내릴 수가 없다. 학교의 교육위원을 뽑는다든가 질병의 치료 방법을 결정하는 것이 그 예다. 그럴 때는 부모에게 후견인 자격이 주어진다. 우리가 아직 나이가 어릴 때에는 그저 편하기만 했다. 혼자서 감당하기에는 너무 벅찬 중대한 일 앞에서 이 일을 어떻게 스스로 결정하나 난감하기만 한 것이다. 내가 어렸을 때 부모님이 예방접종 시기를 놓친 적이 있었다. "주사 맞자고 하니까 네가 싫어서 오만상을 찌푸리는데 그럼 어떡하니?" 부모님의 말씀이었다. 결국 병에 걸려버린 내가 되물었다. "왜 맞으라고 끝까지 **강요**하지 않으셨어요?" "네가 싫다고 그러는데도 억지로 말이냐?" "당연하죠. 그런 걸 내가 혼자 어떻게 알아서 하겠어요!" 이건 책임을 지지 않으려고 상대방에게 책임을 **전가**하는 말이다.

어린이는 존중받아야 할 권위나 의지가 **아직** 형성되지 않은 경우가 많다. 노인성 인지증이나 치매를 앓고 있는 사람에게서도 그러한 의지나 권위를 **상실**한 경우를 종종 볼 수 있다. 이럴 때는 가도 되는 곳과 가서는 안 되는 곳, 먹어야 하는 음식, 복용해야 하는 약 등등에 대해 다른 사람이 나설 수밖에 없다. 아직 권위가 형성되지 않은 어린이들의 경우에는 이러한 것들이 존엄성의 문제를 일으키지 않는다. 아직 자라나는 과정에 있기 때문이다. 그러나 고령으로 권위가 사라질 때에는 당사자나 그것을 보는 사람이나 모두 가슴이 아프다. 그럴 때 우리는 그분들과 상대할 때 최대한 조심하며 존엄성을 보존하도록 애쓰게 된다. 그러나 그것은 독립성에 기반을 둔 존엄과는 이미 다른 것이다. 이것에 대해선 마지막 장에서 다시 한 번 다루기로 하겠다.

한편, 우리가 알 수도, 물어볼 수도 없는 의지도 또한 존재한다. 그럴 때는 어쩔 수 없이 당사자의 의지와 상관없이 임의로 결정해야 한다. 그를 대신하는 후견인의 임무를 맡게 되는 것이다. 사고를 당했거나 뇌졸중을 앓게 되었을 때, 수술 후 뜻밖에도 다시 깨어나지 못했을 때, 또는 의식불명의 상태가 되었을 때도 마찬가지다. 이런 경우 의사가 환자를 **대신**해서 결정한다. 올바른 결정을 내린다면 의사는 환자의 존엄에 영향을 끼치지 않는다. 중요한 것은, 의사가 환자의 입장으로 들어가 내가 환자라면 어떻게 할까 자문하는 것이다. 실수할 수도 있다. 수술을 하다가 암이 발견되었다고 하자. 암에 걸린 환자 중에서는 절단에 따르는 장애를 안고 남은 평생을 살아가기보다는 차라리 죽는 게 낫다고 생각하는 사람도 있을 수 있다. 그러나 의사가 그것을 알 수는 없다. 설령 의사의 결정이 불만족스럽다고 해도 그의 탓으로만 떠넘길 수는 없을 것이다. 그리고 당신 때문에 내 존엄성에 금이 갔다고 의사에게 비난을 돌릴 수도 없다. 그런데 예를 들어 대뇌 손상과 뇌성마비에 대한 의사 자신의 연구를 위해 전혀 가망이 없는데도 수술을 강행했다면 그때는 그를 비난할 수 있다. 환자는 자신이 권위의 위임을 통해 실험용 동물이라는 수단으로 악용되었다는 사실을 뒤늦게 깨닫게 된다.

가장 까다로운 경우는, 당사자의 **의지에 반하는 결정**을 내리면서도 존엄을 해치지 않을 수가 있느냐 하는 문제이다. 그런 결정을 내리게 되는 이유는 혹시라도 발생할 수 있는 해악을 방지하고 고통을 최소화하기 위해서일 것이다. 자유를 반납하는 대신 고통을 예방한다는 공식에 따른 것이다. 이러한 목적을 가진다면 당사자의 문제에 임의로 개입함으로써 생기는 굴욕을 막을 수 있다고 생각한다. 당사자는 어쩔 수 없이 무력감을 느끼겠지만 그것은 의도적이고 악의적인 무력감이 아니고 최선의 결과를 만들기 위한 것이라고 믿는다. 우리는 어린이나 청소년의 후견인 역할을 하면서 이것을 자잘하게 경험한다. 마음대로 텔레비전을 보게 내버려두지 않는다거나 잔인한 컴퓨터 게임을 하지 못하도록 치운다거나 아무리 하고 싶다고 졸라도 음주나 운전을 금지하는 등의 일 말이다. 이는 그들이 하고 싶은 것을 못 하는 것을 보며 고소해하거나 즐기기 위해서가 아니라 아이들을 보호하기 위해서이다.

때로는 성인에게도 이와 같은 조치를 취해야 할 때가 있다. 사안이 매우 중대할 경우다. 검사 결과가 참담하게 나온 환자가 있다고 하자. 의사는 이 사실을 숨기고 환자의 가족들도 의사의 의견에 동조한다. 가족은 이렇게 말한다. "검사 결과를 감당하지 못할 거예요. 그에게 알린다면 모든 면에서 더 나빠지기만 할 거예요. 살날이 얼마 남지 않았다면 모르고 사는 게 나을 겁니다." 결국 사실을 알게 된 환자는 이런 반응을 보이지 않을까? "나를 애 취급하는 거냐!" 독립적 인간이 가지는 존엄성에 상처가 났을 때 생기는 것은 원망과 억울함이다. 가족들은 오히려 역정을 내는 모습에 서운해하며 이렇게 말한다. "다 아버지를 위해서 **선의**로 그런 건데……." "선의라니 그게 무슨 말이냐? 사람을 그토록 믿지 못하고 진지하게 취급하지 않으면서 누굴 위하는 거며 뭐가 선의라는 거냐? 너희들은 인생에서 아주 중요한 몇 가지 중 하나를 속였다. 맨정신으로, 그리고 홀로 꿋꿋하게 운명과 싸우며 죽음을 준비할 기회를 빼앗았어. 아직은 그리 쇠약하지도, 고통이 참을 수 없을 만큼 심하지도 않은데 말이다. 내가 내 인생을 결정할 권위를 앗아 가다니! 어떻게 너희들이 그럴 권리가 있다고 생각할 수가 있느냐! 도저히 용서가 안 되는구나!"

아니면 이런 반응도 생각해볼 수 있다. "너희들이 나를 속이고 마음대로 결정한 것은 사실이다만 그래도 어쩐지 다행이라는 생각이 드는구나. 만약 내가 일찍 알았더라면, 중요한 것들을 하지 않고 놓쳐버릴 수도 있었다. 암 환자 중에 과연 누가 시베리아 횡단 열차를 탈 생각을 하겠느냐?"

또 다른 예는 혹시 스스로 목숨을 끊을지도 모른다는 우려 때문에 누군가의 주변에서 수면제를 모조리 치워버리는 경우도 생각해볼 수 있다. 검사 결과를 알리지 않은 경우는 당사자의 **알 권리**를 막은 경우이고 이런 경우는 어떤 의도에서 파생한 **행위**를 막는 경우다. "당신 맘대로 약을 버려? 무슨 생각으로 그런 거야? 내 인생은 **내** 거야. 그 누구도 아닌 **내**가 결정한다고!" "물론이에요. 하지만 당신이 무슨 행동을 취한다면 그건 심사숙고해보지 않은, 너무 성급하고 너무 빠른 결정이 아닐까 하는 이유로 그랬어요. 다른 좋은 가능성을 찾기에 아직 너무 늦지 않았을 수도 있어요. 난 그저 당신 자신으로부터 당신을 보호하려고 했을 뿐이에요." "어떻게 자기가 그럴 자격이 있다고 생각할 수가 있지? 여기서 중요한 건 **당신**의 관점이 아니야. **내** 생각이 어떤가 하는 것이 유일한 핵심이라고. 내 인생에 관해선 내가 권리를 갖고 있어. 그 누구도 아니라고. 나는 이제 여기를 떠날 거야. 다시는 감히 내 인생에, 아니 내 죽음에 끼어들 생각 하지 마!"

그런데 그로부터 얼마 후, 엽서가 날아온다. "당신이 약을 치워버려서 정말 다행이라는 생각이 들어. 하지만 이제 더는 당신과 함께 살 수가 없어. 뭔가가 산산이 부서져버렸어. 나를 걱정해서라는 건 잘 알고 있지만 되돌릴 수 없어. 추신: 약을 꽤 넉넉히 모았어. 이번에는 아무도 빼앗아 갈 수 없어. 아무도."

이보다 한 단계 더 복잡한 경우가 있다. 상대방을 걱정하는 마음에서 비롯된 간섭이 가치관의 장벽을 극복해야만 할 경우다. 일부 종교 단체에서는 수혈이 금지되어 있다. 만일 수혈을 받을 경우 교단에서 추방되거나 멸시를 당하는 불이익을 받는다. 부모가 병원에 아이를 데려온다. 수혈을 하지 않으면 아이는 사망할 수밖에 없다. 부모는 절대 그럴 수 없다고 딱 잘라 말한다. "피를 갈아치운다는 것은 신의 영역에 침범하는 겁니다. 그러면 벌 받아요." 그러자 후견인 역할을 두고 기묘한 싸움이 서서히 고개를 든다. 자신의 아이를 신의 저주로부터 보호하고자 하는 부모와 죽음으로부터 구하고자 하는 의사의 싸움이다.

"선생님이 이런 일들에 대해 우리보다 더 잘 안다고 할 수는 없잖아요? 저주는 죽음보다 나쁜 겁니다. 아이에게 그런 짓을 할 수는 없어요. 선생님이 우리 애 일에 간섭하도록 놔둘 수는 없어요!" 부모의 말이다. 저주가 어떠니 하는 말을 도통 이해할 수 없는 의사의 생각은 오직 한 가지, 부모의 의지를 꺾지 않으면 아이가 죽는다는 사실이다. 그럼에도 불구하고 강력하게 밀어붙이지 못한다. "이 애는 저 사람들 애지 내 애가 아니야. 내 삶의 일부가 아니라 저들 삶의 일부라고. 이런 생물학적이고 심리적인 부모 자식 간의 친밀감과 생활의 친밀감이 죽고 사는 문제에 있어서 의사로서 내가 가진 권위에 앞서는 것은 아닐까? 아무리 혐오스럽고 납득이 가지 않을지라도 부모가 가진 이 권위에 내 판단을 꺾어야 한다는 뜻 아닐까? 그래서 교육이라는 중대한 문제도 다 부모의 권위에 맡기고 하는 법 아닌가? 내가 행하는 의사로서의 권위라는 것도 결국 애매한 것이 아니던가?"

타인과 그들의 개입에 대한 존중

결국 의사는 부모를 완력으로 병실 밖으로 몰아내고 수혈을 시작한다. "다른 도리가 없었다. 난 강행해야만 했다." 그는 나중에 이렇게 말한다. 수혈을 시행하기 전에 그는 혼잣말로 중얼거렸다. "사람이 어떤 세계관과 종교를 갖게 될지는 어느 시대에 어디에서 태어났는지에 따르는 것이므로 우연이다, 이렇게 보는 것이 진정한 관용의 전제 조건이다. 그리고 나는 언제나 이러한 관점을 가지고 살아왔다. 그런데 왜 **지금**은 그 생각에서 벗어나려고 하는가?" 그러나 내면의 독백은 아이의 생명을 구하고자 하는 처음의 생각을 바꾸지 못했다. 의사는 만일 그가 이 확신을 따르지 않을 경우 상실감 속에서 자신을 잃어버릴 것이라고 생각했다. 부모가 신의 저주라는 난해한 관념을 가지고 있다는 이유로 눈앞에서 아이가 죽어가게 놔둔다면 오늘 밤 어찌 제대로 잠을 잘 수 있겠는가?

후에 치료가 다 끝났을 때 의사는 가만히 생각을 정리해본다. 남이 틀렸다고 한다고 해서 내가 옳다고 생각하는 것을 포기할 수는 없다고 중얼거린다. 그건 왜일까? 만일 내 견해가 여타 다른 이들의 견해처럼 역사적인 우연성에 의거한 것임을 내가 비록 인지하고 있다 하더라도 그것을 **정당**하다고 믿는 행위, 그런데 그것이 내가 지금 행위의 근거로서 똑같이 정당하다고 역설하는 모든 다른 가능성 가운데 하나로서가 아니라 **오직 하나**뿐인 정당한 사상이라고 믿는 것에는 변함이 없다. 만일 그렇지 않다면 나에게는 견해라는 것이 있을 수가 없다. 믿는다는 것은 즉 옳다고 생각하는 것이기 때문이다. 그리고 그것은 내 **진실성**, 참다운 **진짜 나**에 관한 문제이기 때문에 "하긴, 남의 말이 맞을지도 몰라. 아이의 목숨이나 건강이 저승에서 영혼이 구원받는지의 여부보다 중요하지 않을 수도 있지. 그건 아무도 모르는 일 아니겠어?"라고는 차마 말할 수 없는 것이다. 인생에서 어렵고 중요한 일이 일어날 때 한 인간에게 이러한 진실성과 참다운 내가 없다면 그는 과연 무엇이겠는가? 또한 이것은 내 존엄성에 관한 문제이기도 하지 않은가?

일은 여기서 끝나지 않고 의사는 다음 환자를 맞으며 개입에 관한 다음 딜레마에 또 한 번 부딪히게 된다. 진통이 시작된 여자가 병원에 온다. 검진을 해보니 태아가 놓인 위치 때문에 자연분만이 불가능할 것 같다. "제왕 절개를 해야 합니다." 의사가 임신부에게 말한다. 여자는 강력한 영적 지도자들이 이끄는 어느 먼 나라의 시골 마을에서 태어나고 자란 사람이다. "절대 안 돼요!" 여자가 부르짖는다. 알고 보니 여자가 자라나고 이제 얼마 지나지 않아 다시 돌아가게 될 그곳에서는 제왕 절개 등의 수술을 신이 정한 질서를 어지럽히는 죄악으로 간주하고 있었다. 여자는 영적 지도자로부터 질타를 받음은 물론, 남편과 마을 사람들로부터 멸시와 핍박을 받게 될 것이었다. 그것은 지옥 같은 삶을 의미했다. 의사는 여자에게, 수술을 하지 않으면 아이는 100퍼센트 사망할 것이며 여자의 목숨도 위태로워질 것이라고 설명했다. 그러자 여자는 이렇게 말했다. "그래도 저주와 핍박보다는 그게 나아요!"

나는 의사의 입장에 서본다. 시간이 촉박하지만 법적인 근거를 찾기 위해 판사에게 연락을 취해본다. "수술 처치는 본디 신체 상해에 해당하지만 유효한 승낙이 전제될 경우 정당합니다. 그런데 그 승낙이라는 것이 이성적인 행위냐 아니냐에 근거하는 것이 아니라 환자의 개인적이고 사적인 기준에 의한 것이어도 유효합니다. 즉, 환자의 뜻에 반하는 제왕 절개 수술은 적법하지 않은 상해에 해당되지요. 그러나 이번 같은 경우라면 크게 고민하지 않아도 되실듯합니다. 형법 예외 조항을 근거로 대면 됩니다. 그게 뭐냐면 양심의 자유라는 것이지요. 눈앞에서 아이와 산모가 사망하는데도 그냥 보고만 있어라, 할 수 있는 사람은 아무도 없습니다. 특히 당신이 응급실에서 급작스럽게 위와 같은 상황과 맞닥뜨린 데다가 치료를 미리 거부할 수도 없었기 때문에 더욱 그렇습니다."

안심이다. 그러나 모든 면에서 아직 안심할 수는 없다. 수혈을 거부한 앞의 예보다 이번 경우는 더 복잡하다. 한 아이의 생명이 왔다 갔다 하는 문제라는 것은 같다. 그런데 여기선 비록 출산 직전이긴 하지만 아직 태아이며 어떤 면에서 아직은 어머니 몸의 일부이고 이 몸의 권리는 그 임신부가 갖고 있다. 그러므로 수술은 여자의 후견인 역할을 하겠다고 나서는 것과 다르지 않으며 이전의 경우보다 조금 더 깊이 들어간다. 당사자의 반대에도 불구하고 몸에 칼을 대는 것이다. 게다가 여자는 멸시를 받느니 차라리 죽음을 택하겠다고 분명히 말로 표현했다. 만일 의사가 수술을 강권하는 것은 여자에게 "**당신**이 아니라 **내**가 결정합니다. 그리고 내 결정은 죽음보다는 멸시를 택하라는 겁니다."라고 하는 것과 전혀 다름이 없다. 과연 그래도 **되는** 것인가? 독립성과 자기 결정성이라는 의미에서 그녀의 존엄성을 해하는 것이 아닌가? 누군가는 이렇게 말할지도 모른다. "당신의 진심과 진지함에 존경을 표합니다. 그렇지만 이처럼 특수한 경우에 타인의 독립성 안에서 당신의 의무감은 한계를 갖습니다. 당신 식대로 표현하자면 임신부의 존엄성과 당신 자신의 존엄성이 충돌하는 겁니다."

그럼 어떻게 해야 하는가? 의사인 내가 반드시 해야 하는 일은 임신부의 의지가 얼마나 분명하고 확고한지 알아내는 것이다. 당사자가 어떤 식으로 표현하며 얼마나 잘 설명하는가? 수술을 받지 않을 경우

일어나는 위험에 대한 내 설명을 정말로 완벽하게 알아들었는가? 쌍방간에 오해가 없는 것이 확실한가? 그녀의 말이 어디까지 맞는가? 혹시 수술 자체가 두려워서 그러는 것은 아닌가? 수술에 대해 어떤 오해가 있기 때문에 거부하는 것은 아닌가? 처한 상황이 급박해서, 아니면 시간적으로 쫓기기 때문에, 또는 두렵거나 권위적인 누군가가 옆에 있기 때문에 그런 건 아닐까?

의사는 남편과 영적 지도자를 밖으로 내보낸다. 그리고 잠시 임신부 혼자 놔둔다. 조금 있다가 돌아온 의사는 그녀를 본다. 여자가 말한다. "안 되겠어요. 흉터가 남잖아요. 그것 때문에 따돌림당할 거예요. 세상에 그런 지옥은 없을 거예요."

이제 어떻게 한다?

의사는 수술을 강행하여 개복한다. 건강한 아이가 태어나고 상처도 빨리 아문다. 그러나 산모는 의사와 단 한 마디도 하려고 하지 않는다. 며칠 지나자 산모는 마음을 바꿔 이런 말을 한다. "그들한테 맞설 거예요. 정 안 되면 마을 사람들의 간섭이 닿지 않는 먼 곳으로 아기랑 도망칠 수도 있어요. 아기랑 저, 두 사람 모두 이렇게 살아 있어서 기뻐요. 감사합니다."

반대의 가능성도 있다. 산모는 의사와 한마디도 나누지 않은 채 그대로 고향으로 떠나버린다. 의사는 몰래 신분을 숨기고 마을로 들어간다. 산모는 집이라기보다는 오막살이에 가까운 마을 가장 끝자락의 집에서 아기와 단둘이 산다. 두 사람은 기근을 비롯한 온갖 천재지변에 허덕이는 사람의 몰골을 하고 있다. 따돌림으로 고생한 흔적이 얼굴에 그대로 나타나 있다. 존엄성 따위는 이미 사라진 모습이다. "당신 때문에 불행의 나락으로 떨어졌어요." 여자는 이렇게 말한다. 의사는 여자가 굳은 표정으로 아무 말 없이 병원 문을 나설 때 이렇게 말했었다. "다른 방법이 없었습니다." 그 누구의 일도 아닌, 오로지 **그녀** 혼자만의 일이었는데도 의사는 너무 **자신**의 감정에만 신경 쓴 것이 아니었을까? 타인을 향한 연대감이나 의무감 속에 정작 타인을 배려하지 않는 이기적 마음이 숨어 있는 것은 아닐까?

이러한 고민 끝에 의사가 수술을 하지 않기로 결심했다고 가정해보자. 태아는 사망하지만 산모는 살릴 수 있었다. 산모는 죽은 아이를 생각하며 운다. 그리고 이제 다시는 아이를 가질 수 없다는 사실에 절망한다. 하지만 곧 정신을 수습한 그녀는 퇴원하면서 이렇게 말한다. "목숨을 구해주셔서 감사합니다. 또, 제 말을 존중해주신 것에 더더욱 감사드려요. 그러기가 쉽지 않으셨을 것을 잘 알아요." 의사는 그녀가 돌아간 마을로 찾아가 본다. 마을에선 그녀가 얼마나 힘든 일을 겪었는지 다 알고 있다. 여인은 불행을 의연하게 견뎌낸 사람으로 신망을 얻었다. 의사는 그녀에게 어떤 이야기를 해줄 수 있을까? 제왕 절개 수술을 받았다면 겪지 않아도 되었을 고통, 그리고 그 반대로 얻을 수 있었던 여러 가지 인생의 기쁨들을 이야기했을까? 그녀는 대답할 것이다. "네, 알아요. 선생님의 생각이 그렇다는 것을요."

그러나 여자는 어느 날 의사를 다시 찾아와 이야기를 청할지도 모른다. 그동안 심경의 변화가 있었던 것이다. "지금 이런 고통이 찾아올 거라는 사실을 미리 알고 있었으면서도 그때 왜 내 어리석음을 바로잡지 않으셨나요? 고통과 죽음이 따르는, 누가 봐도 뻔한 어리석음을 존중하다니, 세상에 그런 고약한 일이 어디 있나요? 어째서 절 **말리지**

않은 거죠?"

의사는 이렇게 대답한다. "당신의 의지가 그러했습니다. 그리고 내가 존중한 것은 그 어리석음이 아니라 삶에 대해 스스로 결정을 내리고자 하는 당신의 의지와 능력이었습니다. 그 순간만큼은 당신의 존엄성을 보호하려고 했던 것입니다. 저를 포함해 여타 **다른 이의 의지**와 일치한다는 조건하에서만 당신의 자율적 의지가 존중받는 것은 아닙니다. 존중이라는 것이 이러한 암묵적 제한 아래서만 이뤄진다면 그건 자신과 다른 의지를 진정으로 존중하는 것이 아닐 겁니다. 그러니까 실제로는 존중이 아니라 간섭이요, 존엄성의 훼손이 되겠죠. 당시 당신이 올바른 의지를 가지지 않았고 따라서 옳은 결정을 내릴 수 없다는 것을 이미 **확신**했음에도 불구하고 나는 그것을 인정하고 그것을 바탕으로 당신을 존중했습니다. 그런 의미에서 진정한 존중이었죠. 왜냐하면 당신 의지에 반하는 결정이란 당신에게 너무나 많은 고통을 의미한다는 것을 알고 있었으니까요. 하지만 이런 경우에 **안다**라는 표현을 쓸 수 없다는 것도 인지하고 있었습니다. 여기서 이야기하는 대상은 통상 우리가 알고 있거나 알 수 있는 **사실**이 아닙니다. 무엇이 **중요**한가, 어떤 것이 다른 것보다 더 중요하고 덜 중요한가 하는 견해, 즉 **가치 평가**에 관한 이야기입니다. 그렇다면 상대방이 중요하게 생각하는 것을 내가 인정할 수 없을 때, 내게 중요한 것과 상대방에게 중요한 것의 격차가 매우 클 때 어떻게 해야 내가 그를 진심으로 존중하는 걸까요? 당신은 이제 생각이 바뀌었습니다. 하지만 그 당시엔 다른 생각을 갖고 있었죠. 애매한 순간에 이뤄진 가치 평가를 그저 존중하는 것 말고는 달리 무얼 할 수 있겠습니까? 그런데 당신은 지금의 당신 생각을 존중해달라고 합니다. 그런 생각이나 평가들은 시간이 지남에 따라 얼마든지 변할 수 있다는 것을 우리 두 사람 다 알고 있는데도 말입니다."

"하지만 당시 내가 정말로 **자유로이** 결정을 내릴 수 없는 처지에 있었다는 걸 모르셨나요? 남편에게, 마을 사람들의 편견에, 영적 지도자들의 판단에 묶여서 살아가고 있었기 때문에 그렇게 느끼고 생각할 수밖에 없었다는 걸 말이에요. 당시에는 그런 것들이 무서웠고 어떻게 대항해야 할지 몰랐을뿐더러 과연 거기서 풀려날 수 있을지 가망이 없었죠. 이것 하나는 아셔야 했어요. 나를 떠받치고 내가 믿고 있는 가치관이라는 것이 결국은 그 가치관을 수단으로 삼아 권력과 지위를 손에 쥔 남자들에 의해 강요된 것이었다는 것을요. 나 자신의 이익과는 아무 상관이 없는 것이었어요. 그리고 선생님이 그 사실을 알고 있었다고 가정한다고 해도, 그럼 나를 위해서 내 말에 반대해야 되는 것 아니었나요? 내가 스스로 다른 사람의 공격에 맞설 힘이 없기 때문에 선생님이 그렇게 해줘야 하는 것 아니었나요?"

"당신이 스스로의 의지를 분명히 표현했는데도요? 그 누가 상대방의 분명한 의사표시를 무시하고 그를 보호할 수 있습니까? 절대 있어서는 안 될 권리의 침해이자 간섭 아닙니까? 존엄을 무시하는 건 아니고요?"

"고통을 불러올 수밖에 없는 어떤 견해로 인해 결국 힘든 고초를 겪고 나면 자동적으로 생각도 달라질 수밖에 없다는 것을 아는 사람이라면 어떻게든 해보았을 텐데요."

"그건 알 수 없는 일입니다. 왜냐하면 고통이 고통으로 느껴지는가 여부는 당사자의 가치관에 달려 있기 때문입니다. 그러므로 어떠한 경험이 후에 가치판단이라는 큰 틀을 변화시킬 것인지, 심지어 완전히 깨부술 것인지도 가치관에 달려 있는 것입니다. 괴롭게 느껴지지 않는 고통은 고통이 아닙니다. **고통**은 경험에 묶인 범주에 속하는 주관적인 것이지 객관적인 것이 아닙니다. 그 경험에서 자신을 분리시키면 고통은 고통으로서의 가치를 잃어버리고 그것이 속한 범주가 모두 떨어져 나갑니다. 나는 당신이 마을에서 아이를 잃은 어머니로서 슬픔 속에 살아가면서 생각과 감정이 변할 것이라는 걸 미리 전혀 알 수 없었습니다. 자기네들의 가치관과 금지 사항으로 당신을 노예화했던 인간들에게 당신이 슬픔과 절망감의 화살을 돌릴 것이라고 예견할 수는 없었다는 말입니다. 그런 연유로 당신이 나더러 왜 그때 이렇게 저렇게 하지 않았느냐라고 했던 당시 그런 행동은, 제 눈에는 당신의 독립성을 해치는 간섭으로, 나아가서는 존엄성의 위협으로 생각되었던 겁니다."

이처럼 존엄성에 대한 서로 각자 상이한 경험이 충돌을 일으키는 상황이 발생할 수 있다. 존엄성의 이유로 내가 확신하는 바를 실행에 옮기는 과정에서 설령 상대방의 존엄성이 깎인다고 해도 그를 대신해 행동하거나 간섭하는 일도 일어날 수 있다. 또한 반대로, 상대방의 자유의지를 보호함으로써 그의 존엄성을 지켜주려면 나 자신의 의견을 무시하거나 책임감이나 진실성이라는 차원에서의 나 자신의 존엄성을 위험에 빠뜨릴 수밖에 없을 때도 있다. 이미 서문에서도 언급하긴 했지만 존엄성에 대한 문제를 놓고 이러한 딜레마가 생길 수밖에 없는 것은 존엄성과 관련된 경험, 그리고 존엄성이 속하고 그 안에서 표현되는 삶의 형태, 이 두 가지가 서로 일치하지 않기 때문이다.

종속: 부탁과 구걸

아서 밀러의 희곡《세일즈맨의 죽음》에 나오는 나이 예순의 주인공 윌리 로먼은 출세하지 못한 늙고 지친 남자다. "너희 아빠가 옛날엔 말이지, 보스턴에서 하루에 계약 예닐곱 건을 따내곤 했어." 아내 린다가 이렇게 말한다. "지금은 자동차에서 가방을 뺐다가 다시 집어넣었다가 다시 뺐다가 하느라 힘이 들어 하지……. 차로 1천 킬로미터나 달려가도 네 아빠를 아는 체하는 사람은 아무도 없단다." 더 이상 견디지 못한 로먼이 내근직으로 배치해달라고 부탁할 요량으로 사장인 하워드를 찾아간다.

무언가를 **부탁**해야만 하는 상황은 어떤 상황인가? 그 상황은 어떤 경험을 낳으며 존엄성과는 무슨 관계가 있는가?

부탁한다는 것은 소망을 말로 표현하며 누군가에게 그 소망의 성취를 도와달라고 요구하는 것이다. 그러므로 부탁은 **도움을 받는** 상황을 낳는다. 그것은 독립적으로 무언가를 할 수 없다는 것, 다시 말해 남에게 **의지**하고 **의존**한다는 것을 스스로 실토하는 것을 의미한다. 욕구를 만족시키는 일이 스스로의 힘을 벗어나 타인의 힘에 달려 있다. 로먼은 저 혼자서 마음대로 내근직으로 이동할 수 없다. 그것은 하워드만이 할 수 있는 일이다. 하워드는 로먼을 좌지우지할 수 있는 인물이기 때문에 처음부터 로먼이 무력감을 느낄 수밖에 없는 상황이 내재되어 있다.

남의 도움을 꼭 필요로 한다는 것 자체만으로 존엄성이 손상된다거나 하지는 않는다. 그렇지 않다면 절대 도움을 받지 않는 강한 사람들에게만 존엄성이 있을 것이다. 그렇다면 과연 어느 경우에 이러한 상황이 존엄성을 해칠까?

그것을 결정짓는 첫 번째 요인은 도움을 청하는 나와 그 청을 들어주거나 거절할 수 있는 두 사람 사이의 **관계의 성질**이다. 도움을 주는 이가 모르는 사람이거나 국가의 지원 기관에서 나온 업무 담당자인 경우에는 다소 수월하다. 사회복지 기관에 가서 대기표를 뽑아 초라한 복도에 앉아 있어야 하는 기분은 사실 썩 유쾌하지 않다. 그런데 바로 그 기분이 어떤 기분인지 정확히 진단 내리는 것이 중요하다. 그것은 **자존심이 상하는** 기분인 것이다. 과거에는 엔지니어나 사장, 여러 권의 학술 서적을 출간한 대학 강사였을 수도 있다. 그러나 지금은 여기 앉아 생활비 보조금을 신청하는 신세가 되었다. 나의 **자존감**과 **긍지**는 금이 갔다. "이거야 정말 굴욕적이로군. 품위 없어!" 이런 소리가 절로 나온다. 나는 내가 내뱉은 이런 말들에 스스로 취한다. 그러면 자기를 향한 동정심에 위로받기도 하고 화를 쏟아냄으로써 기분이 다소 풀리기도 하기 때문이다. 그러나 내가 내뱉은 말은 **틀린** 말이다. 아무도 내게 무력감을 강요하지도 않았고 누구도 그걸 느끼라고 시킨 적이 없다. 드디어 사무실 안으로 들어가 담당자와 마주 앉는다. 내 앞에 앉은 사람은 제멋대로 날 욕보일 수 있는 사람이 아니다. 나는 그 사람으로부터 "어이구, 이분 또 오셨네!" 하는 말을 들어야 할 이유가 없다. 담당자의 손에 도움의 여부가 달린 것이 아니고 나한테 도움을 요청할 **권리**가 있으며 그는 그것을 실행해야 할 **의무**가 있다. 그를 대면하는 내 존엄성은 법치국가의 국민이라는 사실에 존재 이유가 있다.

내게는 공원 청소부의 일이 주어질 수도 있다. 나는 청소 도구를 들고 아침 일찍 공원에 간다. 반질반질하게 윤이 나는 자동차를 타고 직장으로 출근하며 비싼 레스토랑에서 점심 식사를 하는 옛날 회사 동료들을 본다. 그들은 멀리서 나를 보고 싹싹하게 손을 흔들어 인사한다. 내 기분은 어떨까? 당연히 부러움과 실망감, 또는 억울함과 분노일 것이다. 나보다 일도 못하는 사람들인데, 나는 너무 억울해, 이렇게 생각하며 상황을 탓한다. 그러나 존엄성의 상실 여부와는 상관이 없다. "내 존엄성이 허락지 않아." 나는 이렇게 중얼거리며 담당자가 제안한 일자리를 간단하게 거절할 수도 있다. 비록 위와 같은 표현이 흔히 들 할 수 있는 말이기는 하지만 이것 역시 혼란을 가져올 수 있는 애매한 표현이다. 내 능력이 주어진 일에 비해 한참 아깝고, 내가 가진 가치 이하로 이른바 헐값에 팔아넘기는 것은 화나고 분통 터지는 일이다. 오랜 시간 이렇게 지내야 한다면 나는 괴리감을 견디지 못하고 절망에 빠져 헤어 나올 수 없을지도 모른다. 그것은 불행이고 그 불행은 더 크고 파괴적인 불행의 씨앗이 될 수도 있다. 그렇지만 존엄성의 상실은 아니다. 제멋대로 힘을 휘두르며 내가 무력감에 잠기는 광경을 일부러 보란 듯 즐기며 웃음 짓는 그 누군가가 여기에서는 존재하지 않기 때문이다.

그런데 로먼과 하워드 사장의 관계는 이와 전혀 다르다. 로먼의 청을 받아주거나 거절할 위치에 있는 사람은 오직 하워드 한 사람이다. 권력을 가진 사람은 하워드고 로먼에게는 권리를 관철할 힘이 없다. 로먼이 사장실로 들어올 때 하워드는 당시로서는 첨단 장비이자 신분의 상징인 녹음기를 시험해보는 중이었다.

하워드 윌리, 어서 오시죠! 여기 앉으십시오.

로먼 얘기나 좀 나누려고 왔네, 하워드.

하워드 잠깐만 기다려주세요. 금방이면 됩니다.

로먼 그게 뭔데 그러나, 하워드?

하워드 이런 거 처음 봐요? 녹음기잖습니까.

로먼 아! 그런데 잠깐 시간 좀 낼 수 있을까?

하워드 소리를 녹음하는 기계죠. 바로 어제 들어왔어요. 아주 신통하기 짝이 없는 기계라니까요.

하워드는 녹음기를 틀어놓고 테이프에 녹음된 자식들의 목소리를 들으며 다른 것에는 전혀 신경 쓰지 않는다. 이야기를 하자고 이미 두 번이나 말을 꺼낸 윌리 로먼은 졸지에 신기한 기계의 시연회에 온 관객 이외에는 아무도 아닌 이가 되어버린다. 여자아이의 휘파람 소리가 녹음기에서 흘러나오는 가운데 윌리는 세 번째 시도를 한다.

로먼 혹시 괜찮다면 작은 부탁을 하나 해도 될까 하는데…….

그리고 네 번째 시도.

로먼 그것 참 훌륭한 기계군. 그런데 혹시…….

하워드가 로먼의 이 모든 시도를 헛발질로 만들어버린 것은 굴욕을 주는 것이요, 힘의 과시다. 일단 나와 내 멋진 녹음기가 우선이고…… 그리고 로먼의 무능력을 까발리는 것이다. 할 테면 얼마든지 해보라고, 당신이 가지고 온 용건에 대해 언제 이야기하는가는 순전히 내가 정하는 거니까.

상대방이 나를 상대해줄 시간이 될 때까지 기다리는 그 상황 자체는 굴욕이 아니다. 내 눈에 직접 보이거나 상황상 어쩔 수 없는 납득할 만한 이유가 있는 경우 그렇다는 뜻이다. 관청이나 병원에 가서 차례를 기다리거나 수리공이 올 때까지 기다리는 것들이 그런 예다. 비록 상대방에 종속된 상황이기는 하지만 내 손발이 다 묶인 채 무력하게 이끌려 가야만 하는 가시화된 전횡이라는 것이 여기서는 존재하지 않는다. 특히 내 무력감이 상대방의 즐거움의 대상이 되지 않는다는 점에서 더욱 그렇다. 설령 직원들의 실수나 게으름으로 불필요하게 기다려야 하는 일이 생겼다고 해도 답답하거나 짜증이 날 수는 있어도 굴욕의 경험이라고 하기는 어렵다. 굴욕이 되려면 의도적 횡포가 전제되어야 한다. 보아하니 사적인 전화인 것이 분명한데 간호사가 수화기를 붙잡고 있느라 나를 기다리게 할 때, 상담 시간이 끝나가는데 담당 공무원이 사무실에서 나와 문을 잠그고 담배 한 대 피우러 밖으로 나가는 모습을 볼 때, 도대체 아무런 이유도 없이 공항 안전 직원이 신발을 벗으라고 하고 엑스레이 검사대를 통과하라고 강요할 때 등, 이들이 전하는 메시지는 분명하다. 너는 내 손에 달려 있다. 그러면 보통의 짜증은 아무 이유 없이 누군가의 손아귀에 잡혀 이리저리 휘둘리는 자가 품는 분노가 되어버린다. 나는 분노를 참지 못한 나머지 양말 발로 비행기에 오르는 사람을 본 적이 있다. 그의 몸짓에서 읽을 수 있듯, 그가 표현하고자 하는 것은 존엄성에 관한 물음이었다. 그 광경을 본 다른 승객 한 명이 그에게 다가가 잘했다고 격려해주었다. 그를 실없는 사람이라고 생각하는 승객은 없었다.

하워드에게서 이 횡포가 공공연히 드러난다. 녹음기야 얼마든지 기다릴 수 있다. 그러나 하워드가 녹음기를 트는 것은 그의 욕망을 트는 행위이며 여기서 악랄한 것은 그가 로먼이 절대로 누릴 수 없는 재미를 여봐란듯이 누리는 것이다. 그러면서 한술 더 떠서 이렇게 말한다. "단돈 150달러면 살 수 있습니다. 요즘 이런 것쯤은 다들 하나쯤 있잖아요?" 1972년 레이캬비크에서 열린 세계 체스 선수권대회에서 보비 피셔가 보리스 스파스키와 대결했을 때의 이야기다. 마침 자동차 판매점에서 페라리가 전시되고 있었다. 피셔 측은 스파스키가 매일같이 전시장 앞에 서서 차를 구경한다는 정보를 입수했다. 피셔는 그 차를 구입해서 상대방 눈앞에서 몰고 다녔다.

이야기를 나누자던 로먼의 부탁은 **구걸**이 되어버렸다. 부탁은 어떻게 해서 구걸이 되는가?

그것은 행위의 **반복**에 있다. 한 번 부탁으로 되지 않자 로먼은 거듭 청해야만 했다. 그러나 여기서 반복해서 청한다는 것은 단순히 시간적으로 거듭되는 것을 뜻하지 않는다. 두 번째 부탁에서 시작해 여러 번 반복되는 부탁은 그때마다 매번 다르게 체험된다. 이전의 부탁에 아무 반응이 없었다는 기억의 그림자가 전제되는 것이다. 로먼은 어쩔 수 없이 부탁을 해야만 하는 절박한 처지였고 계속해서 청해야만 하는 필요성은 무력감과 굴욕을 낳았다. 하워드는 자기네 둘 사이의 관계가 달랑 한 번의 부탁으로 오케이 사인이 떨어지는 그런 관계가 아니라는 것, 그리고 거듭되는 부탁을 무시할 힘이 자기에게 있다는 것을 로먼으로 하여금 느끼게 한다. 부탁에서 구걸로 넘어가는 과정이 반복되다가 드디어 로먼은 부서를 옮겨달라는 청을 입 밖에 내기에 이른다.

로먼 터놓고 말하겠네, 하워드. 앞으로는 출장 다니지 않기로 결정했어.

'결정하다', 로먼은 앞으로의 업무를 정하는 사람이 마치 **자기**인 것처럼 보이고 싶어 한다. 자신의 독립성이 굳건한 것처럼 말이다. 그러므로 그는 부탁으로 표현하지 않고 선언으로 표현한다. 자유로운 선택을 표방한 이 표현은 종속됨을 부인하고 다가오는 굴욕을 어떻게든지 피하려는 애처로우면서도 안타까운 시도다. 하워드는 마땅한 자리가 없다고 대답한다. 로먼이 그럼에도 불구하고 부탁을 들어달라는 시도를 멈추지 않을 경우 선언은 필연적으로 부탁이 된다.

부탁이 위험한 이유는, 부탁을 하는 이유를 밝힐 때 자동적으로 자신의 욕구를 말하지 않으면 안 되고 따라서 약점을 드러내는 결과를 낳기 때문이다. 약점을 말한다는 것은 두 사람 사이에 친밀한 관계가 성립되고 난 후에 비로소 가능한 행위다. 이런 의미에서 한 사람이 다른 한 사람을 잘 알고 있어야 한다. 약점을 밝히는 것은 더 깊은 차원의 감정을 불러일으킬 수 있는데, 이러한 감정은 상대방에게 내 약점의 인식을 허용하지 않으면 이루어질 수 없다. 이것은 로먼이 아내에게 하는 말에서 알 수 있다. "정말 힘이 들어 죽을 지경이야. 난 실패했어요. 실패했다고, 린다……. 갑자기 차 운전이 안 돼. 차가 자꾸 옆으로 기운단 말이오, 알아듣겠소, 내 말을? 문득 생각이, 오만 가지 생각이 떠오르다가도 어느 순간 방금 5분 전에 무슨 생각을 했는지 전혀 모르겠단 말이야……." 그러나 로먼이 약점을 토로한다고 해서 그의 존엄이 흔들린다거나 하지는 않는다. 듣는 사람이 그의 아내이기 때문이다. 중요한 것은 그 누구나 무엇의 강요도 없이 상대방과의 친밀감 속에서 스스로의 약점이 우러나온다는 것, 그리고 어떤 목적을 이룰 요량으로 전략적으로 접근하는 게 아니라는 것이다. 우리가 부탁이 선뜻 입 밖으로 나오지 않는 이유는 내 약점을 내보여서가 아니라 그것 말고는 달리 선택이 없기 때문에 어쩔 수 없이 해야 한다는 사실에 있다. 그것이 얼마나 마음에 거슬리는 일인가는 아쉬운 소리를 하느니 차라리 하고 싶은 걸 못 하는 게 낫겠다고 하는 심리에서 볼 수 있다. 좀 더 나은 인생을 살 수 있는데도 남의 도움을 청하기 싫어서 그대로 살아가는 예를 문맹자들에게서 종종 볼 수 있는 것과 같다.

이는 남의 도움에 의지하는 것이 존엄성을 위협하는가의 물음에 대한 두 번째 대답을 제시하고 있다. 즉, 양측이 어떤 관계에 놓여 있는가라는 문제뿐만 아니라 당사자가 자기 자신의 약점을 어떻게 보느냐 하는 사고방식에도 관계가 있다는 뜻이다. 로먼은 일이 힘에 부치고 실적도 올리지 못하는 것을 결함으로 생각하여 자신을 이처럼 구속의 상황으로 몰고 간다. 다시 말하면 자기가 최대의 결함으로 생각하는 저조한 실적을 입 밖에 냄으로써 목적을 이루려고 한다. 소위 아메리칸드림에 그처럼 심하게 얽매이지 않았더라면 훨씬 더 수월했을지도 모른다. 예를 들면 이렇게 말해버릴 수도 있었다. "그래, 인정한다. 실적이 점점 떨어지고 있는 건 사실이야. 그런데 세일즈맨으로서 내 나이쯤 되면 사실 당연한 것 아닌가? 하워드는 나쁜 놈이야. 실적과 돈밖에 모르는 녀석이지. 그래도 날 도와주는지 어디 한번 보자고. 안 된다고 하면 그땐 문제가 되겠지. 그래도 내 존엄성이 왔다 갔다 하는 건 아니야. 그래봤자 어디까지나 돈 문제일 뿐이지. 존엄을 지키느냐 그러지 않느냐 하는 사람은 내가 아니라 하워드라고. 평생 자기네를 위해 뼈 빠지게 고생한 사람을 자르는 인간은 천한 잡놈에 지나지 않아."

이제 자기 부탁이 얼마나 간절한 것인지 강조하기 위해 로먼이 얼마나 더 아쉬운 소리를 해야 하는지 그 수위를 살펴보도록 하자. 그는 집안 이야기부터 시작한다. 아직 약점으로 느껴지거나 절망적인 감정은 표현되지 않는다.

로먼 하워드, 말하자면 이렇다네. 아들들도 다 장성했고 해서 이젠 생활하는 데 그다지 돈이 많이 들지 않아. 한 주에 한 65달러 정도만 집에 가져간다면 사는 데는 별문제 없을 터이네.

하워드 네, 하지만 제 입장도 이해해주셔야 해요, 윌리.

하워드는 돕지 않는다. 로먼은 이제 다른 차원, 즉 감정에 호소하는 단계로 들어가야 한다는 걸 느낀다. 그것은 이제까지 하워드와의 관계에서 그 어떤 역할도 하지 않던 새로운 차원이다. 로먼은 두 사람 사이에 친밀감이 생겨날 것을 두려워하여 이 차원에 발을 들여놓지 않는다. 하지만 그가 이제 발을 내딛는 이유는 단지 어떤 목적을 이루기 위한 수단에 지나지 않는다. 이것은 로먼에게 치욕감을 준다. 달리 어쩔 도리가 없어서 선택한 수단이기 때문이다.

로먼 그 이유를 말해줌세. 우리끼린데 뭐 숨길 게 있겠나. 사실 좀 많이 지쳐서 그러네.

불길하다. 왜 그럴까? 일어나지 말아야 할 일이 일어나고 있는가? 로먼은 자신의 약점에 격조와 가치를 부여하려고 한다. 둘 사이의 관계에 친밀성을 새로이 정의함으로써 하워드에게 그에 대한 자신의 믿음과 솔직함을 차원 높은 가치로 내어놓는다. 그러나 정작 하워드가 제일 피하고 싶은 것이 친밀감이라는 것을 아는 우리는 가슴이 답답할 수밖에 없다. 그러나 가장 가슴 아픈 것은 로먼도 이를 알고 있다는 사실이다. 하지만 그는 강행한다. 누군가에게서 원하는 것을 얻어내기 위해 신뢰와 솔직함을 무기로 삼는다. 하지만 그 누군가는 처음부터 친밀감 같은 것은 거부한 사람이다. 신뢰와 솔직함이 이런 식으로 이용될 경우, 이용되었다는 사실 하나만으로도 무너진다. 목적성이 그것을 해체하는 것이다. 로먼은 자신의 약점을 앞에 내세워 협상을 하려고 한다. 벼랑 끝으로 몰린 자의 어쩔 수 없는 선택이다. 그럼에도 불구하고 자신의 존엄성을 내던지는 위험에 빠진다. 자아 존중이라는 면에서 본 존엄성은 앞으로 5장에서 살펴보고자 한다.

주고 싶어도 적당한 자리가 없다고 하워드는 거듭 말한다.

로먼 더도 덜도 말고 주급 50달러면 돼.

이전까지가 청원이었다면 이제는 애원이다. 하워드는 전설적인 세일즈맨이자 과거 자기의 모범이었고 훗날 세일즈맨이 되고자 하는 꿈을 불러일으켰던 사람이 그런 소리를 하다니 당치 않다고 말한다. 그러나 요즘은 모든 게 달라졌다고 이야기의 말미에 덧붙인다. 로먼은 절망에 빠져 지푸라기라도 잡으려고 한다.

로먼 인맥이라곤 남아 있지 않아.

하워드 그렇군요, 윌리.

로먼 주급 40달러만 받을 수 있다면…… 그걸로 족할 거야. 하워드, 40달러만 달라고.

하워드 드리고 싶어도 드릴 돈이 있어야 말이죠.

이제 주급을 이보다 더 적게 부를 수는 없다. 그 돈으로는 결코 생활이 유지되지 않기 때문만은 아니다. 구걸에도 끝이 있기 때문이다. 남아 있는 자존감을 버려가며 더 밀고 나가려니 도저히 참을 수 없다. 그럼 로먼은 어떻게 해야 하나? 도덕적 양심을 물고 늘어지는 방법이 있다.

로먼 이 회사에서 34년 동안 근속했는데 지금은 보험금조차 낼 수 없는 형편이 됐네! 레몬즙만 다 짜내고 껍데기는 던져버리는 건가? 사람은 쓰레기가 아니지 않은가!

여기에서도 뭔가가 답답하다. 왜일까? 하워드가 상대방이 화를 내거나 그런 식으로 호소한다고 해서 꿈쩍할 인간이 아니라는 것을 관객도 알고 있다는 사실 때문이다. 그런데 로먼도 하워드를 모르지 않는다는 사실에 우리의 답답함은 커져간다. 그의 말은 도착지를 찾지 못한다. 애초부터 소귀에 경 읽기 식이었다. 차라리 바람 부는 밖으로 나가서 안에다 대고 소리를 지르느니만 못하다. 밖에서라면 상대방의 치욕스러운 묵묵부답 같은 건 없을 테니 말이다.

감정 구걸

외로운 나머지 이런 말이 나올 수가 있다. 왜 나에 대해 아무 감정도 느끼지 못하느냐? 왜 네 감정을 **표현**하지 못하느냐가 아니라 왜 나에 대해 아무것도 **느끼지** 않느냐, 하는 것이다. 그건 비난이나 원망이 아니라 외로움에서 벗어나고자 하는 간절한 소망에서 나온 말이다.

이것은 실현 불가능한 부탁이다. 사람은 자기의 감정을 이런 식으로 맘대로 할 수는 없을뿐더러 명령한다고 그렇게 되지도 않는다. 감정은 마음대로 되는 것이 아니다. 그러므로 이런 종류의 부탁은 일자리를 달라거나 음식이나 숙소를 부탁하는 것보다 더 심각하다. 이런 것들은 의지의 영역에 있으므로 가능하다면 들어줄 수 있다. 그런데 어떤 감정을 느껴달라는 부탁은 그 감정 자체를 불가능하게 만든다. 감정이 그렇게 갑자기 되는 일이 아니다. 이것은 누구나 다 아는 이야기다. 그런데 그럼에도 불구하고 감정을 구걸하는 사람은 이 사실을 인정하지 못하는 사람이다. 고독과 절망은 그 자체로 봤을 때 존엄성에 위협이 되는 존재가 아니다. 그리고 고독과 절망이라는 감정을 표현할 때도 마찬가지다. 존엄이 흔들리는 것은 본인 스스로도 불가능한 것을 요구한다는 걸 사실 잘 알면서도 감정을 애원하는 데 있는 것이다. 그렇게 되면 독립적인 한 인간으로서 그의 존재를 의심케 하는 종속성과 무력감을 겪을 수밖에 없다. 그것도 타인이 보는 앞에서.

여기 한 부부를 소개하고자 한다. 베른하르트 빈터와 자라 빈터 부부다. 일요일 저녁, 자라는 병원에 입원하는 남편을 차로 데려다주었다. 차를 타고 병원으로 가는 길 내내 두 사람은 말이 없었다. 남편 베른하르트는 자기가 왜 말이 없는지 이유를 알고 있었다. 병원에서 앞으로 겪을 일들에 대한 걱정 때문에 말이 없어진 것이었다. 그러나 아내 자라가 왜 아무 말도 하지 않는지 알 수가 없었다. 아내가 말이 없는 이유가 전혀 짚이지 않자 그는 속이 상했다. 두 사람은 앞으로 베른하르트가 몇 주 동안 입원해 있을 병실에 들어선다. 사람의 온기라고는 느껴지지 않는 기능적이고 썰렁한 병실에서는 소독약 냄새가 풍긴다. 자라는 남편 뒤에 서서 들어간다. 베른하르트는 아내 자라가 거부감과 충격을 받는 것을 느끼며 여기 머물러야 할 사람이 자신이 아니라는 사실에 안도감을 느끼고 있다는 사실을 눈치챈다. 병실에 들어온 자라는 문을 꼭 닫지 않고 비상구처럼 조금 열어놓았다. 베른하르트는 자라가 문을 닫고 짐 푸는 것을 도와주었으면 하고 바란다. 자기에게 눈길을 주고 말을 걸어주어서 이 장소를 감옥이 아니라 견딜 만한 공간으로 만들어주었으면 좋겠다고 생각한다. 하지만 자라는 외투를 벗지 않고 그대로 서 있다. 몸은 벌써 반쯤 문 쪽으로 돌아가 있다.

"자, 그럼 이만." 자라는 이렇게 말한 후 문손잡이를 잡는다.

"좀 더 있다 가면 안 될까?" 베른하르트는 너무도 낮게 가라앉은 자신의 목소리에 스스로 놀란다.

이렇게 물어본다고 해서 존엄성이 손상되는 것은 아니다. 그저 소망을 표현한 것뿐이며 이 소망과 더불어 여러 감정들, 즉 홀로 남겨짐과 딱딱하고 우울한 환경이 주는 소외감, 그리고 병에 대한 두려움을 나타낸 것에 불과하다. 이러한 감정들은 분명 약점이다. 그러나 약점을 드러내는 것 자체는 존엄을 위협하지 않는다. 존엄성은 약점을 인정하지 않는 것을 의미하지 않는다. 오히려 연약한 면을 드러내며 자라가 좀 더 곁에 있어주었으면 하는 바람을 표현하여 자라 안에 숨어 있는 진짜 감정이 자연스럽게 드러나게 할 수도 있다.

그러나 그런 일은 일어나지 않는다. "내일 일찍 나가봐야 돼요." 자라는 이렇게 말하며 문을 연다.

"부탁이오." 베른하르트가 쉰 목소리로 말한다. "여긴 너무…… 게다가 아직 저녁 7시밖에 안 되었잖소."

애초의 부탁은 벌써 구걸이 되었다. 약점의 인정, 도와달라는 외침인 것이다. 아직 여기 홀로 남겨질 힘이 없단 말이오! 그런데 자라의 반응에서 보이는 메시지는 이러하다. 가고 싶은 내 바람은 머물러달라는 당신의 바람보다 더 크고 중요해요. 나와 내 욕구는 그녀에게 중요치 않다, 아내는 나에 대해서 내가 원하는 감정을 가지고 있지 않다, 하고 베른하르트는 받아들일 수밖에 없다.

자라가 도로 문을 닫고 외투를 입은 채로 병실 침대로 와 모서리에 걸터앉는다고 해도 나을 건 없다. 걸인 앞의 모자에 동전 한 닢을 던져 넣는 태도와 다를 게 없기 때문이다. 자라가 베른하르트와 좀 더 같이 있고 싶어 하지 않는다는 것은 이제 명확하다. 그런데도 이렇게 하는 것은 의무감 때문이다. 그녀는 속으로 이렇게 생각할지도 모른다. '뭐 할 수 없지. 남편이니까. 앞으로 겪어야 할 일을 생각하면 사실 불쌍한 양반이야.'

"그럼 그냥 가봐요. 난 혼자 잘 지낼 수 있으니까." 베른하르트가 이렇게 말했다고 해보자.

그는 문을 살짝 열고 아내가 중간에 한 번도 뒤를 돌아보지 않은 채 복도를 걸어 내려가는 모습을 지켜본다. 이럴 거면 애걸하지 않는 건데, 이런 생각이 들지도 모른다. '쓸쓸한 병실에 그저 몇 분 더 있어달라는 건데 내가 자라에게 그 정도 가치도 없는 인간인가.'라고 생각하는 것과 '병실을 보니 자기도 과거에 입원해서 겪었던 힘들었던 시절이 생각나나 보군.'이라고 생각하는 것에 어떤 차이가 있을까? 존엄성에 어떤 영향을 줄까?

내적 독립: 생각하기

우리는 단지 외적으로만 독립을 추구하지는 않는다. 우리의 존엄성을 위협하는 것은 윌리 로먼이나 베른하르트 빈터가 겪은 타인에 대한 종속성 하나만이 아니다. **내적인** 독립성을 추구하려는 욕망이 존재한다. 스스로의 생각, 감정, 의지를 통제하고 이런 의미에서 타인에게 좌지우지되지 않는, 자립적 인간이 되고 싶은 것이다. 이런 시도가 성공하지 못했을 때도 우리는 존엄성에 관계되는 문제로 의식하는 것이다. 과연 내적 독립이란 무엇을 의미하는가?

내적 독립은 타인으로부터 전혀 영향을 받지 않아야 이룰 수 있는 것이 아니다. 내면세계 안에서 독립적이라는 것은 섬이나 지하 방공호에 들어앉은 것처럼 외부로 향하는 문을 닫은 채 그의 영향으로부터 민감하지 않거나 무관심한 것을 뜻하지 않는다. 우리는 인생을 살면서 내면적으로도 셀 수 없을 만큼 많이 타인의 영향을 받는다. 그리고 그것이 우리가 원하는 바이기도 하다. 그래야만 자기 계발이 가능하기 때문이다. 이러한 인간 사이의 상호 영향은 존엄성의 한 형태이기도 한 진정한 만남의 본질에 속하는 것이다.

자, 그럼 존엄성에 좋지 않은 영향을 줄 수 있는 내면의 의존성은 진짜 자립성과 어떻게 다를까? 그 차이점은 우리를 주체가 될 수 있게 만드는 것과 밀접한 관련이 있다. 우리는 자신의 인생과 내면의 삶을 그저 저 혼자 **흘러가게** 놓아둘 수는 없다. 그리고 우리 내면에서 일어나는 일들에 그냥 몸을 **맡기고** 알아서 어떻게 되겠지 해도 곤란할 것이다. 속에서 일어나고 있는 일을 수면 위로 끌어올려 **관심**을 갖고 화두로 삼아야 한다.

우리의 행동 가능 범위, 또 이렇게 해서 이룩한 독립성이 어떤 모습일까 하는 것은 내면에서 일어나는 일의 종류에 달려 있다. 독립성의 첫 번째 형태는 **사고**에 있다. 우리가 생각하고 헤아리고 말하는 많은 것들은 1차적으로 모방과 습관에서 생성된다. 누군가 다른 이가 말한 것을 그대로 따라 하는 것이다. 자신이 하는 말과 다른 사람들이 떠드는 말이 아귀가 들어맞는다는 이유 때문에 이 원칙은 잘 통용된다. 존엄한 삶의 형태의 한 면모인 생각의 자립성이 유지되려면 무엇을 생각하고 무엇을 말하느냐 하는 것에 대한 특별한 주의가 필요하다. "이것은 정확히 무슨 **뜻**인가?" 그리고 "내가 그걸 어떻게 **알게** 되었나?", 이 두 가지 물음이 바로 그것이다. 독립적이 되기 위해선 이 같은 물음이 제2의 본성이 되어야 한다. 이것은 얼핏 보면 아주 중요하게 보이는 것들이 실은 아무 의미가 없을 수 있다는 사실을 인정하는 것에서 출발한다. 어떤 생각처럼 보이는 것이 실제론 아무 생각도 아닐 때가 무수히 많다. 우리가 습관적으로 사고하고 믿는 것들을 실제로는 전혀 알지 못하는 것이며, 가치 있는 사상의 겉싸개를 두른 것이 때때로 싸구려 표어에 불과할 수가 있다는 말이다. 독립적이란 것은 공허한 말과 듣기 좋은 격언에 의심을 품어보는 것이다. 명확성과 사고의 전체 체계를 구하는 데에 끊임없이 열심이어야 한다는 뜻이다. 이런 의미에서 독립적인 사람은 자신의 생각 속에서 방향을 찾으며 확신하는 것을 다시 한 번 시험대에 올리고자 하는 욕구를 가지고 있다. 또 스스로의 생각을 정립하려는 포괄적인 욕구가 있다. 그는 누가 격언이나 빈껍데기 같은 문장으로 유혹하려고 하거나 기만하려 할 때 경계심을 품을 것이다. 아무리 본인에게 중요하다고 해도, 또는 진실이라고 해도 그것 때문에 타인에게 권리를 양도하지 않을 것이다. 토론회나 신문에서 하는 말, 정치가, 가족, 파벌이 하는 말이라고 해서 무조건 따르지 않을 것이다. 그는 자신의 이성을 믿을 것이며 스스로의 이유와 증거와 경험에 의지할 것이다. 그는 자신의 사고를 스스로 지휘할 것이다.

독립적 사고의 반대편에 서 있는 것은 남의 생각과 말에 아첨하는 들러리적인 사고다. 이런 사고는 개념적으로 이리저리 떠밀려 다니며, 내면의 무대를 한 번 휙 스쳐 간 다음 애매모호한 말들을 등에 업고 밖으로 탈출하려는 단순한 습관적 생각, 구호, 귀를 솔깃하게 만드는 빈말 같은 것들을 자양분으로 삼는다. 생각과 잡담의 차이를 모른다. 깨우치고 점검하고 수정하는 일들은 생소할 뿐이다. 이런 사고를 하는 사람은 토론 모임이나 선거운동, 토크쇼에서 사람들이 자기에게 바라는 그런 말을 한다. 이런 사람들이야말로 이상적인 정당원이다. 그의 입에서 나오는 소리는 듣지 않아도 다 알 만큼 식상하며 수준 낮은 연극을 보는 느낌을 불러일으킨다.

누군가 내 사고의 독립성을 방해하고 그의 말을 반복하는 단순한 앵무새로 만들려고 할 때 우리는 예민하게 반응한다. 이는 그저 화내는 것으로 넘어가지 않는다. 우리의 존엄성이 걸린 문제다. 조지 오웰은 존엄성이 이런 식으로 파괴되는 것에 대해 이렇게 썼다. "당이 진실이라고 여기는 것, 그것은 항상 **진실이다.**" 오브라이언이 윈스턴에게 이렇게 말한다. 그러곤 손가락 네 개를 들어 보이며 이게 몇 개냐고 묻는다. 윈스턴이 대답한다. "네 개입니다." 오브라이언은 독자적 사고의 원초적인 형태인 직접적 감각의 인식과 숫자에 대한 기초적 지식에 대한 믿음이 파괴될 때까지 윈스턴에게 고통을 가한다. 윈스턴이 묻는다. "어떻게 하란 말입니까? 내 눈앞에 똑똑히 보이는 것을 어떻게 다르게 보라는 거냐고요. 둘 더하기 둘은 넷입니다." "때로는 말이야, 윈스턴. 때로는 그게 다섯이 될 때가 있어. 셋이 될 수도 있고. 어쩔 때는 이 두 가지가 다 맞을 때도 있지. 그러니까 자네는 더 많이 노력해야겠어." 그는 윈스턴에게 가해지는 고통의 수위를 높인다. "윈스턴, 손가락이 몇 개지?" 역시 네 개다. 다섯 개로 볼 수만 있다면 다섯 개로 보고 싶다. 나는 다섯 개로 보도록 노력한다. "뭘 원하는 겁니까? 당신이 다섯을 본다고 날 설득하고 싶은 겁니까, 아니면 내가 정말로 다섯 개로 보기를 원하는 겁니까?" "자네가 정말로 다섯 개로 보기를 원하는 거다." 그러면서 오브라이언은 독자적 사고의 철저한 파괴를 통한 존엄성의 말살 선언과 다름없는, 잔인하기 짝이 없는 말을 한다. "우리한테 넘어오더라도 그건 자네 자유의지에 의한 것이라야 해. 우린 우리에게 반항하는 이단자를 처단하지 않아. 우리한테 저항하는 한 처단하지 않는다는 뜻이야. 대신 그를 변화시키지. 대신 그의 정신과 내면세계를 찬탈하고 완전히 새로운 인간으로 탈바꿈시키지……. 그를 우리 편으로 끌어들이되 외형적으로가 아니라 정말 그 사람의 근본부터 속속들이 그렇게 만들어. 우리는 그를 죽이기 전에 우리 사람으로 만들지. 세상 어딘가에 그릇되며 우리와 상이한 이념이 있다는 생각을 하면 참을 수 없어.

만일 그런 게 있다면 아직 비밀스럽고 힘이 없는 것이라야 해."

부당한 자백을 강요받으며 자신의 이데올로기를 부인하고 머리를 조아려야 했던 고문의 피해자들은 이렇게들 말한다. 제일로 끔찍했던 것은 고통도, 몸이 찢기는 것도 아니었다고. 가장 견디기 힘들었던 것은 스스로 생각하는 존재로서의 존엄이 공격받는 것이었다고. 그럴 때 구원은 단 하나, 말뿐인 자백을 뱉어내는 것이다. 그것은 오브라이언이 윈스턴에게 차단하려 했던 비상구이기도 하다.

내면의 독립적 존엄성은 그것이 성공하느냐 마느냐에 달린 것이 아니라 목표에 대한 분명한 인식과 부단한 노력에 있다. 생각을 잘 정리하지 못하거나 종종 실수로 넘어지는 바람에 사고가 홀로 서지 못한다고 해도 존엄성은 다치지 않는다. 누구나 생각의 과오를 저지르고 잘못된 길로 들어설 수 있다. 주어진 짐이 벅찰 수도 있다. 하지만 존엄성을 뒤엎는 일은 아니다. 존엄은 사물의 기준으로서의 독립성이 시야에서 멀어질 때, 또는 아예 처음부터 존재하지 않을 때 상실된다. 시도했다가 실패했을 때가 아니라 아예 시도를 하지 않았을 때 존엄하지 않은 것이다. 우리는 이상(理想)을 업신여기는 인간을 최악으로 친다. 그는 아무것도 모르면서 떠들어만 대는 인간이다. 이에 대해선 4장에서 살펴보기로 하겠다.

내적 독립: 의지와 결정

내적 독립의 또 다른 형태로, 자신의 의지를 스스로 결정하는 능력을 들 수 있다. 한순간에도 서로 충돌하는 여러 소망이 나타나 그들 모두를 실행에 옮길 수 없을 때가 많다. 그중에서 실천에 옮겨지는 소망이 바로 의지다. 우리는 여러 번 생각해보고 여러 가지를 다 따져서 여러 소망을 저울질한 다음 그중 어떤 것은 행동으로 옮기고 다른 것들은 그냥 놔둔다. 그것이 결정의 자유다. 결정의 자유는 독립적 사고의 결과로서 바람직하다고 생각되는 것을 하고자 하는 능력이다. 자립적 심사숙고를 통해 스스로의 의지에 영향력을 행사하는 행위에 우리는 결정이라는 이름을 붙인다. 자립적 사고와 판단을 통해 스스로의 의지에 영향을 끼칠 수 있을 때 독립적 결정을 할 수 있다.

자립적 사고를 통해 자신이 원하는 바와 행동을 스스로 지휘하느냐 여부에 따라 미래의 가능성 여부를 알 수 있는데, 이러한 열린 미래는 내적 독립을 체험하는 데 중요한 요소다. 물론 타인이 우리의 주변이나 우리와 관계된 일들을 결정하는 일도 종종 일어난다. 이럴 경우 우리는 독립적이 아니라 종속적이다. 우리 아닌 다른 사람들이 장벽을 높이 쌓아 올리거나 여타 다른 종류의 독재적 전횡을 휘두름으로써 우리의 미래를 차단할 수도 있다. 하지만 일단 주어진 상황 아래서 무엇을 원하고 어떤 방향으로 결정하느냐에 대해서만 이야기한다면 방금 언급한 미래의 열린 가능성이 분명 존재한다고 할 수 있다. 우리는 원하는 것도 많고 결정할 것도 많다. 과거가 절대 돌이킬 수 없이 한 사람을 옥죄거나 얽매는 것은 아니다. 과거의 그림자 아래서 그대로 굳을 필요는 없다. 경험과 의도의 과거로부터 **거리**를 둘 수가 있는 것이다. 우리는 스스로를 **변화**시킬 수가 있다. 이러한 체험적·개방적 미래는 내적 독립이 시간적으로 표현되는 형태다.

또한 이러한 독립의 형태는 상충하는 여러 경험들을 눈앞에 그려보고 존엄성을 잃었을 때 어떤 감정이었나를 돌이켜 생각해보면 더 분명하게 드러난다. 그중 하나로, 사고와 판단이 본인의 의도에 전혀 영향을 끼치지 못하고 그냥 옆으로 비껴갔을 때, 즉 의도가 그 어떤 제지도 받지 않고 혼자서 앞으로 달려갔을 때의 경험을 들 수 있겠다. **내적 강박**이 바로 그것이다. 그 한 예가 중독이다. 중독이 되면 내적 독립을 포기하게 된다. 내게 알코올중독이나 도박 중독, 아니면 파괴적인 일 중독 증상이 있다고 하자. 나는 이제 끊어야 한다고, 더 이상 이렇게 살 수는 없다고 선언한다. 그런데 내적 압박이 가진 무능함은 이런 결심이 소용없다는 데에 있다. 나는 내 의지를 내 마음대로 할 수 없으며 그 의지는 끊어야겠다는 좋은 의지보다 우위를 차지한다. 중독자의 생각은 공회전으로 끝난다. 아무것도 움직이지 못하는 바퀴와 똑같다. 알코올에 중독된 사람이 헛된 싸움을 계속하다가 이렇게 말한다. "나도 어쩔 수가 없어. 술을 마시고 싶다는 이런 거지 같은 생각이 통제가 안 돼." 그는 자기가 사는 집의 주인이 아니고 책임자도 아니며 단지 중독적 사고 안에서 이리저리 던져지는 공일 뿐이다. 우리는 그런 사람들에 대해 종종 의지박약이라고 이야기한다. 그것은 중독을 이겨내고 냉철한 의지에 권위를 부여할 힘이 없다는 뜻이다.

강박적 의지가 통제되지 않기 때문에 중독자는 아무리 경험을 반복한다고 해도 달라질 수 없다. 항상 같은 모양의 단조로운 경험만을 반복하기 때문이다. 또 의지를 입체적으로 만들 수 있는 사고와 경험의 독립성이 그에게는 접수되지 않기 때문이다. 그는 의지를 자신의 일부분으로 경험하지 못하고 마치 이물질처럼 몸에 들어와 사는 무엇으로 경험한다. 이 이물감은 또한 무력감으로 경험된다. 강박적 의지는 중독자 자신보다 강력하며 마치 산사태처럼 그를 덮친다. 의지와 결심의 미래는 열려 있지 않다. 운전대를 잡고 있는 사람이 그 자신이 아니기 때문이다. 운전대를 돌려 차의 방향을 돌리고 싶지만 그럴 수가 없다. 강박적 의지는 완강하게 그를 붙잡고 동일한 형태로 끊임없이 일정한 한 방향으로만 끌고 간다. 그는 돌처럼 딱딱하게 굳은 채 마비되었고 그의 미래는 과거와 똑같이 펼쳐질 것이다.

이것은 내적 부자유와 비독립성을 경험하는 예다. 이 경험은 자신의 존엄이 위협을 받는다는 느낌을 동반한다. 과거에 독립성과 의지의 힘에 기반을 두었던 존엄성이 걷잡을 수 없이 허물어져가고 있다는 점, 아마도 그것이 알코올중독자들을 가장 힘들게 만드는 점이 아닐까 한다. 그러나 앞에서도 언급한 적 있지만, 내적 독립의 존엄성 여부는 그것이 정말로 바로 서는 데 성공하느냐 여부가 아닌 목표 의식과 그것에의 끊임없는 추구 여부에 달려 있다. 의지의 독립이 단지 일시적으로 실패한 사람에게는 존엄성이 있다. 누구나 중독이나 그 밖의 끈질긴 강박의 소용돌이에 휩쓸릴 수 있다. 그렇다고 해서 존엄성은 위협받지 않는다. 존엄성이 땅에 떨어지는 것은 자립적이고자 하는 욕구를 잃어버릴 때다. 자립적이든 아니든 그런 건 상관없어질 때다. 여기에 극명하게 맞아떨어지는 표현이 있다. "그는 스스로를 포기했다더군."

내적 독립: 감정적 동요

두려움, 분노, 미움, 시기 등의 마음, 다시 말해 감정적인 면에서 독립한다는 말은 어떤 뜻일까? 여기서 독립성을 논한다는 것이 의미가 있을까? 우리는 감정을 갑자기 생기게 하거나 없앨 수 없다. 감정은 마음대로 되는 것이 아니다. 그러므로 감정적 자립을 지킨다는 것은 언제 어떤 감정을 품을지 스스로 정한다는 것이 아니다. 그렇다면 어떤 뜻일까?

우리는 어떠한 감정이 상황에 **적절**한지 스스로에게 물어볼 수 있다. 그 감정이 상황과 그 상황이 일어나게 된 배경에 과연 **어울리는지** 자문하는 것이다. 근거 없는 감정은 우리를 자기 맘대로 휘두르기 때문이다. 그런 감정은 사람을 가두는 감옥이나 다름없다. 나는 지금 해고될까 봐 겁이 나는데, 이런 두려움이 과연 진정한 근거가 있는 것인가? 나는 무슨 근거로 전염병에 걸리거나 지진이 날까 봐 두려운가? 아니면 그저 공황 상태에 빠진 것인가? 과연 정당한 대상을 향해 건잡을 수 없는 화와 미움을 쏟아내고 있는가? 도대체 이 감정 자체가 적절한 것인가? 잘 생각해보면 그 누구도 잘못이 없는 것은 아닐까? 만일 내가 지금 질투심을 품고 있다면, 상대방이 바람을 피우는 것이 정말로 확실한가, 아니면 그냥 나 혼자만의 상상인가? 이런 질문들을 던져봄으로써 우리는 **착각**이라는 의미에서의 감정 종속성에 좀 더 대항할 수가 있다. 착각이나 실수의 결과로 그릇된 감정의 희생양이 되고 싶어 하는 사람은 없을 것이다. 이것을 감정의 **권위**라는 말로 표현할 수도 있을 것이다. 우리는 상황에 정당하고 어울리는 감정을 느끼고 싶어 한다. 스스로의 감정에 권위를 가지고 있는 사람이 되기 위해서, 특정 감정을 불러일으키는 계기에 대한 내 판단이 착각에 의한 것인지, 아니면 정말로 사실인지 확인해보는 절차를 거칠 필요가 있다.

상황에 대한 판단이 달라지면 감정도 달라진다. 자세히 알고 보니 그런 게 아니었더라는 판단이 서게 되면 두려움이나 질투심은 사라진다. 이렇듯, 우리는 감정에 영향력을 행사하며 자립성을 증명할 수 있는 능력이 있다. 그러나 방금 이전 단락에서 언급한 것 같은 의지박

약과 같은 현상도 존재한다. 아무리 사실을 보고 인정했다고 하더라도 굳은 의지는 거대한 감정에 휩쓸려 힘없이 사라지거나 중독자 같은 경우에는 강박적 충동에 무릎을 꿇는다. 그렇게 되면 감정은 자신의 것이라고 느껴지지 않을 정도로 우리 자신에게서 분리돼버리고 무력감이 우리를 감싼다. 근거가 희박하지만 끈질기게 따라오는 공포 감정들이 그것이다. 비행공포증, 폐소공포증, 거미 공포증, 물 공포증, 기타 집 밖의 다른 곳을 무서워하는 공포증 같은 것들이 그 예다. 또는 스스로도 정확한 근거를 대지 못한 채 누군가 또는 어떤 집단을 증오하는 증상에 빠진 사람도 있다. 도를 넘어선 분노에 마음이 멍들 수도 있고 근거가 없다고 이미 밝혀졌는데도 거기서 헤어 나오지 못하는 질투심도 있다. 여기서도 권위라는 문제가 발생한다. 깨달음 또는 결심이 격정적인 감정과 대치하면서 결국 권위를 만들어내는 데 실패한 것이다. 이것은 독립성의 결여로 나타난다.

그런데 독립성과 감정상의 내적 권위에 영향을 주는 요소는 또 다른 것이 있다. 그것은 **통제**라는 것이다. 격심한 감정을 통제하는 것과 존엄성은 어느 정도 상관관계가 있을까? 순전히 귀찮다는 이유로 정제되지 않은 거친 감정에 자신을 그대로 내맡기는 경우가 있다. 한 예를 들면 술기운에 또는 집단행동이라는 힘을 빌려 자제력을 잃고 흥분하는 상황이다. 이런 것들을 볼 때 참으로 존엄성이 없다고 우리는 느낀다. 그런데 공포나 분노, 증오, 질투심이 응축되어 거의 폭발 지경에 이르렀다고 해도 존엄성을 위축시키지 않을 때가 분명히 있다. 상황이 대단히 위급해서 통제가 불가능하다고 해도 납득이 가거나 더 나아가서 이것을 인간적으로 당연하다고 받아들일 수밖에 없는 경우가 존재한다. 그러한 상황 아래서 폭발하지 않는다면 사람도 아니라는, 그런 정도의 심각성 말이다. 이러한 폭발적 감정은 나를 나답게 만들어준다. 나의 독립성과 존엄은 압도당한 상태다.

진정성은 무언가에 완전히 압도당한 상태에서만 드러나는 것은 아니다. 신중히 생각하고 검토한 상황하에 어떤 감정을 드러내기로 **결단**을 내렸다면 나의 독립성은 이 결정이라는 것 안에 내포되어 있다. 내가 가진 공포나 분노를 억누르거나 억제하는 것을 멈출 때 나는 내가 될 수 있고 발전할 수 있다. 나 자신과의 심리적 일치감을 주는 어떤 감정에 대한 용기, 그것이 존엄성인 것이다. 그것이 무엇이 될지는 다른 어떤 이가 아닌 나 자신이 결정한다.

내적 독립: 자아상과 검열

주체로서의 우리는 자아상을 가진 존재다. 자아상은 내가 누구이고, 또 어떤 사람이 되고 싶은가에 대한 관념이다. 이러한 관념이 있기 때문에 우리 안에 있는 생각이나 소망, 감정의 전부를 행동으로 옮기지 못할뿐더러 그중 일부는 행동으로 옮기는 것을 스스로 막기도 한다. 주체라는 것은 충동을 검열하고 제어하는 존재다. 내적 권위는 바로 이 안에서도 존재한다. 이것은 독립성과 비독립성, 존엄성과 비존엄성이 놓인 차원이기도 하다.

어떠한 자아상과 검열 기준을 가지고 있는가는 원래 타인의 것을 본뜨거나 교육에 의해 형성된 것이다. 타인의 말이나 삶을 우리가 모사하는 것이다. 이것은 외부 권위의 강제 규정이 내면화된 것인데, 부모, 스승, 종교 지도자, 같은 이상을 지향하는 단체나 기관 등에 의해서 제시된다. 내면의 권위는 일차적으로 내면화된 외부 권위를 토대로 시작된다. 이런 의미에서 우리 모두는 의존성에서 시작한다고 할 수 있다. 이 내면화된 외부의 권위는 그 힘이 매우 강력하고 비유동적이다. 보통은 의식 위에 떠올라 있지 않고 권위로 느껴지지 않기 때문에 그렇기도 하다. 우리 내면에 존재하는 외부의 권위는 뒤통수 뒤에서 우리를 조종한다.

그렇지만 우리는 스스로 서고 결정할 수 있는 존재다. 1차적으로, 통제된 소망과 감정을 의식화할 수 있다는 뜻이기도 하다. 열망과 동경, 공포, 시샘, 질투, 또한 배우자나 자녀나 종교적 권위를 향한 금지된 분노 같은 것들의 존재에 대해 의식하는 연습을 하고 그것이 통제되는 기본방식을 알아내는 것이다. 그다음 순서는 독립성이다. 이러한 감정들을 그동안 변화된 자기만의 기준 안으로 끌어내 다시 평가하는 것이다. 검열은 느슨해지고 내면의 어두움은 조금씩 열어진다. 이전에는 절대 안 될 것으로 여겨지던 두려움, 부모나 상사에 대한 분노와 울화, 인정과 박수에 대한 열망, 끓어오르는 감정과 한계를 넘는 경험을 겪어보고 싶은 갈망, 육체적 욕구가 허용된다. 이제 우리는 되는 것과 안 되는 것에 대한 스스로의 규율을 새로 만든다. 마치 삼투압에 의해 생긴 것처럼 타자로부터 물려받은 자아상의 윤곽을 파악하고 개관하며 검토하여 새로 하나하나 짜나가는 것, 그리고 자아상의 차원에서 새로운 권위를 만들어가는 것이 관건이다. 세상 어느 곳에선가 다른 문화권에서는 다른 기준이 존재할 수도 있다는 것을 배우면서 그것을 어떻게 받아들일 것인가에 대해 자문한다. 이것은 다름 아닌 교육의 과정이기도 하다. 이제 처음과는 달리 우리의 권위는 맹목적인 권위를 벗어나게 된다.

자아상과 검열에서도 독립성은 열린 가능성의 미래와 맞물린 문제다. 내게 어떤 외부 권력이 영향을 미치게 될지는 우연에 의한 것이고, 이렇게 우연히 이어받게 된 외적 권위의 잣대로 나 자신에 대해 단정 지을 필요가 없어진다. 나는 지금까지 굳어 있던 검열 기준을 완화하고 풀어주는 과정을 통해 새로운 종류의 경험을 가능하게 함으로써 미래를 스스로 열 수 있다. 삶의 새로운 숨결을 들이마신다. 이렇게 얻은 독립에도 존엄성이 들어가 있다. 이 경우에도 역시 성공 여부보다는 도전 여부에 더 중요한 열쇠가 있다.

자신의 검열 기준을 어떤 단체나 지도자 같은 외부 기관에 양도한다면 그것은 존엄한 행위가 아니다. 이것은 자립적 판단을 포기하는 행위이며 타인에 굴복하는 것이다. 결국은 인생에 대한 스스로의 권리를 잃게 될 수밖에 없다. 그 자신이 검열 기관이 될 때는 검열과 충동의 분쟁이 그의 내부에서 일어나지만 외부로 이관되면 그와 지도자 사이의 충돌이 되어버린다. 이것은 자기가 스스로 나서서 타인을 후견인으로 삼는, 존엄성을 완전히 상실하는 행위다. 이런 상실을 경험했다가 훗날 다시 찾은 사람들의 이야기를 들어보면 모든 불행이 다 망라되어 있다. 그들은 무력감을 느꼈고 반항을 해보려고 했다가 억압당했으며 눈 감고 귀 막은 상태의 순종을 강요당했다. 그들은 결정과 판단의 독립성을 빼앗김으로 해서 자존감을 잃었던 일이 가장 힘들었다고 전한다. 그 시절 동안 자기라는 사람이 전혀 존재하지 않았던 것 같다는 것이다.

예속을 통한 굴욕

욕구가 판단의 힘으로만 조절되지 않을 때, 원치 않는 감정의 폭발을 제어할 수 없을 때, 그리고 내면적 검열을 통해 스스로를 이끌 수 없을 때 우리가 경험하는 것은 무력감이다. 때로는 굴욕이라고 표현하기도 한다. "내가 못 해내다니, 정말 **굴욕적**이야!" 중독자가 흔히 할 수 있는 말이다. 그러나 우리가 지금까지 살펴본 바에 따르면 무력감이 곧 굴욕은 아니다. 무력감 자체로서는 한 사람의 무능을 기꺼이 즐기며 그 사실을 당사자에게 느끼게 하는 행위자가 없기 때문이다. 내적 부자유는 그것이 우리를 누군가에게 **종속**시킬 때 비로소 굴욕으로 성립된다. 강박적 욕구를 이겨내지 못해서가 아니라 그 욕구를 만족시켜주는 누군가의 의지와 횡포에 우리 자신이 휘둘리기 때문이다. 약물에 중독된 자는 중독 현상 자체에 무력할 뿐 아니라 마약 판매상과 그의 선심에 무방비로 노출된다. 또 병적인 공포로 인해 혼자서 집 밖으로 한 발짝도 못 나갈 경우, 공포를 내 맘대로 제어할 수 없기 때문이라는 이유 말고도 나를 동행해줄 사람과 그의 기분에 의지해야 되기 때문에 무력한 것이다. 굴욕은 내 종속성을 악용하며 그 행위에 기쁨을 느끼는 타인이 있을 때 비로소 완전한 굴욕이 된다. 마약 판매상이 약값을 전보다 높게 부른 후, 흰 가루가 든 봉지를 손에 들고서 내게 내밀다가 내가 그것을 향해 손을 뻗자 히죽 웃으며 재빨리 손을 거둔다. 그는 내게 굴욕을 준다. 혼자 집 밖으로 나가지 못하는 나를 도우미가 제멋대로 오래 기다리게 한다든가, 내가 공포에 몸이 뻣뻣하게 굳는 모습을 보기 위해 길을 가다 갑자기 혼자 사라져버린다든가 한다. 그는 내게 굴욕을 준다. 아마 다음번에는 수고비를 더 많이 주어야 할지도 모른다.

내적 강박으로 인해 남에게 의지하는 것을 **예속**이라고 부른다. 제어되지 않는 욕구를 해결하기 위해 타인이 필요한 경우다. 이것은 내적 노예화를 통한 외적 노예화다. 타자가 꼭두각시 인형을 조종할 때처럼 내 일에 관한 것을 결정한다. 이때 그는 내가 거부하고 싶은, 그러나 이겨내지 못한 충동을 가지고 논다. 즉, 그는 내 부자유를 소비하는 것이다. 예속된 자는 언제 어느 때든 협박의 대상이 될 수 있다. 큰 대가를 감수하며 살지언정 그는 상대방을 해고하거나 쫓아낼 수 없다.

마약 판매상이나 외출 도우미의 경우에는 대체가 가능하다. 나는 그들이 맡은 **기능**, 즉 내 욕구가 충족되는 데 쓰이는 그들의 능력에 예속된 것이기 때문이다. 이런 경우, 기능만 같다면 사람이 달라져도 상관없다. 그런데 특정한 어느 사람에 예속된 경우도 있다. 막강하고 제어 불가능한 내 욕구를 충족시킬 사람은 오직 그 사람 하나밖에 없다. 이럴 때 우리는 **그 사람에게 빠졌다**라는 표현을 쓴다. 그 사람은 나를 자기 맘대로 할 수 있다. 내 안의 노예는 그에게 내 모든 것에 대한 무한한 권력을 준다. 여기에 존엄성의 상실이 있다.

블라디미르 나보코프의 소설 《롤리타》에 나오는 대학교수 험버트 험버트는 몇 달에 걸쳐 미국 전역을 정처 없이 돌아다닌다. 그의 단 하나 목적은 롤리타에 대한 자신의 욕망을 채우는 것이다. 그러기 위해 그는 그녀의 끝없는 변덕을 들어줘야 하며 돈을 달라는 협박에도 번번이 굴복한다. 이것은 예속을 통한 존엄의 상실에 관한 이야기다.

하인리히 만의 작품 《운라트 선생》에도 비슷한 이야기가 나온다. 고루하고 고지식하기 짝이 없는 고등학교 교사 라트 선생은 평생에 걸쳐 호메로스 작품에 나오는 불변화사에 대한 연구 논문을 집필하다가 여가수 로자 프뢸리히를 만나 정신없이 빠져들게 된다. 로자 프뢸리히는 그를 마음대로 조종한다. 라트 선생은 모든 굴욕을 감내할 뿐 아니라 즐기기까지 한다. "얼마 지나지 않아 프뢸리히는 초조해했다가 금방 다시 상냥해지는 모습을 보였다. 그녀가 예기치 못하게 돌연 상냥해질 때면 그는 혼이 다 쏙 빠질 지경이었다. 그러면 그녀는 또다시 진지한 남자를 대할 때 지어야 하는 침착하고 신중한 표정으로 단숨에 돌아가는 것이었다. 그러다가 또 속치마를 훌렁 벗듯이 아무렇지도 않게 그를 놀라게 하곤 했다. 한번은 그의 뺨을 손으로 쓰다듬은 적도 있었다. 그러더니 화들짝 팔을 다시 오므리고 자기 손을 빤히 쳐다보더니 코로 가져가 냄새를 맡은 후에 뾰로통하게 말했다. '얼굴에 기름이 번들거리는군요.' 그는 어쩔 줄 몰라 얼굴이 벌게졌다. 그녀가 또 소리쳤다. '분까지 칠했네! 기가 막혀서 말도 안 나와! 혼자서 몰래 분 바르는 연습을 하시나 봐! 당신은 쓰레기예요!' 라트 선생의 얼굴이 일그러진다. '맞아요, 쓰레기!' 그녀는 그의 주위를 빙빙 돌며 춤을 추고, 그는 곧 행복한 웃음을 짓는다." 만일 라트 선생이 그때 이런 말을 했다면 어떨까. "내 존엄성은 온전히 나의 것이오." 그래봤자 어차피 아무 소용도 없었을 것이고 오히려 코미디가 연출되었을 것이다. 그의 잘 정돈된 삶은 그녀에게 무릎을 꿇음으로 해서 오래전에 무너지기 시작했다. 그는 심지어 호메로스 논문의 뒷장에다가 연애편지를 쓰기까지 한다. "일에 대한 모든 열정보다 그녀가 우선이었고 그의 의지도 오직 그녀 한 사람에게 집중된 지 오래였으며 모든 인생의 목표가 그녀에게 맞춰졌다."

험버트 험버트와 라트 선생은 내적 검열과 통제 불가능한 충동의 차이로 빚어진 갈등으로 인해 예속된 삶을 산다. 검열이 내적 심판의 기준으로 계속 존재하며 기능하게 만드는 것은 예속이다. 여기서 충동과의 맹렬한 싸움이 존재하는데, 바로 이 싸움 안에 사라지지 않은 존엄성의 일부가 남아 있다. 둘의 싸움이 전개되는 한 존엄성의 불씨는 완전히 꺼지지 않는 것이다.

그러나 존엄이 완전히 파괴되는, 더 완전한 형태의 예속성도 존재한다. 여기서는 검열을 맡은 주체의 중심이 완전히 당사자 외부로 옮겨진다. 선동적 독재가 그 예다. 이런 경우 사람들은 검열의 중심이 자기들 밖으로 옮겨졌다는 사실조차 전혀 깨닫지 못한다. 바로 여기에 악랄함이 숨어 있는 것이다. 나는 영도자의 지도 아래 엎드린다. 아무런 내적 갈등도 없고 갈등을 품을 기회도 없다. 영도자는 내 안의 검열 기준을 깰 필요조차 없다. 나는 전권을 가진 그를 기꺼이 따른다. 나는 예속된다.

험버트 험버트와 라트 선생의 경우는 그래도 굴욕감을 느낄 수 있다. 그것이 가능한 이유는 내적 검열의 중심이 아직 그들 내부에 있기 때문이다. 그러나 영도자에게 내 모든 것을 맡긴 경우에 나에게 가해지는 굴욕은 더욱더 처참하다. 완전무결한 굴욕에게 통째로 다 삼켜지는 와중에도 나는 그것을 눈치채지도, 느끼지도 못한다. 내가 원하는 것과 영도자가 원하는 것에 아무 차이가 없어서 영도자가 내게 굴욕을 주고 무력감을 선사하는 장본인이라는 사실조차 인식하지 못하기 때문이다. 훗날 정말로 모든 권리를 다 빼앗기고 빈털터리가 되어 과거를 돌아보았을 때 비로소 나는 굴욕감을 맛보게 된다.

자아 인식을 통한 독립

내적 독립을 향한 욕구는 자아 인식을 향한 욕구와 일맥상통한다. 그것은 내가 느끼는 느낌이 어째서 그런지 이해하고 싶은 욕구다. 앞의 두 욕구는 서로 연결되어 있는데, 내적 독립성의 부재는 '내 안에 있는 강박적인 생각들, 유별나게 격한 감정들, 그리고 자꾸만 제어되지 않는 성가신 욕구들을 왜 잠재우지 못하는지 이해가 안 된다.' 같은 느낌을 동반한다. 이런 것들이 어떻게 해서 삶 속으로 들어오게 되었는지, 어떠한 복잡다단한 과정을 거쳐서 현재에 이르게 되었는지 우리 자신은 꿰뚫어 보지 못한다는 사실을 인식하는 것이 중요하다. 이런 종류의 인식을 가지지 않으면 부족한 독립성과 잃어버린 내적 권위를 다시 일으켜 세우기 힘들다.

우리 인생에서 겉으로 보이는 것보다 훨씬 많은 생각과 감정과 기억과 공상과 소망이 존재한다는 것을 기억하는 것이 좋겠다. 우리가 아는 것은 내면세계의 일부일 뿐이다. 나머지는 어둠 속에 묻혀 있다. 만일 이해 못 할 어떤 사건이 우리를 휘감는다면 그 뿌리를 찾아 여태껏 잘 모르던 내면세계로 들어가 보는 것이 실마리를 잡는 열쇠가 될 수 있다. 느낌과 기분, 기대, 상상의 뒤를 따라가는 것이다. 이는 우리가 모르는 사이에 우리의 삶을 결정짓는 것들이다. 이 모습들을 파악할 수만 있다면 무의식적인 정신적 사건을 의식적 경험으로 변화시킬 수 있다. 그러기 위해선 더 많은 내면의 진실을 찾아 파고드는 것, 입으로 소리 내어 말로 표현해보는 것이 필요하고, 또 인생 전체의 밑바탕을 이루는 배경을 이해함으로써 의식 밑으로 억압되거나 떨쳐내진 숨겨진 논리와 활기를 밖으로 끌어낼 수가 있다. 결국은 내 안에 있는 나를 좀 더 잘 이해할 수가 있게 된다. 이해하는 것으로만 그치는 것이 아니다. 자신을 더 잘 알게 되면 더 큰 자유로의 변화와 내적 독자성이 이루어질 수 있다. 강박적 욕구와 불가해한, 통제 불능의 감정들이 일단 해명되고 정리되며 다루기가 수월해질 뿐 아니라 아예 사라져버릴 수도 있다. 이런 것들이 불필요한 상태가 되는 것이다. 과거에 이물질처럼 느껴지던 것들이 이제는 그것을 이해함으로 해서 더는 낯설거나 불편하게 여겨지지 않고 내 안에 통합될 수 있다. 즉, 정신적 정체성의 당당한 한 부분으로 **자리 잡을** 수 있다는 뜻이다. 이렇게 되면 그것이 무엇이 됐든 내가 가진 내적 권위를 위협하지 않는다.

자아 인식의 범위를 내면으로 확장하는 데 성공한 사람은 무력감과 굴욕을 당할 위험이 줄어든다. 앞으로는 그리 쉽게 남에게 의존하거나 협박당하거나 예속당하지 않는 것이다. 내적 강박을 양분으로 한 외적 노예화는 그 원천이 어둠 속에 숨겨져 있을 때에만 힘을 발휘할 수 있다. 내가 그 뿌리를 밝은 곳으로 끌어다 놓고 그것과 다른 것들과의 관계를 정리하고 나면 그가 가진 힘은 사라진다. 내적 권위를 다시 회복하면 존엄성도 따라서 바로 선다.

치료가 필요할 때

살다 보면 막다른 골목에 다다를 때가 있다. 가족, 자녀, 배우자, 직장 동료 등과의 갈등이 점점 깊어지기만 하고 친구도 하나씩 줄어든다. 옛날에는 고민을 이야기하고 나면 좀 괜찮아지곤 했는데 얼마 전부터는 얘기한다고 해도 나아지는 것 같지가 않다. 이야기해봤자 갈등을 밖으로 표출하는 것뿐, 오히려 더 나빠지는 것 같다. 도대체 어떻게 해야 될지 모르겠다. 이제 도움이 필요하다는 걸, 치료를 받아야 한다는 걸 스스로 느낀다. 남들도 그렇게 말한다. 그러나 생각이 거기까지 미치자 가슴이 철렁 내려앉고 충격이 만만치 않다. 나는 망설인다. 이 망설임의 원인은 무엇일까? 그리고 존엄성과는 어떤 관련이 있을까?

치료가 필요하다는 것은 나 혼자의 힘으로는 이제 불가능하다는 뜻이다. 이것은 홀로 서고자 하는 욕구와 충돌한다. 그러나 여기서 자립이라는 건 무엇을 뜻하는가? 치료가 필요하지 않던 과거에도 이런 자립성이 내게 있었는가? 여기서 말하는 자립성이라는 것이 존재하기는 하는가?

위기를 맞아 위험에 처하게 되는 것은 내가 내 안의 모든 것을 직접 쥐고 흔들 수 있으며 깨끗이 정화시킬 수 있다는 생각이다. 나는 내면세계에 관한 한 전지전능한 대본 작가이며 감독이기에 내 영혼의 살아 있는 드라마를 온전히 혼자 쓸 수 있다는 생각이다. 나는 물론 알고 있다. 세상과 타인을 통해 외부에서 내게 가해지는 일들에 이 드라마의 스토리 전개가 달려 있다는 것을. 그러나 내가 사고와 경험을 통해 어떻게 그것들에 반응하느냐 하는 것은 내가 정하며 지팡이나 그 어떤 조력자도 필요하지 않다는 것도 안다. 나를 순식간에 압도해버리거나 당장 해결할 수 없는 일도 일어날 수 있다. 하지만 결국은 나 혼자 헤쳐나갈 수 있을 것이다.

그런데 그게 그렇지 않다는 걸 **인정**해야만 할 때, 자존심이 상한다. 돈이나 다른 지원을 청할 때보다 마음에 더 큰 금이 간다. 치료받으러 가느니 차라리 기초 수급 지원을 받거나 길거리에서 구걸하는 게 낫겠다는 생각도 든다. 이런 것들은 모두 외적인 것에 지나지 않기 때문에 정말로 나의 내적 자립성은 건드리지 않는다는 일종의 확신이 있기 때문이다. 치료를 위해 병원을 찾는다는 것은 내가 나를 책임지지 못한다, 정신적 자급자족에 실패했다는 것만을 뜻하지 않고 내가 나를 모른다는 자기 인식의 결여도 뜻한다고 생각하니 더욱 망설여진다. 누구에게나 가장 중요한 영역은 인생이라는 땅이다. 그 땅의 전부를 다 알지 못한 채, 마치 길을 잃고 돌아다니는 사람처럼 살아왔다는 것을 인정해야만 하는 것이다.

자존심 상하는 것은 피할 수 없을지도 모른다. 하지만 굴욕이나 존엄성의 상실에 관한 오해는 피할 수 있어야 한다. 나는 나 자신에게도 처음 공개하는 약점과 무력감을 치료자에게 드러내는 것이다. 그러나 그런다고 해서 아무도 내게 굴욕을 안기지는 않는다. 굴욕을 주는 자는 내가 속수무책임을 느끼게끔 일부러 조종하며 그 상황을 즐기는데 반해 치료자는 내가 내 약점을 잘 볼 수 있도록 이끌어준다. 이것은 무력감을 이길 수 있게 하는 첫 번째 단계다.

그러니까 실제로는 굴욕의 반대인 것이다. 치료자와 함께 일을 해결해나가는 것은 내 무력감을 낮춰주며 자아 인식의 증대를 통해 잃어버린 존엄성을 다시 찾는 데 도움이 된다. 치료 과정은 부자유한 충동과 느낌과 행위에서 벗어나게 해준다. 자유 결정이라는 면에서 존엄성이 서서히 자라며 자리를 잡는다. 이제 4장에서 이야기하게 되겠지만, 자기기만과 거짓말을 똑바로 인식하고 나 자신에게 떳떳한 사람이 됨으로써 이루어지는 존엄성도 치료를 통해 회복된다. 치료를 받으러 간다는 행위가 존엄성의 표출임을 인정하며 상처 입은 허영심을 존엄성의 훼손이라고 오해하는 거짓 자존심을 거부한다는 단호한 표현이다. 여기서 '거짓'이라는 말은 진정한 **착각**이라는 의미에서 적절한 말이 되겠다.

여러 명의 전문가들이 한 병원 안에서 근무하는 곳에 가면 대기실에서 여러 환자들이 서로 마주치게 된다. 환자들은 이곳에서 기다리는 모두가 이러한 종류의 도움을 필요로 하는 사람들이라는 것을 알고 있다. 다들 정신적 위기와 독립성의 상실, 자아 인식의 부족을 스스로 인정한 사람들이다. 그들에게선 어떤 특정한 종류의 부끄러움 같은 것이 느껴진다. 이러한 부끄러움은 다른 여느 병원에서는 느낄 수 없는 것이다. 신체의 병은 적어도 이러한 종류의 부끄러움이나 긴장감을 느끼게 하지는 않는다. 몸이 아프다는 것은 자존심 상하는 일도 아니고 그 사람의 정신적 독립성을 의심하게 하지도 않는다. 반면 이 대기실에서 환자들이 교환하는 눈길은 특이하다. 남의 시선을 피하는 소심한 눈길이다. "여기 모인 사람들은 정신적으로 다급한 문제가 있고 스스로 해결하기에는 한계가 있다는 점에서 다들 비슷하다. 우연히 한곳에서 몇 분 동안 시간을 함께 보내게 되었다고 하더라도 자신의 일은 자신만 알고 있는 게 낫겠다."라고 말하는 듯한 눈빛이다. 하지만 타인의 시선을 열린 마음으로 받아들이는 방법도 있다. "혼자서 해보려고 했는데 잘 안 되니 힘이 많이 들지요? 그런데 저 같은 분들이 또 계시는 걸 보니 왠지 조금은 안심이 되네요." 또는 "저도 당신도 첫발을 내디뎠군요. 스스로에 대해 책임을 지겠다고 내디딘 걸음이니까 자신에게 조금 자랑스러워해도 될 것 같습니다."라는 말을 눈길에 담을 수도 있을 것이다.

누군가 병원 문을 열고 들어온다. 같은 동네 사람이거나 직장 동료다. "어, 여기 웬일이세요?" 내가 묻는다. "그저 좋은 말이나 몇 마디

들어볼까 해서…….” 동료가 대답한다. “그러세요? 좋은 말이라면 몇 년이라도 계속 듣고 싶네요.” 내가 말한다.

정신적인 평형을 찾지 못해 약을 복용해야 한다면 당사자는 실망스럽고 굴욕적으로 느낄 수 있다. 그렇지만 이런 경우도 착각에 해당한다. 의존적이 된 것 같아 마음이 무거운 건 당연하다. 내가 약을 가져왔나? 다음 처방전은 언제 받아야 하나? 약을 내어주는 약사의 눈길에 뭔가가 담겨 있는 것 같기도 하고 아닌 것 같기도 하다. 그래도 변함없는 결론은 역시 존엄성과는 관련이 없다는 것이다. 정신적인 현상은 모두 신체적 현상과 연결되어 있다. 커피나 와인 같은 식품이 나타내는 현상에는 모두들 거부감이 없으면서 뇌에 화학적 지원이 필요하다는 사실은 왜 예민하게 받아들이는 걸까? “당뇨병처럼 대사에 이상이 생긴 거죠.” 내가 말한다. “그렇긴 하지만…….” 상대방이 우물거린다. “뭐가 어때서요?” 내가 반문한다.

약국에 갔다가 이웃집 사람이 정신병 치료 약품을 받아 가는 광경을 본다. 나한테 들켰다는 걸 깨달은 그가 창피한 듯 눈을 내리깐다. “그놈의 신진대사가 참 문제라니까요!” 내가 먼저 말한다. “저도 도무지 알다가도 모르겠습니다! 언제는 간이 안 좋다 뭐 어쩌고 하더니 이제는 머리니 신경이니 뭐니, 이러다가 당최 뭐가 남아나겠습니까…….” 이웃집 사람이 웃는 내 얼굴을 멀뚱히 바라보더니 결국 같이 웃음을 터뜨린다. 우리는 함께 커피 한잔하러 나선다. 그 이후로 그와 나는 종종 같이 커피를 마신다. 사람의 존엄성은, 내면의 독립성이라는 것이 모래성처럼 깨어지기 쉬운 것이라는 사실을 인정하는 데 있다. 그리고 이런 이해심으로부터 인간 사이의 연대감이라는 값진 감정이 생겨나는 것이다.

일을 통한 존엄

두 사람 중 하나가 실업 상태인 튀니지에서는 아래와 같은 말이 빈 구호가 아님을 피부로 느낄 수 있다. **일 없이는 존엄도 없다!**(Pas de dignité sans emploi!) 필사적인 표현이라서 더 와 닿는다. 이 둘은 어떤 관계에 놓여 있을까?

일자리를 잃으면 그와 함께 존엄성도 휘청거리는 느낌을 받을 수 있다. 직장을 떠나는 사람은 책상과 사물함을 깨끗이 비워야 하고 열쇠나 사원증, 유니폼 또는 작업복을 반납한다. 그는 일하던 가게나 빌딩, 공장 입구에 서서 건물을 올려다보며 이제 나는 이곳에 속하지 않는구나 하고 생각한다. 하워드가 윌리 로먼을 해고한 뒤에 이런 말을 한다. "밖에서 무척 많은 사람들이 나를 기다리고 있어요. 일단 여기 앉아서 5분 동안만 숨을 고른 다음에 집으로 가세요, 예? 나도 일해야 하니까요. 아, 그리고 편한 시간 아무 때나 이번 주 안으로 한번 들러서 상품 샘플을 다 반납해주세요." 로먼의 머릿속에서는 온갖 생각이 다 밀려들 것이다. 다달이 빠져나갈 돈이 연체될까 봐 드는 두려움, 하워드의 뻔뻔함과 몰인정함에 대한 분노, 앞으로 시간을 어떤 식으로 보내야 할지 대책이 서지 않는 데서 오는 걱정, 린다를 무슨 면목으로 대할까 하는 근심, 엉뚱한 시간에 정원에서 어슬렁거리는 자기를 보고 이웃집 사람들이 던질 말들 등등. 그중 인간으로서의 존엄을 잃을까 하는 감정이 특히 더 깊을 것이다. 이러한 특별한 느낌은 무엇일까?

로먼이 상실하는 것은 **자립성**이다. 이제 스스로 돈을 벌 수가 없게 되어버렸다. 도움을 받아야 하는 처지가 되었다. 자선단체의 손길에 의존하거나 청소 일을 하는 린다에게 기댈 수밖에 없다. 노동은 물질적 자립이라는 면에서 인간의 존엄성을 보장해준다. 그런 의미에서 그 어떤 노동이라도 노동하지 않는 것보다는 낫다. 공중화장실을 청소하는 일이라고 해도 그렇다. 맨 처음으로 돈을 벌기 시작한 날부터 사람은 세상에서 다른 위치에 올라서고 발걸음도 달라진다. 퇴니지의 표어에서 일을 뜻하는 'travail'가 아니라 고용을 뜻하는 'emploi'라는 단어가 쓰인 것은 결코 우연이 아니다. 그냥 어떠어떠한 일을 한다는 의미의 일이 아니라 누군가 그 일의 **대가**로 **돈**을 준다는 의미의 일이기 때문이다. 일을 하면 타인에게 빌붙을 필요도, 감지덕지하며 살아가야 할 필요도 없다. 적어도 돈에 관한 한 인생의 주인인 것이다.

그러나 일을 하려고 하는 사람에게 중요한 것은 자립의 여부 말고도 또 있다. 자신의 능력에 자부심을 느낄 수 있는 경험을 하느냐 하는 것 또한 중요하다. 능력을 통해 자신이 무언가 **가치** 있다고 느낄 수 있어야 한다. 로먼이 샘플이 가득 든 가방을 회사에 반납하고 나서 슬며시 집으로 들어갈 때, 그는 이제 더는 아무 가치 없는 인간이 되어버렸다고 느낄 것이다. 자신을 바라보는 이웃집 사람들의 눈길에서, 그리고 스스로도 그것을 느낄 것이다. 이 사건은 돈 문제와는 별개다. 로먼과 린다가 갑자기 유산을 상속받게 되었다고 가정해보자. 해고되었다는 로먼의 고백에 린다는 이렇게 반응할 수 있다. "괜찮아요. 회사에서 주는 돈은 필요 없어요." 물론 유산으로 많은 문제들이 해결될 수 있다. 그러나 해고당한 상처는 씻기지 않는다. 로먼이 빼앗긴 것은 **인정**이기 때문이다. 다른 사람의 가치 평가의 대상이 되는 기회와 그를 통해 자신의 가치를 확인해볼 수 있는 기회 말이다. 단순히 어느 집단의 일원이 되고 싶어서, 또는 그들의 목표에 기여할 목적으로 일을 하는 경우도 마찬가지다. 소속을 향한 염원은 자신의 능력을 통해 그 사회의 귀중한 구성원으로 쓰이고 그에 따른 인정을 받고자 하는 바람이다. 이것 또한 존엄을 경험하는 한 예이다.

노동이 존엄에 기여하는 건 자립과 타인의 인정을 가져다주기 때문만은 아니다. 각자가 가진 능력을 펼치고 한 인간으로서 전반적으로 **뻗어나갈** 수 있는 기회를 주기 때문이다. 일의 종류에는 마치 놀이처럼 집중할 수 있는 일이 있다. 이런 일이라면 다들 먼저 하겠다고 나선다. 그러나 그 반대편에는 거의 **부역**이나 다름없는 일이 있다. 강제 노역에 동원된 것처럼 시키는 일이니까 죽지 못해 하거나 그 일 이외에는 생계를 이어갈 수 있는 다른 노동이 존재하지 않기 때문에 어쩔 수 없이 해야 하는 일들이다. 이런 경우 일을 하는 당사자와 일의 내용은 철저히 분리된다. 이른바 **소외**된 노동, 일과 자신을 동일시할 수 없는 일이다. 이건 무슨 뜻인가?

소외에는 뿌리를 파괴하는 소외가 있고 또 그와는 다르게 뿌리를 건드리지는 않은 채 평범한 방식으로 사람을 불행하게 만드는 소외가 있다. 내 능력에 합당하지 않거나 오랜 시간에 걸쳐 힘들게 애써 교육받은 것과는 다른 일을 해야 하는 경우가 있다. 엔지니어가 타일을 붙이는 일을 하거나 화물차를 몰아야 하는 경우가 그렇다. 의사인데 노인 요양 보호사로 취직해야 하거나 음악대학을 나와서 술집에서 피아노를 쳐야 할 때, 유치원 교사가 화장실 청소부로 일할 때도 있다. 이런 경우 존엄성이 영향을 받는가? 내게 맞는 마땅한 일자리가 존재하는데도 누군가가 일부러 그보다 더 낮은 일을 줌으로써 굴욕을 줄 때 그렇다. 그러나 이 경우에도 일 자체가 아니라 굴욕에 초점을 맞춰야 한다.

내 능력에 훨씬 못 미치는 노동은 나를 소외시키고 내게서도 소외된다. 그런 노동이 오랜 기간 지속될 경우 내게 맞는 일이 왔을 때 그것을 감지할 능력을 잃어버리게 된다. 자신을 발전시킬 기회가 사라진다. 하지만 일에서 소외감을 느낀다고 해도 그것이 곧바로 존엄의 상실과 연결되는 것은 아니다. 맞지 않는 일을 한다는 건 속상하고 답답한 일이다. 그러나 사람의 존엄을 깨지는 않는다. 오페라 극장에 갔다가 남자 화장실을 청소하는 남자를 잠깐 바라본 적이 있다. 남자의 눈이 내 눈과 마주쳤다. "아주 수고스러운 일을 하고 계십니다." 내가 말했다. "누군가는 해야 하는 일이니까요." 남자가 이렇게 대꾸하며 싱긋 웃었다. 그의 떳떳한 미소가 지하 주차장으로 내려갈 때까지 내 뇌리에서 지워지지 않았다. 주차장에서는 모피 목도리를 두른 거만한 남자가 누군가 자기 재규어 차량을 스치고 지나갔다면서 얼굴을 잔뜩 찌푸리고 온갖 난리를 피우고 있었다. 흠집은 눈에 보이지도 않을 정도로 가벼웠다. 방금 화장실 청소부와 비교해서 얼마나 품위 없어 보이던지!

그러나 노동의 소외가 너무 지나치면 존엄성을 위협할 수도 있다. 뼈가 빠지게 일하다가 겨우 몇 시간 눈을 붙이고 꾸역꾸역 서둘러 밥을 먹어야 할 때도 있다. 정신없이 일하는 시간 말고는 내 삶이라고 할 만한 것을 누릴 여유가 전혀 없고 내게 필요한 욕구를 생각할 시간도 없다. 나 자신에게 신경을 쓸 수도, 내 요구를 들어줄 수도, 나를 이해할 시간도, 내가 원하는 삶이 어떤 것인지 생각해 볼 시간도 없다. 내가 하나의 주체가 될 수 있는 기회가 주어지지 않는 것이다. 이럴 때 소외는 존엄성의 박탈로 이어진다. 나는 일하는 기계다. 너무 피곤하다는 그 이유 하나만으로 주체로서의 내가 될 수 없다.

노동은 또 다른 의미로 내게서 소외된다. 내 자아상에 상반되거나 정체성을 망가뜨리는 일을 해야 할 때다. 무기를 만들거나 마약, 위험한 약물을 만들도록 강요받는다고 가정해보자. 이 약물이 수많은 인간의 목숨을 파괴할 거라는 것을 나는 안다. 강제로 생체 실험에 참여한다든지 오직 이익만을 위해 멀쩡한 숲을 벌목한다든지 한심하고 위험하기까지 한 이데올로기를 전파해야 될 때도 있다. 이런 일들은 내 존엄성을 망친다. 여기서 우리는 두 가지 그림을 동시에 그려볼 수 있다. 누군가에게 예속되어 싫어도 할 수 없이 생체 실험을 강행해야 하는 흰 가운의 의사와 스스로의 사상과는 전혀 다른 이야기를 학생들에게 가르쳐야만 하는 교사가 있다. 근무가 끝난 후 그들은 편안하고 잘 꾸며진 집으로 돌아간다. 그와는 반대편에 화장실 청소부 아주머니가 있다. 그녀는 시끄럽고 눅눅한 단칸방에 산다. 이들 모두는 소외된 일을 하고 있다. 그러나 그중 한 경우는 거기서 더 나아가 존엄성을 무너뜨린다.

한편 나 자신을 소외시키면서도 존엄성까지 무너뜨리는 예가 하나 더 있다. 의미 없는 일을 할 때이다. 칫솔로 길바닥을 닦는 일을 강요받은 유태인들의 경우에서 볼 수 있다. 또는 실업자에게 정부에서 지정해준 일이 공원 청소가 아니라 개의 통계를 내는 일이라고 가정해보자. 공원에 들어오는 개의 수, 종류, 몇 번 오줌을 싸는지, 몇 번 변을 보는지……. 이런 일을 몇 달이 넘게 계속해야 한다고 상상해보라.

돈

알프레트 안더쉬의 소설《붉은 머리의 여자》에 등장하는 여주인공 프란치스카는 치욕적인 삼각관계에서 벗어나려고 베네치아행 열차를 탄다. 주머니에 든 돈이라고는 몇천 리라가 전부다. 호화로운 호텔 옆을 지나가던 그녀는 충동을 이기지 못하고 안으로 들어가 차 한잔을 마신다. 그런 다음 도어맨 중 가장 직급이 높은 사람에게 말을 건다. "잠깐 이야기 좀 할 수 있을까요?" "물론이죠, 시뇨라." "여쭤보고 싶은 게 있어서요." "뭘 도와드릴까요?" "저는 통역사예요. 이탈리아어, 영어, 프랑스어, 독일어를 하지요. 또 타자와 그 밖의 사무에 관련된 업무는 다 가능해요. 혹시 직장을 구할 수 있을까요? 이 호텔도 좋고 아니면 베네치아 내에서 다른 곳도 좋은데요." "저희는 빈자리가 없습니다. 다른 호텔도 없을 겁니다. 겨울이지 않습니까." "알겠어요. 그럼 혹시 관리 부서에는 자리가 없을까요?" "관리 부서라니 무슨 말씀입니까?" "객실을 정리하는 일요. 무슨 일이든 좋아요." "아니요. 아무리 객실부 인력이 모자란다고 해도 당신 같은 사람은 채용하지 않을 겁니다." 그녀는 도어맨이 서랍을 여는 모습을 지켜본다. "우리 호텔에 지원서를 넣으셨더군요. 돌려드릴 터이니 양해 바랍니다." 그는 그러면서 1천 리라 지폐를 내민다. 작가 안더쉬는 이 부분에서 "그녀는 경악으로 얼굴이 새빨갛게 달아올랐다."라고 쓰고 있다.

도어맨의 제스처는 굴욕과 무력감을 안겨준다. 결국은 이런 말을 하고 있기 때문이다. "당신은 원래 우리 호텔에서 차 한잔도 마시기 힘든 인간이야. 가난하고 거지나 다름없이 비굴하지."

돈이 없다는 것은 독립성의 상실을 뜻한다. 그리고 무능과 의존을 뜻한다. 이러한 결여는 굴욕을 당할 위험에 언제나 노출되어 있다는 것을 말해준다. 돈은 외적인 독립성을 뜻한다. 로먼 부부가 해고당한 뒤에 잃어버린 그 독립성이다. 이것은 존엄성의 경험이라는 측면에서 특히 더 중요한 역할을 할 때가 있다. 돈으로 인한 독립성은 하고 싶은 말을 할 수 있게 해준다. 그 반대로 생각해보면 돈이 없으면 협박과 위협에 취약해진다. "네가 ○○를 하지 않으면 돈 한 푼도 못 받을 줄 알아." 이런 협박으로 인해 그저 도중에 숨고 싶거나 사라져버리고 싶은 일을 해야만 한다면 존엄성이 위험에 처하기 시작했다는 뜻이다. 어떤 기관이나 기업, 정당의 대변인이 대중을 상대로 인터뷰를 하는 것을 본다. 그럴 때면 참 안됐다는 느낌이 든다. '저 사람은 **반드시** 저렇게 말해야 해. 안 그러면 목이 달아나니까.'라는 생각이 들어서다. 그런데 조금 뒤에 방금 그 인물이 또 다른 기관을 대표해서 마이크 앞에 선다. 그러더니 또 정반대의 말을 한다. 돈줄을 쥐고 있는 집단이 하나 더 있는 것이다. 이런 걸 보면 '저건 정말이지 화장실 청소보다 더 못할 짓이다.'라는 생각만 들 뿐이다. 예속성과 의존성이 내부로 파고들어 가 그 사람의 말과 주장과 끝내는 신념까지 다 갉아먹어 버렸기 때문이다. 돈 때문이다. 이것은 인간 존엄을 조금씩 해체하는 독과 같아서 실제로 병이 드는 사람도 있다.

돈으로 인한 종속이 인간의 내면까지 망치기 때문에 우리는 빚을 지기 꺼려 한다. 사업상 대출은 어쩔 수 없다고 해도 개인적으로는 빚을 만들고 싶지 않다. 누구에겐가 갚을 것이 있다는 기분 자체가 독으로 작용한다. 항상 자유롭지 못한 기분이 들고 옛날에는 했을 법한 말과 행동도 쉽사리 하지 못한다. 심지어는 감정에서조차 자유롭지 못하다. “나한테 빚졌다는 사실을 잊어버린 거야? 내가 널 진흙탕에서 건져줬잖아?” 우리가 두려워하는 건 바로 이런 말을 들어야 하는 처지가 되는 것이다.

돈이 사랑과 우정을 파괴할 수 있는 이유는 무엇인가? 사랑과 우정이라는 감정이 독립된 두 인간의 대칭적인 만남을 전제로 하기 때문이다. 종속과 두려움을 낳는 돈의 속성상 이 대칭성을 위협함으로써 사랑과 우정의 감정을 퇴색시켜버리기 때문이다.

이러한 지속적인 위험 때문에 누군가에게 선뜻 돈을 선사하거나 빌려주기도 힘들다. 지대 자체가 지뢰밭이나 다름없다. 내가 돈을 제공할 때는, 상대방이 혼자 힘으로 설 수 없다는 걸 알고 있고 상대방도 이런 내 생각을 알고 있다는 사실을 항상 염두에 둘 수밖에 없다. 상대방이 존엄성이 위협받는다고 느끼지 않게 하려면 어떻게 하는 것이 좋을까? 말과 행동에서 굴욕을 줄 수 있는 모든 종류의 여지를 피해야 하는 것은 물론이다. 그것으로 충분할까? “겨우 돈일 뿐인데 뭘 그래!” 하고 넘어가는 걸로는 충분하지 않다. 오히려 반작용을 일으킬 수 있다. 두툼한 돈뭉치 한 다발보다 다 낡아빠진 자동차 열쇠와 차량 등록증을 남의 손에 쥐어주는 편이 더 수월할 때도 있다. 왜 그럴까?

돈에 관한 지나친 대범함이 다른 누군가의 존엄성을 위험에 빠뜨릴 수 있는 까닭은 상대방을 왜소하게 만들고 그 나름의 노력에 대한 자부심을 흔적도 없이 덮어버리기 때문이다. 파괴적인 관대함이라는 것이 존재한다. 그것은 거만함의 표현이기 때문에 받는 사람은 불편하다. 여기 좀 봐! 내가 이 정도야! 하는 태도다. 정말 역겹다. 봐봐! 나에 비해서 너는 얼마나 작은 존재인지! 능력도 안 되는 게 까불고 있어! 이렇게 되면 존엄성과 관련되지 않을 수 없다. 받은 돈을 하수구에 던져 넣고 싶다. 차라리 집에 가서 어제 먹다 남은 콩 수프를 다시 데워 먹는 한이 있더라도.

돈이 남의 관심이나 동정심, 애정을 대신하는 대체물 역할을 하게 될 경우에도 존엄성을 위협한다. 이런 돈은 값싼 돈이다. 막스 프리쉬의《몬타우크》에 이런 대목이 등장한다. "그림은 몇 장 팔지 못했지만 포도주를 즐겨 마시는 어느 화가에게 나는 예순 살 생일 선물로 그가 좋아하는 종류의 포도주를 예순 병 보냈다. 그가 나중에 말하기를, 모두 깨버리거나 남에게 줘버렸다고 했다. 나는 당시 외국에 있어서 그의 전시회 개관식에도 가보지 못했지만 그렇다고 편지를 보내지도 않았다. 포도주 예순 병, 그것은 백만장자가 길을 가다가 걸인에게 던져주는 은화 한 닢과도 같은 것이다! 나는 화가의 분노를 이해한다. 만일 내게 돈이 없었다고 해도 편지를 쓰지는 않았을 것이다. 하지만 그렇다고 해서 그에게 상처를 주지도 않았을 것이다."

돈과 존엄성의 상관관계에 관해 생각해볼 것이 한 가지 더 있다. 돈이 가치 교환의 수단을 넘어서 그것 자체로 목적이 되고 집착의 대상이 되는 경우에 우리는 존엄하지 않다고 느낀다. 돈을 가지고 서로 다툴 때가 그렇다. 자유와 독립과 편안함을 선사하는 돈이기에 돈을 둘러싼 분쟁은 당연히 잦다. 그러나 돈으로 무엇을 살 수 있느냐 하는 문제가 아닌, 뭔가 그것과는 다른 문제를 가지고 싸우는 경우도 있다. 다른 싸움보다 특히 더 처절하고 철저하게 펼쳐지기 일쑤인 이러한 분쟁은 옆에서 지켜보는 우리로 하여금 고개를 갸우뚱하게 만든다. 우리 눈에는 오직 **돈**, 돈 하나만을 둘러싼 싸움으로 비춰지기 때문이다.

2장

만남으로서의 존엄성

2장

인간이 존엄한 것은 인생을 스스로 개척한다는 의미에서 독립된 존재이기 때문만은 아니다. 존엄은 한 인간이 타인들과 맺는 관계의 종류에도, 다시 말해 그가 타인들과 어떻게 대면하는지, 타인들이 그를 어떻게 대면하는지에 근거한다. 얼핏 듣기에는 당연한 말처럼 들린다. 우리는 친숙한 말을 그냥 흘려들으며 그 친숙함 때문에 처음부터 그 말을 잘 이해하고 있는 것처럼 착각한다. 반면 잠깐 멈추어 선 다음 그 평범한 표현 뒤로 한발 물러서서 그 말이 정확히 무엇을 뜻하는지 물어본다면 우리는 그 말 가운데 무엇을 알아야 하는지, 무엇을 파헤쳐야 하는지 깨닫게 된다. 자, 그러면 사람 간의 **만남**이란 과연 무엇인가?

주체끼리의 만남

사람이 서로 만날 때는 주체로서 만난다. 주체에 대해서는 1장 도입 부분에서 살펴본 바 있다. 만남의 본질은 무엇인가? 다수의 주체는 서로 어떻게 조우하는가? 그들 사이에 생겨날 수 있는 만남의 종류에는 어떤 것들이 있는가?

이미 말한 바와 같이, 모든 인간은 경험의 중심이다. 누군가를 만날 때 우리는 이 사실을 당연한 것으로 즉석에서 받아들인 상태로 만난다. 이러한 직관적 가정은 다른 주체와 만날 때 뿌리 깊게 작용하는 한편, 주체가 아닌 단순한 물체와의 만남과는 확실한 차이가 나게 만든다. 이와 비슷하게 즉각적이고 당연한 가정 하나는, 상대방이 자신이 경험한 것들을 행동으로 나타낼 것이라는 생각이다. 상대방을 어떤 행위의 주체자로 보고, 그의 경험이 행위의 동기가 된 것으로 우리는 가정한다. 이것은 만남의 첫 번째 틀을 형성한다. 우리는 상대방을 만났을 때 그의 행동의 동기가 이럴 것이다,라고 추측하면서 그의 행동을 무언가 의미가 담긴 것으로 이해하려고 한다. 그런 의미에서 우리는 그를 우리와 흡사한 존재로 인식하다. 우리 스스로가 바로 이런 틀에 따라 자신의 행동을 이해하기 때문이다. 우리는 우리의 행동을 설명하려고 할 때 우리의 경험을 언급한다.

우리의 필요는 타인의 행동 뒤에 숨은 동기를 **파악**하는 것으로 그치지 않는다. 타인은 우리에게 자신의 동기를 **해명**하고 우리는 그를 여러 동기로 이루어진 중력의 구심점으로 이해할 수 있다. 그는 동기를 배경으로 한 사건들을 경험하는 주체이며 이런 경험들은 결국 그에 관한 이야기이기 때문이다. 이야기 속에는 그가 어떻게 지금에 이르렀고 현재 어떠하며 앞으로 무슨 계획을 가지고 있는지가 드러나 있다. 우리는 이야기들을 때로는 경험된 과거 또는 현재의 경험처럼, 때로는 계획 중인 미래에 관한 객관적인 보고서처럼 경청한다. 그러나 그런 일을 몇 번 경험하면서 이 보고서가 **사실**보다는 **자아상**을 표현하는 것임을 차차 알게 된다. 즉, 내적 검열을 거쳤으며 다른 사람이 볼 때 특정한 면이 부각되도록 고안된 이야기라는 뜻이다. 그 안에는 윤색의 요소가 있으며, 모든 자아상은 사실 여부가 의심되는 진정성의 구조물이자 착각으로 가득 찬 자기 설득과 자기기만이 들어 있는 것이다.

그러므로 우리가 타인을 만날 때는 그들의 이야기 안에 변형되지 않은 경험의 진실이 아닌, 내적 검열을 거치고 자아상의 이익을 위해 여러 차례 고쳐진 동기들이 표현되고 있다는 것을 알고 만난다. 이 점 때문에 모든 만남은 불안정하고 변동 가능하며 결말이 불투명하다. 타인에게도 나처럼 어둠 속에 잠겨 있어 때로는 평생 동안 만져볼 수 없는 동기들이 존재한다는 것을 알기 때문에 더욱 그렇다. 만남은 이렇듯 여러 면에서 무의식들 사이에서 발생한다.

두 사람이 각자의 동기 배경을 서로에게 터놓는 것은 마치 그 둘이 **교차**하는 것과 비슷하다. 두 사람은 서로에게 의미를 부여하며 만남은 그들에게 반향을 남긴다. 둘은 다양한 방식으로 경험을 엮는다. 그들이 생각하는 것은 이렇다. 나는 상대방의 생각에 대해 생각해보며 상대방이 나의 생각에 대해 어떻게 생각할지 생각한다. 이것은 두 사람 사이의 사고의 **친밀성**을 만들어낸다. 생각뿐 아니라 감정과 소망도 상대방의 것과 교차점을 찾을 수 있다. 우리는 타인의 두려움에 대한 두려움을 가진다. 타인의 두려움 안에는 내 두려움에 대한 두려움이 공진한다. 우리의 욕망은 타인의 욕망에 의해 부채질되며 타인의 욕망은 우리의 욕망이 된다. 또한 우리는 타인이 소망할 법한 것을 우리의 소망으로 삼는다. 자신의 경험이 이런 식으로 타인의 경험과 빈번히 교차할

수록 당사자들 간의 정신적 친밀성은 높아진다. 이것은 친구 사이의 친밀성이 될 수 있고 적수들 간의 친밀성이 될 수도 있다. 주체들 간의 만남에서 생성되는 것은 바로 이 친밀성이다.

주체들이 경험하는 생각과 그 밖의 다른 교차 현상은 **소통** 능력의 바탕을 이룬다. 한 사람이 신호나 메시지를 보낸다고 해서 소통이 이루어지는 것이 아니다. 이런 신호는 공중에서 혼자만의 메아리가 될 수 있다. 타인이 그것을 인식하고 이해해야만 소통이 가능하다. 인식하기 위해선 누군가의 소통 의지를 알아채는 것만으로는 부족하다. 그것이 자신과 자신의 생각을 향해서 보내는 신호임을 알아야 한다. 신호와 메시지 속에 나에게 이해시키고 싶은 것이 있다는 상대방의 의지가 존재한다는 걸 인식해야 한다. 이제 나는 상대방이 내게 뭔가를 말했다는 사실을 알게 되었다. 사람들이 서로 이야기를 나눔으로써 비로소 만남이 이루어진다고 생각하기 쉬운데, 사실은 그 반대다. 먼저 만날 수 있어야 말을 나눌 수 있는 것이다. 먼저 서로의 생각이 교차되는 경험이 없다면 진정한 소통은 이루어질 수 없다.

주체로서의 우리는 또 다른 방식으로 서로 교차할 수 있다. 상대방의 입장이 되었다고 상상해보는 것이다. 중립적 거리를 유지한 채 타인이 겪은 이야기를 들어주는 것에 그쳐도 된다는 말이 아니다. 이야기를 내 것처럼 이해하면서 내가 만약 그 처지라면 어떤 심정일까 하는 것을 상상해보는 것이다. 나에게도 두려움이나 질투, 시샘 같은 감정이 들까? 물론 이해되지 않는 부분도 있고 이질성의 벽을 넘지 못하는 일도 있을 것이다. 또한 같은 상황이라고 하더라도 내가 느끼는 감정을 상대방도 똑같이 느끼리라는 보장은 없다. 그렇지만 우리가 사회적 상상력에 힘입어 타인의 처지에 공감할 때, 사람 사이의 만남에 친밀성이 더욱 두터워진다.

개입하기와 거리 두기

사람을 대면할 때, 우리는 행위와 체험으로써 즉석에서 그에게 **반응**하는 경우가 많다. 그가 행하거나 겪는 것을 우리는 개별적으로 받아들이고 만남은 우리를 변화시키는 하나의 사건이 된다. 이렇게 되면 만남의 온도는 높아진다. 상대방이 내게 어떻게 반응하는가에 따라 우리의 다음 대답도 달라진다. 내 내면에서 일어난 변화는 외부로 반영되고, 상대방은 이 반응에 따라 다시 변화된다. 이런 의미에서 우리는 타자의 삶에 **연루**되었다고 할 수 있다. 여기서 상호작용의 열기가 생성된다. 이런 경우의 만남은 **개입적** 만남이다.

개입적 만남은 **가까움**을 경험한다는 것을 의미한다. 가까우면 상대방이 무엇을 하고 어떤 일을 겪는지에 무심하지 않다. 나랑 무관하지가 않은 것이다. 가까움은 유쾌하고 따뜻한 분위기에서만 이루어지는 것은 아니다. 분노와 증오에서도 개입적 만남이 있을 수 있다. 뻔뻔한 이웃 사람이나 꼴 보기 싫은 직장 상사와 엮일 경우에 그것이 비록 적대적 관계일지라도 가까움이 형성될 수 있다. 그 밖에도 욕망이나 그리움, 동경에 얽힌 모든 종류의 열정적 관계, 그리고 기쁨과 괴로움이 동반된 감정이입의 여러 형태가 이에 해당된다. 이 모든 것들의 공통점은 타인의 체험과 행위를 **진지**하게 받아들인다는 것이다. 또한 관계의 온도를 바탕으로 특정한 반응을 **기대**하고 **요구**하는 것도 그 안에 포함된다. 그러므로 개입적 만남은 실망을 동반한다. 때로는 상대방이 내 쪽에서 정의하는 만남에 상응하지 않는 반응을 보일 때 상처받았다는 느낌, 억울함과 짜증과 미움이 생겨난다. 상대방과의 연대감에서 나온 이 감정들은 친밀함, 가까움을 느낀다는 증거이다. 원망은 가까움이 개입된 관계에서만 일어난다.

기대와 원망이 사라지면 개입적 만남으로서의 관계도 소멸된다. 남는 것은 **거리를 둔** 만남이다. 이런 만남은 수도 없이 많다. 길거리에서, 버스 안에서, 시장에서, 관청에서의 만남들이 이런 것들이다. 이것은 모르는 사람과의 만남이다. 그들의 만남에는 내적 교차점이 없다. 이러한 거리감 자체는 존엄성의 위협을 내포하고 있지 않다. 그런데 만일 과거에 서로 개입하는 관계였다가 상처를 입고 뒤로 물러난 후 생겨난 거리감이라면 그것은 존엄성을 위험에 빠뜨리는 경우가 될 수 있다.

뒤로 후퇴하는 경우에는 여러 가지 잔인한 단계가 있다. 그 첫 번째로는 겉으로 아무 반응을 하지 않는 것이다. 전략적으로, 또는 그러는 편이 현명하니까 등의 이유로 그럴 수 있다. 분노와 원망 같은 감정으로부터 나 자신을 보호하려고 아예 죽은 척 꼼짝 않고 있는 것이다. 뜨거웠던 갈등은 풀어지고 행동 패턴의 흐름도 달라진다. 관계의 호흡이 정지되며 공통의 체험도 멈춘다. 그중의 한 가지 표현 방식이 비꼬고 빈정대는 것이다. 나는 비록 계속 반응하고 있지만 예전처럼 개입이라는 감정의 노예로서가 아니라 제3자인 척하며 일부러 즐기는 듯한 반응을 보이는 것이다. 그러나 내 안에서 느끼는 감정이 예전과 똑같다면 그래도 괜찮다. 내가 마치 남의 일처럼 상대방에게 내 감정을 속이는 건 내가 강하다는 것을 보여주거나 역설적 공격에 지나지 않으니까 말이다. 화가 난 상대방은 속이 상하지만 제 힘으로 할 수 있는 건 아무것도 없다. 이런 못된 녀석! 날 이렇게 좌절시키다니! 그래도 존엄성에는 영향이 없다. 상대방도 상황을 가늠해보면 나의 굳은 겉모습 뒤에는 아직도 정이 남아 있다는 것을 알기 때문이다.

다음 단계는 사정이 크게 달라진다. 마음속에서조차 묵묵부답으로 나오는 것이 그것이다. 감정은 고요하고 무감각한 상태를 벗어나지 않는다. 화도 나지 않고 분통 터질 일도 없으며 실망도 원망도 없다. 상대방은 이제 **상대할 대상**이 아닌 것이다. 아직 그와 말을 나누며 그와 연관을 맺고 있기는 하다. 그러나 교차점은 이전보다 희미해졌고 추상적이 되었다. 체감할 수 있는 반응의 차원이 더는 존재하지 않기 때문이다. 예전에는 그와 나 사이에 관련점이 있다고 생각했기에 의리감이나 유대감을 느꼈지만 이제는 아니다. 관점이 달라진 것이다. 그를 보는 내 눈이 바뀌었다. 그의 **존재를 의식**함으로써 아직 그를 진지하게 받아들이고 있기는 하다. 그는 나름의 능력을 가진 자로서 내가 의식하지 않으면 안 되는 존재다. 예를 들어 그는 적수로서는 좋은 상대일 수 있다. 그러나 그것뿐이다. 그것을 넘어서는 만남은 내 쪽에서 가지기 싫다. 나는 손을 놔버린다.

상대방은 이것을 자신의 존엄성에 대한 공격으로 받아들일 수 있다. 그는 행위의 주체자로서 간주되고 그러한 의미의 존엄은 건재하지만 파트너, 동반자로서의 존엄성은 빼앗긴다. 타인들은 그가 경험의 중심체라는 사실을 간과하지는 않지만 그의 경험은 오로지 그의 경험으로 남아 있을 뿐, 이젠 더 이상 타인의 반응을 끌어낼 수 있는 것이 아니다. 그의 행위와 감정은 내쳐진다. 그가 내미는 도움이나 관대함, 희생과 봉사 같은 것에 사람들은 반응하지 않는다. 또 그가 어떤 감정을 느끼든 혼자만의 감정일 뿐이다. 파트너 없는 권투 연습을 하는 것과 같다. 애정, 동정, 슬픔, 분노 같은 감정을 호소할 대상이 없고 이런 것들이 타인에게 환영받지 못한다는 느낌이 든다. 이런 감정을 털어놓는다는 것은 결국은 그 사람과 가까워지고 싶다는 마음의 반영인데 자기의 이런 마음도 타인에게선 귀찮음의 대상일 뿐이다. 정보를 교환해야 한다거나 일상의 일을 실질적으로 진행하기 위해서 타인과의 대화가 아직 이루어지긴 한다. 그러나 그가 하는 일이나 겪고 있는 일이 궁금해서 말을 거는 사람은 없다. 그를 이해하기 위해 필요한 상상력을 동원하거나 역지사지의 수고를 하는 사람도 없다. 이렇게 되면 그는 응당 그러한 것을 조금이라도 기대할 자격이 있는 존재로서의 자격과 존엄을 잃은 셈이다. 그의 내면은 서리가 내린 것처럼 얼어붙는다.

그런 취급을 받는 사람이 다름 아닌 바로 나라고 가정해본다. 나는 타인의 달라진 시선에 한기를 느낀다. 그들은 행동 연구 과학자라도 된 양, 냉정하고 분석적이고 객관적인 눈으로 나를 바라본다. 그런데 마음에 걸리는 것은 공감이 결여된 그들의 태도뿐만이 아니다. 나는 충격적인 경험을 한다. 그들의 냉담한 시선 속에서 나는 내 안에서 그대로 **응고**되는 느낌을 받는 것이다. 그 시선이 주체로서의 나를 와해시키거나 그래서가 아니다. 타인의 냉담한 시선을 받는 객체가 될 때에도 내가 주체라는 사실은 변함이 없다. 그러나 과거에는 내게 공감해주었으나 지금은 싸늘하게 식어버린 시선을 한 몸에 느낄 때 나의 주체성은 대상화되고 물질화된 사건으로 변화될 위험에 놓인다. 물론 그럴 수는 없다는 걸 나도 안다. 하지만 그들의 눈길에는 위협이 내포되어 있고, 만일 사실이 그렇지 않다고 해도 공포스러움은 가시지 않는다.

누군가 이런 식으로 나와 거리감을 두고자 한다면 그는 자동적으로 내 무력감을 드러내게 하는 결과를 피할 수 없다. 나는 다시금 나와 결속감을 느껴줄 것을 타인에게 **강제**할 수 없다. 타인은 나로부터 비껴나가고 관계도 나에게서 비껴가지만 내가 그 와중에 할 수 있는 것은 아무것도 없다. 억지로 강요하려고 하면 할수록 그들은 더욱 멀찍이 물러날 뿐이다. 결국 내 모습은 우스워진다. 나와 그들의 관계를 다시 이어 붙이려고 하는 노력은 처음부터 무시된다. 통화는 이미 끊어졌는데 수화기에다 대고 "여보세요! 내 목소리 안 들려요?" 하고 외쳐대는 거나 다름이 없다. 나는 이런 무력감을 느끼며 다시 관계를 회복하자고 애걸한다. 이렇게 되면 문제점은 베른하르트 빈터가 아내에게 조금만 더 있어달라고 부탁할 때와 같은 단순한 **개별적** 감정에 머무르는 것이 아니라 관계 전체, **총체적** 유대감으로 확대된다. 따라서 자신의 존엄성을 잃어버릴 위험도 베른하르트 빈터의 경우보다 커지게 된다.

거리감을 둠으로써 사람과 사람 사이의 만남을 파괴하는 것은 필연적으로 무력감의 노출을 동반한다. 따라서 굴욕의 시초가 된다. 굴욕은 의기양양한 태도로 가해지거나 때로는 연민을 동반하기도 한다. 타인을 경계 밖으로 쫓아내는 행위를 분노의 표출이나 복수의 일환으로 누리면서 또 내가 그것을 즐기고 있다는 사실을 상대방에게 보여주기도 한다. 당하는 사람을 내려다보며 당당하게 이렇게 말한다. "거봐, 옛날 같지 않지? 네가 뭘 느끼고 뭘 하든 이제는 내게 하나도 와 닿지 않아. 나는 네게 아무런 관심이 없어. 그리고 내가 이렇게 무관심하게 돼서 나는 아주 즐거워! 내 이런 무관심을 네가 좀 봐줬으면 좋겠어!" 이렇게 전시되고 의도된 무력감은 완전한 의미로서의 굴욕이 된다. 또는 다른 반응도 있을 수 있다. "더는 안 되겠어. 내 내면에서는 자꾸만 네게 반응하려고 하거든. 나도 네게서 나 자신을 보호해야겠어. 방법은 딱 한 가지야. 얼음처럼 굳어져서 무관심해지는 것." 이런 경우에도 상대방은 무기력하게 남겨져 내쳐진 자로서의 굴욕감을 맛보아야 한다. 하지만 누구도 그의 굴욕을 의기양양하게 보란 듯 즐기지는 않는다. 그런 의미에서 존엄성의 파괴에까지는 이르지 않는다.

여기서 한발 더 나아간 단계가 있다. 상대방을 **병자**로 보는 시선이다. 상대방은 내게 여전히 경험의 중심이며 따라서 주체다. 그러나 이것은 주체를 주체로 만드는 또 다른 요소들, 즉 사고와 감정, 행위의 이해 가능 정도, 뚜렷한 자아상, 자신의 정체성을 이해하고 평가하는 능력 같은 것들이 빠진 상태의 주체성이다. 내가 상대방과의 관계에서 발을 빼려고 하는 이유도 바로 이것 때문인 것이다. 나는 그를 더 이상 통일된 행동의 행위자며 책임자라고 보지 않는다. 그라는 사람은 불가사의한 내부적 사건들이 일어나는 무대에 지나지 않는다. 행동이 하도 괴상하고 이해되지 않는 면이 많아서 그를 보는 내 시선이 바뀐 것이다. 그와 정상적으로 대면한다는 것은 이제 불가능해졌다. 기대할 것도, 요구할 것도 없다. 그는 완전히 독립된 인간이라고 할 수가 없다.

이런 경우 존엄성이 어떻게 되는지 판단하기는 쉽지 않다. 상대방을 의사의 객관적인 눈으로 바라보게 된 나는 오히려 이런 생각을 하게 될 것이다. 이렇게 됐다고 해서 영원히 그와 관계를 끊어버리는 일은 없도록 해야겠다. 나중에라도 온전한 인격체로 돌아오게 되면 다시 유대감 있는 관계로 돌아올 수 있도록 여지를 남겨놔야겠다. 나는 존엄성을 가진 사람으로서 상대방이 독립적인 인간이라면 그에게도 존엄성을 돌려줘야 한다. 그 자신은 어떻게 느끼고 있을까? 장기간의 약물 복용에 따른 부작용으로 자신 본연의 모습과 행위에서 멀어지게 된 나머지 치매라든가 정신병이라는 병명을 뒤집어쓰게 되는 경우도 있지 않은가. 이제 그가 만나게 되는 것은 의사의 냉정하고 객관적인 시선이 전부일 것이다. 그 사람의 전부가 다 무너진 것이 아니라 정신적인 혼란이 온 것에 불과하다면 자신의 존엄성에 대한 느낌은 사라지지 않았을 것이다. 그 느낌은 인간에게 아주 깊숙이 뿌리박힌 것이기 때문이다. 그러므로 그는 자립성과 일관성을 영영 잃어버려 회복할 수 없는 사람으로 자신을 취급하는 타인의 시선을 감내하기 힘들 것이다. 그는 아마도 스스로 이렇게 중얼거리지 않을까? "나는 그들에게 단지 하나의 사건에 지나지 않아. 통제되지 않은 감정들의 집합체로 축소된 거지." 하지만 약물이 이러한 느낌마저 막아버린다면?

관계 퇴보의 각 단계들은 명확하게 구분 지어진 것이 아니라 서로 자연스럽게 연결되어 있다. 그러다 보면 변화도 올 수 있다. 서로 가깝게 지내던 사이라면 이렇게도 말할 수 있을 것이다. "당신에게는 치료가 필요해요. 도움이 필요하다고요. 그건 내가 해줄 수 있는 종류의 도움이 아니에요. 치료를 받지 않는다면 중독에서 벗어날 수가 없어요." 굴욕으로 느껴질 수도 있는 아슬아슬한 순간이다. 그러나 이 말에 숨겨진 속뜻은 이렇다. "나는 앞으로도 당신과 함께하고 싶고 우리 관계를 계속 발전하는 관계로 키우고 싶어요. 당신과 함께하는 삶이 끝나길 원치 않고 당신에게서 등을 돌리지도 않을 거예요. 또 나 몰라라 하지도 않을 거고요." 이것이 유대감이다. 그러나 동시에 거리감도 있을 수 있다. "도대체 어떻게 해야 될지 모르겠어요. 지칠 대로 지쳤어요.

이제 나도 조금 쉬어야겠어요. 나 대신 전문적인 도움을 줄 누군가가 나서야 해요." 그러면서 한마디 덧붙일 수도 있다. "우리가 존엄한 존재이기 때문에 그래요. 당신의 존엄성과 나의 존엄성, 우리 관계가 가진 존엄성을 봐서라도 그렇게 해야 돼요." 이렇게 말하는 사람의 심정은 그것이 결국 상대방의 굴욕감으로 끝나지 않기를 바라는 마음이다.

인정

"이 회사에서 34년 동안 근속했는데 지금은 보험금조차 낼 수 없는 형편이 됐네! 레몬즙만 다 짜내고 껍데기는 던져버리는 건가? 사람은 쓰레기가 아니지 않은가!" 세일즈맨 윌리 로먼은 해고되면서 사장에게 이렇게 퍼붓는다. 그의 분노는 돈을 벌지 못할 자신의 미래에 대한 공포를 넘어서는 것이다. 그러나 그의 분노는 그 무엇보다도 그렇게 충성을 바친 회사에서 단숨에 버려져 거리로 쫓겨나는 것에 대한 분노다. 아내 린다는 아들들에게 이렇게 말한다. "너희 아버지는 그동안 생각지도 못했던 새로운 시장을 많이 개척했단다. 그런데 이제 나이를 먹었다고 주급을 깎는구나." 로먼은 빈곤으로 떨어질 앞날에 격분한다. 그러나 이 분노에는 더 깊은 무언가가 숨어 있다. 그것은 인정을 받지 못하는 데에서 오는 억울함이다. "늙어빠진 개 모양으로 구덩이에 던져질 수는 없어! 공로를 알아줘야지! 우리는 네 아버지 같은 사람의 노고를 꼭 알아드려야 한다!" 린다의 말이다. 원작자 밀러는 'attention' 즉 '주목하다', '주의하다'라는 단어를 썼다. 바로 이 말에 뜻하는 바가 나타나 있다. 로먼이 평생 동안 애써서 이룩한 것을 아무렇지도 않게 취급하거나 무시해버리면 안 되고 그에게 주목하여 그가 일구어낸 일을 기리고 알아주어야 한다. 다른 말로 표현하자면, 타인의 **주목**과 **존중**을 받아 마땅한 것이다. 그러나 주목이나 존경보다 더 강하고 풍부한 뜻을 지닌 말이 바로 **인정**이다. 인정한다는 것의 정확한 의미는 무엇일까?

인정은 일단 타인의 행위를 **인식**하는 것에서 출발한다. 그 대상은 로먼의 경우처럼 직장에서의 성과를 뜻할 수도 있고 자녀를 현명하고 헌신적으로 양육하는 것이나 질병, 상실, 감금 등을 의연하게 이겨낸 태도일 수도 있으며 고통스러운 성숙의 과정을 견뎌낸 노고일 수도 있다. 인정한다는 것은 우선 능력을 인지하고 정당하게 평가하는 것을 말한다. 그것의 반대는 못 본 척하고 무시하는 것, 그리고 하찮게 평가하는 것도 포함된다. "우리 회사에서 그까짓 몇 년 좀 뛴 걸 가지고……." 하워드라면 이렇게 말하고도 남을 것이다.

그러나 인식하는 것만으로는 충분치 않다. 내가 네 노고를 인식했으니 됐다는 것이 아니라 당사자에게도 알려져야 하는, **보이는** 인식이어야 하는 것이다. 그저 눈을 감는 것으로 그치지 않고 보고도 못 본 척하는 행동으로서 인정하기를 거부할 수 있다. "오랫동안 그렇게 자동차를 몰고 다니며 영업을 뛰는 게 꽤 힘들긴 했을 거야……." 옆에서 둘의 대화를 들었을 법한 여비서에게 하워드는 이렇게 말할지도 모른다. 그렇다면 여비서는 혹여 이렇게 대꾸하지 않았을까. "그러면 그렇다고 본인 앞에서 직접 이야기하지 그러셨어요." 인정한다는 것은 노고의 당사자에게도 **와 닿는** 일종의 **선언적**인 성격을 띤 것이다.

상대방이 인정했다는 것을 나도 느끼려면 그가 내 능력을 인지했다는 것을 넘어선, 능력의 **높은 평가**가 뒤따라야 한다. 로먼과 하워드의 대화를 한번 상상해보자. 하워드가 이렇게 말한다. "그래요, 여기저기

다니느라 고생이 많았습니다. 하지만 나름 재미도 있지 않았습니까? 다른 사람들도 다 각자의 방식대로 뼈 빠지게 고생하고 있잖아요. 그런데 뭘 그런 걸 가지고." 혹은 자율 소방대 대원으로 활동하고 있는 사람에 대해 누군가 이렇게 말한다고 상상해보자. "자기가 좋아서 하는 일인데, 뭘." 인정은 존중이다. 인정의 대척점에 있는 것은 무시다.

그러나 평가를 보여주었다고 해서 아직 끝난 것은 아니다. 내가 인정했다는 것이 행동으로 이어져야 한다. 급료를 올리는 것이 여기에 해당한다. 연봉을 협상할 때 거론되는 것은 주로 능력을 인정받았느냐 하는 것이다. 또는 상이나 표창장 등을 받았을 때 타인의 행동, 말씨, 그리고 나를 어떻게 대하느냐 하는 전체적인 태도가 달라진다. 그러나 진정한 인정이 아닌 경우, 비록 입에 발린 칭찬을 하긴 하지만 달라지는 것은 아무것도 없고 나는 여전히 그의 밑에 있다. 하워드라면 어떻게 했을까. "그동안 이곳저곳 바쁘게 다니느라 수고가 많으셨을 줄 저도 잘 압니다. 하지만 돈은 더 드릴 수 없네요. 그럼 이만 실례하겠습니다. 녹음기를 좀 더 살펴봐야 해서요. 그것참 신통방통하다……."

인정이 행동으로 표출되지 않는다면 진정한 인정의 효과 같은 것은 기대할 수 없다. 진정한 인정이 불러일으키는 효과란 달라진 태도로 인해 야기되는 대인 관계의 전반적인 변화가 외형적으로만 아니라 감정적인 차원에서도 일어나는 것이다. 상대방의 노고를 인정함으로써 관계는 더욱 풍부해지고 깊어진다. 이것이 바로 존엄성에 끼치는 긍정적 효과다.

"레몬즙만 다 짜내고 껍데기는 던져버리는 건가? 사람은 쓰레기가 아니지 않은가!" 격노한 로먼은 이렇게 항변했다. 그의 분노는 우리가 이 책에서 아직 다루지 않은 형태의 굴욕을 대변한다. 그것은 과거에 행해졌던 인정까지 없던 걸로 해버리는, 마땅히 인정해주어야 할 것을 거부하는 행위다. 우리는 굴욕을 당하면서 본인의 무력감을 경험한다. 이때 경험되는 무력감은 우리의 삶에서 결정적으로 중요한 소망을 이루지 못한다는 불가능성이란 사실은 이미 이야기한 바 있다. 이러한 소망 가운데 하나가 인정에의 욕구이다. 교사나 직장 상사, 배우자의 인정을 받기를 바라는 마음은 삶에서 중요한 것을 결정짓는 열쇠 중 하나다. 이것이 충족되지 못하면 심각한 내면적 피해를 불러일으킬 수 있다. 굴욕은 굴욕을 가하는 측이 당하는 측에게 자신이 그 상황을 즐기고 있다는 사실을 분명하게 주지시킴으로써 성립된다. 로먼이 하워드에게 구걸하듯 하소연하는 대화가 그 예다. 하워드는 로먼을 인정하기 거부하고 녹음기만 만지작거리는 방법으로 로먼의 무력감을 펼쳐 보인다. 진정한 사람 간의 만남을 거부하는 것이다. "단돈 150달러면 살 수 있습니다. 요즘 이런 것쯤은 다들 하나쯤 있잖아요?" 빈정거림이 더해져 굴욕은 완전해진다.

사실 상황은 이보다 더 나빠질 수도 있었다. 하워드는 인정해주길 거부하는 데 그치지 않고 **경멸감**을 보일 수도 있었다. 경멸은 존중과 인정의 부재에서 한발 더 나아가 노고를 무시하겠다는 의지를 단호하게 표출하고 절대로 너를 인정하지 않겠다고 하는 거부 의사를 확고히 하는 것이다. 만일 하워드가 로먼이 자리를 아직 완전히 뜨지 않았는데도 옆에 있는 여비서에게 이렇게 말했다면 어떨까. "우는소리도 작작 해야지, 원. 몇 년 동안 징징거려봤자 무슨 소용이 있어. 그만 잘라버려야겠어." 하워드 자신에게 이 모든 것이 달려 있는 한 이러한 태도는 로먼의 존엄성에 대한 완벽한 말살이다.

평등

우리 자신이 아닌 타인이 나를 대하는 태도에 좌우되는 존엄성은 평등이라는 경험과 깊은 관련이 있다. 다른 이들과 동등한 권리를 가지며, 주요한 몇 가지 관점에서 그들과 차이 나는 취급을 받지 않는다는 개념이다. 내가 가진 권리를 애매모호하게 만들거나 타인이 다들 누리는 권리를 나에게만 허락하지 않는다면 내가 느끼는 감정은 단순한 화를 넘어선다. 나는 존엄성에 상처를 입을 것이고 이런 경우에서만 느낄 수 있는 억울함을 품게 될 것이다. 분리주의 정책을 예로 들어본다. 특정한 종족이나 부족에 속해 있다는 이유로 선거권이 없다거나 학교에 가지 못한다거나 버스를 마음대로 타지 못한다거나 지정된 식당에만 출입이 허가된다든가 하는 것이다. 다른 형태의 차별도 크게 다르지 않다. 여자라서, 아니면 동성을 좋아하는 성향이 있다고 하여 어떤 특정한 일을 하지 못하도록 강제되는 경우, 또는 같은 일을 하는데 같은 임금을 받지 못하는 경우가 그렇다.

권리는 전횡에 의한 예속을 막아주는 방파제라고 앞 장에서 말한 바 있다. 그런 의미에서 권리는 우리의 독립성과 존엄성을 떠받쳐주는 역할을 한다. 권리는 무력감으로부터 우리를 보호하는 방어벽이다. 나는 내 주장을 펼칠 수 있는 힘을 권리에서 얻는다. 그러므로 권리는 굴욕을 막아주는 방어벽도 된다. 권리는 내 무력감을 드러내고 누리려는 무리의 행동반경을 압박하는 역할을 한다. 타인에게 법적 주체로 인정받지 못하여 권리를 박탈당하는 경험을 겪어야 하는 사람에게는 자신의 무력감이 특히 더 큰 충격으로 다가온다. 금지되어 있는 일이 어차피 하고 싶지 않았던 일이라고 하더라도 차별을 받는다는 의식 자체가 존엄성에 위협을 가한다.

차별적 취급에 대한 감수성은 형식적 법의 차원에만 머무르지 않는다. 사람에 대한 올바른 대우를 주제로 한 정당성이라는 것과 관련된 모든 연결 고리 안에 존재한다. 물자나 기회가 대칭적으로 분배되느냐 또는 개인의 능력에 따라 분배되느냐 여부에 관계없이, 그것이 비편파적으로 그리고 부당한 수단을 거쳐서 진행될 경우 우리의 존엄은 흔들리게 된다. 불의에 항거하여 바리케이드를 향해 나아가는 이들의 분노는 무엇에 실망하거나 답답함을 느끼는 사람의 단순한 분노가 아니다. 그들은 삶에서 매우 중요한 무엇인가가 존망의 위험에 처했다고 생각했기 때문에 분노를 느끼는 것이다. 그들이 바라는 것은 공정한 인정을 받는 것이며 거기에 존엄성의 유무가 달려 있다.

전시

난쟁이 던지기 대회에서처럼 누군가를 덥석 들어 올려 내던지거나 한 조각의 질긴 소재처럼 그의 신체를 방어막으로 사용하는 경우, 나와 그 사람 사이에는 인간적 만남이라는 것이 전혀 이루어지지 않는다. '누군가를 만난다'라는 무게감 있는 이 표현에는 그를 하나의 주체로 보고 상대한다는 뜻이 담겨 있다. 내가 나름의 관점을 가지고 세상을 조망하는 것처럼 그도 세상을 보는 존재이며 따라서 그 자체가 목적으로 취급되어야 하는 존재라는 사실 말이다. 이러한 만남은 대칭성과 상대성이라는 특성을 가진다. 우리는 상대방을 바라보며 서로 주체로 인정해준다. 이것은 난쟁이 던지기 또는 여타 인간이 단순 노리개로 전락하거나 수단화되는 사건에서는 찾아볼 수 없는 특성이다. 법정에서 여러 명의 판사가 이런 종류의 전시를 금지한 이유도 인간들이 서로 주체로 대면하며 상대방을 던지기 창이나 그 밖의 물건으로 격하시키지 못하게 함으로써 존엄성을 갖춘 삶을 보호하려는 시도를 자신들의 의무로 보았기 때문이다.

장터에서 단순히 재미를 위해 난쟁이를 던지는 행위는 전시하는 행위다. 이때 전시의 성격은 관중 앞에서 무대에 서는 행위와 다르다. 무대에 오른 배우나 곡예사를 관중이 쳐다본다는 사실은 언뜻 보기엔 난쟁이 던지기와 별반 다르지 않다. 그러나 이 경우에는 존엄성에 아무 위협이 되지 않는다. 왜일까?

여기에는 여러 가지 이유가 있다. 난쟁이 던지기에서는 사람들이 난쟁이에게 무슨 **행위를 가하는** 데 비해 배우나 곡예사는 스스로가 어떤 **행위를 한다**. 곡예사는 스스로를 내보이는 데 반해 난쟁이는 타인이 그를 내보인다. 달리 표현하자면 쇼윈도에 내놓은 물건처럼 전시되는 것이다. 또, 배우나 곡예사는 단순히 사람들 앞에 나서는 걸로 그치지 않고 자신의 **능력**과 **기량**을 펼쳐 보인다. 그들은 스스로 어떤 행위를 할 수 있는 주체적 존재로서 관중 앞에서 어떤 기술을 선보이는 것이다. 그들에게 쏟아지는 사람들의 눈길은 그들의 기량에 감탄하고 능력을 인정하는 눈길이며 그들은 그런 관중에게 적절한 감사의 제스처로 답례한다. 이러한 상호 간의 시선과 몸짓은 쌍방 간의 만남을 가능하게 해주는 요소이며, 이것은 만일 관중이 실망과 비난의 신호로 야유를 보내거나 분노나 반감으로 반응한다고 해도 다르지 않다. 이러한 쌍방의 만남이 이루어지면 자신을 대중 앞에 드러냈다고 해서 전시된다고 할 수 없으며 따라서 존엄성이 무너졌다고 느낄 만한 아무런 이유가 없다. 반대로 난쟁이의 경우에는 인간 노리개 또는 색다른 던지기 장난감으로 단지 **구경을 당할** 뿐이다. 난쟁이는 던져져 공중을 날아가는 동안에 관중에게 아무것도 스스로 보여주지 않는다. 무언가를 보여주는 사람은 난쟁이를 던지는 사람이다. 따라서 던져진 난쟁이에 떨어지는 시선은 감탄의 눈길이 아니라 색다르고 진기한 광경에 신기해하는 눈길이다. 여흥의 수단과 물체라는 대상이 되는 것, 이것이 존엄성을 해친다.

존엄성을 위협하는 요소는 또 있다. 던지기 대회가 더 재미를 유발하는 것은 단지 누군가를 던지기 때문만이 아니다. 던져지는 사람이 특이한 신체 구조를 가졌다는 점이 더욱 큰 오락 요소가 되는 것이다. 평범한 어린이를 던지는 게임이라면 그렇게 많은 사람이 몰리지는 않을 것이다. 이것이 오락과 여흥이 될 수 있는 이유는 단지 사람을 던지는 것이 아니라 **결함**이라고 여겨지는 진기한 신체적 특징을 가진 사람이 던져진다는 데 있다. 누군가를 던지는데 그가 우연히 이러한 신체적 결함을 가진 사람이더라, 하는 것과는 완전히 다르다. 난쟁이 멀리 던지기 대회의 **핵심**은 던져지는 사람이 바로 이러한 결함을 가지고 있다는 데에 있다. 이것 때문에 난쟁이 던지기가 가진 존엄성의 문제에 잔인성의 문제가 추가된다.

어린 시절, 어떤 장터에 기형적 신체를 가진 사람들이 전시되는 천막이 있었다. 도저히 머리로는 상상이 되지 않는 몸통 둘레를 가진 뚱뚱이 여인 베르타, 손가락이 여섯 개인 남자, 샴쌍둥이 등이었다. 천막 안에는 이상한 침묵과 정적이 감돌았다. 지금 생각해보면 관중에게서 말을 앗아 간 것은 두 가지 요소였던 것 같다. 하나는 혐오감을 주는 기형 자체였고 또 다른 하나는 그 기형적 신체가 돈의 대가로 전시된다는 사실이었다. 나중에 어머니가 말씀하셨다. "사람이 어떻게 그런 짓을 할 수 있을까!" 그 말에 내가 대꾸했다. "우리도 들어가서 구경했잖아요."

뚱뚱이 여인 베르타를 구경하는 심리는 선정적인 것을 찾으려는 심리다. 그리고 관객의 선정적인 시선은 여인 베르타의 존엄성을 강탈한다. 관객 앞에서 그녀는 괴물 같은 물체, 거대한 하나의 살덩어리에 지나지 않는다. 그런데 같은 기형적 신체라고 하더라도 의과대학 수업에 등장할 경우에는 사정이 다르다. 학생들은 뭔가 신기한 것을 볼 때 일어나는 호기심을 감출 수 없을 것이다. 하지만 상황의 성격이 장터와는 다르다. 이것의 목적은 배움과 교육에 있다. 학생들에게 질병의 증상을 소개하고 그것을 치료하거나 고통을 경감시키는 데 목표를 두는 것이다. 수업 시간에 예시로 등장할 환자는 이러한 배경에 대해 충분히 설명을 받는다. 어느 누구도 그를 수백 명의 학생 앞에 억지로 끌고 나갈 수는 없다는 걸 그도 안다. 그런데도 환자 중에는 이것을 존엄성의 상실이라고 느끼는 사람이 많다. 수업이 끝난 후 다리를 저는 환자가 교수에게 하소연한다. "나는 **전시되는 물건**이구나, 딱 그런 생각이 들었습니다." 그러자 교수가 대답한다. "좋은 목적으로 하신 겁니다." 남자가 반박한다. "그래도 그런 게 아닙니다! 날 보는 눈길들이 어찌나……." 한번은 끔찍할 정도로 부풀어 오르고 변색된 피부와 함께 굳은살 비슷한 살덩어리로 뒤덮인 몸을 가진 여인이 학생들에게 소개되었다. 상피병 증상을 직접 설명하기 위해서였다. 교수가 설명을 시작하려고 하자 여인은 자리에서 일어나 밖으로 휘적휘적 걸어 나갔다. 떨어지는 바늘 소리도 들릴 만큼 강의실이 고요한 가운데 여인의 느린 발걸음 소리만이 들렸다. 강의는 중단되었다. 병원에서 퇴원한 여인은 다시는 집 밖으로 나가지 않았다. 얼마 후, 그녀는 스스로 목숨을 끊을 수 있도록 도와달라고 어느 기관에 도움을 요청했다. 아무도 보는 사람이 없는데 여전히 **전시되고** 있는 것 같은 느낌이 든다는 것이었다.

심리학과 강의에서도 심리적 결함을 가진 사람들이 몸소 등장해 소개되곤 한다. 방향감각이나 시간 감각, 사고나 감각의 일관성을 잃어버린 사람이 어떤 증상을 보이는지 학생들은 직접 눈으로 볼 수 있다. 교수는 환자에게 유도 질문을 하거나 트릭을 쓴다. 학생들이 지켜보는 가운데 환자의 고역은 특정 병명을 가진 **결함**으로 분류된다. 이러한 시연을 통해 환자의 존엄성은 흔들릴 위험에 처한다. 환자의 표정이 그것을 말해준다. 그런데 흥미로운 사실은 교수가 환자를 한 사람의 인격으로 부각시킬 때 강의실의 분위기가 일순간 바뀐다는 사실이다. 환자에게 병과 관련된 이야기를 하면서 그가 질병으로 힘든 세월을 당당히 이겨내고 있는 사람이라는 사실을 드러내기 시작하면 학생들을 바라보는 환자의 시선이 돌연 자유로워진다. 환자는 그들과 대면할 마음의 준비가 된 것이다. 교수뿐 아니라 학생들의 질문도 받아주겠다는 의지가 엿보인다. 나는 자신의 질병에 관해 교수처럼 해박한 지식을 펼치며 실제적으로 환자들이 느끼는 증상에 대해서 교수가 하는 강의 내용을 수정해주는 환자도 본 적이 있다. 어떤 정신과 환자 한 사람은 정기적으로 수업에 초청되어 그야말로 화려한 경력을 쌓기도 했다. 그가 나타나면 강의실은 금방 만남의 광장이 되곤 했다. 여기저기서 웃음이 터지는 가운데 제일 즐거워하는 사람은 바로 환자 자신이었다. 전시가 만남이 된 것이다. 존엄성의 상실 문제는 염려할 필요가 없게 되었다.

욕정의 대상

80년대 초, 독일 겔젠키르헨에 사는 어느 남성이 피프쇼(peep show)라고 불리는 나체쇼를 정식으로 허가해달라는 신청을 냈다. 피프쇼는 회전무대에 등장하는 나체의 여자들을 관객이 지켜보는 형태의 스트립쇼인데 관객이 각자 1인용 캐비닛에 들어가 동전을 넣으면 일정 시간 동안 조그만 창문이 열리는 방식이기 때문에 여자는 관객을 볼 수 없다. 남성의 청원은 미풍양속을 해친다는 이유로 기각당했다. 여성이 익명의 관찰자의 관음증적인 욕망에 무작정 노출되어 단순한 대상으로 추락하기 때문에 일반적인 도덕관념에 위배된다는 취지였다. 이에 불복하고 법정으로 간 남성은 1차 재판에서 승소했다. 쇼에 출연하는 여성은 성적 행위를 강요받지 않으며 쇼를 구경하는 사람은 익명이고 여성과 손님 간에 시선의 교환이 이루어지지 않으므로 여성의 존엄성이 손상되지 않는다는 이유였다. 그러나 연방 행정재판소의 최종 재판 결과는 달랐다. '개인이 대상으로 격하될 때 인간 존엄성은 손상된다.'라는 취지였다. 일반적인 스트립쇼에서는 비록 관객이 관음증적 욕망을 가지고 여성의 육체를 관찰하더라도 관객과 손님과의 시선 교환이 이루어지고 서로 간 대면이 이루어지므로 스트립쇼의 댄서는 어디까지나 대상이 아닌 주체적 댄서임에는 변함이 없으나 그에 반해 피프쇼의 여성에게는 '품위를 손상시키는 대상적 역할'이 주어진다고 설명하며 '일방적인 시선에 의해 여성이 욕망을 채우는 전시의 수단이 됨으로써 야기되는 물화(物化)적 단절', '성적 흥분에 이용되는 도구' 그리고 '여성의 인격 박탈'을 판결의 요지로 밝혔다.

두 가지 상반되는 판결이 흥미롭다. 이들은 존엄성을 이해하는 데 정면으로 상반되는 두 가지 입장을 대변한다. 피프쇼를 허가하려는 재판부에게 관찰자의 익명성과 회전무대에 선 여성이 관객과 눈이 마주치지 않는다는 상호 대면의 차단성이 여성의 존엄성을 지켜주는 방어벽이라고 이해했다. 그런데 상위 재판부에게는 바로 이 점이 문제의 핵심이었다. 여성이 단순한 물체 또는 욕망의 생산을 위한 도구로 격하되는 것이 바로 이 점 때문이라고 본 것이다. 첫 번째 재판부는 사건이 여론화되지 않은 채 조용히 지나가길 바랐다고 할 수 있다. 그러나 두 번째 재판부는 존엄성이라는 주제의 본질에 대해 짚어냈다. 우리가 이제까지 여러 번 이야기했던 '사람을 물건이나 단순한 수단으로 만들지 않기'라는 것의 척도를 들이댔다.

그렇다면 이런 질문도 품어볼 수 있다. 포르노 영화에 나오는 배우의 경우는 어떠한가? 피프쇼의 댄서보다 나은가, 못한가? 딱히 예술적이라고 할 수 없어도 어쨌든 어떤 연기를 하니까 낫다고 할 수 있을까, 아니면 실제 욕망이든 거짓 욕망이든 자신의 욕망까지 노출한 채 나체를 보이니 더 못하다고 할 수 있을까?

인간이라는 상품

암스테르담의 밤거리를 따라 걷다 보면 갑자기 현란한 속옷만 걸친 여성들이 몸을 드러내고 있는 쇼윈도 골목과 마주치게 된다. 난쟁이 멀리 던지기 대회를 처음 보았을 때처럼 내 눈을 믿을 수가 없다.

왜인가?

유리 진열장 때문이다. 유리 진열장 때문에 그 안의 여자들은 **상품**이 되고 상품으로 진열된다. 손님이 와서 구경하고 가격을 물어본 다음 구매하는 그런 상품 말이다. 가축 시장의 소나 노예시장의 노예와 비슷한 예다. 장난감 가게의 인형, 그러나 살아 있는 인형이다. 돈을 주고 샀기 때문에 무슨 짓이든 자기 마음대로 할 수 있고 취향에 따라 가지고 놀 수 있다. 이런 욕정의 인형을 단지 한정된 시간에만 소유할 수 있다고 해서 사정이 나아지지는 않는다. 욕망의 대상으로 쇼윈도에 앉아 있는 것은 개인의 존엄을 파괴한다. 피프쇼의 회전무대보다 오히려 더 못하다고 할 수 있다. 피프쇼는 내가 상품이 되었다는 사실을 캐비닛에 들어온 손님만 안다. 그러나 이런 경우에는 골목 전체, 도시 전체에게 알리는 격이다. 손님은 넋을 잃고 이 상품을 감상하는 데 그치지 않고 상품을 만지고 상품 안에 침투함으로써 상품을 **소비한다**.

여자들은 가격표를 붙이고 있지 않았지만 이 또한 상황에 걸맞다. 내가 골목에 접어들었을 때 한 떼의 관광객이 들이닥쳤다. 그들은 여자들에게 다가가 가격을 물어보고 서로 비교한 다음, 다 합쳐서 얼마에 해달라고 큰 소리로 떠들었다. 진열된 여자들은 **교환 가능한** 상품으로 취급되었으며 그러한 흥정의 대상이 되었다. 물론 그렇다고 해서 아무나 골라잡는다는 건 아닐 터이다. 하지만 그 손님들에게 물건을 집느냐 그냥 가느냐 하는 문제에서 가장 중요한 것은 **가격**이었다. 여자가 어떤 사람인가 그리고 타인과 차별되는 한 개인으로서 어떤가, 육체를 떠나 어떠한 인간인가 하는 것과는 전혀 상관이 없었다. 손님이 가격을 물어보기 위해 가게 안으로 들어갈 때마다 문에 달린 종이 땡그랑 울렸다.

실로 기괴한 광경이었다. 숙소로 돌아오는 차 안에서 나는 잠깐 잠이 들었다. 잠에서 깨었을 때 혹시 방금 보았던 것이 꿈이 아니었을까 하는 생각이 들었다.

무시

"여기서 배우는 건 별로 없다. 선생도 모자란다. 우리 벤야멘타 학교 남학생들은 어차피 큰 인물 같은 건 되지 못할 것이다. 다시 말해 우리는 훗날 아주 미미한 존재, 그리고 남의 밑에 들어가는 존재로 살아갈 것이다." 로베르트 발저의 책《야콥 폰 군텐》은 이렇게 시작된다. 벤야멘타 학교를 다니는 야콥은 학교에 처음 도착하자마자 교장실에 들어간다. "벤야멘타 선생님은 내게 바라는 것이 무엇인지 물었다. 나는 이 학교에 학생으로 받아들여달라고 숫기 없는 목소리로 말했다. 그는 내 대답을 듣고는 아무 말도 하지 않고 신문을 읽었다."

벽에다 대고 말하는 것 같을 때가 있다. 실제로 아무도 없거나, 누가 있어도 그에게 전달되지 않는다. 그러나 위의 경우는 다르다. 벤야멘타 선생이 야콥의 말을 듣지 못했을 리는 없다. 그런데 그는 야콥이 아무 말도 하지 않은 것처럼 행동한다. 말을 했는데도 그런 말은 처음부터 없는 것처럼 취급되는 것이다. 야콥이 한 말은 아무 의미 없는 가벼운 말이 아니라 중대한 소망을 피력한 말이었다. 그것은 마치 "우리 헤어집시다. 당신이라는 사람을 더는 못 참겠어요.", "당신과 일생을 함께 보내고 싶어요. 아이를 낳고 가정을 이루어요." 또는 "우리 동업해서 회사를 세워봅시다."라는 말을 듣고도 아무 말 없이 신문을 읽어 내려가는 것과 다름이 없다.

야콥은 교장 선생으로부터 투명 인간 같은 취급을 당한다. 내가 아직 학생이던 시절, 같은 반에 피부색이 검은 라바라는 이름의 소년이 있었다. 그는 반에서 이해력이 가장 빠르고 영리한 아이였다. 담임교사는 그를 무시했다. 교사가 학생들에게 질문을 던지면 라바는 팔이 빠져라 손을 들었지만 그의 이름은 불리지 않았다. 인원수를 셀 때에도 그는 열외였다. 다른 교사들은 그를 물건 대하듯 했고 그저 방해물로만 여겼다. 라바는 다른 아이들보다 정답을 빨리 외침으로써 소외를 극복하려고 애썼다. 그러면 선생은 그에게 교실 밖으로 나가 있으라고 했다. 그는 자리에서 일어나 밖으로 나가면서 싱긋 웃었다. 어쨌든 선생이 자기를 상대해주었으니 자기가 이겼다는 표시였다.

누군가를 단순한 물건으로 만듦으로써 그의 존엄성을 빼앗는다면 그것은 둘 사이의 만남이 이루어지지 않아서 그렇다. 서로를 쳐다보지 않고, 존재가 바로 목적이 되는 주체로 인정해주지 않아서 그렇다. 벤야멘타 교장이나 라바를 무시하던 담임교사의 행동이 바로 그것이다. 그들은 코앞에 있는 사람과 조우하기를 거부하는 것이다. 이런 경우 사람을 물격화하거나 장난감이나 욕정의 대상으로 삼아서가 아니라 상대방이 아예 없는 것처럼 행동하기 때문에 그렇다. 전자의 경우는 **악용**이, 후자의 경우는 **무시**가 존엄성의 파괴를 야기한다.

나랑 말 좀 하세요!

사람을 앞에 놓고 그 사람에게 직접 이야기하지 않고 제3자에 대해 말하듯 하는 것도 무시의 예이며 만남을 거부하는 행동이다.

"간경변증인가?" 아무 인사도 없이 내 침대로 걸어온 부장 의사가 여자 레지던트에게 묻는다.

"췌장 쪽인데요." 레지던트가 대답한다.

부장 의사는 레지던트의 손에 들린 진료 기록을 들여다보려고 몸을 굽힌다. 그의 뺨이 레지던트의 머리카락에 닿을락 말락 한다.

"입원한 지 상당히 오래됐습니다."

"언제 퇴원할 수 있을까요?" 내가 부장 의사에게 묻는다.

"아직 퇴원하려면 멀었군." 진료 기록에서 눈을 떼지 않은 채 부장 의사가 레지던트에게 말한다.

"대체 어떻게 돼가고 있는 겁니까?" 내가 묻는다.

"아직 당분간 지켜봐야겠어." 부장 의사가 레지던트에서 말한다.

"뮐러 교수님, 대체 뭐가 어떻게 돌아가고 있는 건지 알고 싶다고요!" 내가 소리친다.

"까다로운 케이스군." 부장 의사는 또다시 진료 기록을 들여다보며 중얼거린다.

"이런 제기랄, 나랑 **말** 좀 하시죠!" 내가 악을 쓴다. "**나랑** 말을 하시라고요! **나한테** 말하세요!"

"대체 이 환자는 왜 이렇게 짜증이야!" 부장 의사는 고개를 절레절레 흔들더니 레지던트를 보며 서로 미소를 나눈다.

나는 그를 향해 물 잔을 던진다. 물 잔은 벽에 부딪혀 쨍그랑 깨진다.

부장 의사는 레지던트의 팔을 잡아끈다.

"신경 쓸 거 없어. 함께 커피 한잔 어떤가?"

비웃음

윌리 로먼의 굴욕은 회사에서 해고를 당해서만은 아니다. 그는 존엄성에 관한 또 다른 위협을 경험한다. "린다, 문제가 뭐냐면 말이야, 사람들이 나를 존중하지 않는 것 같아. 들어가자마자 느낄 수 있어. 그들이 나를 비웃는 것 같아. 뭐라고 설명할 수는 없지만 내 곁을 그냥 스쳐 가는 것 같거든. 그들에게 나는 그냥 허공이나 다름없어. 하찮은 존재지. 내 꼴이 우스운가 봐. 당신한테는 말하지 않았지만 지난 성탄절 즈음해서 F. H. 스튜어츠사(社)를 방문했지. 구매 담당자의 사무실로 들어가려는데 내가 아는 세일즈맨 하나가 꼬맹이 왔다, 하거든. 그래서 내가, 내가 주먹으로 한 방 먹여줬지. 내가 그런 소리를 듣고 살 사람이야, 내가? 하지만 그자들은 여전히 날 비웃어. 그건 알아."

누군가를 **비웃는다**는 건 무엇인가? 누가 우스운 행동을 할 때 웃는 것과는 다르다. 웃긴 표정을 짓는다든가 광대처럼 우스꽝스럽게 넘어지고 엎어지고 한다든가 농담을 던진다든가 하는 의도된 코미디를 보고 웃을 때, 우리는 특정한 **행동**에 대해서 웃는 것이지 어떤 **개인**에 대해 웃는 것은 아니다. 웃긴 장면이 의도된 것이 아니라고 할 때에도 이 원칙은 적용된다. 재미있는 말실수, 얼음 위에서 꽈당 하고 넘어지기, 웃음을 자아내는 착각 같은 경우에도 웃음의 대상은 어떤 **에피소드**다. 그에 반해 비웃음은 그 사람 **전체**에 대한 것이다. 그 사람의 모든 것에 대해 웃는다. 그 계기는 무슨 일을 제대로 해내지 못했을 때, 음치를 방불케 하는 노래 솜씨, 또는 로먼처럼 남과 다른 외모일 수도 있다. 비웃는 계기 자체는 단지 개별적인 하나의 사건이다. 그런데 비웃음에서 결정적인 요소는 우리가 사건에 대해 웃으면서 사람 전체를 끌어넣는다는 것이다. 마치 그 사람 전체가 그 하나의 사건처럼 웃긴 듯이 말이다. 로먼을 비웃는 사람들에게 로먼은 꼬맹이이며 그로 인해 총체적으로 우스꽝스러운 사람이 되고 만다. 그가 체구가 작든 크든 그런 것은 중요하지 않게 된다.

우리가 누군가를 이런 의미에서 비웃는다면 그것은 그를 무시하는 요란한 방법이 된다. 그는 존중받지도 인정받지도 못한다. 우리는 그에게서, 앞서 '인정'에서 다뤘던 것들 가운데 지금까지 언급되지 않다가 이제 비로소 언급될 요소인 **권위**라는 것을 빼앗는다. 누군가를 어떤 면에서 인정해준다는 것은 그것에 대한 그의 권위를 인정한다는 것 또한 의미한다. 권위란 그의 판단과 행동이 존중될 권리를 뜻한다. 누군가를 비웃는다는 건 그에게 이렇게 말하는 것과 다름없다. "네가 뭘 하고 무슨 말을 하든, 우리한테는 아무 의미도 영향도 없다." 이것은 사람 전체를 무효화하는 것이다. 그는 비웃음을 당하는 캐릭터로 전락한다.

이러한 비웃음은 **무력감**을 야기한다. 사람 하나를 웃음거리로 만드는 웃음소리에 저항할 방법은 없다. 무엇을 하든지 웃음 또는 비웃음만을 일으킬 것이며 또 다른 웃음거리만 선사할 뿐이고 어떤 행동을 취한다 한들 상황은 더욱 나빠질 뿐이다. 내가 하는 행동 중에 그들의 비웃음을 멈추게 하고 나를 존중하도록 만들 것은 아무것도 없다. 어떤 시도든 간에 처음부터 **무효화**되기 때문이다. 그리고 웃는 사람들은 당연히 나의 무력감을 즐기며 자기네들의 즐거움을 나도 느끼도록 한다. 굴욕을 주는 것이다. 로먼은 다른 세일즈맨의 얼굴을 가격함으로써 스스로를 지키려고 한다. 그러나 일이 해결되기는커녕 자신의 상처가 얼마나 깊은지 그들에게 드러내는 결과를 낳는다. 그들은 더욱 재미있어 하며 쑥덕댈 것이다. "내가 정곡을 찌른 모양이야!" 얻어맞은 세일즈맨은 이렇게 말하며 웃는 얼굴로 입가의 피를 쓱 닦아낼지도 모를 일이다. 다른 사람들은 그의 말에 다시 한 번 웃음을 터뜨릴 것이다.

이럴 때 유머와 자조(自嘲)가 해결에 도움을 줄 수 있을까? 타인이 나를 보고 웃을 때 내 인격 전체가 아니라 서투른 행동 때문이라면 그럴 수 있다. 나도 그냥 같이 웃어버리면 된다. 그것은 여유로움의 산물이다. 타인이 보기에 나는 스스로를 잘났다고 생각하지 않는 사람이 된다. 모든 사람이 다 함께 웃는 가운데 내 전 인격체가 무효화될 위험은 사라진다. 스스로에 대해 웃는다는 것은 나 자신에게서 필요한 거리를 두고 타인이 나를 보고 조롱할 수 있다는 시선에 동참하는 것이다. 그럼으로써 나는 이긴다. 최악의 선택은 모욕을 당한 것처럼 자존심 상해하는 것이다. "오늘 아침 차에 타려고 하다가 그만 실수로 차 밑에 깔려서 이렇게 됐지 뭡니까!" 로먼은 이렇게 대꾸할 수도 있었다. 만일 그랬다면 조금이라도 그에게 유리하게 상황이 반전되었을까?

자조는 주먹보다 효과적이다. 주먹은 무력감을 더욱 부채질할 뿐이다. 그러나 누군가가 나라는 사람 자체를 비웃기로 작정했다면 자조는 금세 그 한계에 부딪힌다. 예를 들어 내가 능력이 결코 미치지 않는 관직에 오르겠다고 도전하거나 무슨 상을 받을 가장 유력한 후보라고 이야기하고 다닌다고 해보자. 다른 이들은 자신을 심하게 과대평가하는 허풍쟁이라며 나를 비웃을 것이다. 나는 뒤가 아닌 앞으로 빠져나갈 궁리를 하며 이렇게 말한다. "하긴 내가 허풍이 심하긴 하지? 이번엔 노벨상 후보자로 나가 볼까 하는데?" 이것은 사람들이 비웃는 바로 그 대상에서 나 자신을 분리시켜 거리를 두려는 시도다. 이 시도로 나는 자기비판의 능력을 가졌다는 이유로 다시 존중받을 수 있는 사람이 되려고 한다. 나의 시도는 타인의 웃음에 동의하려는 것이다. 그러나 바로 이 순간, 웃음이 뚝 그친다. 침묵을 통해 나는 바로 깨닫는다. 내가 인격적으로 매장당했다는 것을.

비웃음을 당하면 증오와 복수에의 의지가 생겨나기도 한다. 크고 요란하게 웃을 필요도 없다. 암시만으로도 족하다. 니콜라스 사르코지는 프랑스 방송국 뉴스의 어느 베테랑 아나운서를 해고하도록 조치했다. 어느 인터뷰에서 사르코지를 두고 세계 정상들과 같이 찍은 단체 사진에서 어른들 사이에 끼게 되어 신 나 하는 꼬맹이 같은 느낌을 준다고 했던 그의 말이 빌미가 된 것이다.

알 권리조차 없을 때

"어느 날 아침, 요제프 K.는 아무 잘못도 저지르지 않은 채 체포되었다. 누군가 그를 모함했음에 틀림없었다." 프란츠 카프카의《소송》은 이렇게 시작된다. 죄 없는 사람이 체포되었다는 이해할 수 없는 비밀에서 이야기가 출발하는 것이다. 요제프 K.가 잠에서 깨어보니 언제나 아침 식사를 가져다주던 안나가 그날은 오지 않았다. "여태껏 그러한 일은 한 번도 없었다. 그런데 갑자기 문을 두드리는 소리가 나더니 이 집에서 한 번도 본 적이 없는 남자가 불쑥 들어왔다. '누구십니까?' K.가 이렇게 물으며 침대에서 몸을 반쯤 일으켰다. 그러나 남자는 자신의 출현을 잔말 말고 맞이하라는 듯 그의 물음을 묵살해버리고 제 쪽에서 되물었다. '벨을 울렸소?' '안나가 아침 식사를 가져오기로 되어 있습니다.' K.는 이렇게 말하고 나서는 우선 입을 닫고 눈앞의 인물이 대체 누구인지 주의를 기울이며 남자를 찬찬히 뜯어보았다. 그러나 남자는 K.의 시선을 슬쩍 외면하고는 몸을 돌려 문을 조금 열더니 문 뒤에 서 있는 듯한 누군가에게 이렇게 말했다. '안나한테 아침상을 받아야 한다는데.' 옆방에서 낮은 웃음소리가 들려왔다. 소리로만 봐서는 몇 사람이나 있는지 알 수가 없었다. 남자는 모르던 사실을 그 웃음소리 하나로 알아낼 수 없었을 텐데도 마치 새로운 소식이나 전하는 것처럼 요제프 K.를 향해 이렇게 말했다. '그건 안 되겠는데.'"

요제프 K.의 이야기는 무력감의 이야기다. 뿐만 아니라 요제프 K.가 무력감을 느끼고 가해자의 의도를 알아차리게 함으로써 굴욕의 이야기이기도 하다. 여기서의 굴욕은 야콥 폰 군텐처럼 투명 인간으로 취급되거나 바로 앞에 두고도 제3자를 두고 이야기하듯 함으로써 이루어지는 것이 아니다. 이렇게 무시하는 태도도 비록 일어나긴 하지만 사건의 핵심을 이루진 않는다. 여기서의 핵심은 자신이 처한 상황을 이해할 기회가 전혀 주어지지 않는다는 것이다.

"그들은 누구였을까? 무슨 말을 했나? 정부 어느 기관에 소속된 이들이었나? K.는 법치국가에서 살고 있었고 법률은 잘 지켜졌으며 세상은 평화로웠다. 그런데 도대체 누가 이렇게 집에 쳐들어올 수가 있었던 것일까?" 자기의 상황을 알고 싶은 사람으로서, 또 남이 왜 자기한테 그런 짓을 하는지 알고 싶은 사람으로서 K.는 남자들에게 따진다. "누가 나를 고소했습니까? 담당 기관은 어딥니까? 당신들은 공무원입니까? 제복도 입지 않았네요." 그러나 참혹한 것은, 아무 대답도 듣지 못한다는 것이다. 그게 다가 아니다. 기껏 돌아오는 대답이라고 해봤자 아무 의미도 규칙도 없는 것이라는 사실이다. "당신은 단지 체포되었을 뿐이오. 그게 전부요." 남자들은 그에게 이렇게 말한다. 체포라는 엄청난 사건이 놀랄 일도, 충격을 받을 일도 아니라는 듯한 말투다. 말도 안 되는 모순은 여기서 그치지 않는다. "이제 은행에 출근해야 하는 것 아니오?" "예? 은행요?" K.가 되묻는다. "체포되었다면서요. 체포당한 사람이 어떻게 은행에 갑니까?" 그러자 남자가 말한다. "아하, 내 말을 오해한 모양인데, 당신이 체포된 것은 맞습니다. 그러나 그렇다고 생업을 포기해야 하는 건 아닙니다. 또 당신이 여태까지 살아왔던 방식이 방해받아서도 안 됩니다."

요제프 K.는 이 순간 자신의 존엄성이 송두리째 짓밟히는 경험을 한다. 이 경험은 **알려주지 않는다**라는 것에서 출발한다. 사내들은 자기네들이 누군지, 누가 보냈는지 알려주지 않는다. 이것은 과시된 무력감이다. 뭐가 어떻게 돌아가는 건지 알기 위해 필요한 정보가 주어지지 않는 상황은 언제나 무력감과 맞물려 있다. 길을 잃어서 자신이 어디 있는지 모를 때, 혼수상태에서 깨어났는데 몇 월 며칠인지 모를 때, 병상 옆을 지키고 있는 사람이 누군지 알 수 없을 때 등. 그러나 정보가 없다는 사실 자체는 별문제가 없다. 그것이 굴욕적인 상황이 되려면 누가 내게 그 정보를 **숨겨야** 한다.

"진단이 어떻게 나왔습니까?" 내가 의사에게 묻는다. 의사는 진료 기록을 뒤적거리다가 모니터를 응시한다. "병명이 뭐냐고요?" 내가 재차 묻는다. "알려드릴 수 없습니다." 의사가 대답한다. "아니, **내 병**이 뭐냐고 **내**가 묻지 않습니까! **내 일**이라고요!" "차라리 모르는 편이 나을 겁니다." "그건 **당신**이 아니라 **내**가 판단합니다!" 나는 벌떡 일어나서 진료 기록을 낚아챈다. 또 다른 예로, 경찰이 체포의 이유를 말해주지 않을 때도 마찬가지다. 그러면 나는 그의 손에 들린 체포 영장을 어떻게든 빼앗아 읽어보려고 할 것이다.

내가 보이는 분노의 이면에는 어떤 사실을 몰라서 당황했다기보다는 누군가가 **일부러** 그리고 계획적으로 내가 알지 못하게끔 했다는 것에 대한 울분이 담겨 있다. 사소하게 보이는 일들에도 이런 일은 빈번하게 일어난다. 철로 한가운데서 갑자기 기차가 멈춰 섰다. 그런데 아무리 기다려도 무슨 일인지, 언제 다시 출발할 수 있는지 아무런 안내가 없다. 승객이 상황을 제대로 이해할 수 있도록 그에 마땅한 취급을 받지 못했기 때문에 답답한 게 아니라 주체적이고 스스로 판단 가능한 개인으로 대접받을 권리가 짓밟혔기 때문에 무시당했다고 느끼는 것이다. 이것은 곧 존엄성의 문제와 연결된다.

정보뿐만 아니라 **해명**을 하지 않거나 **이해**를 시키지 않을 경우에도 같은 원리가 적용된다. **무엇**이 일어났는가만 중요한 게 아니라 **왜** 일어났는가에 대한 것도 중요하기 때문이다. 작품 전편에 걸쳐 표현되는 K.의 굴욕과 무력감은, 이해할 수 없는 일을 당하며 알 수 없는 말들을 듣지만 정작 그 누구도 어떻게 된 것인지 해명하지 않는 데에서 나온다. 이야기가 끝날 때까지 그는 자기가 왜 체포되고 법정에 서고 처형당해야 하는지 모른다. 자기 자신에게 행해지는 일을 알 권리가 있는 사람으로서의 존엄성이 훼손된 것이다. 더구나 그를 체포하고 재판을 받게 하는 무서운 숨은 세력의 농간은 K.가 알고 있던 말의 뜻마저 왜곡하면서 존엄성의 파괴를 가속한다. 여태껏 살던 대로 똑같이 살아갈 수 있으면서 '체포된다'라는 것이 도대체 무슨 뜻인지 알 수가 없다.

이것은 단지 해명이 **부족**해서 생기는 문제가 아니다. 굴욕이 되는 이유는, 사실을 **숨기기** 때문이다. 약을 복용했는데 병은 낫지 않고, 의사도 그 원인을 찾아내지 못한다면 이것은 내 존엄성과는 상관이 없다. 그러나 의사가 알면서도 내게 말해주지 않는다면 문제가 있다. 일상의 사소한 일들도 그렇다. 인터넷이 되지 않자 나는 통신 회사에 전화를 걸어 문의한다. 가짜 친절로 무장한 여성 상담원의 목소리가 들려온다. "분명 무슨 원인이 있겠죠. 그럼 좋은 하루 보내세요!" 내가 탄 기차가 왜 철로 위에서 30분 동안 멈춰 서 있는지 역무원에게 문의한다. 그러자 그가 씩 웃으며 반문한다. "그게 그렇게 궁금하십니까?" 내 옆에 앉은 다른 승객이 투덜댄다. "아니, 사람을 이렇게 골탕 먹여도 되는 겁니까!" 이렇게 되면 누가 발을 밟거나 물건을 도둑맞았을 때 느끼는 일상적인 화를 넘어선다. 비록 아주 **중차대한** 문제가 아니고 사소한 것이라 할지라도, 무언가를 물어볼 때 사람은 누구나 상대방이 자신을 존중해주기를 바란다. 안내 방송이 흘러나온다. '운행상의 문제로 여기서 모두 하차해야 한다'고 한다. "사람을 무시해도 유분수지, 원!" 누군가 외친다. 그는 친절한 대접을 말하는 게 아니다. 그는 승객을 생각하는 존재, 원인을 듣고 이해할 수 있는 이성적인 존재로 존중하지 않았다는 데에 화를 내고 있는 것이다.

그런데 건강이나 권리 같은, 삶에서 더 큰 의미를 차지하는 주제로 눈을 돌려보면 존엄성의 위험이 좀 더 심각하게 다가온다. 줘야 할 정보를 주지 않거나 해명의 부족 이외에도 내게 가해지는 어떤 행위의 **근거**나 **당위성**이 전혀 해명되지 않을 때가 있다. 《야콥 폰 군텐》을 다시 한 번 들여다보자. "교장은 근엄한 목소리로 내게 돈을 가지고 있는지 물었다. 나는 그렇다고 했다. 그러자 그가 명령했다. '당장 내놔!' 그는 돈을 쓱 집어넣더니 다시 입을 다물었다. 나는 있는 용기를 다 짜내어 영수증을 줄 수 있냐고 조심스럽게 물었다. 그러나 다음과 같은 대답만 돌아올 뿐이었다. '너 같은 불량배가 무슨 영수증이야!'"

거대한 톱니바퀴처럼 돌아가는 종합병원에 발을 디딘다는 것은 여러 면에서 괴로운 일이다. 그중에 가장 큰 문제는 환자가 알고 이해할 권리에 관한 존엄성을 종종 빼앗긴다는 사실이다. 환자가 왜 그 일을 당해야 하는지 아무 설명이 없다. 종합병원에 입원하고 있던 어느 날, 눈을 떠보니 내 병상이 병실에 있는 것이 아니라 복도에 나와 있었다.

"왜 여기 있는 겁니까?" 요양사에게 내가 물었다.

"아프셔서 그래요." 그가 대답했다.

"병실이 아니라 왜 복도에 나와 있냐고요?"

"아프셔서 그래요."

"이 수액은 뭡니까? 이런 건 맞은 적이 없는데요."

"아프셔서 그렇습니다."

나는 치료고 뭐고 다 때려치우고 당장 박차고 나가고 싶은 충동을 참아야 했다. 병으로 인한 고통이 아무리 크다고 해도 이런 취급을 받는 것보다는 나았다. 나는 카페에 갔다. 오랜만에 오니 기분이 좋았다. "페리에 물을 시켰는데 왜 산펠레그리노가 나왔습니까?" 웨이터에게 물었다. "네, 그렇지 않아도 말씀드리려고 했습니다. 마침 페리에가 다 떨어졌습니다. 혹시 다른 걸 원하십니까? 메뉴판 갖다드릴까요?" 내 기분은 훨씬 더 나아졌다. 나는 담배 한 대를 피워 물었다. 조금 있으니 몸이 아파왔다. 그래도 후회는 되지 않았다.

존엄성의 훼손은 우리가 근거 없이 평가당하고 근무지가 바뀌고 해고당할 때 일어난다. 이것은 사람과의 관계에 있어서 우리 안에 있는 감정에 관한 그 무언가가 변했을 때도 마찬가지다. 우정이 끝나거나 누가 절교를 선언할 때, 또는 상대방의 태도가 싸늘하게 돌변했을 때 왜 그런지 알고 싶다. 삶의 한 부분이었던 누군가가 아무 말도 없이 사라지면 두 가지 면에서 가슴이 아프다. 하나는 그 사람의 부재요, 다른 하나는 그 사람의 해명 정도는 들을 권리가 있다고 생각했는데 그렇지 않음으로써 느끼는 서운함이다. 인간의 감정은 맹목적인 성질도, 자의적인 내면의 롤러코스터도 아니다. 감정은 스스로의 삶을 이해하고자 하는 소망에 뿌리를 둔 것이다. 타인이 우리의 내면세계에 변화를 일으키는 어떤 행위를 가하면서 이 점을 간과한다면 우리의 존엄성은 상처를 입는다. 내면의 변화를 떠맡고도 스스로 아무것도 할 수 없다는 점에서 굴욕이기도 하다.

요제프 K.의 이야기는 파괴의 이야기다. 주인공이 처형당한다는 의미에서 육체적인 파괴이기도 하다. 그러나 무엇보다도 존엄성을 파괴당하는 한 인간의 파멸 이야기다. 주인공은 자기 인생에 관해 알 권리, 즉 조금 더 특별한 종류의 존엄성을 강탈당한다.

조종

타인을 이용하고 간섭하고 무시하는 것 이외에 존엄성을 강탈하는 또 다른 방법이 있다. 그것은 **조종**하는 것이다. 조종이란 무엇을 의미하는가?

조종은 아주 특수한 형태로 타인에게 영향을 준다. 우리가 누군가에게 다가가서 그와 신체 접촉을 가지거나 그에게 무언가 보여주거나 무슨 말을 한다는 것은 그에게 어떤 영향을 준다는 것이며 나의 이런 행동으로 인해 그의 경험과 행위가 변화하게 된다. 누구를 조종하여 영향을 끼치는 것은 어떠한 이유에서 존엄성을 훼손하는 특수한 행위가 될까?

클로드 소테 감독의 영화 〈막스와 고철 장수〉에 일단의 고철 장수와 잡범들을 꼬여서 은행을 털도록 유도하는 형사 막스가 등장한다. 원래 부잣집 아들인 막스는 검찰관으로 공직을 시작했다. 그러던 어느 날, 확실한 심증이 가는 범죄자를 물증이 부족하다는 이유로 풀어줘야만 하는 일이 생긴다. 답답함을 느낀 그는 범인을 현장에서 잡아들이겠다는 의지를 품고 경찰이 되었다.

그러던 중, 은행 강도 사건이 연속적으로 일어난다. 막스는 잘못된 정보를 입수하는 바람에 번번이 늦게 도착해서 범인을 놓치고 만다. "이번에도 바보짓 했군." 그가 혼자 중얼거린다. 동료들이 그를 비웃는다. 그는 묘안을 짜낸다. 그는 우연을 가장해서 군대 시절의 동기 아벨을 만난다. 아벨은 별 볼 일 없는 무리들과 함께 고철 가게에서 살며 근근이 생활을 이어가고 있었다. 막스는 큰 건을 한탕 노리고 있는 아마추어 한 명을 알고 있다고 상관에게 이야기한다. "큰 건이라니, 무슨?" 상관이 묻는다. "모르겠습니다. 그 친구도 아직은 잘 모르는 것 같습니다. 하지만 틀림없이 무슨 사고를 치긴 할 겁니다." 막스가 대답한다. "우리에게 위험부담은 최소화하고 성과는 큰, 깔끔한 범죄를 하나 마련해야겠습니다. 옆에서 조금만 거들어주면 될 것 같습니다."

막스는 아벨의 여자 친구이며 고물상 무리의 퀸으로 통하는 릴리를 알게 된다. 막스가 준비한 다음 단계는 릴리와의 정기적 만남이다. 그는 아파트를 하나 임대해서 릴리와 만난다. 돈은 후하게 쳐주지만 그녀에게 아무것도 요구하지 않는다. 다만 릴리와 카드놀이를 하거나 사진을 찍거나 게임을 하며 즐겁게 이야기를 나눌 뿐이다. 막스는 자신을 작은 은행을 소유하고 있는 펠릭스라고 거짓으로 소개한다. 그러면서 한 달에 두 번 자기 은행에 정육 도매상이 오는데 그가 올 때마다 큰돈을 현금으로 준비해놓는다는 말을 귀띔해준다. "나이 마흔에 이 정도 성공은 이뤄야지." 그가 말한다. "운도 따라야 해요." 릴리가 말한다. "운은 스스로가 만드는 거야." 그가 이렇게 대꾸하며 지폐 한 뭉치를 내민다. "가져, 원하는 만큼." 또 자기 친구가 사장으로 있는 은행이 강도를 당해 싹쓸이되었다는 내용의 가짜 신문 기사를 읽어주며 이렇게 덧붙인다. "그래도 은행은 걱정 없어. 보험을 들었거든."

그가 뿌린 씨가 서서히 싹을 틔우기 시작한다. 릴리가 아벨에게 말한다. "언제까지나 이렇게 살 수는 없어." 아벨이 대꾸한다. "정말 큰돈은 은행에 있는데 말이야." 그러자 릴리가 이렇게 말한다. "그럼 은행을 털어!" 그녀는 펠릭스가 한 말을 떠올리며 자기가 아는 펠릭스라는 은행가와 정육 도매상이 인출하는 큰돈에 대해 이야기해준다. 그러던 어느 날, 막스가 릴리에게 전화를 걸어온다. 정육 도매상이 오기 때문에 은행이 바쁘니 이번 만남은 다음으로 미뤄야겠다는 것이다. 그는 은행 금고가 언제 꽉 차게 되는지 날짜까지 말해준다. 릴리는 아벨에게 날짜를 전해준다. 아벨과 그 일당은 은행을 습격한다. 막스의 수사 팀은 현장에서 기다리고 있다가 일당을 전원 검거한다. 현행범들을 체포했으니 막스는 빠져나갈 여지가 없는 완벽한 사건을 만들어낸 것이다.

속임수

막스는 릴리와 아벨의 친구들을 **이용**한다. 그들은 막스에게 경찰로서의 성공을 안겨주는 도구로 사용되었다. 그러나 이 경우는 전에 다루었던 것과는 다르다. 난쟁이 던지기에서와는 달리 막스가 릴리를 단순한 물건으로 취급하지는 않았고 비록 돈을 주었지만 욕망의 도구나 상품으로 전락시키지 않았다. 이 스토리의 교묘함은 욕망의 대상으로 취급받는 것에 익숙한 한 여인에게 자신이 전혀 이용되고 있지 않는다는 느낌을 심어줌으로써 그녀를 훨씬 더 섬세한 방법으로 이용해먹은 데에 있다. 그는 릴리와 모든 주제에 대해 이야기를 나눈다. 개인적인 이야기와 서로의 인생에 대한 이야기를 한다. 두 사람은 부담 없이 서로의 존재를 즐기는 사람들처럼 함께 웃고 즐거워한다. 릴리는 자기네들 두 사람이 인간적으로 만난다고 생각한다. 상대편을 주체로 인정하며 그 어떤 수단이나 도구가 아닌, 그 자체가 목적이 되는 평등하고 대칭적인 만남 말이다.

그러나 이 모든 것은 막스의 계략의 일부였으며 가짜였다. 릴리를 통해 아벨 일당이 은행을 털도록 유도하는 것만이 막스의 유일한 목표였다. 릴리는 결국 특정한 정보를 전달해주는 전달자요, 중간 연결망에 지나지 않았던 것이다. 이 역할을 제외한 나머지, 즉 그녀가 어떤 사람인지에 대해서 막스는 관심을 가질 수 없다. 계획에 차질을 불러일으킬 수도 있는 것이다.

그런데 막스는 이 가짜 만남이 점차 진실한 만남이 되어가는 것을 느낀다. 그렇게 되면 계획이 틀어지게 된다. 막스는 릴리에게서 자신을 방어한다. "괜찮다면 다음부터 돈 같은 건 주지 않아도 돼." 어느 날 릴리가 이렇게 말한다. "돈 받지 않고 당신을 만나고 싶어." 그러자 막스가 방어적으로 나온다. "그건 옳지 않아. 너는 나를 안다고 생각하지만 나란 인간이 누군지 전혀 모르고 있어, 릴리." 그러면서 울분에 차 소리친다. "넌 날 **모른다고!**" 막스는 또 자기 자신으로부터 공격을 받는다. 그는 가짜 정육 도매상이 은행에 오는 가상의 날짜를 자꾸 뒤로 미룬다. 결국 날짜를 알게 된 릴리에게 조심하라고 경고하려다가 가까스로 참는다.

아벨 일당이 잡힌 후, 막스와 릴리 두 사람이 서로 마주 앉는다. 릴리는 앞에 앉아 있는 사람이 자신이 배신한 은행가 펠릭스라고 생각한다. "내가 한 짓이야, 내가 그들에게……." 그녀가 말문을 연다. "알아." 막스가 말을 가로막는다. "아는 이유는 내가 펠릭스가 아니기 때문이야. 은행가도 아니야. 나는 경찰이야, **경찰**." 그 말을 들은 릴리가 믿을 수 없다는 듯 고개를 젓고 나서 쓰러진다.

진실은 릴리에게 참을 수 없는 굴욕이었다. 그녀는 막스의 계략에 이용된 무력한 희생양이었다. 자신의 진짜 정체를 밝히는 순간 릴리는 자신의 무력감을 깨달아야 했다. 굴욕이 완전한 것이 되려면 그녀가 사실을 깨닫는 순간에 막스가 미소를 지어야 하지만, 영화에서는 그렇게 나오지 않는다. 릴리와의 가짜 만남이 진짜 만남으로 변하려는 단계에 있었기 때문이다. 막스는 눈길을 어디다 둬야 할지 모른다. 그 자신도 설 곳을 잃어버리는 느낌을 받는다. 앞으로 4장에서 다루게 될 거짓말과 기만의 비존엄성을 그는 바로 여기서 경험하게 된다.

막스는 무력감으로부터 비롯된 굴욕으로부터 릴리를 보호할 수 없다. 그렇기 때문에 그는 적어도 범죄를 공모했다는 혐의로부터는 면제해주려고 한다. 담당 경찰이 그녀에게 죄목을 씌우려고 하자 막스는 그를 쏴서 죽인다. 경찰차 안의 그와 차 밖에 선 릴리의 시선이 서로 만난다. 각기 다른 이유와 방법으로 존엄성에 상처를 입은 두 사람의 눈길이 맞부딪치는 순간이다.

진실을 알게 된 릴리의 충격은 어떤 것이었을까? 그녀에게 경악을 안겨준 것은 정확히 무엇일까?

그녀가 이렇게 말하는 장면을 한번 상상해보자. "당신은 처음부터 나를 **이용**만 했어! **꼭두각시**처럼 날 **조종**했다고! 내 존엄성을 강탈한 거야."

막스는 어떻게 변명할까? "그렇지 않아. 꼭두각시는 외부에서 조종되지. 줄을 당기는 대로 움직이고. 꼭두각시는 내면이 없어. 생각하거나 느끼거나 원하거나 판단하지 못해. 하지만 너는 달랐어. 내 행동과 말에 네 나름의 생각과 감정을 담아서 반응했지. 너는 스스로 고민하고 고려한 끝에 아벨에게 은행을 털도록 힌트를 주고 날짜를 알려주기로 결정을 내린 거야. **그 누구도 네게 강요하지 않았어. 네가 원한 거야!** 아무도 네 결정의 자유를 빼앗지 않았지. 다른 사람의 조종에 의해 무조건 움직이는 꼭두각시와는 달리 너는 스스로 결정을 내릴 수 있었어. 네 행동과 네 의지에 있어서 자유로웠던 거지. 고민한 사람도 너고 그걸 하기로 결정을 내린 것도 너야. 처음에는 주저했지만 결국 행동으로 옮겼어. 자유의지에 의한 결정이라고. 그러니까 꼭두각시라는 말은 걸맞지 않아. 내가 네 존엄성을 빼앗았다는 네 말은 옳지 않다고."

"하지만 당신은 나를 처음부터 끝까지 계속 **관찰**했어. 곤충학자가 곤충을 관찰하듯이 말이야. 또 나를 **이모저모** 쟀지. 난 당신 계획 속의 **캐**

릭터에 지나지 않았어. 나를 대할 때 단 한 번도 나를 **나 자체**로 생각해 준 적이 없지. 이러고도 존엄성을 짓밟지 않았다고 할 수 있어?"

그러나 막스는 이러한 비난에도 방어할 방법을 찾는다. "그건 인정해. 난 네 이용 가치를 재려고 했어. 하지만 그건 이 세상 모든 사람들이 하는 짓이고 그렇다고 존엄성이 망가지진 않아. 장사꾼은 손님을, 정치가는 유권자를, 운동선수는 상대 선수를 계산적으로 대하지. 하지만 그렇다고 그들의 존엄성이 없어지나? 체스 게임을 하는 두 사람이 서로의 생각을 읽으려고 한다고 해서 그 체스 게임이 천박한 게임이 되는 것은 아니지 않나? 가까운 사이도 다르지 않아. 우리는 그들의 생각과 속마음과 바람을 읽어냄으로써 행동을 예측하려고 하기 때문에 그런 의미에서 그들을 끊임없이 재고 계산해. 내가 네게 한 것처럼. 그건 단순히 나쁘지 않다는 걸 넘어서서 오히려 **좋은** 일이라고 할 수 있지. 함께 살아가기 위해서 우리는 서로의 생각과 행동을 읽어낼 수 있어야 해."

릴리는 꼭두각시의 비유나 정략적이고 계산적으로 자기를 대했다는 비난으로는 원하는 바를 이루지 못했다. 그것은 조종의 핵심 개념이 아닐뿐더러 막스가 릴리의 존엄성을 훼손했다는 우리의 직관과도 부합하지 않는다. 릴리의 다음 시도는 좀 더 핵심에 접근한다.

"당신은 **함정**을 놓았어. 내게 **거짓말**을 하고 **속임수**를 썼어. 내 앞에 거짓 세상을 꾸며놓았다고. 펠릭스, 아파트, 그의 돈, 은행, 그리고 내게 건네던 넉넉한 돈까지. 그중에 아무것도 진짜는 없었어. 누군가를 이런 식으로 속여서 어떤 길로 접어들게 하는 것, 그것이 바로 조종하는 거야. 속임수를 당한 사람은 꼼짝없이 무능한 희생양이 되는 거지. 자기가 속임을 당했다는 사실을 사건이 일어나고 난 후에야 깨닫게 되는."

"페널티 킥을 차는 선수가 가짜 동작으로 골키퍼를 속이고, 체스 경기에서 함정을 설치하지 않는 사람은 없지. 온갖 광고와 선거운동에서도 거짓말과 기만은 당연한 것이 되어버렸어. 그에 비해 내 사소한 연극은 나은 편이야. 존엄성 운운하다니, 당치도 않아."

"축구와 체스, 그건 당연해. 게임이잖아. 속임수는 규칙을 위반하는 것도 아니고 오히려 재미를 더해주지. 광고와 선거운동 같은 경우는 좀 달라. 기만은 나쁜 것으로 단죄되고 중대한 사안이니만큼 비난의 수위도 높지. 평화와 사회적 정의와 부를 약속하면서 정부는 전쟁을 일으킬 궁리를 하지. 이럴 때 느끼는 우리의 분노는 그들로부터 조종을 당하고 존엄성을 무시당했다고 느끼기 때문에 일어나는 거야. 처음부터 끝까지 그릇된 길로 유도된 거지. 우리가 믿는 것, 느끼는 것, 원하는 것이 모두 그들이 조종한 대로야. 우리는 어떤 특정한 면에서만 속임을 당한 것이 아니라 **전 인격체**로서 조종을 당한 거지. 당신은 사소한 연극 운운하는데, 그게 바로 이런 경우야. 당신은 내가 믿고 느끼고 원하는 그 모든 것에 관여해서 농간을 부렸어. 나를 **총체적**으로 속였다고. 당신이 방금 조목조목 짚었던 스스로의 결정권이나 선택의 자유 같은 것들은 애초부터 거짓말과 기만 속으로 끌어들여진 사람한테는 아무 소용 없는 것들이라고!"

릴리는 여기서 4장에 나올 인과관계에 대해 언급한다. 존엄성과 진정성의 상관관계다. 어떤 중요한 문제에 있어서 속임을 당하면 화가 나고 기분이 언짢은 데 그치지 않고 거기서 더 나아가 내 존엄성이 건드려졌다는 느낌이 드는 건 왜일까? 그것은 우리가 느꼈던 감정, 믿음, 의지가 거짓과 허위로 밝혀짐으로써 그동안의 모든 것이 헛짓거리였다는 **허탈감**을 유발하기 때문이다. 현실과의 끈이 끊어진 상태에서 자기가 허우적거린다는 사실도 인지하지 못한 채 비틀거리다가 일이 다 끝나고 난 후 돌이켜보면 자기가 바보 취급을 받았다는 것을 알게 된다. 나는 결국 상대방에게 손톱만큼의 **의미**도, **무게**도 지니지 못한 인간이었던 것이다.

거짓과 기만 위에 세워진 만남은 **진정한** 만남이 아니며 더 따지고 들어가 보면 사실 만남이라고 할 수 없다. 나를 속이는 상대방은 단순히 어떤 사실관계에서만 거짓말을 하는 것이 아니다. 나를 인정해주지 않고 무시하는 것이다. 설령 동등하게 대해준 것처럼 겉으로 포장했다고 하더라도 결국에는 파타모르가나신기루, 환영–옮긴이로 판명이 난다. 릴리는 이렇게 말하지 않을까? "당신에게 **나**라는 사람은 없었고 **우리**라는 존재도 없었어, 이 치사하고 천박한 사기꾼아!" 영화의 끝 장면에서 경찰차 안의 막스에게 던지는 그녀의 눈길은 바로 이 말을 하는 듯하다.

유혹

"네가 스스로 원한 거잖아!" 만일 막스가 이런 말을 한다면 릴리는 어떻게 대꾸할까. "맞아. 하지만 당신이 날 그렇게 하도록 **유혹**했잖아!" 릴리는 처음으로 유혹이라는 말을 입에 올린다. 유혹은 조종의 또 다른 말이다. 조종은 어떤 일을 하도록 유혹함으로써 이루어진다. 막스가 은행 강도를 감행하도록 릴리를 유혹한 것은 기만과 사기의 틀 안에서 이루어진 것이다. 그런데 유혹은 기만과는 약간 다르다. 속이지 않고도 누군가를 유혹할 수가 있다. 어떤 것이 유혹이며 왜 존엄성에 영향을 미치는 것일까?

아직 이 책에서는 다루지 않았지만 유혹은 자아상이라는 측면, 그리고 내적 검열이라는 측면과 관계가 있다. 자신을 바라보는 눈, 그리고 그 자아상을 검열하고 평가하는 기준은 여타 다른 경험들의 흐름과 따로 떨어져 있는 것이 아니다. 이들은 다른 경험들에서 분리되지 않으면서도 그들과 닿지 않는 반대편에 서 있다. 자아상과 자기평가 기준은 사람이 일생을 살아가면서 각종 경험의 흐름으로부터 다양한 영향을 받아 탄생한 것이기 때문에 경험이 변화하면 따라서 변화할 수 있다. 이러한 경험의 총체를 넘어서는 또 다른 입장은 존재하지 않는다. 캄캄한 어둠 속에 앉아 냉정하고 과묵하게 영혼의 드라마를 총감독하는 입장은 존재하지 않는다는 뜻이다. 우리는 오직 우리의 경험과 행위, 자아상을 바라보는 관점, 그리고 이 두 가지가 서로 역동적으로 작용하는 복합적 관계가 만들어낸 존재들이다.

우리는 우리에게 일어나는 일들을 100퍼센트 마음대로 할 수 없다는 것을 알기 때문에 위의 사실을 인지할 수 있다. 내면에서 반항적이고 통제할 수 없는 마음이 일어나 내적 검열에 반기를 드는 경험은 누구나 할 것이다. 또 우리는 자아상이라는 것이 얼마나 불안정하고 아첨에 약하며 무너지기 쉬운 것인지도 안다. 세월이 흐르면서 이전에 겪었던 체험이나 자아상으로부터 자기도 모르게 점점 멀어져가는 경험도 한다. 그럼에도 불구하고 우리가 변화하는 데는 항상 어느 정도의 **권위**를 필요로 한다. 내면세계의 꼭대기에 앉아서 호령하는 가상의 권위 말고, 내면의 편린들이 우리 스스로의 도움을 받아 변화함으로써 존재하는 권위다. 검열이 느슨해지면서 그동안 금지되던 소망이 들어설 여유가 생겼다면 그것은 결코 등 뒤에서 자신도 모르게 슬며시 생긴 것이 아니다. 우리는 우리에게 어떤 변화가 생겼을 때 바로 그 **현장**에 있고자 한다. 내적 검열이 스스로 풀려서 마치 산사태가 날 때처럼 우리 안의 것들이 스르륵 미끄러지는 그런 현상이 아닌 것이다. 내적 검열을 푸는 사람은 바로 우리 자신이어야 한다. 내면의 재배치를 인식하고 그것을 평가하며 만일 필요하다면 막아내는 사람도 우리여야 한다. 그것이 단지 내 안의 검열 기준이 아니라 내 자아상 전반에 관한 것이라고 해도 마찬가지다. 우리는 거기에 우리가 어찌할 수 없는 어떤 힘이 작용하기도 한다는 사실도 안다. 하지만 자기에게 일어나는 변화의 과정에 스스로가 참여하지 못한다는 느낌을 받는다면 답답하고 혼란스러울 것이다. 평가를 동반한 자아상은 자신을 성찰하고 숙고할 수 있도록 자신을 일정 간격 떨어져 보는 데에서 탄생한다. 우리는 이 간격을 계속 유지하고 싶어 한다. 또한 이 과정에도 동참하고자 한다. 그것이 무엇이든 간에 우리에게 중대하고 소중한 어떤 일이 일어날 때, 그 변화의 **일부분**이 되기를 원하는 것이 바로 권위가 가진 한 얼굴이다. 이 권위가 손상될 때 존엄성도 위협받게 된다.

막스가 꾸며낸 사기극은 릴리를 여러 면에서 무너뜨린다. 그녀는 그동안 작은 것에 만족하며 그럭저럭 지내기로 삶과 타협한 아벨 일당의 귀여움을 한 몸에 받던 나름의 스타였다. 아벨과 한집에서 살기는 했지만 손님을 상대하며 스스로 돈을 벌고 있었다. 막스가 포주는 어디 있냐고 묻자 그녀가 성을 내며 소리친다. "나는 혼자 일해요!" 그러고는 후에 이렇게 덧붙인다. "당신이 하는 일이 소중한 것처럼 내 일도 그래요." 은행가 펠릭스는 지폐 뭉치를 내놓으며 원하는 만큼 가져가도 된다고 한다. 아벨이나 고철상 친구들과는 너무도 다르다. 스스로의 힘으로 출세하고 부를 쌓은 사람인 것이다. 미래에 대한 희망도 계획도 없이 침대에 누워 담배만 피워대는 아벨과는 반대로 힘찬 추진력을 지녔다. 또 비록 수수께끼처럼 잘 알 수는 없지만 그녀의 꿈이 뭔지, 그녀가 어떤 사람인지 관심을 보인다. 거리의 손님들과도 다르다. 이 모든 것은 릴리로 하여금 더 많은 돈과 자립, 아벨이 아닌 다른 남자, 완전히 다른 삶까지도 소망하게 한다. 마침내 이 소망은 아벨로 하여금 펠릭스의 은행을 털도록 하기에 이른다. 과거에 검열에 걸려 낙마했던 소망과 감정은 이제 검열 선을 통과했고 릴리의 자아상도 변화되었다.

(상상의 대화에서) 릴리는 무슨 뜻으로 **유혹**이라는 말을 쓴 것일까? 일단 막스의 거짓말은 제쳐두고 정말 은행가 펠릭스가 존재한다고 가정해보자. 펠릭스가 아무런 의도나 계획을 세우지 않았을 수도 있다. 그저 돈다발이나 보여주고 정육 도매상 고객이나 은행이 드는 보험에 대해 아무런 생각 없이 수다를 즐긴 것일 수도 있다. 영화가 보여주는 그대로, 다만 거짓이나 음모가 없다고 가정하는 것이다. 그렇다면 그것은 유혹이라고 부를 수 없다. 펠릭스와의 만남 자체가 벌써 유혹이라고 하거나, 아니면 릴리가 당시 상황 때문에 유혹에 빠졌다고 할 수는 있어도 펠릭스가 유혹을 의도했다고는 할 수 없다.

좁은 의미에서, 유혹의 성립 조건 중 하나는 **의도성**이다. 어떤 이의 잠재 욕구와 검열 사이의 역학 관계를 변화시키거나 자아상을 흔들어놓음으로써 이제까지는 상상할 수도 없었던 일을 하도록 만들려는 의도를 말한다. 유혹은 자아상에 의해 유지되는 내적 균형을 공격하는 행위다.

펠릭스에게 이러한 의도성이 있다고 해보자. 그는 릴리가 다른 사람들 앞에서 하는 행동, 자기 자신에게 하는 행동을 지켜본다. 그녀는 마치 자기 삶에 만족하고 있는 것처럼 행동하고 있지만 펠릭스는 그녀가 사실은 매춘부 일과 고물상에서의 생활에 염증을 느끼고 있다는 것을 알아차린다. 상대방의 억눌린 잠재적인 욕구를 알아채고 끌어낼 수 있을 때 그 사람은 유혹의 대상이 된다. 릴리는 불만을 토로하지 않는다. 바로 그 점이 펠릭스가 그녀를 유혹할 수 있었던 이유다. 그동안 눈엣가시였던 은행 지점장에게 한 방 먹이기 위해서일 수도 있고 그냥 릴리가 얼마나 대담할 수 있는지 보자 하는 의미에서 그랬을 수도 있다. 이 두 가지 경우에 나타난 의도성은 **이기적** 의도성이다.

릴리는 당신은 나를 이용했다고, 막스에게 했던 말을 진짜 은행가인 펠릭스에게도 똑같이 할 수 있다. 이럴 경우 자신의 존엄성을 무너뜨렸다는 비난도 할 수 있을까? 이 책에서 이제까지 설명되었던 내용에 의거하면 릴리는 펠릭스에게 그런 말을 하면 안 된다. 펠릭스는 그녀의 권위를 앗아 가지 않았다. 변화가 시작되고 있을 때 릴리는 그 변화를 똑똑히 알아채고 있었다. 변화에 동참하고 있었던 것이다. 잠깐 **멈추고** 자신이 원하는 것이 뭔지 **성찰**해볼 수도 있었다. 고물상 패거리와 펠릭스 사이를 왔다 갔다 하면서 그녀는 아벨의 소극성에 예전보다 더 진저리를 쳤을 것이고 거리의 손님들에 대한 혐오감도 더 커져갔을 것이다. 그녀는 꿈을 꾸기 시작했다. 본인의 심경 변화에 대해서도 잘 인지하고 있었으며 어느 정도까지 일을 끌고 나갈 것인지, 내적 검열을 어느 선까지 완화해서 자아상을 변화시킬 것인지 알아서 결정 내릴 수 있었다. 펠릭스가 그녀에게서 내적 구조 변화의 가능성을 자신의 수지타산에 맞춰 계획적으로 만들어내었기 때문에 유혹이 성립되기는 했으나 그녀가 자기 자신에 대한 비판적 간격도 두지 못할 만큼 권위의 파괴가 이루어지지 않았기 때문에 우리는 이런 경우 릴리의 존엄성은 침해받지 않았다고 말할 수 있다.

그런가 하면 좀 더 다른 성격의 유혹도 있다. 유혹하는 쪽이 계획적으로 이제까지의 내적 검열 기준을 해체시키고 자아상을 거의 완벽하게 흩뜨려놓을 정도의 힘을 누군가에게 발휘하는 것이다. 펠릭스가 유혹한 사람은 릴리가 아니라 아벨일 수도 있다. 영화 속에서 아벨은 살인죄를 뒤집어쓰고 타 지역에서 10년 동안 떠돌아다녔던 자다. 펠릭스가 아벨 내면의 트라우마를 발견하고 자기의 적을 제거하기 위해 그 트라우마를 이용하기로 마음먹었다고 가정해보자. 펠릭스는 아벨에게 돈과 새로운 삶을 제시하고 그가 그동안 겪어보지 못했던 인정과 신뢰를 주면서, 마약과 심지어는 아벨의 은밀한 욕망을 충족해줄지도 모르는 육체관계로 유혹할 수도 있다. 그렇게 되면 아벨은 펠릭스가 시키는 대로 하게 되고, 과거 속에 묻혔던 굴욕에 대한 내면의 복수심을 만족시킬 수 있는 살인으로까지 그를 유도할 수 있을지도 모른다. 그렇다면 이 영화는 자신의 참모습에서 점점 멀어지다가 마침내 어느 날 아침 감옥에서 눈을 떠보니 자신과 자신의 인생에 대한 스스로의 권위를 조금씩 갉아먹다가 결국 전부 다 파괴시켜버린 유혹에 넘어가고 말았음을 깨달은 한 사나이의 이야기가 되지 않았을까? 그에 반해 릴리에게는 중간에 멈추고 자신을 돌아볼 기회가 있었다. 펠릭스의 유혹은 그녀의 이런 능력까지는 건드리지 못했다. 그러나 방금 막스가 아벨을 유혹했다고 가정했던 스토리에서는 바로 이 점을 이용했다. 아벨은 위험한 길을 따라 치닫다가 잠깐 멈추고 자신을 돌아볼 시점을 어느 순간 놓쳐버렸고 이 기회의 상실이 그의 존엄을 해치는 결과를 낳았다. 만일 아벨이 펠릭스에게 "넌 나를 꼬드겨서 내 존엄성을 몽땅 짓밟았어, 이 악당아!"라고 욕을 했다면 그가 여기서 말하는 존엄성은 자아상과 권위가 존중받는다는 의미로서의 존엄성으로 이해할 수 있다. 그리고 아벨의 비난에 펠릭스가 비열한 미소를 지었다면 자신이 몇 달에 걸쳐 공들인 결과로 나타난 아벨의 무력감을 얼마나 즐기고 있는지 과시하는 것일 터다. 이로써 모든 요소가 갖춰진 굴욕은 완벽한 것이 된다.

압도

우리는 사물에서 감동을 받는다. 풍경이라든가 언어, 음악, 스포츠, 사상, 정의감, 신에 대한 감사, 더 나아가 수도원 수도사들의 태도에서 볼 수 있는 삶 전체에 대한 고마움, 또는 정치적 활동 같은 것들에서 우리는 영감과 감동을 얻는다. 우리는 누군가에게 이러한 감동을 안겨주어서 애가 닳게 하고 그 열정에 굴복하도록 만들 수도 있다. 이러한 행위는 일방적으로가 아니라 서로가 서로에게 행할 수 있다. 우리의 경험이란 고정된 것이 아니고 입체적이며 변형 가능하기 때문이다. 기본적 욕구들만 제외하고 경험은 타인의 영향을 받는다. 다시 말해 우리는 타인을 보고 듣고 읽는 가운데 지속적으로 성장하며 변화한다.

이것은 조종이나 조작과는 하등 관련이 없다. 우리가 살아 있기 때문에 가능한 것이다. 외부 영향에 의한 변화의 가능성이 없다면 진정하고 생생한 상호 간 만남은 불가능하고 오직 건조하고 무의미한 교환 행위만이 존재할 것이다. 또한 감동은 조금 전에 다뤘던 유혹과도 관련이 없다. 새로운 감명을 받아들이기 위해서 기존의 자아상이나 내적 검열을 파괴할 필요는 없다. 감동은 이들과는 별개로 새로이 점화될 수 있고 자아상에 자연스럽게 추가된다.

그러나 인간이 갖는 경험의 조형성은 조종에 의해서 악용될 소지가 있다. 타인의 영향력이 특별한 의도 없이 즉흥적으로 비롯된 것이 아니라 권력과 강요와 굴복을 목표로 한 의도적 계획에 의한 것일 때 그렇다. 자기의 목적을 위해 내 행동만을 통제하는 것이 아니고 총체적 내면까지 자기 것으로 만들려고 하는 것이다. 즉, 나는 나답게 느끼고 생각하고 원하면 안 되고 그에게 소용되는 방식으로 느끼고 생각하고 원해야 한다. 이것은 그가 내 방어 능력을 빼앗아버리고 나를 **압도**할 때 일어난다.

압도의 수위는 다양하다. 가장 미약하고 피해를 덜 주는 수위는 광고에서 볼 수 있다. 가만 놔두었다면 생기지 않았을 소망을 대중에게 만들어내고 그 소망을 어서 이루라고 옆에서 계속 부추기는 것이다. 이런 경우 대상은 상품이나 오락에 불과할 뿐이고 우리의 방어 능력이 무능해지지는 않는다. 우리는 광고를 대할 때 비판적 거리를 유지하며 무시하기도 하고 때로는 비아냥거리기도 한다. 우리의 권위는 살아 있다. 그런데 우리의 주의와 경계심을 무력하게 만들거나 자극을 일부러 아주 짧게 만듦으로써 아예 인지할 수조차 없게 만드는 등의 심리적 속임수가 동원되면 사정은 크게 달라진다. 당시 이 기법이 이용된 광고는 극장용 탄산음료 광고에 지나지 않았지만 후에 법으로 금지되었다. 금지된 이유는 스스로 선택할 수 있는 인간의 권위를 지켜주기 위해서였다. 인간이 무엇에 압도당해 광고주가 마음대로 할 수 있는 장난감으로 전락하는 것을 막아야 한다는 것이었다.

그러나 반드시 의식과 신경이 차단되어야 권위가 상실되는 것은 아니다. 어떤 집단의 압력이나 위협에 의해, 또는 애정이나 신뢰, 감탄 같이 열등한 자가 자기보다 나은 사람에게 느끼는 감정을 우월한 자가 악용할 때도 이루어진다. 이 두 가지는 사람을 조종할 때 쓰이는 큰 지렛대다. 이들은 단순히 소망을 불러일으킬 뿐 아니라 두려움이나 질투, 증오, 편견처럼 한 사람의 세계관을 이루는 감정을 만들어낼 수가 있다. 종교에 미친 광신자가 되거나 정치 운동에 지나치게 빠져들거나 사이비 종교의 일원이 되는 사람들을 우리는 종종 볼 수 있다. 사물을 바라보는 방식, 타 종교인이나 적에게 내비치는 감정은 그 종교를 믿는 집단의 소속감이 만들어낸 강요와 지도자의 영향에 감복해서 스스로 엎드리는 데서 만들어진다. 어쨌거나 이 두 가지로 인해서 스스로 잠깐 멈출 수 있는 능력과 자신과의 거리를 유지하는 능력이 마비되며 결과적으로 자신을 방어할 수 있는 능력도 파괴된다. 주입된 사상은 사람의 생각과 감정 속으로 마구 파고든다. 그렇게 되면 어떠한 비판이나 반론에도 끄떡 없이 스스로를 밀폐시키는 절대적 이데올로기에 사로잡힌 희생양이 되어버린다. 비판자는 모두 적이다. 그들은 적이니까 애초부터 판단이나 감정도 다 부당하고 그들이 이루려는 것들도 전부 이치에 닿지 않는 것들뿐이다. 여기서 특히 교활한 점은, 이러한 세계관이 내면화되기 시작해 마침내 완전하게 이루어지고 나면 그것이 마치 자기 자신의 세계관처럼 느껴진다는 점이다. 자신의 권위를 집단이나 한 사람의 영도자에게 내어줄 때, 희생양은 실제로는 완벽한 무능의 상태에 처해 있는데도 오히려 자기가 특별한 자기 결정권을 가지고 있다고 인식하게 된다. 집단은 그를 완벽하게 압도하는 것이다. 이로써 세뇌의 과정은 끝난다.

이데올로기에 관한 사상적 밀봉 작업에서 언어는 실로 큰 역할을 한다. 그럴듯하게 들리는 말, 입에 착착 감기는 구호, 거창한 은유 등이 사고를 경직되게 만들고 적대감으로 가득한 광신주의로 정착하게 한다. 세뇌에 사용되는 언어는 딱딱 맞아떨어지는 단순화된 언어다. 표현의 미묘한 차이가 말살되며 애매한 개념을 구호처럼 사용한다. 의문을 불러일으킬 여지가 있는 단어들을 허용하지 않는다. 조지 오웰은 언어의 조종을 통한 노예화를 매우 잘 표현한 작가다. 약칭 '영사'라고 불리는 빅브라더의 '영국식 사회주의' 세계에서는 새로운 언어가 강요된다. 종래의 영어인 '구어'를 대신하는 '신어'가 도입된다. 물론 이 신어는 새로운 세계관을 대표하나, 전체주의적 독재정치는 그 정도에 그치지 않는다. "신어의 목적은 영사 지지자들에게 익숙한 사상과 세계관을 표현하는 데 머물지 않고 여타의 모든 다른 생각들을 무효화하는 데 있다. 일단 구어를 잊고 신어를 자유자재로 구사하게 되면 영사의 원리에서 비껴가는 생각들은 모두 이단으로 취급되어 말 그대로 '생각할 수도 없게' 되어버린다. 명예, 정의, 도덕, 세계주의, 민주주의, 학문, 종교와 같은 말들은 자취를 감추어버렸다. 대신 더 넓은 뜻을 가진 상위 단어들이 그 자리를 차지함으로써 그들을 말살해버렸다. 예를 들어, 자유라든가 평등에 관계된 말들은 범죄적 사고라는 뜻의 '사상죄'라는 한 단어로 대치되었다. '신어'의 언어 체계 안에서는 어떤 사상이 이단적일 때 그것을 이단이라고 알아보기가 힘들었다. 그것을 이해하기 위해 필요한 다른 단어들이 존재하지 않았기 때문이다." 독립적 사고, 언어, 경험이라는 면에서의 존엄성은 이로써 완벽하게 파괴된다.

치료

누군가 순전히 이기적인 동기에서 타인의 무의식에 내재된 힘을 가지고 장난을 친다면, 특히 그의 권위나 안녕을 조금도 염두에 두지 않는다면 그것은 타인에 대한 조종이며 조종을 통한 존엄의 박탈이다. 아벨의 경우에서 보는 것처럼, 억눌리고 부정된 감정, 은밀한 소망과 환상을 밖으로 표출되도록 부추겨서 타인의 내적 권위를 파괴한다. 사실 무의식적 충동이 출구를 찾아 외부로 나온다고 해서 반드시 존엄성이 위험에 빠져야 하는 것은 아니다. **치료 과정**은 오히려 존엄성을 존중하고 우리의 권위와 내적 자유를 더 크게 만들 수 있다. 그렇다면 치료 과정에서는 어떤 일이 일어날까?

치료 과정에서는 영향력이 행사되는데 이것은 계획적이기는 하나 이기적인 동기가 결여되어 있다. 치료를 받기 위해 치료사를 찾아갈 때, 나는 내가 변화할 것이라는 믿음을 가진다. 나는 치료가 끝나면 마침내 타인과 나 자신을 대할 때 내 행동 방식이 달라지고 처음에는 전혀 상상하지 못했던 전환기를 맞게 될 것이며 지금과는 다른 정신적 상태에 놓이게 될 것이라고 예상한다. 이 과정에서 존엄성을 잃을지도 모르는 위험에서 보호해주는 무언가가 있는데, 그것은 영향력이 서로 **합의**된 것이라는 사실이다. 나는 치료사와 **연합**, 즉 **동맹**을 맺는데 그 동맹의 목적은 나를 정신적 고통에서 해방시키고 나 혼자의 힘으로 빠져나올 수 없는 막다른 골목에서 건져내는 것이다. 치료를 할 때는 침범할 수 없는 어떤 공간이 마련되는데 그 공간에서 이루어지는 일은 단 하나, 즉 피치료자를 이해하고 그가 스스로를 더 잘 알아갈 수 있도록 도움을 주며 자신에게 이익이 되는 방향으로 스스로를 변화시키는 것만

이 중점 사항이 된다. 좋은 치료사는 이기적 목적을 경계하고 피치료자가 자신에게 드러내는 감정을 악용하지 않는다. 그의 태도는 막스가 릴리를 대하는 태도나 펠릭스가 아벨을 대하는 태도와는 정반대의 것이 되어야 하며, 이 책에서 이야기했던 논지에 따른다면 이기적 목적이 없기 때문에 의도적으로 영향력이 행사되기는 하지만 결코 인간을 조종하는 행위가 될 수 없다. 그런 이유로 막스나 릴리 사이, 또는 펠릭스와 아벨 사이에서 결여되었던 인간적 만남이 이루어질 수 있으며 피치료자는 독립적 인격으로 인정받는 것이다.

치료의 영향력은 비이기적 목적으로 행해지는 유혹이며 좋은 목적을 가진다. 이기적 유혹의 경우에서처럼 이것도 두 가지 형태로 나뉜다. 피치료자의 내적 권위와 통제력이 항상 보장되는 것과, 이것들이 한시적으로 거두어지고 결정적인 내적 변화를 불러일으키기 위해 심지어 내적 권위까지 뒤흔드는 형태가 있다. 두 가지의 목적은 모두, 숨겨지거나 통제된 충동을 환히 드러내어 자아상의 뿌리와 생김새를 규명하고 자아상과 인식된 경험의 불일치와 갈등에서 비롯된 각종 증상들을 추적하는 데 있다.

첫 번째 경우, 치료는 검토하고 이해하고 변화하는 과정이다. 피치료자는 언제든지 그 자리에 멈춰 서서 자신을 돌아볼 수 있다. 치료사에게 지금까지 살아온 이야기를 하고 지금 현재 처한 갈등에 대해 털어놓고 나면 그동안 미처 알지 못했던 것을 폭넓게 새로이 깨달을 수가 있다. 내가 가지고 있던 자아상이 근본부터 새로워진다든가 더 이상 억누르지 못할 막강한 소망이 수면 위로 떠오른다든가 타인과의 소중한 관계에서 잘못되었던 점을 알게 된다든가 자기를 속이거나 눈을 가리고 있던 장막을 걷어낸다든가 하는 일들 말이다. 이 모든 것들은 한 사람을 커다랗게 뒤흔들어놓을 수 있다. 지금까지 밟고 서 있던 땅이 한꺼번에 무너지는 듯한 느낌에 익숙한 옛날로 다시 도망가고 싶을 것이다. 문제는 새로이 모습을 나타내기 시작하는 길을 따라갈 것인가 말 것인가다. 필요한 변화에 저항하는 마음이 조금씩 생겨나면서 유도적 치료법에 방어적으로 대응하는 시기를 맞이했다고 해도 치료사가 자신을 어떻게 할까 봐 걱정할 필요는 없다. 어떤 변화를 수용하고 거부할 것인지 또 어떤 속도로 변화할 것인지 정하는 사람은 바로 나 자신이기 때문이다. 내게 관한 많은 것이 걸려 있어 자칫 위험할 수도 있는 이 과정에서 존엄성을 지켜주는 것은 이러한 정신이다.

그러나 내면이 많은 변화를 거치다 보면 잠시 멈추고 나 자신과의 건강한 거리를 유지하기 어려워질 때가 있다. 빗나가거나 길을 잘못 들어 이상하게 굳어진 자아상은 자신을 너무 대단하거나 하찮은 인물로 비치게 할 수 있어서 나도 모르는 사이 잘못된 개념과 가치관의 횡포가 지배하는 막다른 골목으로 또다시 들어서게 될 수도 있다. 이것은 내적으로 억압된 여러 충동이나 근거 없는 두려움, 스스로 뒤집어쓴 죄의식 같은 것들과 관련이 되어 있다. 이들은 내외적 소외로 이끈다. 이 현상은 신체적으로도 외부와 소통을 막는 중독 현상을 수반할 가능성이 크다. 스스로 상황을 인정하고 받아들이는 능력이 바탕이 되지 않으면 그 이상의 것은 기대하기 힘들어질 수 있다. 이렇게 되면 치료 과정의 영향력도 달라져야 한다. 약물의 도움을 받으면서 내가 가지고 있던 딱딱한 딱지가 앉은 자아상과 익숙한 경험의 형태를 깨부술 수 있게 치료자에게 나를 온전히 맡길 수밖에 없다. 이것은 내가 나라는 사람을 더 잘 이해하고 경험과 행위에 새로운 유동성을 부여하기 위함이다. 이 과정에서 나는 한시적으로 권위를 상실하지만 권위의 상실은 사실 그 전부터 계속 진행되어왔던 과정이기도 하다. 수술과 비슷하다고 생각하면 된다. 환자가 타인의 손에 몸을 맡기는 것은 수술 후에 새 삶을 찾기 위해서다. 내 존엄성은 건드려지지 않는다. 아무도 조종하지 않기 때문이다. 막스와 아벨의 이야기에서 생각해봤던 경우와는 다르다. 내게 가해지는 영향력의 목적은 무너졌던 권위와 자기 결정력을 다시 세우기 위해서고 비록 내가 힘들고 어려워서 타인과 진정한 만남을 가지기 어려운 상태였다고 해도 치료자는 언젠가는 그 만남이 가능하리라는 기대를 가지고 나를 한 인간으로 대해준다. 바꿔 말해서, 내 존엄성은 바로 이 기대 때문에 건재하는 것이다.

전문가에게 치료받기를 망설이는 것은 이미 1장에서 이야기한 바 있듯이 정신적 독립에 대해 비현실적인 생각을 품고 있기 때문일 수도 있다. 그러나 다른 불편한 이유 때문에 망설일 가능성도 있다. 내 정신적 위기를 치료사의 냉철하고 전문적인 시선 아래 내놓기가 싫은 것이다. 육체는 다르다. 의사가 냉정하게 내 몸을 진단해주는 것이 감사하기만 하다. 그러나 정신은 그렇지 않다. 나는 내 정신과 완전한 일체가 되고 싶다. 그런데 제3자의 눈이 내 정신을 분석 가능하고 메스로 파헤칠 수 있는 단순한 정신적 활동의 무대로만 바꾸어놓는 것은 아닐까, 하는 불안감이 생길 수 있다.

이러한 불안감은 사실 오해에 근거한다. 치료사와의 대면은 매우 특별한 종류의 만남에 속한다. 만남의 상호 동등성이라는 면이 결여되어 있기 때문이다. 치료사가 나를 돌보아주는 만큼 내가 치료사를 돌보아주지는 않는다. 그는 나에 대해 잘 알고 있지만 나는 그를 모른다. 하지만 치료사가 나를 보는 시선은 감정의 동결을 수반하는 완전한 제3자의 격리된 눈빛과 다르다. 치료사가 내 생활과 직접적으로 얽혀 있는 것은 물론 아니다. 따라서 두 사람 사이에 일반적인 의미의 감정 교류가 생기지 않는다. 그러나 치료 작업이 진행되는 동안 집중하다 보면 사람 사이의 친밀감과 연대감이 생겨나 대화의 깊이도 따라서 심화될 수 있다.

치료를 받으면서 나의 추억과 경험과 행동이 변화되는 현상을 두려워해야 되는 것은 혹시 아닐까? 친구들 사이를 생각해보자. 나도 아는 이야기, 원칙적으로 내 인식 안에 존재하는 이야기를 나눈다. 어떤 사실을 알고 있는 사람으로서의 내 권위는 흔들리지 않는다. 혹시 내가 모르는 전혀 다른 무언가가 있지 않을까 고민하지 않아도 된다. 치료사와 대화할 때와는 대조적으로, 극단적인 물음을 던질 필요가 거의 없는 것이다. 친구들이 나를 어떻게 생각하는지 알고 있기 때문에 안심할 수 있다. 그들의 시선에서 완전히 자유로울 순 없지만 그래도 편안하다. 나는 그들에게 나를 투영하며 편안함을 느낀다.

치료로 인해 내가 다른 사람으로 변하지나 않을까, 그래서 존엄성에도 상처가 나는 것이 아닐까 하는 걱정은 하지 않아도 된다. 치료사는 피치료자에게 위압감을 주거나, 이건 내가 아니야, 하는 소외감을 안겨줄 의도는 전혀 가지고 있지 않다. 치료사는 상대방의 증상을 가벼이 여기지 않는다. 증상은 모두 어떤 의미를 지니고 있으며 살아온 인생 역정에서 일어나는 질문에 대한 정확한 대답이다. 이들은 어떤 대가를 치르더라도 반드시 없애버려야 할 그런 것이 아니다. 또 변화에 대해 거부감이 든다고 해도 이 감정 또한 존중된다. 정신적 저항 또한 꼭 깨버려야 하는 것은 아니다. 치료사는 저항이 있는 곳에 치료도 있다는 원칙에 따라 작업한다. 저항이 있는 곳에 갈등이 있고, 바로 이 갈등이 치료의 대상이 되는 것이다. 내 결정권은 존중된다. 치료사의 해석은 어디까지나 제안이지 규범이 아니다. 치료사와 함께 작업을 진행하는 동안 피치료자는 그의 이해력의 범위를 조금씩 알아가게 된다. 처음에 치료를 시작할 때는 치료사의 말이 바로 엄정하고 객관적인 지식이라고 생각한다. 치료사가 해주는 말은 그의 성격이나 인성을 담고 있지 않으며 만남의 상호작용의 영향을 거의 받지 않는다. 피치료자도 그 점에 안심한다. 그런데 후에 그가 내리는 해석이나 진단이 나와 관련한 어떤 점을 계속해서 체계적으로 비껴갈 경우, 피치료자는 그것이 치료사의 개인적 한계 때문이라는 것을 조금씩 깨닫게 된다. 그렇다고 그 해석이 아무런 도움이 되지 못하는 것은 아니다. 자신에 대한 치료사의 해석과 자신을 경계 짓게 되면서 피치료자는 오히려 자신이 어떤 사람인가 알게 되는 기회를 얻는다. 이 점에 인식의 자립성이 살아 있다. 치료사의 견해와 자신을 나란히 견주어놓고 고민하지 않았다면 불가능했을 일이다. 피치료자는 이 점에 대해 치료사와 이야기를 나누어볼 수도 있다. 그러나 이 대화에도 한계는 있다. 피치료자가 자기 결정권의 존엄성을 실현하는 한 가지 방법으로 생산적 선 긋기를 조용히 실천하는 가운데 나머지 작업은 계속된다.

동정은 싫소!

노먼 주이슨 감독의 영화 〈밤의 열기 속으로〉는 흑인 경찰인 버질 팁스가 미시시피 주 시골 마을의 보안관을 도와 살인 사건을 해결하는 이야기다. 보안관은 처음에 흑인 경찰 팁스를 의심의 눈초리로 대하며 거부하는 태도를 보인다. 그러다가 생각이 바뀐 그가 어느 날 밤 자신의 보안관 사무실로 팁스를 초대한다. 그는 팁스에게 위스키를 따라주며 잠이 안 올 적에는 어떻게 하는 것이 좋겠냐고 묻는다. 그러자 팁스는 버번 한잔이 도움이 될 거라고 한다.

"나는 마누라도 애도 없소." 보안관이 말한다. "게다가 여기 사람들은…… 날 별로 좋아하지 않소. 선풍기도 내가 직접 기름칠을 해야 하고 책상도 성치 않은 데다가 사는 곳도…… 바로 이 골방이라오. 이 정도 되면 한두 잔 한다고 해서 나쁘게 볼 것도 없잖소? 한 가지 알려드리리까? 여기는 아무도 안 와요. 그 누구도 찾아온 적이 없소. 당신은 아내가 있소?"

"아뇨."

"결혼한 적도 없소?"

"없소."

"결혼할뻔한 적은?"

"있소."

"그럼…… 좀 외롭지 않소?"

"당신보다 더하기야 하겠소?"

"뭐라는 거야? 기어오르지 마, 이 검둥아! 동정은 필요하지 않아. 고맙지만 됐어, 됐다고!"

보안관은 이 말이 자신의 존엄성을 지켜줄 보루라도 되는 듯 성을 내며 소리친다. 팁스의 동정으로 자존감이 구겨졌다는 듯. 왜 그럴까? 누군가가 타인과 같은 감정을 느끼는 것, 즉 동정심을 느끼고 측은지심을 경험하는 것이 바람직한 것이 아니었던가? 내가 상대방에게 무관심하고 무가치한 존재가 아니라는 것을 느끼면 고통을 겪는 사람이 자기 혼자라는 고립감이 덜 들고 모든 짐을 홀로 지지 않아도 된다는 위안의 환상에 잠시나마 몸을 맡길 수 있다. 그런데 위에서 나온 성난 외침은 무엇 때문일까?

동정과 연민은 영어로 'compassion'이다. 보안관이 거부했던 것은 이것이 아니다. 그를 화나게 했던 것은 'pity'이다. 뭐가 잘못된 것일까? 왜 존엄성에 상처를 낸다고 하는 것일까? 텁스가 표현하려고 했던 것은 '나는 당신의 고통과 외로움을 알고 있다.'라는 것이었다. 그런데 단순히 알고 있다는 것 때문에 그러지는 않았을 것이다. 자기가 어떻게 살고 있는지 보안관이 이야기한 까닭은 텁스가 **알게 하기** 위해서였다. 텁스가 안다는 사실이 문제되는 것이 아니라 그 사실을 가지고 텁스가 어떻게 **하느냐**가 문제였다. 그럼 자기가 안다는 사실을 **입 밖에 내었다**는 것이 문제였을까? 구체적으로 명시해서? 그러나 말했다는 것이 문제는 아니었다. 외로운 자의 어깨를 감싸 안아주는 사람인 척하는 제스처가 원인이었을 수도 있다. 그래서 그렇게 급작스럽게 화를 냈을 수도 있다. 그렇다면 내 고통을 누군가가 **화제로 삼았다**는 것이 불편한 것일까? 하지만 화제로 삼을 경우에도 연민의 감정 없이 중립적으로 이야기할 수 있다.

혹시 이런 것은 아닐까? 상대방이 나를 동정을 받아야 할 약하고 불행한 사람으로 여기며 그 마음을 내게 드러내기 때문에 화가 나는 것은 아닐까? 나는 상대방의 행동에서 그것을 느낀다. 그는 나를 약하다고 생각하는 마음을 행동으로 **티 내는** 것이다. 그런데 그게 뭐가 그렇게 견디기 힘들다는 것인가? 그렇지 않아도 오래전부터 스스로 알고 있던 나의 약점과 불행을 다른 이가 주제로 삼아 행동으로 표를 내고 나니 어쩔 수 없이 공식적으로 인정해야 되는 것이 싫은 것일까? 아니면 내가 정말로 불행하거나 고독한지 아직 확실히 알지도 못하는데 그렇게 급작스럽게 결정이 나버려서? 사실을 실토하라고 남들이 내게 강요하는 것 같아서? 보안관이 텁스에게 성을 낸 이유가 그것일까?

타인의 동정은 사람을 **왜소**하게 만든다. 그래서 **무시받는** 것처럼 느낄 수가 있다. 상대방이 자기는 강하고 너는 약하다,라고 말하는 것 같다. 그러면 만남의 대칭성이 기우뚱해지고 존엄성은 위협받는다. 이에 비해 상대방의 처지와 바꾸어 생각하는 역지사지는 약자와 강자, 크고 작은 자, 역할의 구분 없이 사람 사이를 이어준다.

자립의 능력을 잃어버린 자가 동정을 받을 때는 자존심에 더 큰 상처를 입을 수 있다. 즉, 질병이나 가난, 파산 등으로 인해 혼자 설 능력을 잃었을 때다. 그럴 때 동정 섞인 말 속에 숨어 있는 메시지는 '당신은 더 이상 독립된 사람이 아니다.'라는 메시지다. 동정이라는 행위는 상대방의 무력감을 과시하는 행위가 된다. 비록 악의에 가득 차거나 즐기기 위한 것은 아니지만 그래도 무력감을 나타내는 행동임에는 틀림없으며 동정하는 제스처 속에서 표현되고 강조된다. 동정의 표현은 자칫하면 굴욕과의 경계를 건드릴 위험이 있다. 동정받고 싶지 않은 사람은 보안관뿐만이 아니다. 가뜩이나 끊임없이 시선을 받고 사는 휠체어 위의 장애인은 자신의 무능을 그런 식으로 확인받고 싶지 않다. 그와 보안관이 동정으로부터 자신을 방어하는 방법은 굴욕에 대항해 분노를 표출하는 것이다.

독립된 주체가 서로 만날 때

홀로 서고자 하는 인간들이 만날 때는 각자의 열망이나 정제되지 않은 감정들이 그 관계를 지배하게 놔둬서는 안 된다. 관계를 단순한 정신적인 힘겨루기의 희생양으로 생각하거나 아니면 저 사람을 만난 것이 행운이라거나 또는 운이 없다 등으로 생각해서도 안 된다. 우리는 스스로에게 거리를 둘 줄 아는 사람들이고 비판적 성찰과 자아상에 대한 의구심을 품을 수 있기에 관계 자체를 화두로 던져볼 수 있다. 예를 들면 이런 것들이다. 내가 이 관계에서 체험하는 것들에 나 자신은 어떤 역할을 하고 있는가? 나는 타인을 어떻게 보고 있으며 타인이 나를 보는 방식에 대해 어떻게 생각하는가? 나는 무엇을 잘못하고 있는가? 자칫하면 너무 미주알고주알 따지게 될 수도 있지만 이러한 의식의 소통은 인간끼리의 만남이 갖는 존엄성의 일부분을 이룬다. 이것은 그 반대의 현상에 맞닥뜨렸을 때 더욱 선명해진다. 아무 말 없이 오직 침묵으로 일관하며 서로를 대할 때, 우리가 느끼는 것은 단지 불행하다는 감정이 아니다. 그것은 존엄성의 부재에서 오는 불행이며 스스로에 대한 주권 상실이다.

주권을 지키기 위해서는 경험이 필요하다. 이것은 마치 균형을 잡으려 애쓰는 것과도 같은데, 자아상과 깊은 관련이 있다. 사람은 직접적으로 서로의 경험을 공유하는데, 더 나아가 자신의 자아상 안에서 타인을 발견하고 만나기도 한다. 타인의 자아상을 보고 그것이 그의 언행과 일치하지 않는다는 것을 알게 되면 자기기만과 삶의 왜곡을 깨닫게 된다. 그러나 그럼에도 불구하고 그가 인식하는 스스로의 모습을 존중해줘야만 한다. 이것은 상당히 까다롭고 골치 아픈 문제라서 자칫하면 내 중심을 잃을 수도 있다. 반대의 경우도 있다. 나와 깊은 관계를 맺게 된 상대방이 내가 나를 아는 것보다 오히려 더 많은 것을 나에 대해 알게 되는 경우도 생길 수 있다. 나는 혼란에 빠진다. 이럴 때 멈추지 않고 관계를 지속해나가며 나 자신을 성장시키려면 용기가 필요하다. 이렇게 인지된 투사(投射)를 다루는 방법을 균형 잡으려는 시도에 비유할 수 있다. 상대방을 내 소망에 맞춰 디자인하려는 투사 없이는 내밀하고 집중적인 만남이 불가능하다. 즉, 상대방은 내가 원하는 이상형과 자신의 실제 참모습 사이의 갈등을 인식하고 저항하지만 그 저항감 때문에 두 사람 사이의 관계가 깨어지지 않게 지속시키는 임무가 생긴다. 주체적 인간이 서로 대면할 때는 이러한 과제로부터 도망치지 않는다.

도망치지 말아야 하는 대상에는 하나가 더 있다. 바로 갈등이다. 오래전부터 조금씩 커져오던 갈등을 어느 순간 딱 눈앞에 맞닥뜨려 정체를 명확히 밝히고 해결해야만 할 순간이 온다. 회피하거나 미화하거나 침묵하면 갈등과 긴장이 점점 커져가고 결국은 자신의 존엄마저도 해치는 불행한 결과를 낳는다.

빈터 부부 이야기로 돌아가 보자. 자라 빈터는 남편 베른하르트를 병원에 데려다주었다. 우리는 베른하르트가 아내에게 조금만 더 곁에 있어달라고 애걸하다시피 하면서 상처 난 존엄성과 투쟁을 벌였다는 이야기까지 했었다. 이번에는 자라도 병원에 입원해야 하는 신세가 된다. 지난번처럼 일요일 저녁이다. 아직 시간이 남았지만 자라는 남편을 재촉한다. 그녀는 동정 따위는 필요치 않다는 얼굴로 두 눈을 꼭 감은 채 말한다. "이왕 겪을 것, 빨리 겪고 싶어요." 남편이 병실에 함께 있어주는 것도 원치 않는다. 남편은 병실을 나와 출구 쪽을 향해 걸어간다. 그러다가 뭔가 이상한 느낌이 들어 되돌아간다. 조용히 병실 문을 한 뼘 정도 열어본다. 자라가 침대에 누워 있다. 처음 보는 헤드폰이 그녀의 머리에 씌워져 있다. 평소에 헤드폰을 싫어하던 그녀였다. 두 다리는 쭉 뻗어 겹쳐놓았고 발끝이 박자에 맞추어 경쾌하게 톡톡 움직인다. 흥겹고 대담한 움직임이다. 얼굴은 편안하고 느긋하다. 휘파람까지 분다. 베른하르트는 조용히 문을 닫고 다시 출구를 향해 몸을 돌린다. 밖으로 나와서는 옆 사람한테 담배 한 대를 빌린다. 몇 년 만에 처음 있는 일이다. 자기가 알던 자라가 아니다. 이왕 맞을 매면 빨리 맞고 끝내고 싶다며 굳은 얼굴로 말해서가 아니다. 도저히 같이 살아왔던 여자라고는 믿어지지가 않을 만큼 딴판이다. 지금 당장 붙잡고 이야기를 해야 하나? "그럼 내 앞에서는 모두 다 거짓이었어? 내가 잠시 옆에 없다는 게 그렇게 **신 나는** 일인가? 나 몰래 어디로 **튈** 준비를 하고 있었나?"

상대방에게 미래를 열어주기

1장에서 언급했던 내적 독립성은 열린 미래의 경험과 상관관계에 있다. 열린 미래의 경험이란 과거의 지나간 사건, 행위, 경험이 단 하나의 미래로 고착되지 않는다는 뜻이다. 또한 이전의 규칙에 맞춰 미래에도 똑같이 살아야 하는 숙명이 아니며 과거의 삶과 거리를 두고 새로운 무언가를 시도해볼 수 있다는 뜻이다. 그러나 손바닥 뒤집듯이 한순간에 가능한 것은 아니다. 과거사를 이해하지 않으면 힘들다. 과거사를 이해한다고 곧바로 과거에서 해방되는 것은 아니지만 해방의 바탕이 된다.

마찬가지로 사람 간의 만남에 있어서도 열린 미래를 추구할 권리가 있다. 이 권리는 행위와 경험의 범위 안에서 자신을 변화시키고 새로운 길을 갈 수 있는 권리다. 누군가의 존엄을 지켜주고 싶다면 고정된 기대 안에 그를 가두지 말아야 한다. 그에 대해 고착된 모습을 미리 정해놓는다면 숨 막히는 부담을 주는 결과를 낳는다. 누구나 마라톤 경기에서 물통을 지고 나르는 존재, 다른 사람의 욕망을 채워주기만 하는 존재가 아니라 존재 자체가 목적이 되는 사람으로 받아들여지고 싶어하므로 이것은 당연한 권리다. 말과 행동에 있어서 예측할 수 없고 일관성 없이 자기 하고 싶은 대로 하는 사람과 함께 살기는 힘들다. 그러나 그에 못지않게 힘든 것은 오래된 인간관계에서 레코드판을 돌리는 바늘이 한곳에 멈춰서 한 대목을 무한 반복하는 것처럼 조금의 변화도 없이 옛날에 하던 대로 언제나 똑같이 살아가는 것이다. 이것 또한 관계를 해체시키는, 비존엄적 형태이다.

존엄성은 인간관계를 통해 내가 변할 수도 있다는 마음의 준비와, 필요하다면 그 관계를 끝낼 수도 있다는 각오를 의미하기도 한다. 타인에게 허락하고 나 자신에게도 요구하는 열린 미래와 진실하고 깊이 있는 관계에 필수 불가결한 상대에 대한 충실성, 이 두 가지 사이에는 긴장과 충돌이 존재한다. 언제나 상대방의 영혼 편에 서는 충실성은 다른 삶을 살 수 있는 가능성을 포기한다는 것을 의미한다. 충실성과 열린 미래, 우리는 이 두 가지에 대해 솔직하게 이야기할 수 있어야 한다.

존엄성을 지키는 이별

때로는 갈라서야 할 순간이 온다. 다시 마주칠 일이 생길지도 모르지만 어쨌든 공동의 삶은 끝난 것이다. 헤어짐의 고통 안에는 모든 만남이 가지는 깨지기 쉬운 연약함, 그리고 공통의 체험과 나눔, 언약과 희망의 덧없음에 대한 깨달음이 내포되어 있다. 아주 무덤덤한, 마지막 고독의 깨달음인 것이다. 존엄성은 이러한 아픔을 잘 이겨내는 하나의 방법이다. 어째서 그럴까?

첫째는 **이해**하려는 노력 때문에 그렇다. 공동의 삶이 어떠했는지, 어떻게 처음 시작되었는지, 그 삶이 어떤 근거를 가졌었는지, 처음으로 금이 간 것이 어디였는지 하는 것들 말이다. 또한 우연이 어떤 역할을 했는지, 감정과 관점, 정해진 행동의 형태 같은 것들이 시간이 지남에 따라 어떻게 그리고 왜 변하게 되었는지, 뿐만 아니라 서로와의 관계 속에서 자기 자신과 상대방이 어떤 점을 깨달았는지, 이해하지 못하고 남겨진 것들에는 어떤 것이 있는지 등등이다.

이별의 존엄성은 **인정**과도 깊은 관계가 있다. 상대방이 누구인지, 어떤 능력을 가지고 있었는지, 그리고 그가 자신에게 얼마나 중요한 존재였는지, 둘 사이의 관계를 위해 그가 무슨 일을 했는지 인정해주고 만일 그를 하찮게 여긴 적이 있었다면 제자리로 돌려놓아야 한다. 비난을 절대화하지 말고 일의 경중을 구분한다. 또한 상대방을 통합된 인간 그 자체로 존중하고 자신이 그에게서 미처 보지 못하거나 이해하지 못하거나 심지어 가로막고 있었을지도 모르는 여러 가지 가능성들을 인정해야 한다. 관대할 필요도 있다. 관대함은 상대방이 자기에게 어떤 의미를 가진 존재가 되어주었던 사실에 대한 감사의 표현이다.

관대함은 오직 **자아 성찰**을 통해서만 이루어질 수 있다. 관계에 몰입했던 과거에는 미처 생각하지 못했던 것들, 이를테면 자신의 잘못을 바로 보고 나태함과 모짐과 부당함이 있었다는 것을 인정하는 것이다. 또한 상대방이 나를 향해 했던 비난에도 일리가 있었음을 인정한다. 종합적으로 말해 무조건 자기가 옳다는 맹신의 사슬을 끊는 것이다. 존엄성은 **화해**와도 뗄 수 없는 관계이다. 상대를 있는 그대로 인정하고 비난과 책임 소재 찾기에서 손을 떼는 것이다. 유치한 감상을 배제하고 어떠한 미화도 없이 둘 사이를 연결해주던 감정을 되새겨본다. 상대방도 자기 힘으로 어쩔 수 없는 부분이 있음을, 또 그에게 달라지길 기대할 것이 있고 기대할 수 없는 부분이 있음을 스스로 깨닫는 것이다. 일이 그렇게 흘러가게 된 것이 온전히 두 사람의 탓만은 아니라고 좀 넓게 생각하며 스스로를 달랜다.

그러면 존엄성 없는 헤어짐은 어떤 모습일까? 자기가 잘한 것, 억울한 것만 생각하고 상대방을 절대 봐주지 않는, 증오와 비난으로 가득 차 줄다리기를 하는 두 사람의 모습이다. 한 발짝 떨어져서 자신을 객관적으로 바라볼 줄 모른다. 재고 따지고 손익을 계산한다. 자기만 옳고 온갖 치사한 데까지 생각이 미친다.

헤어짐이라는 것은 모든 관계가 곧 자기가 놓쳐버린 삶이요, 어쩌면 그리 살았을지도 모르는, 그러나 살아보지 못한 삶을 의미한다는 사실을 직시하는 것을 포함한다. 그러므로 이별을 할 때는 앞서 말한 열린 미래가 특히 더 중요한 의미를 갖는다. 상대방에게 앞으로 펼쳐질 미래에 대한 모든 가능성을 인정해주는 것이다. 비록 그 미래의 길이 나에게서 멀어지는 것이라고 해도 그렇다. 어쩌면 베른하르트 빈터가 박자에 맞춰 발끝을 까딱거리고 휘파람을 불던 아내 자라의 행동을 정확히 해석했는지도 모른다. 정말로 그녀는 어디론가 도망가려고 하는 것일 수도 있다. 다른 남자와 함께, 베른하르트가 몰랐던 방식으로, 또는 알지만 인정하고 싶지 않은 방식으로 그녀만의 새로운 길을 가려고 하는 참인지도 모른다. 아마 그녀는 그에게서 멀어지게 될 것이다. 그녀와 잘 헤어지기 위해 그는 이런 스스로에게 이렇게 중얼거려야 할지도 모른다. 친하고 편하다는, 또 100퍼센트 그 사람을 안다는 그 사실 하나만으로 그의 앞날에 빗장을 걸면 안 되는 거라고. 이러한 생각은 그녀에게 자유를 선사하는 첫걸음이다. 또한 베른하르트 자신도 '나 자신도 전혀 의외의 방향으로 변화할지도 모른다.' 하는 생각이 들게 되지는 않을까. 자라와 같이 살면서 나 스스로가 보고 느껴온 나 자신을 생각해보면 조금 낯설고 불편할 수는 있지만 이상하게도 홀가분한 기분이 드네, 하는 느낌 말이다. 그렇게 되면 자라를 놓아주는 일도 수월해지고 헤어짐을 겪으면서도 자신의 존엄성을 지킬 수 있다.

3장

사적 은밀함을 존중하는 존엄성

3장

인간의 존엄성은 자신만의 것과 남이 알아도 되는 것을 구분하고자 하는 욕구와도 관련이 있다. 내 모든 것을 타인에게 까발리고 싶어 하는 사람은 없다. 다른 사람들에게 보이는 커다란 영역 말고 우리는 자신만의 한 뼘 공간을 필요로 한다. 인생을 살아가면서 반드시 사적인 공간이 있어야 하는 것이다. 타인이 억지로 이 공간을 침범하거나 우리 스스로가 잘못된 명분으로 그 공간을 개방할 경우에 존엄성은 타격을 입을 수 있다.

사적인 것과 공적인 것의 구분 선이 어디에 위치하는가는 사람마다 모두 다르다. 어떤 이에게 사적으로 감춰져 있어야 하는 것이 다른 이에게는 공개될 수 있는 것이 되기도 한다. 또한 문화권에 따라 상이하며 연령대에 따라서도 달라진다. 그런데 존엄성과 관련해 결정적인 요소는 이 구분 선이 존재하느냐, 아예 존재하지 않느냐의 여부다.

두 가지를 구분하고자 하는 욕구에는 매우 다양한 동기가 있다.

행위, 능력, 소유물, 외모, 건강 상태, 생각, 감정, 소망, 욕망, 열정, 꿈과 희망 등이 그것인데, 이들은 남에게 보여도 괜찮은 것 또는 심지어 일부러 보여주려고 하는 것과 감춰졌으면 하는 것들을 결정짓는다. 나만 알고 있어야 하는 것들이 있다. 그런데 남의 눈에 띄거나 더 나아가 눈부신 조명을 받으며 만천하에 공개된다면 단지 불쾌한 데 그치지 않는다. 이것은 삶을 무너뜨리는 중대한 손실이 될 수도 있으며 존엄성의 상실을 경험할 수도 있다.

은밀함의 두 얼굴

이 경험을 한층 폭넓고 깊게 이해하기 위해서는 우선 삶의 일부분을 침묵 속에 숨겨놓고자 하는 두 가지 서로 다른 욕망을 구분하고 넘어가야 한다.

첫 번째로, 타인의 시선으로부터 보호하고자 하는 무엇이 있다면 우리가 그것을 **약점**으로 생각하기 때문이다. 그래서 눈에 띄지 않았으면 하고 바란다. 예를 들면 신체적 기형이나 위험한 질병, 특정한 무능력, 과실, 부담, 엽기적 욕망, 세상으로부터 경멸받는 신념, 스스로도 깜짝 놀랄 때가 많은 엉뚱한 공상 같은 것들이다. 이러한 것들이 본인의 뜻과는 반대로 공개될 경우에 우리는 이것을 **폭로**라고 부른다. 폭로에 수반되는 감정은 **수치심**이다. 폭로의 결과로 체면이 떨어지거나 인심을 잃을 수도 있고 경멸이나 따돌림을 당할 수도 있다. 그렇기 때문에 타인의 시선이 닿지 않는 장벽을 쌓아 사적 영역을 보호하려고 하는 것이다.

남이 들어오지 못하는 개인의 지극히 사적인 영역을 만들려고 하는 욕구에는 위에 나온 약점의 은폐라는 면과는 완전히 다른 동기가 또 하나 더 숨어 있다. 이 동기를 별도로 이해하는 것은 존엄성의 인지와 상실이라는 면을 이해하는 데 매우 중요하다.

그것은 바로 자신을 타인과 **구분** 지으려는 욕구이다. 스스로를 독립적인 개인으로 경험하기 위해서는 다른 이가 알지 못하는 무언가가 존재해야 한다. 유리처럼 다 들여다보이는 존재가 되고 싶은 사람은 아마도 없을 것이다. 감정의 변화를 항상 누구에게나 내보이고 싶지 않다. 약점이 잡힐까 봐 두려워할 것이 없는 사람이라도 그렇다. 우리는 때로는 우리의 체험을 혼자만 간직하고 싶은 경험의 중심체다. 만일 본인의 의사에 반해 이 봉인이 뜯어진다면 그것은 단순한 폭로가 아니라 **경계가 허물어지는** 현상이라고 할 수 있을 것이다. 정신적 경계가 허물어지면 타인과 자신을 구분 지을 수 있는 방법이 없어진다. 결과적으로 존엄성도 타격을 입는다.

타인의 시선

텅 빈 바닷가나 아무도 없는 도서관에 있는데 누군가 나타나 나를 빤히 바라본다면 상황은 순식간에 돌변한다. 타인의 시선을 받은 나는 완전히 다른 세상에 둘러싸이게 되고 나 자신도 전과는 다르게 느껴진다. 방금 전까지는 모래사장이나 바다를 바라보며, 또는 책에 파묻혀 100퍼센트 혼자만의 생각에 깊게 잠겼다. 나 자신을 의식하지도 않았다. 무아지경의 상태였던 것이다. 그런데 타인의 시선으로 인해 무아지경이 순식간에 깨어져버렸다. 이제 나는 그의 시선을 받는 대상이 되어버렸다. 그리고 내가 나 자신을 의식하게 되었다. 방금 전까지는 세상에 속하지 않으면서도 세상일에 몰두하는 의식적 존재에 불과하던 내가 이제는 갑자기 세상 안으로 들어와 버렸다. 육체적으로도 그렇다. 육체는 내 경험을 담는 그릇이라는 점에는 변함이 없지만 타인의 시선을 받게 된 다음부터는 여느 다른 육체 가운데 하나일 뿐이다. 또 사고와 감정은 이제 다른 형태로 존재한다. 전에는 그저 느끼고 생각하기만 했지만 타인으로부터 관찰당하는 지금은 나를 느끼고 생각하는 존재로 스스로가 인식하게 된다. 전에는 감정이 있으면 그 감정을 느끼고 생각이 있으면 그것을 생각했다. 생각과 감정 속에 나 자신이 있었고 그 안에 잠겨 있었다. 그런데 타인의 시선을 의식하는 지금, 생각과 감정은 완전히 다른 방식으로 **현존**한다. 그리고 내가 존재하는 방식도 총체적으로 다르다. 나는 나를 의식하며 나 자신을 가로지른다. 나는 나를 타인의 눈으로 본다.

바닷가나 도서관에서 나를 보는 타인의 눈길은 쏘아보거나 집요한 것과는 거리가 먼, 그저 무심코 슬쩍 훑어보는 눈길일 수 있다. 감시하는 것도 아니고, 사실 그런 시선에 신경을 쓸 필요도 없다. 그런데 무심했던 눈길이 꼼꼼히 **검사**하는 듯한 눈길로 변하면 새로운 느낌을 경험하게 된다. 나는 **당황**한다. 타인이 나를 노골적으로 의식하고 관찰하고 예의 주시하고 있다는 것을 느끼는 순간 당황스러움이라는 감정이 일어난다. 외모가 흉하게 비치지 않을까 하는 두려움이 아니다. 칭찬이나 부러움을 받아도 당황할 수 있고 기부 천사나 모범적인 시민으로 칭송을 받아도 이런 감정을 느낄 수 있다. 평가를 받아서가 아니라 본인이 의도하지 않은, 또는 전혀 예기치 못한 관심을 받기 때문에 그렇다. 세상은 나에게 노골적으로 부담을 주고 눈에 띄고 싶지 않은 내 소망은 묵살된다. 관심과 주목을 받지 않고 살아갈 줄 알았는데 어느 날 갑자기 모두의 이목이 나에게 쏠린다. 다른 사람들의 눈길이 마치 스포트라이트처럼 나를 향하면 나는 그들의 평가를 두려워할 필요가 없는데도 왠지 도망치고 싶어진다.

결함이란 무엇인가?

퍼 페터슨의 소설《시간의 흐름을 저주한다》의 주인공은 어느 날 밤 여객선 안의 혼잡한 바에서 겪었던 일을 이렇게 쓰고 있다. "거기엔 호감이 가지 않는 사내가 있었다. 나를 보는 얼굴이 싫었다. 나 자신도 모르는 내 안의 무언가를 자기는 빤히 다 **알고 있다**는 듯한 눈빛이었다. 반점과 수포가 덕지덕지 앉은 맨몸으로 거울 앞에 선 채 그가 쳐다보는 것을 속수무책으로 허락할 때의 느낌이었다. 사내가 내 눈빛에서 읽어내는 것을 나는 사내의 눈빛에서 읽어낼 수 없었다. 무엇을 봤고 무엇을 아는지는 몰라도 사내는 그로 인해 어떤 우월감을 느끼고 있었고 이상하게도 그게 맞는 것처럼 느껴졌다. 아무튼 난 그런 느낌이 들었다. 사내를 그날 처음 보았기 때문에 절대로 그가 나에 대해 뭔가를 알 리가 없다는 것이 확실한데도 그랬다."

당황스럽다는 감정은 앞에서 언급한 바와 같이 예상치 못하고 달갑지 않은 관심이 쏟아질 때 느껴지는 감정이다. 소설 속 주인공은 일반적인 당황스러움과 뒤섞이면서도 그와는 별개의 어떤 다른 감정에 대해서 이야기하고 있다. 그가 말하는 것은 자기 자신도 모르고 있는 어떤 것을 타인이 공개할지도 모른다는 위협적인 생각과 느낌이다. 일단 이런 생각이 들면 타인의 눈길을 나를 위협하는 집요한 치근거림으로 받아들이게 되며 그로부터 날 보호해야 하는 적으로 인식한다. 왜 그럴까? 왜냐하면 자신의 **결함**이 걸린 문제이기 때문이다. 과연 결함이란 어떤 것인가?

어떤 것이 단순히 존재한다는 그 사실 하나만으로는 결함이 될 수 없다. 신체적 기형, 말더듬, 중독, 기이한 습벽, 쓰레기 더미를 뒤져야 할 정도의 비참한 삶, 글을 읽고 쓰지 못하는 것, 자살 기도의 경험, 배신한 경험 같은 것들은 단지 사실이 그렇다는 이유로 자동적으로 결함이 되는 것이 아니다. **결함**은 객관적이고 사실적인 것들의 범주에 속하지 않는다. 결함은 가치가 개입된 것으로, 부정적이고 거부적인 판정에 의해 만들어진다. 즉, 결함은 **악**이다. 그러므로 결함은 있으면 안 되고 보여서도 안 된다. 어떤 것을 결함으로 만드는 것은 검열에 의해서다. 검열이 없다면 결함도 없다.

그러나 악이라고 낙인찍히는 것만이 결함은 아니다. 단지 머릿속으로만 거부하고 밀어낸다고 해서 결함이 되는 것이 아니라, 사람이 그것을 존재해서는 안 되는 무엇으로 **느끼고 경험해야** 한다. 존재 자체를 아예 소멸시키고 싶은 그 무엇인 것이다. 나는 거울을 보며 신체적 기형이 없어져버렸으면 하고 간절히 바란다. 정말로 **없었으면** 하는 바람이다. 또는 과거에 행한 어떤 과오나 배신, 잔인함 등에서 온 결함이라면 그것을 처음부터 아예 **일어나지 않은** 것으로 되돌릴 수 있다면 하고 바란다. 부정적 판단은 어떤 것을 경험하고 느끼는 방식마저 바꿔놓는다. 그렇기 때문에 누구나 결함을 부담스러운 짐으로 인식한다. 그것은 현재 진행형인 짐이 될 수도 있고 과거의 기억이 만든 짐일 수도 있다. 어쨌든 벗어던지고 싶지만 벗을 수 없는 짐이다. 이렇게 벗어날 수 없기 때문에 어쩔 수 없이 최소한 **숨기기**라도 하고 싶은 강력한 욕구를 느끼게 된다. 그러므로 결함은 태생적으로 숨겨지고자 하는 속성을 가지고 있다.

결함이라고 다 같은 결함이 아니다. 본인이 뭔가를 할 수 있는지 없는지, 본인에게 책임이 있는 결함인지 아닌지에 따라 다르게 경험된다. 정말 운이 나빠서 또는 어느 날 갑자기 닥친 일로 생겨난 결함이 있다. 선천적 기형, 파킨슨병, 암 치료 후에 나타난 심한 탈모 현상, 배설 현상이 뜻대로 조절되지 않는 병, 의지와는 상관없이 닥쳐온 빈곤 등의 예가 그것이다. 이러한 이유들로 종종 당황하고 부끄러움을 느끼게 되는 경우가 많은 것은 어쨌든 그것 때문에 눈에 뜨이고 타인의 이목이 집중되기 때문이다. 이 결함은 또 다른 경험을 불러일으킨다. 나는 남 앞에 이런 모습으로 나서는 게 창피한 마음이 든다. 쭈뼛거린다. 소설 속에서 나온 바의 낯선 사내의 눈길이 달갑지 않은 이유는 그의 눈길이 내 피부병과 반점, 즉 결함에 머물기 때문이다. 이것은 그래도 가벼운 편에 속한다. 더 큰 일이 벌어질 수도 있다. 압류 집행관이 집으로 찾아와 집에 있던 가구를 하나씩 끌어낸다고 상상해보자. 내가 진 빚과 그 빚을 갚을 수 없는 무능력이 모두에게 공개된다. 이웃 사람들이 밖에 나와 구경하며 고소하다는 듯 소곤거린다. 그 옆에 우두커니 선 내 얼굴이 벌겋게 달아오른다. 일하던 사업장이 부도나면서 생겨난 일이다. 내 힘으로 어쩔 수 없다. 운이 없는 것이다. 그럼에도 불구하고 얼굴은 붉어진다. 창피함 때문이다. 나는 움츠러든다.

그런데 내가 미리 손쓸 수 있는 처지였다면 사정은 조금 달라진다. 그러면 내 얼굴은 더 뜨겁게 달아올랐을 것이다. 저축할 수 있었음에도 불구하고 빚이 생길 때를 대비해 모아놓은 돈이 하나도 없는, 말하자면 대책 없이 **태만**했던 탓일 수가 있다. 조금만 더 신중하고 현명했다면 트럭이 와 가구를 싣고 가지도 않았을 테고, 이웃이 쑥덕거릴 약점도 잡히지 않았을 것이다. 문맹자의 경우도 비슷하다고 할 수 있다. 서류에 이름을 서명해야 하는데 할 수가 없다. 얼굴이 빨개지고 머뭇머뭇한다. 살다 보니 글을 배울 기회가 없었던 나름의 인생사를 감안한다고 해도 도저히 숙명이라고는 주장하지 못할 일종의 나태함을 자신에게 탓할지도 모른다.

이와는 다른 방식으로, 아니 더욱더 시뻘겋게 얼굴이 타오르는 경우도 있다. 대비가 소홀했다거나 손쓸 사이가 없었다거나 하는 태만함이 아니라 어떤 **행위**가 직접적인 원인이 되었을 때다. 알코올중독으로 손이 떨린다면 파킨슨병으로 손이 떨릴 때와는 매우 다른 방식으로 수치스러울 것이다. 후자가 어쩔 수 없는 운명이라면 전자는 그 책임이 본인 자신에게 있다. 방금 예로 든 압류의 경우, 룰렛 테이블에서 가진 돈을 몽땅 잃었기 때문에 일어난 일이라면 마찬가지다. 책임의 당사자는 본인이고, 주위의 따가운 시선은 더욱 쓰라리게 느껴진다.

지금까지 언급한 결함은 **도덕적** 결함이 아니다. 도덕적 심판에 관련된 것이 아니기에 윤리적 도덕성을 위협하지 않는다. 도덕적 결함이란 배신, 사기, 거짓, 기만, 공포나 고독, 고통을 야기하는 잔혹함, 생명을 영구히 소멸시키거나 돌이킬 수 없는 손상을 가하는 행위 등이 있다. 이러한 결함은 **과오**다. 과오를 저질러 경찰서로 잡혀 들어가는 나에게 쏟아지는 주위 사람들의 눈빛은 내가 개인 파산 선고를 당했을 때와는 비교할 수 없다. 설령 파산의 책임이 일부 나에게 있다고 해도 그렇다. 갑자기 세간의 주목을 받게 된 사람이 느끼는 당황스러움과는 다를 것이며 실패나 약점으로 인한 단순한 창피함과도 격이 다를 것이다. 내가 느끼는 것은 엄청난 **수치심**이다. 나는 두 손으로 얼굴을 감싼다. 쥐구멍이 있다면 찾아서 들어가고 싶다.

수치심의 논리학

왜 그럴까? **탄로**가 났기 때문이다. 탄로가 나려면 우선 무엇을 숨기려는 시도가 있어야 한다. 숨기고자 하는 것은 결함이다. 남의 눈을 속이기 위해 보호 장막을 설치했는데 그 장막이 무너져 결함이 드러난 것이다. 우리는 단죄하는 듯한 시선들 앞으로 **끌어내졌다**. 갑자기 발가벗겨진 것 같은 기분이다. 이럴 때 제일 먼저 느끼는 포괄적인 감정은 수치다.

'수치'라는 말은 일반적으로 빈번이 그리고 가볍게 쓰인다. 수치심에 대해 언급하는 방식은 이중으로 두루뭉술하다. 첫째로 이 말의 범위가 그렇다. 도덕적 결함, 즉 과오가 드러났을 때 경험하는 감정으로 방금 설명한 바 있다. 그러나 실제로는 과오의 여부와 상관없이 단순히 민망하거나 난처한 상황에 처했을 때 흔히들 이 말을 쓴다. 자신의 중독이나 가난이나 말더듬이나 문맹 때문에 수치심을 느낀다고 할 수도 있고 수백만이 지켜보는 가운데 소중한 페널티킥을 엉뚱한 곳으로 날려버린 축구 선수가 두 손으로 얼굴을 감쌀 때도 관중은 "저 친구 굉장히 수치스럽겠군!" 하고 말한다. 그러나 지금 이 장에서 말하고자 하는 수치심의 논리는 과오가 개입되어 있을 때 가장 뚜렷하게 나타나므로 좁은 범위로 한정 짓고자 한다.

'수치'라는 단어의 두루뭉술함은 다른 면에서도 나타난다. 보통, 결점이 까발려질 때나 얼굴이 달아오를 때 **경험**하는 감정을 지칭하는 경우가 많은데 이와는 다르게 결점이 드러나지 않도록 **막는** 행위를 할 때 느껴지는 감정을 칭하기도 한다. 수술을 앞두고 마취과 의사에게 자기가 약물중독자라는 것을 사실대로 말하지 못하는 것은 수치심 때문이다. 또는 동성애자인 어떤 사람이 동성애자라는 이유로 절대 어떤 행동을 할 수가 없음에도 불구하고 자신의 성적 취향을 공개하는 것이 수치스러워 차라리 죄를 뒤집어쓰는 경우도 있다. 여기서 수치심이라고 말하는 것은 사실 모두 억지로 숨기려고 하는 노력이 수반된, **탄로 날 것에 대한 공포**이다. 물론 과오를 저지른 경우에도 이 공포는 유효하다. 거짓말에 대한 수치심 때문에 그것을 덮으려는 거짓말이 이어진다.

내 결함이 다른 이에게 공개되는 것이 왜 그토록 두려운 걸까? 폭로에 대한 두려움의 정확한 대상은 무엇이며 당장의 수치심이 유발하는 강력한 정신적 붕괴 상태의 순간에 경험하는 것은 무엇인가? 그것은 **상실**이다. 우리 자신의 체면과 타인으로부터의 인정, 신망을 상실하는 것이다. 결함이 드러나기 전에 나는 판단 능력과 가치관을 주위로부터 인정받는 사람이었다. 그런데 커다란 파장을 일으키는 중대한 기만이 드러난 그날 이후, 또는 밀고자나 적의 끄나풀이라는 꼬리표가 붙은 그날 이후로 모든 것이 완전히 달라졌다.

결과는 다른 사람들이 나에게 **가하는** 행위의 변화다. 나를 연행한다거나 고발하거나 여타 다른 방법으로 궁지에 몰아넣는다. 그뿐만이 아니다. 나를 보는 **시선**도 변했다. 그것은 멸시의 시선이며 성경적으로 말해서 추방과 배척의 시선이다. 그 시선은 "이제부터 너는 우리 편이 아니다."라고 말한다. 바로 이처럼 배척당하고 따돌림당하고 내쫓길 수 있다는 점 때문에 나는 과오로 인한 결함이 드러나지 않도록 필사적으로 발버둥치는 것이다. 만일 모든 것이 알려지게 되면 사회 구성원으로서 완전한 사람 구실을 하지 못하게 되고 나를 인정해달라고 당당하게 요구하지 못하며 내 판단이나 결정도 받아들여지지 않을 거라는 사실을 나는 잘 알고 있다. 아무도 나를 존중하거나 알아주지 않을 것이며 내 생각을 소리 내어 주장하지도 못할 것이다. 만일 그렇게 하면 비웃음만 살 것이다. 내가 무슨 말을 하든 그들은 아랑곳하지 않을 것이다. 이 순간부터 사람들은 나를 색안경을 끼고 볼 것이며 다른 사람들과 다르게 취급될 것이다. 또 나 자신도 수치심으로 인해 전과는 다르게 세상을 대한다. 왠지 이 세상에 있어서는 안 될 사람처럼 느껴진다. 마음속으로 언제나 고개를 숙이고 다닌다. 자유롭게 숨 쉴 수 있는 공간은 어디에도 없는 것 같아 가슴이 답답해온다. 소리 내어 말을 할 수도, 인정해달라고 요구할 수도 없고 권위가 땅에 떨어진 지금 내 삶은 살아가야 하는 것이 아닌, 다만 묵묵히 참고 견뎌야만 하는 것으로 변해버렸다. 활기차고 자신감 있게 뻗어나가던 삶은 끝이 났다.

수치심은 시간을 경험하는 방식에도 변화를 가져온다. 뭔가가 드러날까 봐 두려움에 살다 보면 지금 현재의 시간이 뒤틀린다. 매 순간이 언제든지 폭로될 수 있는 순간이기에 그냥 마음 편하게 보낼 수 있는 시간은 없다. 마음 깊숙한 구석으로 몰린 수치심은 모든 것을 소심함과 불편한 초조함의 그늘로 덮어버리고 만다. 누굴 만나든지 상황은 똑같다. 상대방은 언제든지 내 정체를 폭로할 가능성을 지녔기 때문에 나를 단죄하는 심판관으로 보일 뿐이고 그 사람 앞에서 나는 현재를 현재답게 살아갈 수가 없다. 잠시라도 마음을 놓았다가는 무슨 일이 일어날지 모르기 때문이다. 그럼에도 불구하고 폭로가 이루어졌다면 현재의 시간은 영원히 지워진다. 수치심이 생동하는 현재의 순간을 깨끗이 제거한다. 과오를 되돌리는, 결코 있을 수 없는 일이 일어나지 않는 한 나는 현재를 돌려받을 수 없다.

수치심이라는 것은 사람들 앞에서만 느껴졌다가 그들이 물러가면 다시 사라져버리는 순간적인 경험이 아니다. 짜증이 난다든가 어떤 사람이 무서웠는데 그가 멀어지는 즉시 잊히는 두려움 같은 임시 감정이 아니라는 의미다. 정체가 폭로된 사람의 수치심은 **잊힐** 수 있는 것이 아니다. 고맙게도 바쁘디바쁘게 돌아가는 세상살이를 통해서 잠시 덮어버릴 수는 있겠지만 번잡한 일상이 주는 정서적 원심력이 느슨해져 자기 자신에게 가까이 다가가는 즉시 다시 나타난다. 그리고 수치심으로 야기된 삶의 변화는 그 전보다 더욱더 극명하게 다가와 괴롭힌다. 잠에서 깨는 순간부터 잠드는 순간까지 옆에서 떨어지지 않는다. 꿈속에서도 평온하지 않다. 이러다가 죽고 난 뒤까지 괴롭히는 것이 아닌가 하는 생각도 든다.

수치심이 왜 이렇게까지 큰 힘을 발휘하는 것인가? 우리는 결함이 타인 앞에 한번 까발려진 이상, 타인의 시선 앞에 힘없이 **널브러진** 것과 똑같다고 생각한다. 그것이 이웃 사람들의 시선이든 법정 방청객의 시선이든 텔레비전 시청자들의 시선이든 다를 건 없다. 창피함 때문에 말로든 행동으로든 이들의 시선을 똑바로 받아칠 자신이 없다. 게임에서 말을 옮길 수 있는 쪽은 언제나 그들이며 그 사실은 앞으로도 불변할 것이다. 이때 우리는 **무력감**을 경험한다. 경멸의 시선이 내가 아닌 타인이라는 외부로부터 오기 때문에 이것은 통상적인 무력감으로 비칠 수도 있다. 나는 가만히 있는데 산사태로 무너진 흙이 속수무책으로 서 있는 나를 덮쳐버린 것에 비유할 수 있다. 흙더미가 아니라 눈길의 해일이라는 점이 다를 뿐이다. 내 주위에는 방어벽도 없다. 방어벽이 **왜** 없을까? 수치스러움으로부터 막아주는 내적 방화벽이 없는 이유는 무엇인가? 평소에도 한 사람에게 떨어지는 눈길에는 비판의 목소리가 섞여 있는 경우가 많다. 나는 그것들을 툭툭 털어버리고 가던 길을 간다. 혹여 시선의 강도가 세지고 강제성이 섞일 경우, 예를 들면 독재 체제 아래서, 나는 내 안에 쌓아놓은 성곽 안으로 들어가 버리면 그만이다. 그런데 과오나 실패가 폭로되었을 때는 어째서 이런 기제가 작동하지 않는 것인가?

그 이유는 나 자신이 직접 무력감에 **한몫**을 하기 때문이다. 수치심 체험의 파괴적 힘은 타인이 나의 과오를 단죄한다는 사실에 기인하지만은 않는다. 정말로 파괴력을 가진 것은 내가 타인의 시선과 평가에 **굴복**한다는 사실이다. 외부의 판결을 나 자신의 시선과 자립적 판단 능력으로 맞서는 대신에 외부의 판단을 그대로 **받아들여** 나 자신의 것으로 만들어버린다. 그들의 시각을 **내면화**한다는 말이다. 나는 나를 타인의 눈으로 바라본다. 특별한 의식적 절차를 거치지 않고 그것을 내 재판관으로 임명해버린다. 그들의 파괴적인 판결에 순응한다. 내면의 재판정은 이미 타인이 있든 없든 같은 판결을 내려버린다. 내면화된 유죄 판결에서 비롯된 수치심의 작동 기제는 이와 같다. 나는 외부의 파괴적 판단을 그대로 덮어쓴 그 순간 이후로는 내적 권위를 상실한, 판단력과 가치를 인정받지 못하는 개인으로 살아간다. 스스로를 멸망시키는 내면의 전투를 선두에서 지휘하는 사람은 바로 타인을 대신해서 싸우는 나 자신이며 한번 시작된 전투는 멈춰지지 않는다. 퇴로는 차단되고 무력감은 완벽해진다.

수치심에서 굴욕으로

지치고 절망한 세일즈맨 윌리 로먼의 이야기를 계속해보자. 어느 날 아내 린다가 지하실에서 충격적인 것을 발견한다.

린다 요전 달에…… 너희들 앞에서 이런 얘기를 하기가 참 뭣하구나. 전기가 나가서 퓨즈를 찾으려고 지하실에 내려가지 않았겠니. 그런데 퓨즈 상자 뒤에서 뭔가가 뚝 떨어지지 뭐냐. 짧은 고무호스였어. 순전히 우연히 발견한 거였다.

비프 정말요?

린다 호스 끝에 연결 장치가 있었어. 바로 알겠더구나. 아니나 다를까, 보일러 밑 가스 파이프에 새 꼭지가 끼워져 있지 않겠니.

해피 바보가 따로 없군!

비프 그래서 없애버리셨어요?

린다 사실은…… 그러지 못했다. 그 말을 어떻게 아버지한테 하니? 날마다 내려가서 호스를 치웠다가 아버지가 집에 돌아오시면 다시 갖다놓곤 한단다. 부끄러워하실 텐데 그 모습을 차마 어떻게 보겠니.

로먼은 절망의 나락으로 떨어지다 못해 가스를 마시고 죽을 생각까지도 한다. 아메리칸드림을 꿈꾸던 사람에게 실패는 결함이다. 그래서 고무호스를 숨겨놓았던 것이다. 린다가 그 사실을 알아냈다는 것을 알게 되면 그는 **수치심**을 느낄 것이다. 자신이 느끼는 절망과 자살의 의도를 들킨 사람으로서 부끄러운 모습으로 린다 앞에 나타나야 할 것이다. 그 결과로 나타날 무력감은 두 가지 의미를 가지고 있다. 그 하나는 방금 언급한 부끄러움이 가져다주는 무력감이다. 로먼은 린다의 존경과 신뢰를 잃어버렸다고 생각할 것이며 그녀의 시각을 자기 것으로 삼기 때문에 권위도, 자기 목소리를 낼 권리도 없는 사람으로 자신을 취급할 것이다. 다른 하나는 약점이 드러나는 것을 막지 못한 데서 느끼는 무력감이다.

이러한 이중의 무력감은 모든 수치심의 논리에 다 통용된다. 수치심을 느끼는 사람에게 우리는 결함을 감추기에는 그의 힘이 역부족이라는 점을 보여주며 내적 권위와 타인의 인정을 상실한 사람이 외부의 판단을 힘없이 받아들인 결과로 어떠한 무력감을 느끼게 되는지 직접 느끼게 해준다. 어떤 과오나 잘못을 의미하지 않는 결함을 가진 사람을 백안시하는 경우도 이에 해당된다. 가난이나 노숙, 발기부전이나 문맹 같은 경우가 그런 예가 될 수 있다. 돈을 내야 하는데 낼 수 없는 사람, 글을 읽어야 하는데 읽을 수 없는 사람은 결함을 향해 쏟아지는 타인의 파괴적인 시선뿐만 아니라 결함을 제대로 숨기지 못하는 자신의 무능력을 무력감으로 경험한다. 더구나 배신자나 사기꾼은 과오가 까발려졌을 때 앞서 말한 이중의 무력감을 느낄 수밖에 없다. 변장의 능력은 하루아침에 그 힘을 잃고 세상 사람들 앞에서 권위를 상실한다. 이로써 수치심을 느끼는 행위는 이 책에서 다루었던 굴욕의 조건을 충족시키게 된다. 세상은 그의 무력감을 온 사방에 보란 듯 드러내며 즐기고 그 사실을 그로 하여금 충분히 느끼게 만드는 것이다. 이것은 수치심이 형벌 중에서 매우 잔인한 형벌이 될 수 있음을 말해주는 이유이다.

린다는 지하실에서 발견한 물건을 보여줬을 때 남편이 혹시라도 느낄 굴욕감을 어떻게든지 겪지 않게 하고 싶어 한다. 남편의 무력감을 까발리지도 않고 그런 모습을 보며 즐길 생각은 더더구나 없다. 그녀가 망설이는 까닭은 다른 데에 있다. 로먼은 린다가 지하실에서 발견한 것을 치부의 공개로 생각하는 데 그치지 않고 경계가 무너진 것으로 받아들일 것이 확실하기 때문이다. 무슨 말인가 하면, 결함을 숨길 수 있는 자기만의 공간에 대한 욕구와 더불어, 외부의 공격으로부터 자신을 방어하는 내적 영역의 경계선을 세우고자 하는 욕구가 묵살되는 것으로 인식할 것이라는 뜻이다. 고무호스는 그의 정신적 활동의 중심에서 일어나고 있는 사건을 암시적으로 말해준다. 그것은 실패해버린 인생에 대한 절망이다. 그가 호스를 숨겼다는 것은 이런 절망을 결함과 약점으로 인식해서뿐만이 아니라 그것이 오직 그 자신에게만 속하는 가장 깊은 수준의 감정을 드러내기 때문이다. 아내 린다가 호스의 존재를 알아채버렸다는 것을 로먼이 알게 되면 자신이 감당할 수 있는 수준보다 훨씬 더 가까이 그녀가 다가왔다는 사실을 눈치챌 것이다. 린다는 남편에게 그런 부담을 안겨주고 싶지 않은 것이다.

로먼의 고무호스의 예에서 명확히 알 수 있는 것은 폭로의 굴욕이 정신적 경계를 무너뜨림으로써 또 다른 의미의 굴욕이 될 수도 있다는 사실이다. 한 개인의 정신세계를 드러내지 않는 결함은 얼마든지 있다. 신체적 기형이나 노화, 갑자기 닥쳐온 불행, 재정적 파산 등등. 그러나 한 인간의 내적인 깊이를 드러내기 때문에 숨기고 싶어 하는 결함도 또한 많다. 배신, 거짓말, 밀고, 그 밖의 여러 가혹 행위는 그가 지난 세월 무엇을 하고 살았는가 하는 것을 증명해줄 때가 많다. 결점을 드러내놓고 타인의 시선을 받는다는 것은 그들로 하여금 내 영혼의 경계를 마음대로 넘나들게 허용하는 것과 크게 다름이 없다. 결함의 공개와 내적 경계의 허물어짐, 이 두 가지가 동시에 작용할 때 수치심은 극대화된다. 이러한 경험은 사람을 파괴시킬 수 있다. 린다가 고무호스를 매번 원래대로 해놓는 것은 바로 이러한 점을 잘 알고 있기 때문이다.

수치심을 극복함으로써 존엄성 지키기

존엄성은 수치심을 느끼지 않아도 될 권리라고 표현할 수 있다. 이러한 생각은 이미 이 글에서 여러 번 언급된 사고의 변형된 형태다. 즉, 존엄성을 굴욕을 느끼지 않을 권리로 이해하는 것이다. 린다도 이 사실을 인지했기 때문에 그런 조치를 내린 것이다.

남편 로먼은 린다가 생각하는 것만큼 마음이 약하지 않을지도 모른다. 린다가 그렇게까지 조심성 있게 행동할 필요가 없을 수도 있다. 이런 장면을 한번 상상해보자. 참다 못한 린다가 어느 날 남편을 불러세운다. 책상 위에 고무호스가 놓여 있다. 로먼은 나쁜 짓을 하다가 들킨 사람처럼 얼굴이 벌겋게 달아오른다. 그러나 린다가 생각한 것보다 훨씬 빨리 자신을 가다듬는다. 그가 말한다. "피곤해서 그래요. 더는 버틸 수 없다는 생각이 드는 날이 있지. 집집마다 초인종을 눌러대는 나날들, 나를 보고 비웃는 사람들. 하워드는 날 병신 취급하지. 그럴 때 이 고무호스를 보면 위로가 되오. 당신 이거 알아요? **나는 하나도 부끄럽지 않**

아. 떳떳하단 말이오. 고무호스를 숨겼던 이유는 그저 내 절망을 혼자만 알고 있고 싶어서였소. 그 어떤 누구도 아닌 자기 혼자 해결해야만 하는 문제라는 게 있게 마련이오. 이왕 당신도 알게 되었으니 내 말해주지. 이웃 사람들이 어떻게 생각하든, 아니면 하워드나 애들이 날 어떻게 보든 난 아무 상관 없소. 굳이 정확히 말하자면 당신이 어떻게 생각하든 그것도 나는 신경 쓰지 않아요. 난 말이지 남의 기대와 평가에 맞추려고 한평생 고생해왔소. 하워드, 고객, 날 지켜보는 이웃, 애들, 그리고 당신의 평가에 말이지. 당신네들의 평가가 바로 잣대였소. 힘을 남김없이 다 써버려 뻗어버린 지가 사실 꽤 됐어. 어디선가 도움이 오길 기다리다가 처음으로 고무호스 생각을 하게 됐지. 나는 스스로도 깜짝 놀랐고 또 창피했소. 사람들이 뭐라고 생각할까, 하고. 그런데 성과를 올리지 못하고 비실거리던 나날이 계속되고 몇 주가 지나서 다시 지하실에 내려가게 됐는데 이번에는 처음처럼 끔찍한 생각이 들지 않더란 말이오. 왜 남이 어떻게 생각하는지에 나를 맞춰야 하지? 살아도 **내가** 살고 절망해도 **내가** 하고 결정을 내려도 **내가** 내리는 건데 말이야. 게다가 말인데, 지난 며칠간 사실 기분이 꽤 좋았소. 퇴근할 때면 언제나 무거운 샘플이 잔뜩 든 가방을 들고 구부정한 채 집으로 들어오지만 맘속으로는 고개를 빳빳하게 쳐들고 집으로 입성하고 있다고. 며칠 있다가 보일러에다가 환풍 장치를 새로 설치하고 호스를 장착할 거요. 자, 내 마음이 어떤지 당신도 이제 잘 알겠군. 가능하다면 아무에게도 말하고 싶지 않았지만 기왕 이렇게 됐으니 말하지. 나는 내가 하고 싶은 대로 할 거요."

타인의 시선이라는 압박과 위협적인 수치심을 극복하고 자신의 존엄을 되찾았다는 사실을 로먼은 말하고 싶은 것이다. 이것을 좀 더 일반화시킨다면 이렇다. 만일 자신에게 숨기고 싶거나 노출될까 봐 전전긍긍하는 어떤 부끄러운 결함이 있다고 생각될 경우, 이 부끄러움은 타인의 판단 또는 자신의 판단, 둘 중의 하나에 기인한 것이다. 결점을 숨기고자 하는 동기는 남의 비난 또는 나 자신의 비난에 대한 두려움인 것이다. 현재 느끼고 있거나 앞으로 느낄지도 모르는 수치심과 관련해 자기의 존엄성을 지키려고 하는 투쟁은 바로 이 두 가지가 서로 다름을 똑바로 인식하고 다음과 같은 질문을 스스로에게 던져보는 데서 출발한다. 남들이 볼 때 결함이다, 수치다, 치욕이다 하는데 그 관점을 반드시 받아들여야 하는 불가피한 이유가 내게 있는가?

앞서 보았던 가상의 스토리에서 로먼이 걸었던 내적 행보는 실제로 동성애자나 극빈자, 병자, 장애인 등 많은 이들이 존엄을 되찾기 위해 실천하고 있는 행보이기도 하다. 이들의 논리는 흑인들이 수치심과 굴욕을 떨쳐버리기 위해 외친 구호인 "블랙 이즈 뷰티풀!"과 일맥상통한다. "당신네들 마음대로 생각해! 하지만 우리는 절대 부끄러워할 생각이 없거든! 그건 약점이 아니야!" 또 헤로인에 중독된 중독자가 하루치 약물을 받아 올 때도, 환자가 약국에서 약을 구입하는 과정에서 약사가 정신 질환을 알게 되었다고 해도 이렇게 생각하면 거리낄 것이 없어진다. 예를 들어 옛날에는 일부러 차를 타고 멀리 가서 모르는 약국에서 약을 구입했고 한 번 갔던 약국은 절대 두 번 가지 않았던 정신 질환 환자가 있다고 하자. 날이 거듭될수록 더 멀리까지 나가야 하는 자신이 비참하게 느껴졌지만 지금은 자기 동네에 있는 약국에 다닌다. 약사가 맞이하면 침착하게 약사와 똑바로 눈을 마주친다. 환자의 눈빛은 '네, 아픈 것 맞습니다. 하지만 그렇다고 부끄러워할 필요는 없습니다.

당신이 지금 무슨 생각을 하는지 나는 신경 쓰지 않습니다.'라는 생각을 말해준다. 문맹자의 경우도 마찬가지다. 문맹자가 읽기 기초반에 등록한다. '맞아, 나이가 이렇게 지긋하도록 글을 배우지 못했어. 오랫동안 부끄러움 속에 살았지. 그럴 필요가 없었는데도 말이야. 이제 그 생활을 끝내려고.' 또한 당당히 고개를 들고 있는 걸인도 속으로 이런 생각을 하고 있을지 모른다. '그래, 내가 먹을 게 없어서 당신들의 적선만 기다리고 있다마는 이건 치욕이 아니야. 그저 불행이 덮쳤을 뿐이지. 내가 이렇다고 해서 당신들보다 가치가 덜한 인간은 아니야.'

이런 방식으로 자신의 존엄성을 다시 찾은 사람은 외부의 판단을 반드시 자신의 판단과 동일시해야만 할 불가피한 이유가 없다는 것을, 어째서 나 자신을 타인의 눈을 통해 바라봐야만 하는지 아무런 근거가 없음을 아는 사람이다. 소리 없이 자기 안으로 침입했던 낯선 재판관을 쫓아내고 나면 그동안 자청해서 연출해왔던 타인의 관점이 더 이상 위협으로 작용하지 않기 때문에 숨어 살아야 할 필요를 느끼지 못하게 된다. 이전에는 결함으로 생각되던 것들이 이젠 그렇지 않다. 나는 당당하다. 이제 나를 내 모습 그대로 보는 타인들 앞에서 고개를 수그리지 않는다. 그들은 여전히 독선적이고 비타협적인 생각을 가지고 나를 판단하지만 그것까지 어쩔 수는 없다. 그러나 그들은 이제 경계 밖에 있고 내 안으로 침범할 수도 없으며 내게 아무 힘도 휘두르지 못한다. 내게 일을 맡기지 않거나 내 공을 인정하기 거부하는 방식으로 날 소외시키겠지만 나는 다른 곳으로 이사 가서 거기서 맘 편하게 살 수도 있다. 옛날 같으면 아무리 다른 곳으로 피한다고 해도 그들의 시선과 날 짓밟는 압력이 어디나 따라다녔을 것이고 결과는 같았을 것이다.

이러한 내면적 발전은 잃어버렸던 권위와 자신의 목소리를 되찾게 해준다. 전장에서 도망친 탈영병이 있다고 하자. 그는 적의 총알이 빗발치는 전쟁터에 있어야 할 아무 의미를 느끼지 못했다. 그는 살고 싶었다. 그래서 도망쳤다. 전쟁이 끝나고 그는 배신자, 비겁한 겁쟁이로 낙인찍혔다. 굴욕 속에서 그는 목소리를 낼 기회를 얻지 못했다. 그는 자기 나라를 떠나 다른 곳으로 조용히 숨어들었다. 발걸음은 침울해지고, 무엇을 해도 살아 있는 순간으로 느껴지지 않았다. 그런 세월이 영원히 계속될 것만 같았다. 수치심에 빠져 익사하기 직전이었다. 그때, 다른 탈영병에 대한 글을 읽었다. 그는 그들 가운데 몇몇을 만나 직접 이야기해보았다. 그러고 나니 원래의 판단이 다시 힘을 얻었다. 그는 자신의 목소리를 다시 믿기 시작했고 스스로를 일으켜 세웠다. 남들이 그에게 가했던 굴욕에 대해 분노가 치밀기 시작했고 그들이 안겨준 무력감을 몸에서 떨쳐냈다. 그는 고향으로 돌아가 싸우기 시작했다. 그리고 그 전쟁의 정당성에 대해 이의를 제기했다. 그는 자신을 변호했다. 다시 현재를 살기 시작한 것이다.

그런데 여기서 다른 물음을 제기할 수 있다. 자신의 눈으로 바라보아도 오점이 오점으로 보인다면, 그래서 수치심을 떨칠 수 없다면 그건 어떤 경우일까? 나의 과오가 너무나도 명백하고 커서 나 자신도 용서할 수 없다면? 이러한 내적인 갈등에 존엄성은 어떻게 반응을 보여야 할까?

윌리 로먼이 지하실에 숨겨놓은 물건이 고무호스가 아니라 다른 사람을 사찰하고 스파이 노릇을 하며 작성한 문서라고 설정해보자. 마녀사냥을 방불케 하는 매카시즘 세력의 돈을 받고 친구 한 명을 배반한 것이다. 그 일로 일가족이 다 망해버렸고 친구는 자살을 선택했다. 그 후로 가족은 비참한 삶을 살아간다. 그런데 린다가 문서를 발견한다. 이제 과오의 소용돌이에 휩쓸려 바닥으로 가라앉아버린 자신의 존엄성을 로먼은 어떻게 되살릴 수 있을까? 과연 그가 **할 수 있는 무언가**가 있기는 한 걸까? 망각시킨다거나 미화한다거나 자기기만의 방법을 쓰지 않고도 방법이 있을까? 만일 있다면 어떤 종류의 존엄성을 바로 세울 수 있을까?

우선 로먼이 자기가 왜 그런 일을 하게 되었는지를 **이해**해야 한다. 그리고 그 동기를 찾는 과정에서 정직해야 한다. 정치적 동기가 가장 크겠지만 그것은 너무나 값싼 변명이겠고, 돈 하나만 보고 그랬다고 하기도 힘들다. 그리 큰돈도 아닐뿐더러 돈에 비해 과오의 중대함이 너무 크기 때문이다. 진짜 동기는 로먼 자신과 옛 친구에 대한 감정에 있었다. 자신이 실패를 거듭하는 데 반해 친구가 거둔 크나큰 성공이 주는 시기심은 감당하기 힘들 만큼 너무나 선명했을 수도 있다. 아니면 친구가 린다를 향해 보내는 눈길에서 불타는 질투심을 느꼈을 수도 있다. 또는 옛날 옛적에 친구에게 당했던 굴욕을 평생 기억해서일 수도 있다. 중요한 것은 로먼이 진짜 동기를 찾아내고 이해하는 과정에서 자신의 배신이 단순한 실수나 표면적 과오가 아니라 자신의 불행한 삶에서 표출된 대표적 에피소드라는 점을 느끼는 것이다.

그러나 이해와 정직성만으로는 아직 부족하다. **후회**라고 불리는 것이 있어야 한다. 후회는 변명의 여지가 없는 과오를 명명백백하게 인지하고 그 과오로 인해 자신에게 도덕적인 흠결이 생겼음을 개탄하는 것이다. 이제 로먼에게 중요한 것은 그 흠결을 인정하는 것이다. 그래야 자신과의 화해로 이르는 길고 조용한 여정이 시작될 수 있다. 그 위에 뭔가를 덧칠해 덮어씌우는 행위와는 다르다. 앞으로 삶을 살아가면서 언젠가는 도덕적인 인간으로 되돌아오겠다는 사고방식을 말하는 것이다. 과오에 대한 미화되지 않은 기억과 새롭게 맞이하게 될 도덕적 일치성 사이에서의 위태로운 중심 잡기가 성공하면 상실되었던 존엄성이 다시 획득된다고도 말할 수 있다.

로먼 혼자만의 힘으로는 중심점을 찾기가 힘들 것이다. 그럴 때는 타인의 시선이 필요하다. 경멸을 멈추고 다시 그를 받아줄 준비가 되어 있는 이들의 시선이다. 그러나 로먼이 본인의 후회를 행동으로 보여주는 경우에만 그들은 기꺼이 그렇게 해줄 것이다. 그가 과거를 어떻게든 보상하고 복구하려고 애쓰는 모습을 볼 때만이 존엄성을 다시 찾는 데 도움이 되는 방향으로 그를 대해줄 것이다. 그렇게 되면 로먼은 용기를 내어 자신의 목소리를 다시 찾게 될 것이다.

사적 영역

프랑스 작가이자 교수인 필립 클로델은 11년간 매일 낭시 교도소를 찾아가 수감자들을 가르쳤다. 그리고 자신의 경험을 담은 책《열쇠 소리》를 출간했다. 일부를 인용해보면 다음과 같다. "감방 문에 난 엿보는 구멍을 통해 외부인은 자신을 보이지 않고도 안을 들여다볼 수 있다. 한 손으로 금속 뚜껑을 밀어젖히는 소리가 나면 수감자는 누가 자신을 보고 있다는 것을 알아차린다. 그러나 과연 그 사람이 누군지 알 수 있는 방법은 없다. 은밀함이라는 단어를 사전 한 구석으로 처박아버린, 들여다볼 수 있는 권리를 부여받은 누군가라는 것만 짐작할 뿐이다. 린다 B.가 씻거나 용변을 볼 때면 언제나 문에 바싹 들러붙은 눈이 있었다. 그 결과 그녀는 요실금이 생겼고 밤이 되면 이불을 뒤집어쓰고 나오지 않았다. 결국 그녀 방을 들여다보던 여성 교도관이 다른 곳으로 전출되고 나자 모든 것은 다시 괜찮아졌다." 어떤 상황에서건 누구건 언제든지 감시당할 수 있는 조지 오웰의 세계를 자연스럽게 연상시키는 장면이다. 여기서는 인간의 존엄성이 무시되고 있구나, 하고 누구나 즉각적으로 생각하게 된다. 주저함이나 불명확함 없이 누구나가 할 수 있는 생각이다. 그러나 이 말에 담긴 정확한 의미는 무엇인가? 외부의 시선을 피할 수 있는 가능성이 전혀 존재하지 않는다면 과연 무엇이 파괴되는 것인가?

삶의 매 순간, 모든 변화나 성취, 삶의 모든 표현 방식을 누군가 지켜본다고 하면 좋아할 사람은 아무도 없다. 화장실에 갈 때나 몸을 청결하게 할 때는 혼자 있고 싶고 누가 보는 것을 좋아하지 않는다. 또 잘 때도 타인의 시선으로부터 자유롭고 싶다. 기차 안에서 잠을 청할 때 외투 같은 것으로 얼굴을 가리는 것도 이런 심리 때문이다. 우리는 남의 시선이 차단된 생활공간이 필요하다. 가구나 책, 그림이나 장식품 같이 우리가 어떤 사람인지를 드러내주는 물건들이 놓여 있기 때문이다. 이것은 우리가 만들어낸 극히 사적인 공간이다. 도둑이 들었을 때 낯선 사람이 나만의 공간에 무단으로 침입했다는 사실이 때로는 물적 손실보다 더 큰 충격으로 다가오는 경우가 많다.

우리는 이 공간을 **사적 공간**이라고 부른다. 사적 공간은 애초부터 존재하거나 영원히 존재하는 그런 종류의 것이 아니다. 그것은 각 개인에 따라 다르며 문화 권력에 좌지우지된다. 문화 권력은 이 공간의 크기를 자유로이 결정하는 힘을 가지며 경계를 설정하는데, 삶이 시간적으로 진행됨에 따라 이 경계를 넓혔다 좁혔다 하기도 한다. 개인은 사적 공간을 이전보다 더 공개해 자신을 더 내보이고 싶은 필요성을 느끼기도 한다. 이것은 외부의 압력이 없이도 가능하며 때로는 이 행위를 통해 이전보다 더 큰 자유를 맛보기도 한다. 좀 더 많은 경험을 선사하고 새로운 종류의 인간관계나 더 다양한 자아 성취의 가능성을 열어줄 때도 있다. 그러나 경우에 따라선 사적 공간을 축소하고 나를 더 많이 타인의 시선 앞에 노출시키려는 시도가 나를 통해 부당한 이익을 얻고자 하는 타인의 의지나 특정한 상황에 의해 일어날 수도 있다. 좁은 공간에서 여러 사람이 살아야 하는 경우나 군대나 감옥, 병원같이 단체생활의 체제 속에서 생활하는 경우도 있다. 그렇게 되면 평소에 개인의 은밀함을 보호해주던 방어벽이 허물어진다. 불편함이나 불쾌함을 넘어 위협감마저 느낀다. 낭시 교도소의 여성 수감자가 느꼈던 것이 바로 위협감이다. 교도관 앞에서 옷을 다 벗는 조건으로 일일 순찰에서 면제되는, 얼굴이 다소 두꺼운 수감자도 물론 있다. 그러나 이것 또한 굴욕이며 교도관들이 자기네들이 즐기려고 일부러 의도한 무력감이다. 따라서 존엄성은 와해된다.

타인이 사적 공간을 둘러싸고 있는 방어벽을 허물어뜨리는 것을 피하기 위해 어쩔 수 없이 그 경계를 점점 안으로 좁혀 사적 공간의 반경을 줄여야 할 때가 있다. "그렇다면 **이것**과 **저것**은 남이 알게 되어도 어쩔 수 없겠군. 하지만 이거랑 이거는 **절대로** 공개하지 않을 거야." 하고 마음먹는 수밖에 없다. 강렬한 불빛이 내게 쏟아지고 집요한 손들이 나를 그러쥐려고 달려들 때 나는 내면의 요새로 숨어든다. 그곳에서 나는 보이지도 잡히지도 않는다. 요새 안은 좁다. 좁은 공간에 억지로 몸을 끼우고 자물쇠로 잠그고 나니 나는 조금밖에 보고 들을 수가 없다.

육체를 욕정의 대상으로 팔아야 할 때, 즉 매춘을 하거나 포르노성 사진 또는 영화를 찍어야 할 때 이렇게 내면의 요새 속에 들어앉는 경우가 많다. 은밀함의 경계가 무너질 때마다 매번 충격을 받지 않으려면 그러는 수밖에 없다. 원래 몸은 사적 영역이 지켜야 할 가장 중요한 것이지만 나는 어쩔 수 없이 줄어든 사적 공간의 성문 밖으로 내 육체를 내어놓아야 한다. 타인이 내 몸에 손을 대는 데 그치지 않고 내 안으로 밀고 들어올 때마다 이런 묘기를 쓴다. 나는 육체가 놓인 곳과는 반대 방향인 안쪽으로 숨어들고 나를 규정하는 경계는 어느 누구도 육체를 통해 침범할 수 없는 정신적인 공간에 다시 긋는다. 그곳 안에서는 누구도 나에게 손을 댈 수도, 상처를 줄 수도 없다. 나 자신에 관한 한 내가 당사자고 내 존엄성에 관계된 일이기 때문에 육체에서 빠져나온다. 그러면 몸에서 무슨 일이 일어나든 나는 내 몸 안에 없다. 도둑이 주인 없는 집에 침입하는 격이다. 내가 파는 것은 **내**가 아니라 내 **껍데기**다. 그렇게 되면 그리 비참할 것도 없다. 상황이 종료될 때까지 나는 몸에서 도망친다. 몸은 텅 빈다. 심지어 육체적 감각까지도 영혼이 없는 것처럼 잠잠하다. 누가 와서 내 존엄성을 빼앗았다고 생각한다면 나는 그에게 "참 운도 없네, 나는 벌써 집에서 나왔는데." 하고 말해줄 것이다. 그들은 모두가 떠난 빈 보루로 쳐들어온 것이다. 요란하게 북을 울리며 아무도 살지 않는 유령의 도시로 진격해온 군대처럼 우습기 짝이 없다.

내면 가장 깊숙한 곳

윌리 로먼이 고무호스를 지하실에 숨긴 이유는 자신의 절망을 결함으로 인정하거나 그것을 부끄러워해서가 아닐 것이다. 오히려 자신의 복잡하고 포괄적인 감정을 제3자가 관여할 일이 아닌 자신만의 일로 인식해서 그랬을 가능성이 크다. 자신의 감정과 **단둘이** 있고 싶어서인 것이다. 만일 정말로 그렇다면 그는 사적 은밀함을 향한 두 번째 욕구에 이끌린 것이다. 그것에 대해서는 이번 장의 첫머리에서 언급된 적이 있는데, 바로 침묵을 통해 자신을 타인과 구분 짓고 싶어 하는 심리다. 린다가 자신의 비밀을 알아냈다는 사실을 알게 되었을 때 로먼은 자기를 지키던 보호 장벽이 허물어졌음을 느꼈을 것이다. 안과 밖을 구분 짓던 정신적 경계가 지워져 내부가 훤히 들어다보이게 되자 심하게 당황했을 것이다. 그를 위협하는 것은 수치심이 아니라 안에 머물러야 할 것이 밖으로 향하는 데서 오는 **내면의 외향화**였을 것이다. 이것은 자신을 **잃어버리고** 스스로를 **낯설게** 느끼게 할 정도로 위험하다.

경계를 한정 짓고 자신을 지켜주는 은밀함에 대한 갈망이 무의미하고 상투적인 말이 아닌, 진짜 경험으로 우러나오려면 어떤 요소가 있어야 할까? 은밀함은 어떤 형태로 존재할 때 그 가치가 소중하게 빛날까? 또 은밀함이 삶에 어떻게 녹아들어야 존엄성이라는 것을 제대로 측정할 수 있을까?

누구에게나 절대 포기할 수 없는 정신적 경계선이 있다. **나의** 경험과 **나의** 체험은 아무도 가져갈 수 없다. 경험이라는 말 자체가 반드시 특정한 누군가를 주체로 하기 때문에 어떤 경험은 그의 정체성에 속한다. 이런 의미에서 경험은 나눌 수 없는 것이다. 같은 공간, 같은 직장, 같은 물건을 공유한다고 해서 두 사람이 똑같은 경험을 나눌 수 없다. 이러한 개인성(個人性)은 다른 것으로 대치될 수 없고 이것이 지닌 개념의 불변성 또한 엄정하게 따지지 않아도 자명하다. 어떤 경험의 내적 영역을 지키려는 우리의 욕구는 그 경험을 **소유하고** 있느냐 아니냐에 달린 것이 아니고 그 경험을 **알고** 있느냐 그러지 않느냐 하는 것에 달려 있다. 내가 지켜내야 할 것은 남이 내 경험에 대해 얼마나 아느냐 하는 양과 정도다. 그렇다면 여기서 **어째서** 내가 내 경험을 지켜야 하는지 의문을 품어볼 수 있다.

우선 실용적인 목적을 이유로 들 수 있다. 이것은 삶의 지혜라고도 할 수 있겠다. 남이 내 내면세계에 대해 알고 있는 것으로 그들이 나에 대해 가지는 이미지가 결정되고 이 이미지는 다시금 그들이 나를 어떻게 대하는가를 결정한다. 그렇기 때문에 내게 이익이 되는 것만 드러내는 편이 현명하다고 할 수 있겠다. 꼭 결점만을 숨겨야 하는 것은 아니다. 일부러 드러내서 말하지 않는 생각이나 감정이나 소망 중에도 흠잡을 데 없는 것들이 있을 수 있다. 하지만 난 그저 남이 날 이용하지 않기를 바랄 뿐이다. 그런 점에서 볼 때 타인이 속을 꿰뚫어보지 못하는 아리송한 사람으로 남아 있는 편이 득이 된다고도 할 수 있다.

그런데 이런 실용적 지혜는 사적 영역의 침묵에 대해서 모든 것을 다 설명해줄 수는 없으며 핵심적 요소도 아니다. 일기를 쓴다고 한번 가정해보자. 일기라고 해서 그 안에 온갖 어두운 비밀과 은밀한 고백이 쓰여 있는 것은 아니다. 혹여 누가 읽는다고 해도 손가락질 받는 일도 없다. 오히려 그와는 반대로 누구에 대한 미움이나 두려움을 극복했던 일이라든지 실망을 딛고 일어섰던 경험이 나와 있을 수도 있다.

또 실로 대단하다 싶을 정도의 치열한 내적 투쟁이 고스란히 기록되어 있을 수도 있다. 뿐만 아니라 어떤 것에 대한 헌신, 도덕적 인격, 숭고한 용기, 심지어는 적이나 벼랑 끝에 몰린 배신자에게 느끼는 동정심이 상세히 기록되었을 수도 있다. 그래서 만일 남들이 내 일기를 읽는다면 나에 대한 이미지가 좋게 바뀔 수도 있다고 가정해보자. 사람들은 나의 넓은 도량을 칭찬하며 모든 이의 등불이 되는 모범적 인간으로 치켜세울 수도 있다. 그럼에도 불구하고 일기를 공개하지 않는 것이 낫다면 그 이유는 무엇일까?

일기에는 놀라서 충격을 받은 일이라든지 희망, 사랑, 감탄, 존경 등 도덕적 잣대를 적용할 필요가 없는 일들을 쓰기도 한다. 한때 수년간 열렬한 팬이었던 작가에게 실망한 일이나 한때 내게 중요한 부분을 차지했던 화가나 음악을 마음속에서 떠나보내는 과정이 기록되기도 한다. 종교적 확신이나 정치적 믿음, 누군가를 잃은 슬픔과 번민, 안개 자욱하고 밤이 길어지는 나날들에 대한 그리움 같은 것들, 그런가 하면 어떤 향수 냄새에 반해버렸다든지 특정 색깔에 대한 감상, 놓치고 싶지 않은 잡다한 공상이나 과거의 기억을 끼적거릴 수도 있다. 그런데도 나는 왜 일기장을 혼자만 간직하고 싶은 걸까? 일기장에 흔히 달려 있는 자물쇠는 무엇을 위한 것인가?

나는 내가 누구고 어떤 사람인지 다른 사람이 **속속들이** 알게 되기를 원치 않는다. 나라는 사람의 일부분은 언제나 어둠 속에 어스름히 가려져 있어야 한다. 그것은 매일 생활을 함께하는 동반자라고 해도 다르지 않다. 내 일기장이 누군가의 눈에 띄었다고 가정해보자. 다음 날 일어나 보니 신문에 내 일기장에 적힌 이야기가 나와 있다. 아무리 흠

잡힐 만한 것이 단 한 점도 없다고 해도 우리는 왜 불쾌한 것일까? 이것이 불쾌하고 불행한 사건이 되는 이유는 어디에 있을까?

그것은 아마도 아무런 **가림막 없이 발가벗겨졌다는** 느낌 때문이 아닐까. 이제 모든 사람이 내가 누군지 안다. 낭시 교도소의 아까 그 여성 재소자보다 더하면 더했지 덜하지 않은 느낌이랄까. 그 여성은 교도관에 의해 은밀한 사적 영역이 파괴되기는 했지만 내적 세계는 단단히 지킬 수 있었다. 그러나 이번 경우는 내가 겪었던 것이 모두 신문에 공개됨으로써 가장 최후까지 남아 있는 마지막 보루가 파괴되었다. 사람들은 수치심을 느낄 만한 일을 저지른 사람을 볼 때와는 다르게, 내게 경멸이나 조롱 섞인 시선을 보내지 않는다. 그렇지만 내 속을 꿰뚫어보는 듯한 그네들의 눈빛은 견디기 힘들다. 이와는 대조적으로 당신을 이해한다는 듯한 눈빛, 감탄이나 동정의 눈빛이 쏟아질 수도 있다. 그러나 나는 이런 '다 안다'는 식의 시선을 바란 적이 없다. 나는 마음 편하게 내 갈 길을 가고 싶을 뿐이다.

이것을 다른 개념으로 잡아보자. 일기장의 공개가 나와 타인 사이의 중요한 **간격**을 소멸시켰다는 측면을 고려해본다. 타인과의 간격은 남의 눈에 띄지 않는 비밀이 있다는 것을 전제로 한다. 사람 사이의 이러한 간격에 대한 인간의 요구를 인정하고 배려하는 사람은 **진중**한 사람이요, 간격을 무시하는 사람은 **경솔**한 사람이다. 비밀 엄수의 덕목은 타인의 비밀에 대한 존중과 사람 간의 거리에 대한 감각과 눈치에서 비롯된다. 더 나아가 이렇게도 말할 수 있다. 타인과의 사이에 이러한 간격이 존재해야지만 나는 비로소 **참다운** 내가 될 수 있다. 간격을 무너뜨리는 것은 단순히 무례하거나 불쾌한 짓을 넘어선 아주 중대하고 파괴적인 행위다. 내가 나 자신을 **잃어버리게** 만들기 때문이다. 내 모든 감정이 세세하게 공개된 신문을 손에 들고 있자니 여차하면 후퇴할 수 있는 내적 영역도, 둘레를 빙 둘러쳐서 보호해야 할 비밀도 모두 사라져버린 탓에 타인의 시선 속에서 상실되는 나를 느낀다.

일기장의 공개가 비극이 될 수 있는 까닭은 또 있다. 가장 깊숙한 영역이 만천하에 훤히 공개되면 경험적 측면에서 일어나는 또 하나의 현상이 있다. 내 경험이 **변한다**는 것이다. 애초의 경험이 우리에게서 도난당한다고도 설명할 수 있다. 한번 공개적으로 입에 올리면 그것은 더 이상 옛날의 것이 아니다. 그걸로 그만 **상실**되고 마는 것이다. 소중하고 망가지기 쉬운 감정을 무심코 떠들고 나서 나중에 우리는 혼자 중얼거린다. "내가 그걸 왜 떠들었을까!" 한번 말로 뱉어버린 감정은 다시는 똑같이 되돌려지지 않을 것이라는 걸 알기 때문에 이런 말을 하는 것이다. 이런 식으로 자신의 감정이나 느낌을 하나하나 잃어가다 보면 결국 우리는 상실감을 느낄 수밖에 없다.

크리스타 볼프의 《천사의 도시》에서 작가 자신인 여주인공이 되뇌던 많은 독백 가운데 이런 구절이 있다. "훗날 사람들이 수많은 질문과 비난으로 네게 아우성쳤을 때 너는 입을 다물었다. 그러다 어느 순간 이 말 한마디가 떠올랐다. 우리는 이 나라를 사랑했다는 말. 만일 입 밖에 냈다면 경멸과 야유밖에 돌아오지 않았을 말도 안 되는 문장 하나. 하지만 너는 말하지 않았다. 비밀이 많은 너답게 너는 그 말도 혼자서만 간직했다." 크리스타 볼프는 동독에 대한 자신의 감정을 부끄러워하거나 조롱에 찬 반응을 두려워하는 사람이 아니었다. 그토록 많은 의미를 담은 이 문장을 말하지 않았던 이유는 이 말 안으로 흘러들어 간 느낌이 악의에 차거나 조소 섞인 이야깃거리로 인해 망가질 것을 원하지 않았기 때문이다. 세인의 경멸 어린 말들은 그녀 안에서 새로운 느낌을 만들어낼 것이고, 비록 이 새 느낌이 기존에 갖고 있던 생각들을 변화시키는 데까지는 이르지 못할지라도 저항감에서 비롯된 분노의 폭풍으로 말미암아 원래의 느낌이 변질될 소지가 있기 때문이다. 즉, 조국에 대한 사랑을 침묵과 비밀의 수호라는 일정한 간격을 통해 지켜내고자 하는 의도인 것이다.

또 하나, 침묵이라는 것이 단지 외부를 향했을 때만 중요한 것일까? 내면에 있어서도 중요한 것 아닐까? 남들 앞에서뿐 아니라 자기 자신 앞에서도 섣불리 표현을 하기가 망설여질 때가 있다. 아무도 모를 것이 확실한데도 혼자서 말한다든가 어디다가 기록하기가 망설여지는 것이다. 그것은 스스로한테도 인정하기 싫은 무언가가 있기 때문이다. 두려움, 질투, 남의 불행을 고소해하는 마음, 이런 것들은 차라리 되새기지 않는 편이 마음 편하다. 하지만 한편으로 보면, 그 감정의 불가변성이 말로 인해 침해당하는 것을 막아내기 위한 시도로 볼 수 있다. 사람은 자기의 감정이 무언가로 표현되는 즉시 그 내용이 변해버린다는 것을 직감적으로 느낀다. 무언가로 명명된 감정은 본인에게조차 유치하거나 어리석게 느껴진다. 그런데 이것이 꼭 부정적인 감정에만 해당되는 것은 아니다. 본인이 가진 바람직하지 않은 면을 새로이 느낀 경우뿐 아니라 다른 감정, 즉 "내가 느끼는 것이 바로 이거야." 하고 말할 수 있을 때의 모든 경우 또한 해당된다. 그렇다면 경험에 이름을 붙이면 침묵과 비밀과 수수께끼 안에서만 존재하는 **마법이 힘을 잃는다**고 단언할 수 있을까? 그런 의미에서 보면 우리 안에 있는 가장 깊숙한 영역은 오직 침묵을 바탕으로만 존재한다는 뜻이 되는가?

품위 있게 드러내기

인간의 존엄은 자신의 사적 공간의 한계를 인식하고 사고와 감정의 가장 깊숙한 영역을 아무에게나 경솔하게 내보이지 않는 자세에 크게 좌우된다. 그러나 가장 감추고 싶은 심정을 대중 앞에 공개하는 행위 자체에서 존엄성을 찾을 수 있는 경우도 있다. 법정을 한번 상상해 보자. 나는 범죄의 동기가 된 내 안의 상처와 고통, 증오를 법정에서 증언한다. 나는 누군가의 무덤 앞에서 눈물을 흘린다. 충격과 애도와 홀로 남겨진 쓸쓸함으로 가득 찬 마음을 남에게 들킨다고 해도 상관없다. 또는 굴욕과 탄압과 불의에 대한 분노가 끓어오르는 정치적 발언을 한다. 상황이 나를 그렇게 하도록 만들었고 나는 내 감정을 솔직하게 밖으로 끄집어내며 외친다. 사적인 영역과 공적인 영역을 나누던 칸막이가 쓰러지고 모두가 시선을 돌려 그동안 내 속에 고이 간직해오던 감정과 바람과 생각의 비밀들을 읽어낸다. 나는 감정을 토로함으로써 그들을 공개한다. 정신적 화산 폭발, 그로 인해 밖으로 분출된 감정의 용암이 방어벽을 무너뜨리며 쓸어낸다. 그럴 의도는 아니었으나 나는 나답지 않은 나를 보여준다. 그러면서 나는 느낀다. 마침내 이제 내 감정을 있는 그대로 드러낼 때가 됐다는 것을, 더 이상 숨지 않고 밖으로 나오는 이 순간 내 존엄성이 바로 선다는 것을.

사람들은 이런 나를 다시 본다. 그 자리에 있던 사람들의 눈빛에서, 다음 날 거리에서 마주치는 이들의 시선에서 나는 나 자신을 당당히 드러낸 것에 대해 그들이 얼마나 깊은 인상을 받았는지를 체감한다.

그들이 이렇게 깊은 인상을 받았다는 것은 격렬했던 감정의 드러냄이 계획적이 아닌, 진짜배기였다는 의미다. 이것은 연출되거나 의도된 쇼여서는 안 된다. 계산이나 계략에서 나오거나 책략에 의한 것이어도 안 되며 남에게 보이기 위한 것이어도 안 된다. 무덤 앞에서 정신을 잃고 쓰러졌던 사람이 잠시 후 묘지를 나오며 농담을 한다면 사람들은 이렇게 말할 것이다. “어쩌면 저렇게 품위가 없을까. 그런 소중한 감정을 갖고 쇼를 하다니.” 마찬가지로, 깊은 영혼에서 우러나온 것 같은 누군가의 열정적인 열변을 들은 관중이 나중에 연설 대본을 발견했다고 해보자. 대본의 어느 부분에서 울분을 토할 것인지 분초 단위로 기록되어 있다면 당연히 혐오감을 느낄 수밖에 없을 것이다. 그 혐오감은 자신의 존엄성을 헌신짝처럼 내던진 행위에 대한 혐오감이다. 하루에도 열 번씩 미리 정해진 시간표에 따라 울분과 분노를 표출하는 선거 출마자가 있다면 웃음거리로 전락할 공산이 크다. 아무렇게나 팽개쳐진 존엄성 때문에 비웃음을 당하는 것이다.

법정에서든 무덤에서든 연설대 앞에서든, 이러한 장소들은 모두 결코 가볍지 않은 중대한 상황을 나타내며 상징성이 있는 상황이다. 상황이 가진 이러한 무게는 평소라면 내면에 머무를 법한 감정을 밖으로 표출시키는 동기를 부여하는 데 결정적 역할을 한다. 즉, 이러한 상황은 그 자체가 감정의 표출을 전제로 존재하는 상황이며 내적 감정의 공개적 토로가 상징적으로 전제되어 있는 것이다. 그런데 이러한 상징적 상황의 틀 밖에서 공개적인 감정의 분출이 이루어진다면 어떨까? 증오나 애도나 그리움을 길거리나 장터에서 쏟아낸다면? 밤거리를 비틀거리며 걷는 취객이 자신의 불행을 소리 높여 원색적이고 노골적으로 표출한다면 어떻게 생각해야 할까? 이상하거나 민망하거나 딱하게만 생각될까? 아니면 왜곡되지 않은 진정성이라는 측면에서 이것 또한 존엄성 표현의 한 형태라고 생각해야 할까?

상징적으로 정리된 내적 영역의 분출은 다른 형태로도 찾아볼 수 있는데 그 좋은 예가 바로 일기다. "나는 알코올중독자라는 사실을 예전에도 이야기했다. 이제 내숭 없이 확실하게 밝히겠다. 나는 알코올중독자다." 막스 프리쉬는《세 번째 일기》에서 이렇게 쓰고 있다.《몬타우크》에서는 이런 대목이 나온다. "나는 삶을 끝내기 위해서 단 한 번도 심각한 시도를 해본 적이 없다. 그러나 심각하지 않은 종류의 시도는 안 해본 것이 없다. 생의 각 시기마다 그것에 대해 자주 생각해왔었다." 또 이런 말도 나온다. "여름밤, 로마가 내려다보이는 발코니에서 내가 쏟아낸 토사물에 얼굴을 박고 잠이 든다." 생면부지의 누군가가 실제로 이런 고백을 내뱉으며 다가온다면 우리는 몹시 기분 나빠하며 얼굴을 돌리고 말 것이다. 그가 왜 그러는지 전혀 알고 싶지도 않으며 개인 간의 거리를 침범한 무례한 행위이자 존엄성을 상실한 행동으로 치부할 것이다. 그런데 같은 말이라도 세심하게 창작된 책에 쓰여 있을 때는 왜 그렇게 느끼지 않는 걸까? 거리감이라고는 전혀 없는 객담보다 예술적으로 드러낼 때 품위와 존엄성을 좀 더 느낄 수 있는 이유는 무엇인가? 예술적 묘사, 정선된 단어, 훌륭한 문장을 대할 때 비록 같은 내용이라도 덜 거북스럽게 받아들여지는 까닭은 어디에 있을까? 거칠고 다듬어지지 않은 폭로를 대했을 때 느껴지는 품위 없음은 무엇 때문일까? 예술적 저작 행위라는 것이 저자의 깊은 성찰에 바탕을 두었기 때문에 저자와 그의 고백 사이에 흔히 존재하기 쉬운 '간극 없음'이 상쇄되었기 때문일까? 아니면 방금 말한 취객의 이야기든 누구의 이야기든 간에 문장이 예술적 뼈대 위에 형성되었다는 이유로 대중의 인정이라는 품격을 갖출 수 있는 것일까? 개인의 가장 깊숙한 정신적 영역으로 타인들을 이끄는 자서전을 읽으면서도 그것을 비존엄적이라고 느끼지 않고 깨달음의 원천으로 받아들이는 이유가 그것 때문인가?

지극히 사적인 것을 드러내면서도 존엄성을 다치게 하지 않는 행위는 또 다른 것에서 찾아볼 수 있는데, 치료의 일환으로 이용될 때다. 적극적으로 치료받기를 꺼려 하는 큰 이유 중 하나는 가장 내밀한 바람과 느낌과 상상을 타인에게 드러내 보여야 한다는 상상만으로도 끔찍하기 때문이다. 이때 도움이 되는 생각이 있다. 그건 바로 **치유의 드러냄**이 될 것이라는 믿음이다. 자신의 경험과 행위를 보다 더 잘 이해하기 위해서 드러냄은 꼭 필요하다. 자아의 인식, 그리고 자신을 진정성 있게 대하는 것이 중요하기 때문이다. 또한 내적 자유를 확대하는 것도 중요하다. 의존의 극복, 구속과 왜곡과 부적절한 금기와 잘못된 수치심을 이겨내야 한다. 이런 변화를 이끌어내기 위해서는 외부로부터의 숙련된 시선이 필요할 때가 종종 있다. 이 외부인은 일상생활에서는 나와 관련되지 않았고 바로 이 때문에 아무런 이해관계 없이 내가 필요로 하는 유대감을 형성할 수 있는 사람이다. 그에게 내 비밀을 털어놓으면 시원하고 후련하다. 내가 품었던 감정들에게 각각 어떠한 명칭이 부여되는 첫 번째 과정을 거치고 나면 그 안에 있던 위험성이 사라지기 시작하고 감정은 결국에 내 것으로 편입되기 시작한다. 치료자에게 내면을 드러낸다는 것은 내 아픔과 고민의 원인이었던 내면의 압력이나 부자유, 몰이해와 힘을 합쳐 싸우는 일종의 동맹의 형태라고 할 수 있다.

동맹의 대가로 내가 제공하는 것은 개방적인 태도이며 치료자가 제공하는 것은 인간의 정신적 활동에 대한 경험이다. 이 동맹으로 양측은 특이한 친밀함으로 연결된다. 이 친밀함의 특징은 비대칭적이라는 것이다. 드러내는 쪽은 언제나 한쪽이고 여타의 다른 친밀함과는 달리 친밀함 자체에 목적이 있지 않으며 시간적으로 한정되어 있다는 점이다. 즉, 이 친밀함은 언젠가 필요 없게 된다.

치료받는 상황에는 내 말을 들어주는 측이 비밀을 지켜줄 것이라는 믿음이 당연히 포함된다. 이것은 자기 자신에게조차 아직 한 번도 드러내 보인 적이 없는 것을 처음으로 말로 표현하지만 이걸로 아무 피해도 입지 않으리라는 믿음이다. 처음 입을 열 때는 누구나 순간적으로 흔들릴 수 있다. 정말 이게 옳은 짓인지, 이러다가 오히려 나 자신을 잃어버리는 것은 아닌지 불안할 수 있다. 그러나 훗날 만족한 순간을 경험하게 되면 힘들고 고통스럽고 수치스럽게 이야기를 풀어냈던 덕분에 앞서 1장에서 언급했던 내적 독립성을 되찾을 수 있게 만들었음을 깨달을 수 있을 것이다.

그런데 치료를 진행하다가 이런 일이 생길 수도 있다. 내면의 이야기를 풀어놓다가 기억을 떠올린 것조차 후회할 정도로 어둡고 풍화된 회상의 힘이 세찬 기세로 수면 위로 떠오를 수가 있다. 이럴 때 어떻게 하면 좋을까? 버나드 라운의 저서《잃어버린 치유의 예술을 찾아서》에서는 미친 듯이 식료품을 사대는 여자 환자의 이야기가 나온다. 오랜 시간이 지나고 나서 이 증상을 극복한 그녀가 나치 수용소에서의 끔찍한 기억을 풀어놓는다. "그러던 그녀가 문득 정신을 가다듬더니 오랫동안 묻어두었던 악몽을 나 때문에 다시 끄집어내게 되었다며 분노에 찬 얼굴을 했다. 그러고 나서 다시는 입을 열지 않았다." 이 침묵을 어떻게 해석해야 할까? 우리는 그녀의 침묵을 존엄성의 체험에 관련해 어떤 의미를 부여해야 하는가?

품위 없게 드러내기

필연적인 이유도 없이, 정제되지 않은 형태로, 그리고 머릿속에서 한 번도 정리하지 않은 채로 자신의 사적 영역을 공개적으로, 다시 말해 자신과 아무런 관련이 없는 사람들 앞에서 훤히 드러내놓는 이들이 있다. 자신의 은밀한 이야기를 그렇게 까발릴 정도로 합당한 인간관계가 형성된 것도 아닌데 말이다. 그저 전혀 알지 못하는 사람들에게 자기를 노출시키는 것이다. 자신만의 경험을 둘러싸고 있던 보호벽을 손수 무너뜨린 자리에 환한 조명이 켜진다. 우연히 들른 파티에서 옆에서 부추기는 바람에 분위기에 휩쓸려 비밀을 떠들어버리거나 방송국 카메라 앞에서 자신의 내밀한 생각과 집착을 그대로 말하는 경우를 종종 볼 수 있다. 호시탐탐 남의 사생활을 엿볼 기회만 노리는 대중지의 리포터나 사진기자를 집 안에 불러들이는 사람도 있고 인터넷의 소셜 네트워크에 공개하는 사람도 있다. 성적 취향, 변태적 성벽, 연인이 있는 경우 자기네들끼리만 부르는 애칭이나 애정 행각, 남이 모르는 자신만의 두려움과 희망, 종교적 신념, 특이한 습벽, 개인적 취향뿐만 아니라 질병의 증상이나 노화 증상, 사망의 전조 증상에 이르는 모든 것들이 호기심 많고 충격적인 사건을 은근히 기대하는 익명의 대중에게 앞에서 언급한 방식을 통해 제공된다. 제공하는 측의 입장은 언제나 똑같다. 속에 있는 것을 더 깊이 팔수록 좋다는 원칙이다.

아무런 생각 없이 걷다가 이런 사건에 직접 발부리가 채이게 되면 악몽을 꾸다가 깬 것처럼 정신이 번쩍 든다. '내가 무슨 짓을 한 거지? 대체 처신을 어떻게 했기에 이런 일에 걸려든 거야!' 이러한 일들은 한번 겪고 나면 좀처럼 회복하기가 쉽지 않다. 우리는 상실을, 더 정확히 명명한다면 존엄성의 상실을 경험한다. 이보다 더 들어맞는 말은 없다. 이것은 존엄성이라는 개념이 왜 없어서는 안 되는지를 설명하는 예다. 존엄성의 개념이 없다면 우리는 우리가 체득하는 경험에서 무엇이 중요한지 이해할 수 없을 것이다.

그런데 이러한 상실의 경험은 그 형태와 예가 다양하다. 존엄성이 훼손되었는가 여부에 대해 맨 먼저 직감적으로 판단 내릴 수 있는 근거는 자신을 대중의 노골적인 시선 앞에 내어놓은 **이유**가 무엇인가다. 이유는 설마 무슨 일이 있으랴 하는 느긋함, 순진함, 경솔함 등등 여러 가지가 있다. 남들 앞에 나서는 첫발은 새롭고 매력적일 수 있다. 청소년들은 아직 자신의 경계가 명확히 설정되어 있지 않아 시험 삼아 시도해보는 경우가 많다. 딱히 계획적이지도 않고 이익을 추구하지도 않는다. 그들이 그러는 이유는 그냥 멋있으니까,이다. 청소년들의 이러한 분별없는 태도는 조금이나마 납득이 된다. 존엄성의 상실이라기보다는 그들이 자신의 존엄성을 서서히 쌓아가며 나타나는 학습 과정 가운데 하나로 여길 수 있기 때문이다.

다른 이유로는 **사회적 압력**이 있다. 사회생활을 하다 보면 원하는 정도보다 더 많이 자신을 노출해야만 할 때가 있다. 타인과 거리를 두고자 하는 마음과 자신만의 비밀을 간직하고자 하는 마음은 이 사회적 압력에 의해 훼손된다. 예를 들어 사우나에 가고 싶지 않은 사람이 있을 수 있다. 벗은 몸을 보이기 싫어서다. 남들에게 은밀한 잠자리 이야기를 하고 싶지도 않다. 또 연인들끼리만 통하는 애칭을 공개하고 싶지도 않고 나만 아는 공포나 기대가 반영된 공상에 대해서 떠들고 싶은 마음도 없다. 그럼에도 불구하고 입에 올린다면 그것은 무리에서 소외되기 싫어서다. 소외시키겠다는 위협이 존재하기 때문에 사적인 것을 발설할 수밖에 없는 상황이 되는 것이다. 이때 사적 영역의 수호라는 면에서 존엄성을 지켜내는 일은 독립의 존엄성을 지키고자 하는 행위와 일치하며, 공개와 비공개의 경계를 어디에서 어디까지 그을 것인지는 그 누구도 아닌 내가 정한다는 의지의 표현이기도 하다. 이것을 지켜낼 수 없다는 것은 약하다는 의미이다. 그래서 우리는 은밀한 영역이 침범되는 것을 그다지 대수롭지 않은 일로 치부하곤 한다. 이익의 적극적 추구가 아니라 소외되는 것에 대한 두려움에서 비롯된 선택이기 때문에 이 정도까지는 그래도 어느 정도 이해가 가능하다.

그러나 엄격한 잣대를 들이대야 하는 혐오스러운 경우도 있다. 자신의 비밀을 **팔아넘기는** 경우다. 돈이 목적일 수도, 남들의 관심이 목적일 수도 있다. 텔레비전 토크쇼에 나가 수백만의 시청자들의 눈과 귀에 내 속 이야기를 펼쳐놓는다. 출연료가 두둑하거나 아니면 어디 나도 사람들의 관심을 끌어볼까 하는 마음 때문이다. 또 대중 연예지의 기자에게 연락을 취한다. 카메라와 마이크와 분장 담당자들로 무장한 부대가 내게 달려든다. 내 사적 공간에 조명 빛이 넘실댄다. 이제까지 오직 나만의 은밀한 삶의 표현이었던 것은 타인의 손에 넘어가서 그들의 손에 이렇게 저렇게 바뀐다. 이것은 폭력이며 나 또한 폭력이라고 느낀다. 야단법석이 끝나고 토크쇼에서 퇴장하고 나서 나는 혼자 묻는다.

방금 소중한 무언가를 내 손으로 망가뜨린 것 아닌가 하고.

비밀의 훼손이라는 의미에서의 비존엄성은 외부로부터도 발생할 수 있다. 슬픔, 고통, 절망으로 일그러진 얼굴에 카메라가 렌즈를 바싹 갖다 대는 클로즈업 장면을 우리는 텔레비전에서 심심치 않게 본다. 우리는 이런 생각을 품는다. 저 눈물은 왜 꼭 텔레비전에 나와야만 하는가? 이건 **뉴스**도 아니고 시청자가 필요로 하는 **정보**도 아니지 않은가? 그런데 왜? 텔레비전 화면은 어떤 상황을 접한 사람의 감정을 세세하게 드러낸다. 무덤 앞에서, 아니면 재앙이 휩쓸고 간 잔해 앞에서. 이 감정들이 자연스럽고 피할 수 없는 것이라면 그것을 드러낸다고 해서 존엄성에 무슨 영향이 가지는 않는다. 그러나 카메라는 동일한 감정을 특수하고 작위적인 방식으로 공개한다. 똑같은 화면이 돌아가는 수백만의 거실에서 낯설고 표면적으로, 보는 사람에게 어떠한 행동도 요구하지 않은 채 비춰지다가 결국 다른 방송으로 채널이 돌아간다. 이것이 모두 다 꾸며낸 장면이라고 할 수는 없다. 꾸며냈다는 것은 미리 계획된 대로 억지로 만들었다는 뜻인데 이건 그렇지는 않다. 감독은 있지만 각본을 짜는 사람은 없다. 그렇다면 카메라에 비춰진 것은 무엇인가? 공개적 장면? 공개 드라마? 남의 정신세계가 오락거리라는 말인가? 프로그램의 제작자가 반드시 이런 점을 의도했다고는 보기 어렵다. 일말의 냉소나 값싼 관음증적 성향이 없는 한 말이다. 그렇다고 아무 문제가 없는 것인가? 존엄성과 마찰하는 면이 있는 것 아닌가?

한 가지 더 복잡하고 까다로운 경우가 있다. 어떤 사실을 밝히고 믿게 하기 위해서 전 세계의 시청자들에게 공개하는 경우다. 이때 사적 비밀에 대한 존중심은 계몽하고자 하는 의지, 다른 말로 하자면 올바른 세계관과 진실의 천명을 계도하려는 의지 앞에서 그 강도가 한풀 꺾인다. 옷이 다 벗겨진 채 피골이 상접한 몸으로 철조망 뒤에 서 있는 인간들의 모습, 그 밖의 온갖 잔인함과 고통을 드러내는 장면들, 사지가 잘려나가거나 훼손된 몸이나 시신의 사진들. 자신이 당하는 처참함을 알리고 싶은 당사자들은 사진 찍히는 것에 동의한다. 그러나 예외가 있다. 사형당하는 장면이다. 너무나 인간 존엄성에 반하는 일이기 때문에 분노와 혐오감만 일어날 뿐이다. 알 권리와 계몽이라는 구실은 너무나 속이 보이는 얄팍한 변명이다. 센세이션을 일으키겠다는 단순한 논리 이상 아무것도 아니다.

결국 존엄성을 상실하는 사람은 엿보는 자들이다. 이들은 타인의 생에서 흘러나온 비밀스러운 사건을 재미로 소비하며 상품으로 판매한다. 다른 사람에게서 존엄성을 박탈하는 사람은 자신의 존엄성도 잃어버린다는 사실을 우리는 이 책에서 여러 번 지켜본 바 있다. 마찬가지 예로, 허락 없이 남의 사적 공간에 살금살금 침입하는 자도 예외가 아니다. 사적 공간에 불쑥불쑥 쳐들어오는 품위 없는 해적질을 일삼는 막무가내 파파라치들이 그렇다. 망원렌즈로 무장한 그들은 천박한 행위로 우리의 눈살을 찌푸리게 한다. 그뿐만 아니다. 대중지의 1면을 장식하는, 누군가의 가장 사적인 장면을 찍은 사진들은 정말로 깊고 깊은 혐오스러움을 일으킨다. 그들은 사적 영역에 난입함으로써 인간의 존엄성을 훼손한다. 돈을 버는 방법 중 가장 치사한 것이 있다면 바로 이것일 것이다.

친밀함의 공유

우리는 때때로 내가 살고 있는 공간을 타인에게 열어 보이고 싶은 필요를 느낀다. 다른 사람들이 내 공간에 들어와서 살기도 한다. 그들은 내 책을 읽고 내 집에 걸린 그림을 보고 화장실을 쓰고 부엌에서 음식을 만들기도 한다. 반대로 내가 다른 사람의 집에 초대받아 그의 개인적인 공간에 발을 들여놓기도 한다. 이를 통해 친밀한 관계라고 불리는 어떤 관계가 형성된다. 이런 관계에는 각 단계가 있다. 어느 정도 자신을 열 것인지, 또 얼마만큼 내 것을 상대방에게 보여줄 것인지의 문제다. 단순히 사적인 공간을 공개하는 것에서 좀 더 들어가 내면세계, 즉 자신의 사고와 감정과 미래의 희망을 담아두는 가장 깊숙한 영역을 얼마나 상대방에게 허락할 것인지에 따라 친밀함의 정도가 커지기도 하고 작아지기도 한다. 매우 친한 사이에서는 극히 소수의 사람들만 아는, 아니면 아예 아무도 모르는 나의 어떤 면을 드러내기도 한다. 내가 가진 욕구, 공포, 동경, 미움, 경멸, 질투, 부러움, 기대, 그리고 꿈을 보여준다. 또 눈물과 실망을 숨김없이 보여주기도 하며 자만심이나 절망감, 무분별함, 집착 같은 것들도 드러낸다. 가장 내밀한 영역을 가로막는 철벽에 상대방이 스며들어 갈 수 있는 구멍이 생기는 것이다. 물론 육체적 관계나 욕망을 전제로 한 만남도 특별한 형태의 친밀함을 만든다. 이러한 관계에서는 강력한 욕망이 모든 자제력을 휩쓸어버린 나머지 아무런 보호막 없이 있는 그대로의 내가 숨김없이 드러나는 순간이 있다.

내밀한 관계란 이미 2장에서 언급한 바와 같이, 상대방과 연관된 사고를 하고 감정을 느끼고 기대를 하며 또한 상대방의 감정과 사고와 기대에 다시 영향을 받는 그런 관계다. 당사자들의 정신 활동은 이를 통해 복잡하고 다양한 방식으로 서로 얽힌다. 이렇게 구조적으로 얽혔다는 것 자체가 벌써 서로 아는 사람들끼리만 통하는 특정한 종류의 친밀감의 존재를 표현해준다. 또 사적인 정보와 개인적 경험을 서로 교환함으로써 친밀감에는 또 다른 차원이 추가된다. 거기에 개인적인 비밀에 대한 존중과 서로에 대한 신뢰가 더해져 상대방에 대한 비밀을 지켜주는 믿음이 생기게 된다. 친밀한 관계를 귀중한 것으로 만들어주는 것이 바로 이 존중과 신뢰다. 거기다가 서로에 대해 얼마나 광범위하고 깊이 있게 아느냐 하는 면에서 양쪽이 어느 정도 대칭을 이뤄야 한다. 나만의 착각으로 말미암아 기대치를 엉뚱하게 잡아 나만 마음을 열고 상대방은 전혀 반응이 없다면 그것처럼 끔찍한 것은 없을 것이다. 나는 다가갔는데 상대편은 그러지 않은 경우다. 그가 내게 일부러 굴욕을 주기 위해 그런 것은 아닐지라도 나는 냉대를 당했을 때처럼 자존심에 상처를 받을 것이다. 누구나 한 번쯤은 겪어봤음 직한 일이기에 우리는 채 준비가 되지 않은 상태에서 섣불리 지극히 사적인 나를 내보이게 만드는 이러한 민감하고 까다로운 상황이 어떤 것인지도 잘 알고 있다. 나는 원하지 않는데 상대방이 자기를 내보일 경우 그에게 상처를 주지 않기 위해 우리는 원래 의도했던 것보다 자신에 대해 더 많은 이야기를 하게 되는 경우를 겪는다. 이것은 원치 않은 사적 정보의 공개에 의한 비의도적인 협박이라고 이름 지을 수 있겠다.

내밀한 관계는 **타인의 배제**라는 형태를 지닌다. 각 관계는 하나하나가 모두 다 다르며 하나의 관계가 다른 관계를 대신할 수 없다. 두 사람의 내면세계가 서로 교차하여 얽히면 강도나 분위기나 색깔 면에서 유일무이한 정신의 연결 고리가 형성된다. 그와 함께 존엄성과 관련된 의식도 생겨난다. 누구나 어떤 한 관계 안에서 두 사람 사이에 고유하게 이루어졌던 몸짓이나 말, 의식을 그대로 다음번 관계로 가져가서 똑같이 행하지는 않으려고 한다. 새로운 사람과 새로운 관계를 이루면서 옛날 집에 살기는 어렵다. 옛날에 갔던 여행 코스나 레스토랑에 새롭게 만난 배우자나 파트너와 가지는 않는다. 과거의 감정이 새로운 관계에서도 똑같이 느껴진다면 그거야말로 혼란스러울 것이다. 관계의 유일성이 위협받기 때문이다. 관계의 은밀성이 똑같이 반복된다면 우리는 뭔가 문제가 있구나 하고 스스로 느끼기 시작한다. 관계가 가지는 존엄성과 함께 관계의 비반복성에 대한 존중도 깨질 위험에 있는 것이다.

그러나 내밀한 관계도 깨지게 마련이다. 그렇다면 공유되었던 사적 비밀은 어떻게 되는가? 상대방의 꿈과 동경, 좌절같이 이 세상에 그와 나 말고는 아무도 모르는 이야기는? 그가 자신에 대해 거는 기대와 잣대, 그리고 자아상에 대한 생각을 나는 이제 어떻게 해야 좋을까? 우리는 여기에서도 존엄성과 관련해 생각해볼 수 있다. 그것은 관계가 끝났더라도 그의 비밀을 지켜줄 것인가, 아니면 끝나버린 내밀한 관계를 떠들고 다님으로써 배신할 것인가 하는 문제다. 관계가 종료된 후 상대방이 적으로 돌아섰을 경우 이 문제는 더욱 절실한 화두가 된다.

배신으로 인한 존엄성의 상실

내밀하고 친밀한 관계 속으로의 행보는 아슬아슬한 행위다. 내밀한 관계라는 것은 타인이 나에 대해 아는 것을 의미하며 또한 내가 가진 약점도 아는 것이기 때문에 그에게 나를 휘두를 수 있는 힘을 부여하는 것과 마찬가지이며 나는 그에 의해 상처를 입을 수 있다는 말과 같다. 상대방은 세상을 향해 둘러친 겉모습 뒤에 도사리고 있는 나의 본모습을 경험을 통해서 알고 있다. 내적 검열을 통과하지 못한 내 맘 깊은 곳의 욕망과 충동에 대해서도 알고 그것들이 외부에 알려질 경우 내가 피해를 당할 거라는 사실도 알고 있다. 제어할 수 없는 편견과 추악한 시기심, 정도를 넘어서는 증오에 대해서도 알고 있으며 의연하고 온화해 보이는 껍데기 안에 있는 맹목적 충동과 어처구니없는 무분별함, 아집에 대해서도 안다. 또한 내가 가진 약점과 무능력이 어떤 것인지도 알게 되었으며 내가 얼마나 편협하고 뒤끝이 있으며 불합리한 사람인지도 안다. 그는 내 어두운 면을 안다. 그를 알게 되고 나를 열어 보이게 되면서 어떻게 보면 사실 무방비 상태로 나를 내맡긴 것이다. 관계는 무기가 될 수 있다. 관계가 지속되었을 때 알게 된 비밀을 무기 삼아 위협하거나 또는 실제로 여러 사람 앞에 폭로함으로써 굴욕을 주는 경우도 있다. 두 가지 경우 모두 존엄성을 짓밟는 행위라고 할 수 있다.

이러한 존엄성의 상실은 에드워드 올비의 희곡《누가 버지니아 울프를 두려워하랴?》에서 깊이 다루고 있다. 오랜 기간 결혼 생활을 이어온 조지와 마사 부부는 서로에 대해 모든 것을 안다. 서로에게 감춰진 약점이란 존재하지 않는다. 한 사람의 약점은 나머지 한 사람의 강점이 된다. 이 부부의 관계는 무엇보다도 서로가 가진 좌절과 기만적인 자아상, 삶 전체를 관통하는 거짓을 바탕으로 해서 성립된 관계다. 이것은 'folie à deux', 즉 감응성 정신병이다. 조지와 마사 사이에 무슨 일이 있든, 어떻게 얽혔든 간에 그것은 둘만의 사적인 일이었기 때문에 결혼 생활은 유지될 수 있었다. 그런데 젊은 신혼부부인 닉과 허니 부부가 어느 날 밤 이들을 방문하게 되면서 조지와 마사를 둘러싸고 있던 보호벽이 와르르 무너진다.

대학 총장의 딸인 마사는 연구소장이 되지 못했다는 이유로 남편 조지를 무시한다. "마사는 내가 연구소에서 **일할 뿐** 연구소를 **대표**하지 못한다고 종종 말하지. 그 말뜻은 연구소를 **이끌지** 않는다는 뜻이오. 사실 나는 4년간의 전쟁 기간 동안 연구소를 이끌기는 했지. 하지만 그건 단순히 인력이 없어서였소. 전쟁이 끝나자 모두들 돌아왔고. 아무도 죽지 않았거든."

마사 조지는 **역사학**에 미치지 않았어요. 조지는 역사학 **연구소**에 미쳤죠. 조지가 역사학 연구소에 미친 이유는…….

조지 ……자기 자신이 역사학 연구소가 아니라 그저 역사학 연구소에서 근무할 뿐이기 때문이지. 우리가 이미 다 알고 있는 내용 아니오, 마사…….

마사 조지는 연구소에 빠져서 허우적대고 있어요. 역사학 연구소에 있는 오래된 늪 구멍에 말이죠. 그게 조지예요. 하하하, 하! 늪이라고! 안녕, 늪아! 우리 '늪'아, 잘 있었니! **언젠가** 또 **누군가**가 역사학 연구소의 우두머리가 되겠지만 저기 있는 조지 보이가 될 리는 절대 없어요. 안 그래, 늪아? 그렇지? 옛날에…… 계획상으론 말이죠, 내 신랑이 된 그가 언젠가 연구소의 책임자가 될 거였어요. 일단 연구소장이 된 다음에 아빠가 은퇴하고 나면 대학교 전체를 물려받는 거죠. 그게 원래 계획이었어요. 그게 내 **생각**이었다고요. 간단한 일이었죠. 아빠도 좋다고 했어요. 적어도 처음에는 동의했죠. 그런데 몇 년이 지나자 갑자기 생각이 바뀐 거예요. 조지 보이에게 능력이 없다는 거였죠. 그에게 **가능성**이 전혀 없다는 거예요. 이거 알아요? 조지는 굼떴어요. 추진력도 없고요. 진실은 이거예요. 일종의 루저라는 거, 실패작이라는 거. 완전히 쪽박 난 케이스죠.

마사는 한밤의 방문객에게 자기네들 부부 이외의 사람에게는 전혀 무관한 이야기를 털어놓는다. 바로 조지에 대한 경멸감이다. 두 사람 사이의 관계에서는 그들 말고 다른 사람이 알지 말아야 할 서로에 대한 평가가 존재한다. 이렇게 특정한 의견이나 감정의 공개에 타인이 배제된다는 사실 위에 관계의 친밀성이 성립되는 것인데 마사는 이 은밀성을 깨버리고 관계를 배신해버린다. 관계를 유지하는 요소 중 하나가 상대방이 절대 그런 짓을 하지 않으리라는 믿음인데 그럼에도 발설할 경우에는 이 믿음이 깨진다. 이 광경을 목격하는 타인은 다음 두 가지를 알게 된다. 첫째는 조지에 대한 마사의 경멸감, 둘째는 마사가 둘만의 비밀을 언제든지 발설하고 신뢰를 저버릴 준비가 되어 있다는 것이다.

조지는 이것을 자신의 존엄성에 상처를 내는 굴욕으로 받아들일 수밖에 없다. 왜냐하면 닉과 허니가 앞에 있기 때문이다. 만일 신혼부부 없이 마사와 조지 둘만 있을 때 이런 대화가 오간다고 상상해보자. 마사가 말한다. "당신은 루저예요. 실패작이라고요." 이것은 모욕이요, 무례다. 그런데 굴욕이라고도 할 수 있을까? 우리가 지금까지 살펴본 굴욕의 개념에 따르면 그렇다고 볼 수 없다. 조지가 느끼는 무력감이 없기 때문이다. 둘만 있다면 조지는 자신을 **방어**할 수 있다. 자기에게 가해진 모욕에 비슷한 정도의 모욕으로 대항해서 되갚아주거나 마사를 비웃어넘김으로써 자신은 아무렇지 않다는 것을 표현하거나 아무 대꾸도 하지 않고 방에서 휙 나가 버릴 수도 있다. 하지만 현실은 다르다. 방문객이 다 들어버린 것이다. 그렇다면 모욕을 굴욕으로 만드는 자의 잘못은 무엇일까?

당하는 자의 무력감이 전시된다는 점이 굴욕의 필요조건이라고 한다면 방문객의 시선이 그 무력감을 정당화할 수 있어야 한다. 무슨 말일까? 마사가 자신을 경멸하고 있다는 사실을 방문객이 이미 알아버렸다. 그런데 조지는 그 사실을 그들의 기억에서 **지워버릴** 아무런 힘이 없다. 신혼부부는 마사가 조지를 어떻게 생각하는지 알아버렸다. 조지는 더 이상 어떻게 해볼 도리가 없다. 그들은 이제 마사의 눈으로 조지를 본다. 조지는 쪽박이다. 적당한 대응 방법이 없기 때문에 조지는 무력감을 느낀다. 무슨 반응을 보이건 결국 표독스러운 마사의 말에 대항하기란 불가능하다. "나는 실패작이 아니야!"라는 것도 우습다. 마사의 말은 상대방이 부정할 수 있는 단언적 선언이 아니라 공격에 해당하기 때문이다. 조지는 그 사실을 깨닫지 못하는 한갓 멍청이일 뿐이다. 받은 대로 되돌려주는 전략은 어차피 효과도 없고 틀에 박힌 인상만 줄 뿐이다. 소리 내어 웃는다고 해도 그 웃음은 억지로 쥐어짠 곤궁한 웃음으로 들린다. 묵묵히 방에서 나가는 방법은 싫은 소리를 참지 못해서 피해버리는 비겁자로 만들 뿐이다. 아무 행동도 취하지 않는 것은 아무 행동도 취하지 못하는 그의 무력감을 고스란히 나타낼 것이다. 가능한 반응을 아무리 생각해봐도 독설의 힘을 누그러뜨릴 수 있는 것은 없다.

무엇을 하든 가망 없는 싸움을 이어가는 우스꽝스럽고 안쓰러운 캐릭터로 남을 뿐이다. 방어가 애초에 불가능하다는 점이 모든 굴욕이 가진 공통점이다. 그리고 굴욕의 악질적인 면이기도 하다. 마지막으로, 조지는 또 하나의 굴욕을 더 맛본다. 마사가 내뱉은 독설의 폭포수에 의해 한번 깨지기 시작한 두 사람 사이의 신뢰는 이제 막을 수도, 돌이킬 수도 없게 되었다는 것을 느끼며 또 한 번 자신의 무력감을 느낀다.

둘의 관계에 영향을 끼쳤던 과거의 어느 사건에 대해 마사가 다시 입을 여는 것을 보면서 조지의 무력감은 다시 한 번 확인된다. 이야기는 조지의 옛 급우였다는 한 소년에 관한 일화로 시작된다. 실수로 자신의 어머니를 총으로 쏘아서 사망에 이르게 했던 소년은 어느 날 자동차를 몰다가 나무와 충돌한다. 조수석에 앉아 있던 아버지는 죽는다. 어머니에다가 이제 아버지까지 자기 손으로 죽인 셈이 된 소년은 히스테릭한 웃음을 그칠 줄 모른다. 마사가 방문객들 앞에서 공개하는 이야기는 조지에게 더할 수 없는 큰 모멸로 다가온다.

마사 조지 보이는 꿈이 많은 아이였지요. 과거에 수상쩍은 일도 있었지만…….

조지 마사…….

마사 ……조지 보이는 소설을 썼지 뭐예요……. 최초이자 최후의 시도가 되었죠…….

조지 경고하는데, 그만둬, 마사.

마사 아빠는 조지가 쓴 소설을 보고 그만 충격을 받았어요. 어떤 못된 소년에 대한 이야기였거든요…….

조지 그만하라고 했지!

마사 하하! 그 못된 애가…… 어머니와 아버지를 죽였지 뭐예요.

조지 그만둬, 마사!

마사 아빠가 그러더라고요. 자네, 설마 내가 이런 엉터리가 출판되도록 가만히 놔두리라고 생각하는 건 아니겠지! 만일 이게 책으로 나오면 자네는 당장 모가지야!

조지 날 계속 우롱하겠다 이거지!

마사 하이라이트를 한번 들어볼래요? 위대하고 용감한 조지가 무슨 일을 했는지?

조지 말했단 봐라!

마사 내가 못 할 줄 알고! 조지는 바로 꼬리를 내리더라고요. 그게 저이가 한 짓이에요. 집에 오더니 책을 벽난로에 던져서 태우지 뭐예요!

조지 당신을 죽여버릴 거야!

마사 겁쟁이 주제에!

조지는 마사에게 달려든다. 마사가 자기 뒤통수를 치는 것을 참고 넘길 수가 없는 것이다. 마사의 배반은 복잡한 양상을 띠고 있다. 그녀는 남들 앞에서 가족의 비밀을 발설함으로써 소중한 비밀 엄수의 원칙을 깼다. 그뿐만이 아니다. 그 가족의 비밀은 바로 조지의 약점을 의미한다. 조지는 비록 의도한 것은 아니었지만 양친의 죽음에 연루되었다. 그러므로 마사는 조지에게 수치스러운 사건을 발설한 것이다. 조지는 자신의 부끄러움을 이겨내고 상실된 존엄성을 되찾기 위해서 자신이 겪은 불행을 밖으로 표현했던 것인데 이런 시도를 망쳐놓은 것이 바로 마사의 막강한 아버지다. 조지의 무력감은 이렇게 전시되고 타인에 의해 즐겨진다. 그런데 이제 마사가 방문객 앞에서 조지에게 겁쟁이라는 딱지를 붙인다. 조지의 굴욕은 다음 단계로 넘어간다. 조지는 과거의 굴욕이 타인 앞에서 다시 한 번 펼쳐지는 2차적 굴욕을 겪는다.

조지는 굴욕에 명칭을 부여함으로써 자신을 방어하려 한다. 아무 말도 못 하는 희생자가 아니라는 점을 보여주는 것이다.

조지 **바깥주인의 굴욕**이라는 게임을 했으니 이제 또 무슨 게임을 할까? 게임은 많잖아. **안주인의 교미** 게임은 어때? 아니지…… 아, 맞다! **손님한테 보여줘** 게임이 좋겠군.

그것이 '게임'이 아니었다는 것은 모두가 안다. 그럼에도 불구하고 게임이라고 하는 것은 정도를 넘어선 굴욕을 겪고 존엄성이 여지없이 땅에 떨어진 조지가 자기에게 이제 더 이상 어떠한 배려심도 남아 있지 않다는 것을 비꼬면서 알려주는 말이다. 이제 **못 할 것이 없다**. 게임의 이름은 이제 황폐한 땅으로 발을 들여놓겠다는 의지를 나타낸다. 존엄성이 땅에 떨어지든 말든, 가족사의 은밀성이고 뭐고 다 공개되어도 상관없는 게임을 하겠다는 뜻이다. "존엄성? 비밀? 그게 다 뭐야?" 하는 태도로 나가겠다는 것이다. 그리고 그의 복수극은 가차 없다.

조지는 닉으로 하여금 그의 부부 생활의 은밀한 면을 털어놓도록 유도하는 것으로 시작한다. 돈 때문에 이루어진 결혼, 교회 돈을 빼돌린 장인, 허니의 히스테릭한 임신 기간 등의 이야기가 이어지다가 조지가 마사를 파괴시키는 참혹한 피날레로 치닫는다. 조지는 한 통의 전보를 거짓으로 꾸며낸다.

조지 마사, 우리 아들이 죽었어. 차를 타고 가다가 나무를 들이받았어.

마사 안 돼, 안 돼요! 당신 그러면 안 돼! 당신 혼자 그렇게 결정하는 게 어디 있어! 내가 가만있지 않을 거야!

조지 마사, 잘 들어요, 잘 들어. 전보가 왔소. 자동차 사고가 나서 죽었대. 휴우! 그냥 죽어버렸다는군! 듣고 나니 기분이 좀 어때?

마사 자식 일을 어쩌면 그렇게!

조지 내가 죽였지!

마사 당신은 그럴 권리가 없어…… 그럴 권리가 손톱만큼도 없어…….

조지 난 그럴 권리가 **있어**, 마사. 다만 여태껏 서로 이야기할 기회가 없어서 그렇지. 난 그 애를 원하면 언제든지 죽일 수가 있어.

마사 왜요? 왜 죽였어?

조지 당신이 규칙을 어겼잖아, 여보. 당신은…… 당신은 다른 사람에게 그 애 이야기를 했어.

가상의 아들, 그것은 아이가 없는 조지와 마사 부부에게 최고로 신성한 거짓말이었다. 아들에 대해서 이야기를 나누고 그에게 삶을 부여하는 것은 두 사람의 비정상적이고 갈기갈기 찢어진 결혼 생활 가운데 단 하나 존재하는 고요한 지점이고 닻이었다. 그것은 서로에 대한 적대감과 실망감에도 불구하고 공동 생활을 유지하게 만드는 유일한 것이었고 풍화되어 바스라지기 직전의 관계를 겨우 이어주는 접합제였다. 여기서 우리가 다루려는 주제가 드러난다. 접합제는 타인의 시선에서 감춰져 비밀로 존재할 때만 접착성을 유지할 수 있다는 것이다. 조지와 마사 사이에서 존엄성은 이미 그 빛을 잃은 지 오래였다. 그래도 상상 속의 아들로 인해 위로를 받으며 상호 간의 침묵 속에 존재했던 존엄성은 희미하게나마 존재감을 잃지 않았다. 그런데 마사가 침묵이라는 규칙을 깨자 둘 사이에 남아 있던 존엄이 파괴됐다. 이제 조지에게 남은 선택은 하나다. 방문객에게 비밀을 완전히 까발려 평생의 거짓말을 깨부수는 것이다. 존엄성이란 존엄성은 깡그리 파괴하고 둘 사이의 관계도 남김없이 망가뜨리는 것이다.

닉과 허니는 부부 사이에 자행되는 파괴 전쟁의 목격자가 된다. 분노에 휩싸인 조지와 닉 사이에 오가는 대화는 사적인 은밀함이 까발려져 자신의 존엄성이 헌신짝처럼 내팽개쳐졌을 때 느끼는 분노와 역겨움이 얼마나 큰 것인지 표현해준다.

조지 나라고…… 나라고 이게 재미있을 것 같아? 조롱당하고 짓밟히는 게? 자네 앞에서? **유쾌한** 일이겠냐, 이 말이야.

닉 아니, 그럴 리가 있겠습니까. 절대 그렇지 않아요.

조지 자네가 공감해줘서 눈물이 나는구먼!

닉 이해가 되지 않는 건, 어째서 당신이 **다른 사람**을 끌어들이느냐 하는 겁니다. 두 분이서 서로 으르렁거리면서 싸우시려면 사람이 없는 데서…….

조지 저 잘난 맛에 사는 이 애송이 녀석아…….

닉 그만…… 그만하세요! 나이 든 사람에게 주먹을 휘두른 적은 아직 한 번도 없지만 말입니다.

남의 사생활이나 엿보는 몰상식한 취미가 없는 한, 보통은 남들이 자기네들끼리 어떤 비밀을 공유하는지 알고 싶어 하지 않는다. 비밀이 배신당하는 자리에서 우연히 목격자가 될 경우 우리는 민망함을 느낀다. 그 자리를 뜨고 싶을 정도다. 그 이유를 어떻게 설명해야 할까? "나랑은 상관없는 일이니까." 이 말은 감정을 설명하는 말이지 이유가 아니다. 다른 말로 하면 '거리를 두고 싶다'는 말이 되겠다. 왜인가? 은밀성이 배반되고 사람 사이에 있어야 할 간격이 없어짐으로써 삶의 한 가지 이면만이 아니라 **통합적인 전체 삶**의 형태가 영향을 받는다는 것을 우리 스스로가 느끼기 때문이라는 것이 한 가지 답이 되지 않을까. 조지와 마사 부부 사이에 흐르는 재앙의 초기 기류를 눈치채자마자 닉과 허니가 자리에서 일어날 수는 없었던 걸까. "그런 이야기는 듣고 싶지 않습니다. 왜 그런 줄 아십니까? 우리는 **그렇게 살고 싶지 않기 때문**입니다."라는 말을 남기면서 말이다.

다음 날, 조지와 닉이 대학에서 마주친다. 모든 것은 달라졌다. 내밀한 비밀이 배신을 당했다는 사실을 두 사람 다 알고 있다. 보고 싶지 않았으나 보게 되었던 그 광경을 보지 않은 것처럼 짐짓 가장할 수는 없다. 조지가 먼저 도망가는 상황을 그려보자.

조지 아내가 날 어떻게 생각하는지 이제 알겠지? 아내한테 나는 등신에 지나지 않아. 또 우리 부부 사이가 어떤지도 알았겠군.

닉　그런 이야기를 우리 같은 남의 면전에서 들으셔야 했으니 굉장히 힘드셨을 겁니다. 하지만 당신도 이제 우리에 대해서 몇 가지를 알게 되셨죠. 말하지 않았더라면 좋았을 것들 말입니다.

이제 이야기는 어떻게 흘러가게 될까? 두 쌍의 부부가 각각 아내와 남편으로서, 또 상대편 부부로부터 다시 존엄성을 되찾을 수 있는 방법이 있는 걸까? 만일 그렇다면 새롭게 얻은 존엄성은 어떤 성격을 가질까? 그것을 한마디로 표현하자면 **진실함의 존엄성**이라고 할 수 있다. 이 개념은 다음 장에서 계속 이어진다.

그러나 일단 그 전에, 우리가 은밀함의 존중에 대해 이제까지 말해왔던 모든 것을 극단적으로 의심하는 목소리를 상상해보기로 한다. 여태껏 알던 것에 대해 회의해본다면 은밀함의 존중에 대한 이해가 더욱 깊어질 수 있다. 회의와 의심은 강력할수록 좋다. 그것이 최대한 명확하고 타협의 여지가 없이 단단해야만 지금 우리가 방어하려고 하는 은밀함의 존엄성이라는 것의 개념을 우리 자신이 명확하게 이해할 수 있다.

용기가 결여된 은밀함

"우리는 '타인'이다. 너희는 우리를 **간섭꾼**, **사생활의 훼방꾼**, 또는 **후안무치한 인간**이라고 부른다. 그러나 우리는 상관치 않는다. 진실은 이러하다. 우리는 용감하고 정신이 깨고 진실한 이들이다. 우리는 숨지 않는다. 우리는 우리의 생각과 기대와 감정에 솔직하며 그것들을 부끄러움 없이 내놓는다. 때로는 그것들을 다 보여주지 않는 편이 더 지혜로울 수 있다는 것도 물론 알고 있다. 다른 이들이 우리 속마음을 다 꿰뚫어 보지 못하도록, 그래서 과도한 이익을 챙기거나 우리를 지배하지 못하도록 하기 위해서다. 그러나 침묵과 숨김은 지혜라는 틀 안에서만 인정할 수 있는 것이다. 일반적으로 우리는 개인의 매우 사적인 것이 화제가 되는 파티나 토크쇼에서 흔히 볼 수 있는 존재다. 결국 정말 많은 사람의 관심을 끄는 것은 다름 아닌 바로 이 사적인 이야기다. 또 바로 이러한 이유로 우리는 개인적 삶의 면면을 인터넷에다 올린다. 청소년들에게서 흔히 볼 수 있는 가벼움이나 경박함 때문이 아니다. 우리는 인생 경험이 풍부한 성인이다. 또 어떠한 사회적 압력 때문에 그러는 것도 아니다. 우리는 협박을 받을 만큼 연약하지 않다. 돈이나 관심을 얻고 싶어서 그런다는 말이 있는데, 이것은 중상모략이다. 절대 그렇지 않다. 우리는 그 정도로 생각이 없지도 않고 센세이션이나 관음증 취미도 없다. 우리는 그저 **개방**되어 있고 **관심**이 많을 뿐이다. 사람은 자신을 개방하고 여러 사람들과 개인적 경험을 서로 나누는 과정에서 많은 것을 **배우게** 된다. 특히 **지극히** 사적인 경험일수록 그렇다. 이렇게 하지 않는다면 과연 어떻게 관점의 지평선을 넓히고 지식을 얻으며 인간이 된다는 것에 대한 이해를 깊이 있게 추구할 수 있겠는가? 벽을 쌓아 자기를 가둔다면 이것은 절대 불가능하다. 은밀함, 침묵, 거리를 유지하거나 가까이 다가가는 것, 이런 것들은 이미 답답한 구시대의 개념이 아니던가? 이것이 아직도 **개념**으로 존재하는가, 아니면 이미 **말**이라는 껍데기에 지나지 않는가? 공허한 구호, 시대착오적인 헛소리 아니던가? 결국 우리 앞에 당당히 나설 **용기**가 없어서, 그리고 너희들이 누구인지 드러낼 자신이 없어서가 아닌가? 그리고 바로 이것이 존엄성에 대한 본질적 물음이 아닌가? 우리는 너희를 안다. 그래서 너희가 우리를 **새로운 후안무치족**으로 부른다고 해도 새삼 놀라지 않는다. 그래도 우리는 거슬리기는커녕 오히려 즐겁다."

이 주장의 서두는 교묘하다. 은밀함과 침묵을 고립으로 보고 이에 반하는 개방성, 관심, 배움, 교육을 언급한다. '개인적 경험'이라는 말도 빈틈없이 고른 말이다. 사적/공적인 개념의 구별을 슬쩍 옆으로 비켜간다. 조심해야 할 것이다.

"우리가 모두 혼자만의 벽을 쌓고 서로에게서 가능한 한 아무것도 알고 싶지 않다는 말이 아니다. 다른 사람들이 그들의 인생을 어떻게 살고 무엇을 경험하는가는 **당연히** 우리 관심의 대상이다. 또 그들의 가장 깊숙한 내면이 어떤 모습을 하고 있는가 하는 것에도 관심을 갖는다. 누군들 인간의 삶을 산다는 것이 어떤 것인지 알고 이해하고 싶지 않겠는가. 그것도 심오하고 폭넓게 말이다. 그렇기 때문에 우리는 거듭 독서를 하고 여행을 하고 끊임없이 영화를 본다. 우리는 선택된 사람들과 친밀하고 내밀한 이야기를 나눈다. 중요한 것은 인간은 자신을 얼마나 보여주고 누구에게 보여줄지 스스로가 자유로이 결정할 수 있다는 점이다. 이 자유 안에 존엄성이 있다. 은밀함을 존중한다는 것은 이러한 자유를 존중한다는 것과 같다."

"그것에 대해서는 논란의 여지가 있다. 그리고 주제로부터도 벗어난다. 우리는 들고 있던 일기장을 갑자기 손에서 낚아채는 식으로 모든 것을 일률적으로 공개하라는 전제적 강요의 입장을 대변하는 사람들이 아니다. 염탐꾼을 심은 것처럼 곳곳에서 감시하는 끔찍한 정신적 테러를 원하는 것도 아니다. 그러나 한 가지는 분명히 구별해야 한다. 그리고 이 차이점은 대단히 큰 것이다. 누군가 공개 석상에 나가 아주 **개인적인** 이야기를 한다고 가정하자. 이 행위로 인해 그와 친해서 이미 그에 대해 많은 것을 알고 있는 사람들과 그를 표면적으로만 알고 그가 거리를 유지하고 싶어 하는 사람들 간의 구분이 없어지는 것을 두고 당신은 존엄성의 상실이라고 칭한다. 그러나 바로 이 점을 우리는 반대로 본다. 우리는 당신이 은밀함이라고 부르는 것이 그리 중요하다고 생각하지 않는다. 그 말이 어떻게 개별적으로 적용되는지, 인간관계 안에서 어떻게 확대되는지 여부를 막론하고 말이다. 우리는 그 말이 **우상화**되고 있다고 생각한다. 어쩌면 단순한 **수사학적**인 우상, 언어의 마법 상자일지도 모른다. 어쨌거나 확고부동하고 본질적이고 특별히 가치 있는 경험은 아니다. 존엄성의 이념에다가 같이 얽어매야 하거나 얽어맬 수 있는 것은 더더욱 아니다."

어떠한 것이 경험이 되는지 될 수 없는지 하는 논쟁은 어떻게 이끌어나가는가? 다른 논쟁이라면 서로 대립되는 주장을 경험에 대어 측정하는 방법을 통해 결론 낸다. 그러나 무엇을 경험으로 칠 수 있는지 여부에 대해 싸운다면?

"우리는 타인이 무엇을 경험하는지에 대해 전적으로 알고 싶은 사람들이다. 그런데 우리가 알고 싶은 것은 **아무나**의 경험이 아니다. 그리고 **알고 싶은지 아닌지 여부**도 우리 스스로 판단한다. 또 혼자만 간직하고 싶은 것도 분명히 있다. 탐욕, 두려움, 갈망, 환멸 같은 것들이다. '나는 온전히 나 자신이다.'라는 느낌을 가지려면 이런 침묵이 반드시 필요하다. 내 말뜻을 이해하는가?"

"이해할 수 없다. **온전히 나 자신**이라는 말 자체의 뜻을 모르겠다. 그리고 다른 말뜻도 이해할 수 없다. 또 당신의 말 가운데 **자신을 잃는다**라거나 **자신에게서 소외된다**라는 말도 모르겠다."

"방문객들이 찾아왔던 그날 밤, 조지와 마사가 잃어버린 것이 무엇인지 모른다는 말인가? 닉과 허니가 보지 않았더라면 좋았을 그것이 무엇인지도? 그것이 극적인 상실, 존엄성의 상실을 의미하는데도?"

"물론 타인이 자신에 대해, 자신이 타인에 대해 좀 더 많은 면을 알게 되면 언제나 **변화**라는 것이 일어나게 마련이다. 이 변화는 유쾌할 때도 있고 불쾌할 때도 있다. 또한 변화로 말미암아 어떤 관계가 좀 더 **힘들어지는** 경우도 있다. 다음 날 아침 마주친 닉과 조지의 경우가 그렇다. 그전에는 아무렇지도 않게 인사를 하곤 했지만 이제 그러긴 힘들어진 건 사실이다. 그게 사실이고 인생사가 다 그렇다. 하지만 당신은 어떤가. 당신은 쓸데없이 신비주의를 덧씌우고 있다. 그 의미도 막중한 **존엄성**이라는 말을 동원하면서 말이다. 욕망, 두려움, 갈망, 환멸 등 우리 **새로운 후안무치족**이 공개적으로 꺼내놓는 것들은 사실 당신도 다 갖고 있는 감정들이다. 다만 부정할 뿐이다. 우리는 당신보다 **솔직**하며 당신의 부정직성을 혐오한다. 또한 **비존엄적**이라고 느낀다. 정직하지 않기 때문이다. 가식적이기 때문이다."

"부정하는 것뿐이라면 당신들 말이 맞을 수도 있지만 우리가 이야기하는 것은 그것이 아니다. 요지는 전혀 다른 것이다. 혼자만 간직하고 있는 것과 외부로 반출하는 것 간의 차이점이 그것이다. 감춘다는 점에서는 맞지만 부정하는 것과는 다르다. 사적인 것을 보호하는 것은 거짓말하는 것이 아니다. 그 여부는 간단하다. 나 말고 그 어느 누구와도 상관이 없다는 느낌이 들면 된다. 예를 들어 내가 어떤 특정한 탐욕을 **갖고 있지 않다**는 사실, 그 사실은 버스 승객이나 거리의 행인, 내가 다니는 직장의 사람들과는 아무런 관련이 없는 것이다. 타인들에게는 나라는 사람에 대해 그린 지도의 한 곳이 채워지지 않은 채 남아 있는 느낌을 줄 것이다. 자신의 특정한 어떤 것이 공공연한 대화의 주제가 되게 하고 싶지 않은 바람은 거짓말을 하고 싶은 바람이 아니다. 그러므로 비존엄적인 바람이 아니다. 오히려 반대로 존엄성을 **성립**시킨다."

"거짓이 아니라고 정 우긴다면 어쩔 수 없다. 그럼 그건 **비겁함**이다. 만인 앞에서 자기가 누군지, 어떤 바람을 가지고 있는지 말하고 싶지 않다는 건 존엄성이 없는 것이다. 존엄성이라는 것은 고개를 똑바로 들고 자기가 누구인지, 누가 되고 싶은지 당당히 긍정하고자 하는 의지이기 때문이다. 예를 들어 동성애자로서의 존재를 긍정하는 것, 다큰 성인임을 주장하는 것, 부자가 되고 싶은 것, 또는 권력을 잡고 싶은 것, 아니면 교회와 박물관과 음악회 같은 시민 문화를 허영에 차고 지루하며 구역질 나는 것으로 치부하고 싶은 마음 등. 이런 마음을 긍정하지 않는 것은 존엄성이 없다는 뜻 아닌가? 드러나지 않은 미지의 부분을 억지로 소심하게 가리려고 애를 쓰는 것, 이것이 타인들의 시선과 비판, 그에 따를 수 있는 거부나 경멸을 견뎌낼 수 있는 용기의 결여가 아니고 무엇인가? 그러나 이런 시선들을 당당하게 그리고 두려움 없이 대면하는 것, 존엄성은 바로 여기에 존재한다. 자기 자신의 목소리를 가지고, 겨울에 두꺼운 목도리를 칭칭 감은 채 말할 때처럼 소리를 죽이거나 누구 목소리인지 알아볼 수 없게 만드는 대신 크고 또렷하게 말하는 것이다. 그리고 미지의 부분, 이것은 금기의 구역이다. 당신은 금기가 존엄성을 위협한다고 생각하지 않는가?"

교묘하게 한 수를 둔 것이든 아니면 어긋난 사고의 하나든, 존엄성의 한 면을 다른 한 면과 대결시키려는 시도가 보인다. 자기 자신의 목소리를 통해 나오는 개화되고 용기 있는 자아의식에 은밀함과 과묵함에의 욕구를 서로 충돌시키는 것이다. 이 의외의 결과에 대해서는 서문에서 한 번 언급된 바 있다. 존엄성은 다층적인 경험으로서 각 층이 서로 쌓이면서 서로 떨어져서는 인식되기 힘든 경우가 많고, 존엄성을 다양한 주제와 경험으로 시각화시키는 과제를 통해 그 개념이 현재화될 수 있다고 했다. 이렇게 해야만 지금 이 주제에 관련해 여기저기 보이는 궤변의 정체를 드러낼 수 있다. 그러므로 이제 다음 장에서 다루어질 주제는 다음과 같다.

"금기에 관한 것이 아니다. 금기는 말해서는 **안 되는** 것, 금지된 것이다. 그러나 사적인 영역을 보호해서 존엄성을 지키려는 것은 어디까지나 **자발적**으로 이루어진다. 누구나 자신의 은밀한 내부 영역의 크기를 정할 수 있으며 그 안에 속하는 것과 밖으로 나와도 되는 것, 그리고 세월이 진행됨에 따라 그 경계선이 어떻게 다시 그어질지를 스스로 결정한다. 금기는 존엄성을 훼손한다. 사물을 어둡게 만들고 스스로의 목소리를 목 조르며 의문을 억누르기 때문이다. 금기를 깬다는 것은 개화적 존엄성에 속하는 일이다. 스스로의 목소리라는 것도 그렇다. **자기 자신의 것**이며 개성의 표현이라는 것과, 그 목소리를 빌려 **모든 것**을 다 말해도 된다는 것은 엄연히 뜻이 다르다. 중요한 것은 스스로의 생각과 감정과 욕구가 정말로 스스로에 의한 것이고 진짜이며 누군가의 것을 그대로 따르거나 꼬드김에 넘어간 것이 아니어야 한다는 점이다. 여기서 대비되어야 하는 것은 말하느냐 침묵하느냐 하는 것이 아니라 진짜냐 왜곡된 것이냐 하는 것이다. 어떤 것에 대해 침묵해야 한다고 해서 스스로의 목소리가 가진 진실성에 금이 가지는 않는다. 존엄성은 무엇을 말하지 않기 때문에 손상되는 것이 아니라 진실성의 결여 때문에 해를 입는다. 그리고 비겁함에 대해서 말하자면 이렇다. 사생활에 대해 말하지 않는 것이 뭔가를 보호하려는 것은 맞다. 그 이유는 상처받지 않기 위해서다. 예를 들어 대중 언론의 비열하고 치사한 장난에 누군가의 사생활이 질질 끌려가는 경우를 볼 수 있다. 그런데 보호하려는 욕구가 곧 비겁함은 아니다. 첫째로, 피하지 말아야 할 이유가 있는데도 대면을 피하려는 것이 비겁함이다. 둘째로, 설사 존엄성을 지킴으로써 뭔가를 지킬 수 있다고 해도 존엄성은 보호에 대한 욕구와는 다르다."

"그렇다면 존엄성은 무엇인가?"

"사적인 것에 대해서 말을 아낌으로써 타인과의 사이에서 유지되는 간격에 존재하는 것이다. 이 간격이 필요한 이유는, 침묵의 경도를 조금 무르게 함으로써 사람 사이의 친밀감을 만들어낼 수 있기 때문이다. 우리가 유리처럼 투명하다면 친밀감도 존재하지 않을 것이다. 좁혀야 할 거리라는 것이 애초부터 없기 때문이다. 모두가 모두에 대해서 다 알고, 그중 좋아하는 것과 싫어하는 것이 정해져 있다면 그것으로 이야기는 더 이상 앞으로 나아갈 수 없다. 결국 단순하고 뻔한 이야기밖에 될 수 없다. 친밀성이 자아내는 신비한 마법도, 마법이 만들어내는 행복도 없다."

"내가 내 속에 있는 것을 모든 이가 볼 수 있도록 밖으로 내놓는다면, 무슨 대가를 바라서가 아니라 그냥 그러고 싶어서, 재미있으니까, 그런 이유라면? 점점 많은 사람들이 그렇게 하기 시작하다가 결국에는 모든 사람이 같이 동참해서 상실이니 뭐니 하는 말이 나오지 않을 지경에까지 이른다면? **그때**는 어떻게 되는가?"

그렇다면 **경험**은 종말을 맞는가? 아니면 그저 **담론**의 종말에 불과할까? 누군가 저 먼 곳에서 우리를 내려다보는 사람이 있다면 어떻게 말할까? "저들은 존엄성의 일부분을 잃었구나."라고 할까, 아니면 이렇게 말할까? "저들은 존엄성에 대한 이야깃거리의 한 귀퉁이를 잃었구나."

4장

진정성으로서의 존엄성

4장

에마뉘엘 카레르의 책《적》에는 실제로 있었던, 일생을 아우르는 거대한 삶의 기만에 대한 이야기가 펼쳐진다. 이것은 절대 잊어버릴 수 없는 숨 막히는 이야기다. 프랑스 쥐라 지역 출신의 장클로드 로망은 리옹으로 가서 의대에 들어간다. 입학하고 2년 후 예과 시험 날, 그는 시험장에 나타나지 않는다. 그는 재깍재깍 돌아가는 시곗바늘만 바라보며 침대에 누워 있다. 그 이유는 책에 나오지 않고 그 자신도 모른다. 이틀 전에 층계에서 굴러떨어져 손목이 부러졌노라고 먼 훗날 이야기한다. 거짓말이다. 시험 당일, 부모에게는 시험을 잘 치렀다고 전한다. 3주가 지나자 그는 시험에 합격해서 다음 과정으로 넘어갈 수 있게 되었다고 말한다. 그로부터 12년 동안 해마다 날조된 병원 진단서를 가지고 의대 과정에 새로 등록하기를 반복한다. 지극히 사무적인 일이므로 아무도 따져 묻는 이가 없다. 자신들과 똑같은 교재를 옆에 끼고 다니는 그에게 다른 학생들은 아무것도 묻지 않는다. 그는 스스로에게 암

진단을 내린다. 암 선고는 막중한 부담을 안겨주는 학업을 조금이나마 견딜 수 있게 해준다. 어차피 조금 있으면 모든 것이 다 끝날 것이기 때문이다.

그러나 그는 결혼을 하게 되고 두 아이가 태어난다. 아내는 아무런 낌새를 알아채지 못한다. 리옹의 연구소에서 연구원으로 있다고 꾸며대고 나중에는 제네바의 세계보건기구에서 근무하게 되었다고 이야기한다. 가족은 제네바 근교로 이사한다. 그는 가짜 출장을 나서기 시작한다. 세계 곳곳에서 열리는 학회에 참석한다는 것이다. 그는 여행 안내서를 꼼꼼히 읽고 아내는 남편의 여행 가방을 챙겨준다. 그는 며칠 동안 공항 근처의 호텔에서 묵으면서 비행기가 뜨고 내리는 광경을 바라본다. 매일 집에 전화를 걸어 외국의 날씨에 대해 이야기하며 아내와 아이들이 보고 싶다는 말을 덧붙인다. 며칠간 그렇게 지낸 뒤 공항 상점에서 산 기념품을 가지고 집으로 돌아온다. 시차 때문에 피곤하다고 한다.

직장에서의 직위가 높은 만큼 거물급 인사들도 많이 알지만 그들로부터 초대를 받는 일은 결코 없다. 또 사무실로 직접 전화를 걸지도 못하게 한다. 항상 교환 서비스를 통해서 연결되는데, 그 교환 서비스라는 것은 실제로는 그의 휴대전화다. 그는 방문객 신분증으로 세계보건기구의 도서관과 은행, 여행사 등을 드나들며 이용한다. 보안실이 있는 위층에는 발을 들여놓지 않는다. 부모에게 직장 건물이 찍힌 그림엽서를 보낼 때는 창문 하나에다가 표시를 해 자기가 일하는 사무실이라고 한다. 아이들이 아빠의 사무실을 구경하고 싶다고 하자 주차장에 가서 빌딩을 가리키며 바로 저기라고 가리킨다. 더는 허락하지 않는다.

그는 이런 식으로 15년을 산다. 아침에 아이들을 학교에 데려다 주고 나서는 신문을 몇 부 구입한 다음 주차장이나 카페에 앉아 읽는다. 도시와 그 주변을 이리저리 돌아다니며 며칠 동안 쥐라의 숲들을 방황한다. 〈리베라시옹〉지는 훗날 이렇게 쓰고 있다. "그는 쥐라의 숲 속에서 자기 자신을 홀로 잃었다."

생활비는 온갖 사기 행각을 통해 충당한다. 친척들과 친구들은 제네바의 은행에서 큰 이자를 받을 수 있다는 싹싹하고 믿음직한 그의 말에 자신들이 저축한 큰돈을 믿고 맡긴다. 그런데 장인이 맡겨두었던 돈을 도로 받겠다고 한다. 사위가 처가를 방문하고 난 후 장인은 사다리에서 떨어져 사망한다.

한두 번도 아닌 거짓말을 어떻게 이토록 오래 유지할 수 있었을까? 저자 카레르는 이렇게 쓰고 있다. "비밀이라든가 뭔가 우리가 알지 못하는 배경이 있지 않고는 이럴 수가 없다고 다들 생각한다. 하지만 비밀은 별것 아니다. 아무 배경도 없다는 것, 그리고 아무리 가능성이 희박하다고 해도 어쨌든 실제로 일어났다는 사실이 비밀이다."

이 남자의 이야기는 돈과 관련된 사기극이 더 이상 지속될 수 없게 되자 끔찍한 결말로 치닫게 된다. 로망의 어머니가 은행으로부터 경고장을 받는다. 애인이 생긴 로망은 일주일에 한 번씩 애인과 파리에서 만난다. 그녀도 로망에게 큰 액수의 돈을 빌려주었다가 돌려달라고 한다. 15년간 지속되었던 연극이 들통 날 위기에 처했다. 로망은 부모의 집으로 가 어머니와 아버지를 총으로 쏴 죽인다. 그런 다음 아내를 때려죽이고 아이들도 총으로 살해한다. 애인도 죽이려고 하나 미수에 그친다. 그는 수면제를 삼키고 집에 불을 지른다. 그러나 출동한 소방차에 의해 목숨을 건진다.

법정에 선 그는 돌연, 옛날에 왜 시험을 보지 않았는지 기억이 난다며 진술한다. 그날 아침, 그와의 사랑을 이루지 못해 스스로 목숨을 끊은 어떤 여자에게서 편지를 받아서 그랬다는 것이다. 그 진술을 듣고 누군가 외친다. "거짓말이야! 저런 게 저자가 존재하는 방식이야. 저자는 남을 속이는 것보다 자기 자신을 속이는 것에 더 골몰했을지도 몰라." 로망은 법정 심리 치료사에게 이렇게 말한다. "나는 살인자입니다. 사회가 인간을 취급할 수 있는 수준 가운데 가장 낮은 취급을 받는 것에 만족합니다. 이런 대접을 받는 것이 거짓으로 점철된 지난 20년 세월보다는 훨씬 견디기 수월합니다."

타인에게 거짓말하기

로망의 삶은 상상을 초월한다. 그러나 우리는 그의 불행이 어디에 있었는지, 그것이 존엄성과 어떤 관계가 있는지 생각해보고자 한다. 그의 삶 어딘가의 지점에서 존엄성이 완전히 상실되었다는 것은 쉽게 알 수 있다. 그것은 어디에서부터 비롯되었을까? 거짓이라는 것이 어떤 역할을 했을까?

로망은 아이들을 학교에 데려다주고 난 다음, 주차장, 카페, 숲을 헤매 다니며 이리저리 시간을 때운다. 그는 일을 하지 않는다. 아무런 인정도 받지 못하고 자신의 가치에 대해 어떤 느낌도 느끼지 못하며 발전하지 않는다. 노동을 통한 존엄성을 경험하지 못한다. 또한 독립성에서 비롯되는 존엄성이 뭔지도 모른다. 사람들을 속여서 받아낸 돈에 종속되어 있을 뿐이다. 그의 거짓말은 진짜 만남을 방해한다. 비록 사회적 외형은 잘못되었었지만 자신의 감정은 진실했다고 그는 법정에서 진술한다. 믿기 어려운 말이다. 그는 자신이 매우 중요한 위치에 있는 사람인 것처럼 행세하며 먼 외국에서 자식들이 보고 싶어 집으로 전화를 하고 선물을 사다 주는 아빠의 역할을 한다. 아내와 자녀와 친구들이 그에 대해 갖는 감정은 실제로 아무런 토대와 근거가 없는 것이었다. 그러한 감정에 진실한 마음으로 반응할 수는 없다. 거짓이라는 것을 인식하고 있기 때문에 진실한 마음이 애초부터 불가능한 것이다. 그가 느꼈다는 감정과 타인과의 모든 만남은 꾸며낸 것일 수밖에 없다. 모든 것이 가면이고 모래성이다. 주차장에서 꾸벅꾸벅 졸면서, 그리고 어렸을 때부터 친숙했던 숲 속을 헤매면서 그는 자신으로부터 낯설어진다.

로망의 거짓말이 존엄성을 해친 이유에 대해서 혹자는 이렇게 말할 수도 있을 것이다. 거짓말 때문에 독립성이 무너졌고 진실한 만남의 가능성을 망쳐버렸다고. 그렇게 본다면 진실의 결여가 존엄성에 단지 간접적인 해만 입힌 것, 즉 결과에만 영향을 미쳤다는 뜻이 된다. 그러나 이런 해석은 어떨까. 손대지 않은 것이 없을 정도로 총체적인 거짓말을 했다는 사실 하나로, 진실과 너무나도 떨어져 있었다는 사실 하나로 이미 존엄성을 잃어버린 것이라고. 그것은 실수나 착각에 의한 것이 아니라 거짓말이었다. 이렇게 본다면 존엄성을 진실에의 의지와 함께 묶어서 생각해볼 수 있다. 자신이 느끼고 행동하고 말하는 것이 진짜이게 하는 의지 말이다. 거기에 한 인간의 **참됨**이 놓여 있다고도 덧붙일 수 있다. 이 참됨을 이루는 것은 사실을 견디어내는 용기이다. 로망이 존엄성을 상실한 것은 바로 이 용기가 전무했기 때문이었다.

거짓말 중에는 존엄성을 건드리지 않는 거짓말도 있다. 예의상 어쩔 수 없이 하는 거짓말이 그 예가 될 것이다. 그러나 꼭 이런 거짓말이 아니라도 해도 통상적인 거짓말은 로망의 경우처럼 존엄성을 파괴하는 정도까지 가지는 않는다. 스파이나 언더커버 수사관들은 신분을 위장하거나 거짓 이야기를 만들어낸다. 이러한 행동에는 어쩔 수 없이 기만된 감정과 가짜 인간관계가 따르게 된다. 이렇게 연극을 하다 보면 주인공은 스스로도 중심을 잃고 휘청거리다가 뭔가 비존엄적인 짓을 하는 것이 아닌가 하는 느낌을 가질 수 있다. 중간에 그만두는 경우를 보면 자신의 잃어버린 존엄성을 되찾으려고 하는 경우가 드물지 않다. 그러나 로망의 사례와 다른 점은, 이들은 자신이 선하다고 생각하는 목적, 예를 들면 범죄자를 잡아들이거나 국가를 지키는 목적 때문에 이렇게 한다는 점이다. 게다가 그들에게 명령을 지시하는 윗사람들에게는 연극을 할 필요가 없다. 그들과 접촉하며 진실을 이야기하는 것은 자신을 그대로 보여주는 것이며 또한 이것은 현실성을 놓치지 않게 하는 닻줄이 된다. 그러나 처음에는 그리 대수롭지 않게 보이던 시험 당일의 거짓말이 인생을 지배하는 큰 사기극이 되어 모든 것을 삼켜버린 장클로드 로망에게는 이러한 닻줄이 존재하지 않았다.

로망은 친척들을 살해한다. 사기꾼이 맞는데도 친척들이 자신을 사기꾼으로 취급하는 것을 견딜 수 없었기 때문이다. 앞서 말했던 영화에서, 릴리가 펠릭스인 것처럼 가장하여 은행과 정육 도매상에 대해 거짓말을 늘어놓으며 미끼를 던졌던 수사관 막스에게 했던 비난은 지금 로망이 친척들에게 받아야 할 비난과 일맥상통한다. 릴리는 단지 막스가 거짓말을 했다는 이유로 분노를 느끼는 것이 아니었다. 릴리는 존엄성에 상처를 입었다. 막스에게 둘 사이의 만남은 모두 연극이었으며 그는 릴리에게 헛된 기대와 거짓 감정을 불러일으킴으로써 신기루를 향해 달려가도록 만들었던 것이다. 같은 맥락으로, 로망의 아내가 로망에게 어떤 비난을 했을까 생각해보자. 로망은 단 한 순간도 아내를 **소중하게** 생각하지 않았다. 그는 거짓으로 점철된 자신의 인생으로 인해 아내의 인생도 허구에 불과한 것으로 만들었다. 아내는 로망에게 아마도 이렇게 말하지 않았을까. "내가 당신의 출장 가방을 쌌을 때, 또 외국에 있다는 당신과 전화 통화를 했을 때, 그리고 우리 아이들이 당신이 가져온 거짓 선물에 기뻐하는 것을 보았을 때를 돌이켜 생각해보면…… 그건 모두 가면이고 허상이었어요! 그 뒤에는 아무것도, 아무것도 **없었다고요!**"

자신에게 거짓말하기

삶의 기만은 타인에게 거짓말하는 것으로 한정되지 않는다. 자신을 속이는 경우도 종종 일어난다. 그럴 경우 왜곡되는 것은 사회적 신분이 아니라 자아상이다. 자신을 사실대로 보지 않고 또 사실대로가 아닌 자신을 평가한다. 크게 대수롭지 않고 단순한 착각에서 비롯된 경우도 있다. 어떤 분야에서 자신의 영향력이나 능력을 과대평가한다든가, 사실은 그렇지 않은데도 자신의 실수를 너무 중대하게 생각한다든가, 또는 지인이 죽었을 때 크나큰 슬픔을 느낄 줄 알았는데 실제로는 그렇지 않았다든가 하는 착각들이 있을 수 있다. 이러한 사소한 착각들은 나중에 본인이 느꼈다고 하더라도 정신적 정체성을 별로 크게 흔들지 못한다. 전체적으로 볼 때 지금까지 살아왔던 대로 계속 살아나갈 수 있다는 것이다. 그러나 삶의 중대 기만의 경우는 이와 다르다. 이것은 인생의 커다란 부분을 차지하는 정체성을 자신에게 새로 만들어주는 행위다. 능력 있는 사업가, 훌륭한 예술가, 위대한 학자, 헌신적이고 사랑이 가득한 어머니, 정직하고 이해심 많은 친구, 현명하고 책임감 강한 시민 등등. 이런 자아상이 거짓으로 밝혀지면 인생 전체가 송두리째 흔들리게 된다. 우리가 했던 행동의 동기가 처음부터 다시 써져야 한다. 감정의 세계도 재배치되어야 하고 가치관과 인생의 의미도 시험대에 오른다. 이 모든 것은 공포와 불행을 의미한다. 그러므로 우리는 아무리 옆에서 막강한 현실이 덮쳐와도 자신에게 익숙한 자아상에 끈질기게 매달린다. 진실을 **알고 싶지 않은** 것이다.

늙은 세일즈맨인 윌리 로먼은 예전에 거래하던 고객으로부터 투명 인간 취급을 받고 동료들로부터도 비웃음을 받는다. 그가 아내 린다에게 그 사실을 어떻게 전달하는지 앞 장에서 살펴본 바 있다. 그것은 진실이 밝혀지는 순간이었다. 그러나 진실은 받아들이기 힘들다. 로먼은 성공하고 인기 많은 세일즈맨이라는 거짓말로 금방 복귀한다. "뉴잉글랜드는 나 없으면 돌아가기 힘들지. 얘들아, 내 말 똑똑히 들어라. 아빠는 친구가 많아. 내가 말이다, 뉴잉글랜드 어느 곳에 차를 세워놔도 경찰들이 마치 자기 차인 것처럼 열심히 지켜준단 말이다. 누구나 어서 오십쇼 하는 사람은 아쉬울 것이 없어. 나를 봐라. 난 구매 담당자를 만나려고 줄 서서 기다릴 필요가 없는 사람이야. 윌리 로먼입니다, 이 한마디면 다들 길을 비켜주거든! ……언젠가 독립해서 내 사업을 시작하게 되면 세일즈를 하러 멀리까지 다니지 않아도 돼."

다른 사람이 삶을 기만하는 거짓말을 하고 있는 것을 지켜보고 있노라면 그저 쓴웃음만 나올 때가 많다. 쓴웃음을 지나 역겨움을 느낄 때도 있다. 그런데 다른 사람이 아닌 바로 나 자신 안의 기만을 문득 발견하면 큰 충격에 빠진다. 왜일까? 진실의 결여가 도덕적으로 바람직하지 않은 결과들을 낳기 때문일 수도 있다. 손이 뜻대로 움직이지 않는다는 사실을 인정하지 않는 외과 의사의 경우나 알코올중독자가 건설 현장 소장 업무를 계속하는 경우 등을 생각해볼 수 있다. 그러나 이러한 위험한 결과가 따르지 않아도, 또 전혀 우리와 관련이 없는 일인데도 거부감을 느낄 수 있다. 진실의 결여 그 자체가 문제라고 느끼기 때문이다. 그 이유는 무엇일까?

로망에게 사실을 받아들일 용기가 없었던 것을 두고 우리는 그가 자신의 **참됨**을 버림으로써 존엄성도 상실했다고 이야기했었다. 아마 바로 그것이 답일지도 모른다. 삶을 기만하는 거짓말은 우리 자신과 관계를 맺고 있는 존엄성을 부식시킨다. 어떤 행위와 경험을 겪을 때 우리 자신이 진정한 존재가 되는 것을 방해하기 때문이다. 이것에는 결과가 따른다. 그중 하나는 내가 내 인생을 살지 못하고 타인으로서 존재하는 것이다. 사교적이고 친구도 많으며 경제적으로도 능력이 출중한 사람으로 나를 보는 한 고집 센 독불장군으로서의 나를 볼 기회는 영영 없다. 한때 혈기 왕성할 때 혁명을 꿈꾸었던 성난 청춘으로서의 자아상을 버리지 못하는 동안 조용하고 안정된 삶을 향한 내면의 욕구는 무시된다. 나는, 내가 아닌 나의 앞에 서 있는 것이다. 나는 내가 가고 싶었던 인생의 길을 가지 못한다. 이처럼 삶의 기만은 삶을 생생하게 느끼고 살아갈 기회를 망쳐버린다. 자기 자신을 속이며 살아왔다는 사실을 깨달았을 때 우리를 가장 충격에 빠뜨리는 것은 바로 이런 것이 아닐까?

아무리 타인에게 피해를 준 것이 없다고 하더라도 말이다.

그러나 때로는 남을 고통에 빠뜨리는 경우도 있다. 인간관계를 변질시키며 또 쌍방의 존엄성을 훼손할 여지가 있기 때문이다. 우리는 앞서 올비의 희곡에서 조지와 마사의 관계를 지속시켰던 허구의 아들에 대해 살펴보았다. 조지는 갑자기 전보가 왔다며 그 아들을 죽여버린다. "꼭 그래야만…… 그래야만 했어요?" 결국 마사가 침묵을 깨고 이렇게 묻는다. "그럴 때가 됐어." 조지가 대꾸한다. 그러고는 긴 침묵 끝에 이렇게 말한다. "우리는 곧 좋아질 거요." 그러자 마사가 묻는다. "우리…… 두 사람만요?" "응." "혹시라도 우리가……." "아니, 아니오, 마사." 이 희곡은 휘몰아치는 굴욕의 지옥불을 묘사하고 있다. 그러나 지옥불 속에서 기만적 삶을 마침내 극복하고 한 점의 진실성을 되찾게 되는 순화된 인간관계가 탄생되는 것을 볼 수 있다.

정직과 그 한계

진실을 향한 꿋꿋한 의지의 행보를 다룬 크리스타 볼프의 작품 《천사의 도시》를 보면 특수한 존엄성에 대해 나오는 대목이 있다. 동서독 장벽이 무너진 사건에 대한 진짜 느낌을 말하는 대목이다. "집으로 돌아가는 길, 쉰하우저알레와 보른홀머 슈트라세동베를린과 서베를린의 경계가 있던 곳 중 하나-옮긴이가 만나는 교차로에서 꼬리에 꼬리를 물고 보른홀머 슈트라세 쪽으로 몰려드는 트라비와 바르트부르크 차들에 막혀 꼼짝도 못 하는 자동차 안에 앉아서 복잡한 감정을 느끼지 않았던가? 내가 정말로 느꼈던 감정은 무엇이었나? 기쁨? 승리감? 안도감? 아니었다. 그건 충격 비슷한 것이었다. 부끄러움 같은 것이었다. 우울함 같은 것이었다. 그리고 체념이었다. 다 끝났다. 나는 깨달았다."

자동차의 경적 소리, 사람들이 서로 얼싸안고, 환희에 둘러싸인 인파들이 거리에 출렁댈 때, 크리스타 볼프는 자신의 감정이 그들의 감정과는 전혀 다른 것이었음을 고백한다. 타인이 그런 감정을 자신에게 기대한다는 것에도 불구하고, 또 정치적으로 올바르지 않은 감정을 느낀다고 남들에게 비난을 받을 수 있다는 가능성에도 불구하고 어떠한 감정도 자신에게 강요하지 않으며 꾸며내지 않았다. 그녀는 정직하고 진실하며 자신에게 충실했다.

전쟁터에서 귀환한 군인이 이런 말을 한다면 어떨까. "나는 충성을 다해 의무를 이행했습니다. 그러나 이제는 진실을 말하겠습니다. 전장에서 내가 느낀 것은 오로지 두려움과 역겨움과 완전한 무의미함이었습니다." 반대로, 전쟁에 거부하는 태도를 보이는 관중 앞에서 이렇게 이야기하는 군인도 있을 수 있다. "여러분이 이 전쟁을 반대한다는 것을 잘 압니다. 하지만 이 말씀은 꼭 드리고 싶습니다. 전장에서 매 순간 자랑스러웠고 이 전쟁에 참여할 수 있게 된 것에 감사했습니다." 이 두 군인에게서 우리는 존엄성을 볼 수 있다. 정직함, 그리고 자신과 타인에게 떳떳할 수 있는 용기에서 우러나온 존엄성이다.

우리는 일상생활에서도 정직을 통한 존엄성을 체험한다. 오랫동안 망설이고 치열한 저항감과 싸운 끝에 마침내 중대한 사실을 받아들일 용기를 낸다. 누군가의 죽음이나 이별 후에 가졌던 시원한 느낌, 자존심에 상처를 준 사람을 향한 복수심 또는 내가 상처받았다는 사실 자체, 분노, 질투심 같은 것들이다. 또 어떤 감정, 예를 들어 애정이나 동정심 같은 것이 **일어나지 않는다**는 사실도 받아들인다. 자기기만의 뚜껑을 열어젖히고 자신이 느끼는 것을 그대로 인정할 때 자신과의 거리가 가까워짐을 새로이 느낀다. 우리는 안도감을 느낀다. 그러나 진실성 위에서 자라난 존엄성도 같이 따라온다. 비록 타인들은 내 내면에서 어떤 일이 일어나고 있는지 모르지만 내가 그들을 대하는 태도는 이제부터 달라진다. 더 당당하고 떳떳하다.

정직함과 진실함을 토대로 한 존엄성은 모든 결속된 관계에서 진가를 발휘한다. 이것은 설사 고통스러운 기억이라 할지라도 받아들이고 인정하게 해준다. 관계에서 뭔가가 항상 빠져 있었다는 것, 그래서 상상하던 그런 관계였던 적이 단 한 번도 없었다는 것을 인정하는 것이다. 이런 경우에도 존엄성은 용기와 뗄 수 없다. 고인을 추모할 때도 이 용기가 필요하다. 추모란 고인을 기억하고 인정하는 행위이기 때문이다. 다른 여타 까다롭고 힘든 일에 대해 직접 입 밖으로 내어 말할 때에도 용기가 빠질 수 없다. 아픈 감정을 말로 표현하려면, 그리고 사람 사이의 관계에 있어서도 정말 헤어져야 하는 때가 왔는지 아니면 같이 살아갈 수 있도록 두 사람 사이에 적어도 어떠한 변화가 있어야 하는 것이 아닌지 정말 심각하게 물음을 던지려면 용기가 없이는 불가능하다. 우리는 함께하는 이 삶을 앞으로 더 이끌어나가기를 원하는가? 그것이 우리에게 좋은 일인가? 아니면 단지 갈라서고 난 후에 올 고통이 두려워서 그냥 습관처럼 살아온 것인가?

이러한 물음들에 대해 깊게 이야기를 해보면 자동적으로 상대방의 자아상에 대한 이야기로 흘러가게 된다. 상대방이 타인과 자기 자신을 어떻게 보는지에 대한 이야기 말이다. 2장에서 살펴본 바와 같이 독립적인 배우자(파트너)로서의 우리는 직접적인 경험으로만 서로 엮인 것이 아니라 자신의 자아상을 통찰하는 과정에서도 서로를 인식한다고 이야기한 바 있다. 이 과정에서 상대방이 가진 자아상과 경험이나 행동의 진실성, 이 두 가지가 항상 일치하는 것은 아니라는 인식을 하게 된다. 다시 말해 자기기만이나 현실 부정이 중간에 끼어들 수도 있다는 뜻이다. 이것은 환자의 거짓 증상을 알아내는 의사라든가 학생이 무엇을 모르고 있는지 콕 집어내는 교사, 부하의 무능력을 감지하는 상사 등의 예를 보면 어떤 사람과 그리 친밀한 관계가 아니어도 충분히 느낄 수 있다는 것을 알 수 있다. 그렇게 되면 일단 그 사람과 거리를 두게 된다. 여기서 존엄성에 관련된 질문을 한다면 그것은 '과연 내가 얼마나 더 입을 닫고 모른 체할 수 있을 것인가?'가 될 것이다. 그러나 만일 그런 일이 가깝게 지내는 사이에서 일어난다면 나는 언젠가 내 느낌을 말하게 될 것이고 내 말이 거짓말이라는 상대방의 주장을 들어주어야 할 것이다. 이런 식으로 자아상에 대해 도전을 받는 일은 자존심에 큰 상처를 주는 일이다. 자기를 기만하거나 속인 일이 전혀 없어서라기보다는 정곡을 깊숙이 찔렸기 때문일 것이다. 이렇게 생긴 자존심의 상처는 그 어떤 상처보다 큰 것일지도 모른다. 그러나 길고 깊은 인간관계가 가지는 존엄성에는 바로 이러한 솔직함이 요구되는 것이며 이것은 서로가 분담하는 정직성이 가지는 존엄함이다.

이 존엄성은 외부에서 우리에게 흘러들어 오는 요구가 채워짐으로 해서 생기는 것이 아니다. 솔직함을 바란다는 것은 서로 간의 이해를 통해서만 이루어질 수 있는 친밀감에 대한 소망과 같은 말이다. 우리는 상대방이 자기 자신과 삶과 두 사람의 관계를 어떻게 느끼고 있는지 알며 이해하고 싶어 한다. 이해하고자 하는 욕구는 1차적으로 상대방이 자신의 생각과 느낌과 의지에 대해 **이야기하는 내용**에 의지한다. 그의 말을 그대로 믿는 것이다. 그러나 우리는 **말이 아닌 태도**도 감지한다. 뭔가를 겁내고 있다든가 부끄러움이나 원망 같은 것은 말이 없이도 표현될 수 있다. 상대방과 인생을 함께하는 시간이 늘어날수록 말과 행동, 자아상과 사실 사이에 일치하지 않는 것이 많다는 것을 더 명확히 느끼게 된다. 친밀감이 늘어날수록 자기기만을 발견할 기회도 똑같이 많아진다.

가까운 사이란 자신이 이해하는 것과 이해하지 못하는 것을 터놓고 이야기하며 이해하지 못하는 것의 범위를 조금씩 줄여가는 사이다. 이렇게 하지 않는다면 생기가 돌고 발전적인 관계가 아닌 정체와 단조로움에 휩싸인 관계로 머물고 만다. 이것이 바로, 혹시 삶을 기만하는 거짓이 느껴진다고 생각될 때 상대방에게 대화를 청해야 하는 중요한 이유다. "당신이 굶주린 사람들을 돕는 활동을 하는 이유가 혹시 다른 사람들로부터 인정을 받기 위해서야? 결국 허영심 때문 아니야?" "시를 사랑해서가 아니라 박수갈채를 받으려고 시를 짓는 건 아닐까? 그런 시가 과연 진짜일까?" "당신의 그 바다와 같이 넓은 이해심도 사실은 문제를 일으키는 게 싫어서 그런 건 아니야?" "그 당에 입당한 이유가 노선 때문이 아니라 그저 부모님 속을 끓이기 위해서가 아닌가요?" "백과사전을 전집으로 통째로 사들이고는 읽는 건 단 한 번도 못 봤네요." 이렇게 상대방에게 상처를 주면서까지 불편한 심기를 내보이는 것은 나 자신을 잃고 싶지 않은 심정 때문이다. 진실을 감추기만 한다면 사람 사이의 장벽만 차곡차곡 높아질 뿐이며 그러다 보면 사이가 멀어진다. 우리는 자신을 부정하는 거짓말을 통해 스스로를 알아보지 못할 정도로 낯선 존재가 된다. 베른하르트 빈터는 자신이 병실을 나간 후 즐겁게 휘파람을 불며 발끝으로 박자를 맞추던 아내와 반드시 터놓고 이야기를 해봐야 할 것이다.

상대방과의 친밀함과 이해심을 높이기 위한 이러한 정직성이 존엄성을 재는 잣대라는 점은 분명해 보인다. 그러나 그것을 **무조건적인** 잣대로 볼 수 있을까? 언제 어디서나, 어떠한 상황에서도 통하는가? 아직 우리의 판단은 그리 명확하지 않고 불안하므로 이 불명확함을 꼼꼼히 짚어나가는 것이 좋겠다. 삶을 기만하는 거짓은 우연히 생겨난 것도 아니고 단편적으로 기분에 따라 생겼다 사라졌다 하는 것이 아니다. 그런 기만의 배후에는 강력한 동기가 있다. 무엇을 인정하기가 두려운 마음, 특히 단점, 무능력, 실책, 외로움, 혹은 복수심이나 사랑받고 싶은 욕구 같은 강력한 소망, 무엇이 옳고 그르며 악하거나 금지된 것인지에 관련한 가치관 같은 것들로, 겉으로 드러나지 않고 무의식 속에 잠겨 있는 경우가 많다. 이러한 동기들은 거짓을 테마로 삼거나 점검해보려는 시도가 있을 때 사력을 다해 격하게 저항하는 원인이 된다. 만일 내 안에 그러한 방어를 하려는 움직임이 있을 때는 이렇게 생각해보아야 할 것이다. 이제 어떻게 할 것인가? 존엄성은 내게 어떤 것을 바라는가? '그 사람에게 진실을 기대할 수 있는가' 하는 원칙이 아직 유효한가 아닌가?

베른하르트 빈터의 경우를 상상해보자. 엄격한 종교에 매여 살았던 부모에 대한 무의식적인 효심 때문에 살아가면서 여러 가지 것들을 놓치거나 실패한 인간이라고 가정할 때, 예를 들면 타인과 자신을 능동적으로 분리하는 태도라든가 성적 욕망의 실현 또는 자신의 욕구에 떳떳할 수 있는 능력 같은 것을 배양하는 데 실패했고 이러한 것들이 그의 직업 선택이나 배우자 선택, 그리고 어떤 교육을 받았느냐의 면에도 큰 영향을 미쳤으리라고 생각해볼 수 있다. 이것은 자라와의 관계에서 쓰이는 말투와 관계의 온도에도 적지 않은 영향을 준다. 얼마 전부터 자라에게는 분명히 정리되는 느낌이 있었다. 그녀는 남편에게 말을 꺼내보았지만 돌아오는 것은 강한 부정뿐이었다. 그러는 과정 속에서 그녀는 베른하르트 부모님의 성격과 도덕적 무결성, 그들이 아들에게 느끼고 있는 감정, 그리고 그 감정의 희생양인 베른하르트, 이런 것들에 대해 중대한 거짓이 있었음을 알게 되었다. 게다가 베른하르트에게선 자신기만의 징후가 눈에 띄게 짙어갔다. 그것은 자기 능력의 과신, 자기만이 옳다는 과도하고 공격적인 신념, 인간관계에서의 어려움, 특히 자기들 부부 사이에 대한 잘못된 해석 등이었다. 자라는 집을 잠시 떠나서 베른하르트와 거리를 두고 자신의 복잡한 감정들과 앞으로의 방향에 대해서 생각을 정리하려고 했다. 그것이 존엄을 지키기 위한 방법이라고 생각했기 때문이다.

자라는 스스로에게 이렇게 말할지도 모른다. 다양한 기만 뒤에 숨겨진 진정한 동기를 찾아 이해하고 싶었다고. 바로 그것이 남편 베른하르트의 정신적 정체성을 이루기 때문이라고. 베른하르트는 힘들게 씨름할 여력이 없다는 이유로 그 동기들을 그냥 숨겨진 채로 손대지 않으려 한다고. 그것들을 억지로 밝은 데로 끌고 나온다면 모든 것이 엉망이 될 뿐이며 그건 남편을 공격하는 매정한 행위일 뿐이라고. 정신상담사라 할지라도 베른하르트의 부모를 높은 권좌에서 내쫓으면서까지 아들의 정신적 균형을 깨뜨리는 위험을 감수하지 않을 거라고.

그 결과는 무엇일까? 자라는 이런 생각을 하지 않을까. 앞으로는 암초나 얕은 여울이 있다면 무조건 빙 돌아가야지. 한 점 거짓 없는 인생이 세상에 어디 있다고. 베른하르트의 정신적 정체성을 인정하는 것도 내 존엄성을 지키는 방법이 아니겠어. 누구나 자기의 정체성을 방어할 권리는 있는 거야. 앞뒤가 맞지 않아도 좋고 자기기만이나 거짓을 동원하더라도 좋아. 앞으로는 이렇게 해야지. 이 문제에 관해선 따지지 말고 일부러 멀찍이 뒤로 물러나 있을 거야. 우리의 관계에는 이제 새로운 정의가 내려지겠지. 이쯤해서 그만둡시다, 하는. 관계 전체가 그렇게 되지는 않겠지만 이 주제가 나오면 그래야 하겠지. 그가 무력감 속에서 자신의 감정 앞에 벌거숭이가 되는 일이 없도록, 굴욕을 느끼는 일이 없도록 말이야. 다 그의 존엄성을 지켜주기 위한 일이야.

그러나 이와는 다른 의문을 품어볼 수도 있을 것이다. 남편의 말도 안 되는 허세나 거짓말을 앞으로 또 한 번 마주치게 된다면 나는 어떤 느낌이 들까? 곧바로 존엄성이 없다는 생각이 들지 않을까? 왜 저렇게 솔직하지 않을까 하는 생각 말이다. 난 어떡해야 하나? 이때 자라가 택할 수 있는 길은 두 가지가 있다. 첫 번째는 우리가 존엄성이라는 개념을 정신적 강도(強度)에 따라서 상대화시키는 경우가 많다는 것이다. 정신의 뼈대를 이루는 것이 기만적 거짓이라면, 그리고 이 기만 없이는 정신이 무너져버린다면 우리는 다소 관대한 판결을 내린다는 점이다. 어떤 거짓말이 내부를 파괴할 정도의 위험에서 그를 보호해준다면 존엄성은 그리 큰 타격을 입지 않는 걸로 본다는 뜻이다. 완치율이 낮은 중병과 투병 중이라든가 자아상을 파괴할 정도로 심각한 무능력을 인정해야만 하는 경우가 있다. 우리는 그런 경우 자기기만을 그만두라는 것은 무리라고 생각한다. 자라는 이렇게 중얼거릴지도 모른다. 당사자가 허상의 괴멸을 지탱할 만큼 강하지 않다면 그에게 자기기만이 비존엄적인 것이라고 비난할 수는 없다고, 남편 베른하르트는 그렇게 강한 사람이 아니라고, 그래서 그의 거짓말에 당장은 견딜 수 없는 느낌이 들더라도 지금처럼 한 번 더 생각하면 곧 괜찮아질 거라고.

두 번째는 이렇게 생각해보는 것이다. 내면이 너무 많은 문제들로 차 있을 때는 존엄성이 위험에 처했다고 보지 말아야 한다는 것이다. 대신 너무 존엄성이라는 관점에서만 매달려 모든 것을 바라보는 것이 아닌지 생각해보아야 한다. 오히려 당사자의 존엄성 문제라기보다 보는 사람의 존엄성 문제라고 생각하는 것이 앞서 서문에서 말했던 '인간의 삶이 처한 위험성에 대한 답으로서의 존엄적 삶'에 걸맞다. 그러기 위해서는 언제 존엄성의 잣대를 들이대고 언제 그러지 말아야 하는지 적절한 기준이 있어야 한다.

정직성의 한계에 대한 문제는 타인에게만 한정되어 있는 것이 아니다. 나도 나 자신 앞에서, 즉 내면으로부터 물어볼 수 있다. 삶을 기만하는 거짓말이 내 존엄성을 떨어뜨려야만 하는 것인가, 하고. 거짓을 거짓으로 인식하지 않는 사람은 이런 질문을 던질 수 없다. 질문이 없으니 대답도 없다. 그러나 사물이 명확해지는 순간이 온다. 그때 진실의 끄트머리가 조금씩 삐져나오기 시작하면서 거짓이 모습을 드러낸다. 결혼 생활, 친구 관계, 직업, 정치적 활동, 아니면 자신과는 전혀 동떨어진 이유로 지속하고 있던 기타 활동 등의 윤곽이 드러난다. 우리는 윌리 로먼이 자신이 그토록 큰소리치던 성공한 세일즈맨은커녕 직장 사람들의 놀림감에 지나지 않는다는 사실을 털어놓자 무슨 일이 일어나는지 앞에서 살펴보았다. 존엄성을 털끝 하나 건드리지 않은 채 옛날의 거짓말로 돌아가는 방법은 과연 없을까? 진실이 드러나는 순간, 갑자기 스스로가 자신의 주치의가 되어 진실을 마주할 힘이 없다는 병명을 내리며 또다시 기만을 계속 이어가라는 처방전을 써주면 안 되는가? 존엄성을 가진 사람으로서 스스로를 인정하고 스스로 결정하는 행위라고 보면 안 되는가?

이와는 전혀 다른 것도 있다. 계획적이고 치밀하게 계산된 자기기만이 그것이다. 즉흥적이고 무계획적인 반응이 아닌, 끔찍한 병을 앓고 있다는 사실을 견뎌내기 위해, 혹은 감옥이나 집단 수용소에서의 경험, 실패하거나 버려졌던 기억 같은 너무나도 무겁고 힘든 상황 앞에서 자기기만의 거미줄 속으로 달아나는 의도적이고 계획적인 현실도피도 있다. 이것은 자기방어의 행위이며 심지어는 자기 자신으로부터의 공격을 막아내기 위한 것일지도 모른다. 이것 또한 일종의 독립적 행위라는 면에서 존엄성을 보존하거나 창조하려는 시도로 볼 수 있지 않을까?

여기서 한발 더 깊게 들어가 보자. 존엄성을 완고하고 심지어 그로테스크하기까지 할 정도로 거짓에 집착하는 태도로 보는 것이다. 로먼의 존엄성이 바로 이런 것이 아닐까? 그렇다면 그것은 고착된 절망의 세련된 형태가 아닐까? 모든 것을 잃어버려 더는 잃을 것이 없고 모든 상황이 전부 자기한테 등을 돌렸음에도 불구하고 세상에 거칠 것이 없는 사람처럼 행동한다는 사실이 그 어떤 것에도 굴하지 않는 삶에의 강한 의지를 의미할 수도 있다는 것이 놀라운 점 아닐까? 가망 없는 싸움에서 병사들이 "이 다리를 반드시 사수한다!"라고 외칠 때처럼, 로먼은 병사들을 인솔하는 군대의 깃발처럼 인생의 커다란 거짓말에 의지해야만 앞으로 나아갈 수 있다는 것, 그러나 그 깃발을 높이 쳐들고 걸어가는 사람이 정작 그 자신이라는 사실이? 죽음을 코앞에 둔 사람이 새로운 계획에 착수한다든가 여행을 예약한다든가 하는 것을 볼 수 있다. 표정을 알 수 없는 얼굴로. 그러나 혹시 또 모른다, 그가 살짝 웃었는지도. 이것 또한 존엄성의 하나가 아닐까?

사물을 이름으로 부르기

윌리 로먼은 지하실에 호스 한 개를 숨겨놓았다. 가스를 마시고 스스로 목숨을 끊을 수 있는 가능성을 마련해둔 것이다. 린다는 이 호스를 발견하지만 아무 말도 하지 않는다. 만일 아내가 호스를 발견했다는 사실을 로먼이 알아냈다고 가정해보자. 호스가 전과는 다른 모양으로 걸려 있다. 그러나 로먼도 입을 다문다. 이제 호스는 **금기**가 되었다. 말해서는 안 되는 것 말이다. 이 금기는 두 사람의 관계를 갉아먹을 것이다. 아내가 알았다는 것을 안 이상 로먼은 린다의 모든 행동과 말을 이전처럼 예사로 듣지 않을 것이다. 작은 충격도 견뎌낼 수 없는 절대적 안정이 필요한 환자처럼 자신을 대하는 그녀를 보아야만 할 것이다. 아내의 감정들은 예전처럼 즉각적이고 직접적이지 않다고, 이제 **진짜**가 아니라고 느낀다. 로먼 또한 참됨을 잃었다. 이제 아내의 행동과 말을 그대로 믿지 않으면서도 믿는 척 가장해야 한다. 아내 앞에서 연극을 해야 하는 것이다. 감정과 태도는 어쩔 수 없이 미리 계산되고 조율된, 가장된 것이 되고 만다. 지하실에 내려간 로먼은 호스가 원래 모양과 다르게 걸려 있는 모습을 보고 의심을 한다. 뒤를 도는 순간, 린다가 급히 문을 통해 나가는 모습이 언뜻 스치는 것도 같다. 자기 아내가 호스를 발견했다는 것을 알아내고도 남편이 아무 말도 하지 않았다는 사실을 린다가 알게 된다면 일은 더욱 복잡해진다. 이제 비밀이 더 이상 비밀이 아니라는 것을 양쪽 다 알게 된다. 자신이 알고 있는 것을 상대방이 모른다고 가장하는 연극을 계속해나가며 두 사람은 서로의 거짓말에 묶여 꼼짝할 수 없는 존재가 된다. 두 사람이 가지는 감정이나 하는 행동이 자신들이 알고 있는 사실과 전혀 일치하지 않기 때문이다. 아는 것과 태도와 감정, 이것들 사이에 의식적으로 일부러 유지되는 격차가 없어야 한다는 것, 이것은 진짜를 구별하는 데 중요한 잣대 중의 하나다.

로먼과 린다가 상대방을 바라보는 눈길은 상대방이 알고 있다는 것을 자신도 알고 있다는 눈길이다. 이대로는 도저히 살아갈 수 없다. 무엇보다도 존엄성을 잃으면서 살아가는 것밖에 안 된다. 두 사람은 결단을 내려야 한다. 금기를 깨고 호스에 대해 이야기하는 것이다. 로먼이 이야기하는 장면을 상상해보자. "알았소. 호스의 존재에 대해 알아냈군. 당신이 호스를 보았다는 사실을 나도 알고 있소. 그러니 어디 한번 이야기를 해봅시다." 이렇게 진실을 인정하는 것은 새로운 존엄성이 탄생할 가능성을 열어준다.

그런데 금기에 손을 대고 금기어를 입에 올린다고 해서 언제나 이와 같은 해방의 순간이 오는 것은 아니다. 두려움의 대상인 금기어는 끔찍함과 함께 존엄성을 다시 한 번 위험으로 몰아넣는 위험을 초래할 수도 있다. 유진 오닐의 희곡《밤으로의 긴 여로》에 나오는 메리 타이론은 아편중독자다. 요양 치료를 끝내고 집으로 돌아온 메리는 아편의 유혹을 물리친 듯하지만 곧 다시 옛날로 되돌아가고 만다. 작품의 중심이 되는 이 사건을 계기로 가족의 위선과 기만이 드러나게 된다.

메리 아무리 생각해봐도 다시 시내에 다녀와야겠어요. 약국에서 사 올 것이 있는데 잊어버렸네요.

타이론 그 물건을 숨겨놓고도 모자라서 더 받아오려고 한단 말이지! 제발 넉넉히 챙겨둬. 그걸 달라고 소리소리 지르며 미친 여자처럼 잠옷 바람으로 달려 나가 방파제에서 떨어지려고 했던 그 밤을 다시는 겪고 싶지 않으니까 말이야!

메리 제임스! **그 이야기**는 더 이상 하지 마요! 내게 굴욕을 주지 마요!

로먼과는 달리 여기서는 밝혀야 할 비밀이 존재하지 않는다. 메리의 아편중독은 몇 년 전부터 가족 모두가 아는 사실로, 그들의 삶에 어둡고 우울한 그림자를 드리우고 있었다. 메리가 말하는 굴욕은 허가되지 않은 가장 깊은 내면으로 들어가야만 알 수 있는, 굳게 닫힌 비밀의 자물쇠가 열림으로써 드러나는 그런 치욕이 아니다. 여기서 말하는 굴욕은 다른 것이다. 자신의 약물중독이 구체적인 이름으로 거론되고 자신이 저질렀던 충격적인 그날의 기억이 다시 돌아오는 데서 기인한 굴욕이다. 즉, 불행이 또 한 번 **거론**되었다는 점이다. 어떤 것을 반복적으로 **언어**로 표현한다는 행위가 요점인 것이다. 메리가 몸서리치는 이유는 바로 이것 때문이다.

무엇을 말로 표현한다는 것은 그것이 또 다른 무언가가 아니라 바로 **그것**이라는 점을 공식화하는 것이다. 이를테면 전쟁, 배신, 거짓말 같은 말들이다. 무엇에 명칭을 붙일 때는 그것이 뜻하는 바를 인정한다는 의미다. 그리고 그 말에 따라오는 모든 것을 인정하라는 뜻이다. 중독이라는 말을 예로 들어보자. 그것은 자기가 주인이 아니고 강박적인 의지의 노예가 되었다는 뜻이다. 그렇다면 무엇을 명명하는 것은 어떤 경우에 해방의 행위가 되며 또 어떤 경우에 파괴적인 굴욕이 되는가?

타이론이 아내에게 다음과 같이 말한다고 설정해보자. "약국? 거길 또 간다고? 자꾸 그러면 그 빌어먹을 중독에 다시 무릎을 꿇게 된다는 사실을 몰라? 언제까지 그렇게 노예처럼 살 거야? 약물은 **숙명**이 아니야! 정신 똑바로 차리고 싸워봐! 바로 **당신 자신의 인생**이잖아!"

원래 대사와의 차이점은 무엇일까? 말투만 달라졌다고 느껴질 수도 있고 타이론의 감정에도 차이가 난다고 보일 수도 있다. 그러나 실은 더 큰 차이점이 있다. 메리의 존엄성에 차이점을 만드는 것이다. 타이론의 두 번째 말은 메리에게 미래가 있다는 것을 배제하지 않는다. 옛날 습관을 벗어나서 변화할 수 있다는 가능성이다. 타인에게 존엄성을 부여하려고 한다면 고정된 기대로 그의 숨통을 죄지 말아야 한다는 것을 2장에서 언급한 바 있다. 아무리 강력하고 고질적인 습관이라 하더라도 달라질 수 있다는 가능성은 인정해야 한다. 타이론의 원래 대사에서는 이러한 개방성이 결여되어 있다. 그는 빈정대는 말투로 메리를 구제 불능 인간으로 만들어버린다. 또한 음산했던 그날 밤을 다시 기억 속으로 불러낸 것도 두 번째 대사처럼 호되게 나무라는 투가 아니고 '너는 오래전부터 중독에 빠진 노예였고 앞으로도 그럴 것이다.'라는 것을 환기시켜주는 것에 지나지 않는다. 그의 말에는 미래의 가망성이 전혀 보이지 않는다. 그러면서 눈앞에 굴욕을 보란 듯 들이댄다.

원작과는 다르지만 타이론이 메리에게 이런 말을 한다고 가정해보자. "너는 **알코올중독자**다." 하듯이 "당신은 **아편쟁이**야."라고. 에둘러 말하거나 사실을 부정하는 모든 시도에 종지부를 찍으며 딱 잘라 단언하는 것에 그치지 않고 그 단어가 입에서 나온다는 사실 자체가 굴욕을 만들어내는 것은 아닐까? 어떤 말을 입에 담는 것은 행위의 일종이며 상황을 변화시킨다. 그 말을 듣는 사람과 하는 사람 사이의 관계는 그 행위에 의해 달라진다. 심지어 두 사람 다 이미 그 말을 마음속으로 생각하고 상상해볼 때부터 달라진다고 할 수 있다. 굳이 입 밖에 내지 않아도 서로가 상대방의 생각을 읽는 그 순간부터 달라진다. 왜 그럴까? 단정 짓는 말이 위험한 것은 어떤 이유에서일까?

어떤 말이 일단 입 밖으로 나와버리면 더 이상 미화나 부정의 여지가 없어진다. 불행이 불행이 아닌 것처럼 가장할 가능성이 사라지는 것이다. 또 이런 말들에는 분명 어감이라는 것이 있어서 듣는 사람은 실상보다 더 끔찍하게 받아들이기가 쉽다. 알코올중독자, 아편쟁이, 이런 말들에는 선입견이 깔려 있어서 그 자체만으로도 연상 작용이 일어나 수치와 경악을 불러일으킨다. 그래서 이런 말을 입에 올리는 것은 잔인한 일이라고 생각할 수도 있다. 알코올중독자나 아편쟁이는 어떤 집단이나 종을 한꺼번에 일컫는 표현이라고도 볼 수 있기 때문에 이렇게 한번 불리면 벗어나기 힘든 면을 가지고 있다. 듣는 당사자에게 변화의 가능성을 인정하지 않는 표현이다. '술을 너무 마셔대는 사람'은 언젠가 술을 끊을 수도 있다. 그러나 '알코올중독자'가 술을 끊기는 매우 힘들다.

체면 지키기

우리는 일생의 대부분을 타인의 시선 아래 살아간다. 그래서 특정한 방식으로 우리를 내보이며 특정한 얼굴로 그들을 대한다. 이 얼굴은 사회적인 표면, 가시적인 정체성, 그 뒤에 숨을 수 있는 가면이다. '얼굴'이라는 말을 좁은 의미로 보자면 말 그대로 우리가 얼굴에 나타내는 표정과 기색을 뜻한다. 그런데 그 밖에도 얼굴 표정과는 관계없는 많은 것들이 얼굴이라는 말뜻에 들어 있다. 사회적 역할, 능력과 영향력과 권력 같은 것들, 흔히 성격이라고 부르는 습관과 사고방식, 외부로 표출되는 사고와 감정 등이 그것이다. 우리는 평생 동안 끊임없이 사회적 얼굴, 즉 체면을 다듬어나간다. 체면을 잃는 것은 위험한 일이다. 그것은 무방비와 무력감을 뜻한다. 그러므로 체면을 잃는다는 것은 굴욕과 연결되어 있다.

우리는 체면을 지키기 위해 거의 모든 수단을 총동원한다. 그리고 다른 사람의 체면을 지켜주기도 한다. 거짓말 없이는 안 되는 일이다. 그중 교묘하고도 흥미로운 거짓말이 있는데, 이것은 사실과 다른 것을 주장하는 것이 아니라 진실을 말하지 않는 방법을 쓴다. 이때 쓰이는 화법은 처세술적인 완곡어법과 미화법이다. 내용 없는 공허한 타협, 정적(政敵)의 의견을 존중한답시고 하는 말, 대화가 자꾸 옆길로 빠지는데도 진전이 있었다고 하는 말, 실패한 사람의 능력을 치켜세우는 일 등등. "**실수**에서 비롯된 일입니다." 실은 큰 과실이 있었음에도 사람들은 흔히 이렇게 말한다. "누구나 실수는 하게 마련입니다." 이 말 한마디면 크게 체면을 구기는 사태는 면한 것처럼 보인다. 감정서나 근무 능력 평가서에서도 이런 거짓말은 흔한 일이다. 당연히 해야 할 일을 큰 능력인 것처럼 강조하거나 결점은 언급하지 않음으로써 그냥 넘어간다. 틀린 말은 하나도 쓰여 있지 않지만 전체적으로 본다면 다 틀린 것이다. 어떤 특정 관직이나 감투를 맡고 있는 사람이 개인적으로 원수진 사람에게 공식적으로 찬사를 보내야 할 때가 있다. 잘 들어보면 중요한 것은 쏙 빼놓는 방식으로 거짓된 찬사를 보내는 솜씨에 우리는 혀를 내두르게 된다. 찬사를 받은 이는 감사의 답사로 화답하는데 이것 또한 가관이다.

이런 식으로 체면을 지키는 데 일조하는 거짓말은 놀라울 정도다. 너무 속이 뻔히 들여다보이기 때문이다. 거짓말을 하는 측과 거짓말을 들어야 하는 측, 양측 다 진실이 아니라는 것을 알고 있다. 그럼에도 불구하고 통용되는 것이다. 거짓이 마치 진실인 것처럼 취급된다. 왜냐, 누군가 수모를 당한다면 중대한 문제가 될 수 있기 때문이다. 조지 W. 부시가 이라크에서 전쟁을 일으켰을 때의 일이다. 거짓에 기반을 두었으며 국제법에 위반되는 전쟁이었다. "시간이 없습니다." 그의 수하들이 온갖 매체에서 떠들어댔다. 많은 사람들은 그것이 거짓말이라는 것을 알고 있었다. 그러나 아무도 이렇게 말하지 않았다. "**거짓말이다!**" 이렇게 말하는 것은 금기였다. 심지어 비판적 성향의 신문들마저도 거짓말이라는 단어로 명확하게 표현하기를 꺼렸다. 대신 'L word'라는 말을 썼다. 시간이 지나 정말 모든 사람들이 거짓말이라는 것을 알고 난 후에도 거짓이라는 말은 사용되지 않았다. 사람들은 당시 전쟁에 반대했던 현 정부가 부시가 일으킨 전쟁이 국제법을 위반했다는 사실을 **규명**해주기 바랐지만 그 바람은 이루어지지 않았다. 그것 또한 금기였던 것이다.

명확한 단어로 거론되지 못했던 부시의 거짓말과 기만은 진실을 향한 의지라는 면에서 존엄성에 위배된다. 그러나 이렇게 명백하고 단순한 경우만 있는 것은 아니다. 자살이 거의 명백한데도 그것을 자살이라고 부르지 않고 '사고사'라고 끈질기게 불리는 경우를 볼 수 있다. 어쩌면 작품 속 인물인 제임스 타이론이 아이들이 아직 어렸을 적에 이렇게 말했을지도 모르겠다. "엄마는 피곤해서 약을 드셔야 해." 우리는 이것을 '**우회적**(迂廻的) **단어 선택**'이라고 부른다. 본질을 덮을 우려가 있음에도 불구하고 어떤 특정 단어를 선정해서 사용하는 것을 말한다. 이 경우에도 역시 누군가의 체면을 지켜줄 필요에서 비롯된 것임을 알 수 있다. 진실을 덮어두자는 암묵적인 동의가 이루어져야 가능한 일이다. 그러나 이런 시도는 존엄성을 파괴시키는 것이 아니라 오히려 지켜주는 결과를 낳을 수 있다. 이유는 무엇일까?

결정적인 것은 **동기**에 있다. 끔찍함과 무자비함으로부터 보호하려는 동기다. 스스로를 죽이려고 한 사람으로 사람들 앞에 서고 회자되는 일, 아편에 완전히 침몰해버린 어머니가 되는 일은 너무나도 잔인하다. 사실을 약간 퇴색시키고 색깔을 입히는 단어가 잔인함을 막아주는 역할을 한다. "하지만 당사자와 주변 사람들이 다 알고 있는데도 어떻게 그게 가능합니까?" 어느 날 타이론의 아들들이 아버지에게 어쩌면 이렇게 물어볼지도 모른다. "모두가 인정하는 거짓말이 어떤 종류의 존엄성을 지켜준다는 겁니까? 너도 알고 나도 아는 거짓을 이용해서까지 이뤄진 존엄성이라면 괴상한 존엄성 아닐까요?" 아버지는 어떤 대답을 할까? "나도 잘 모르겠다. 존엄성이라는 건 어쩌면 오해, 그것도 아주 절망적인 오해가 아닐까. 툭 터놓고 말한다면 사실 그것은 그냥 두려워서가 아닐까 싶다. 딱 들어맞는 말이 두려운 거지. 좀 더 부드러운 말에 왠지 의지하고 싶은 거야. 인간은 무언가에 의지하고 싶으니까…….”

어리석은 허언

진실을 향한 의지로서의 존엄성은 **지적 정직성**이라고 부르는 개인의 사고와 깊은 관련이 있다. 이것은 한마디로 ‘알지 못하거나 알 수 없는 것을 안다고 하지 않는 것’이다. 우리는 여러 가지 가정을 생각하거나 어떤 일에 대해 숙고한 것을 말로 표현하고 토론할 수 있다. 그 가정과 숙고가 비록 빈약한 토대에서 비롯된 것이라 할지라도 말이다. 지적 정직성에서 반대하는 것은 이러한 것들이 아니라 그러한 가정과 숙고를 지식이라고 주장하는 행위이다. 지식이라는 것은 가정과 숙고의 밑바탕을 이루는 것이다. 이러한 현상은 특히 정치가들의 주장에 매우 잘 나타난다. 이들의 주장은 너무도 복잡하고 심층적이어서 아무도 정확한 상황과 대응 방안을 알지 못하는 주제의 연관 관계를 다룬다. 그러나 정부의 수장이나 장관들이나 당 대변인들은 대중 앞에 나와서 오직 자신만이 사건을 제일 잘 알고 있다는 식으로 말한다. 다른 사람은 다 틀렸다는 식이다. 상황을 어떻게 보느냐, 그리고 어떤 계획을 세우느냐에 대해선 자기네들의 주장 말고는 다른 대안이 없다는 것이다. 당과 행정부 안에서 만들어지는 온갖 은유와 전략은 그 무식하고 단순함에 탄복할 지경이다. 그들의 무지함이 커질수록 기자회견장에서의 보디랭귀지는 격렬해진다. 텔레비전의 소리를 줄이고 오직 화면만을 들여다보면 스스로를 설득하려는 몸짓으로 자기의 무식을 가리려고 한다는 것을 금방 알 수 있다. 귀중한 지식을 전달하는 사람은 그런 몸짓을 필요로 하지 않는다. 다시 소리를 크게 해봐도 나아지는 것은 없다.

그저 민망하고 천박한 연극이 계속될 뿐이다.

반대로 이런 경우를 생각해보자. 연설자가 이렇게 입을 연다. "사실관계는 여러분이 이미 알고 있는 대로입니다. 대응이 필요하다는 것은 두말할 나위 없습니다. 그러나 과연 무엇을 해야 할지 자신 있게 주장할 수 있는 사람은 없습니다. 미리 예상할 수 없는 요소가 너무나도 많습니다. 여러분들이 이미 들으신 바와 같이, 저희 내부에서 여러 가지 제안이 나왔습니다. 그들 중대한 의견들 중에는 서로 상충되는 것들이 많습니다. 우리 정부가 무조건 야당보다 문제를 더 잘 해결할 수 있다고 주장한다면 그것은 정직하지 못한 태도일 것입니다. 한 가지 사실은 확실히 말씀드릴 수 있습니다. 지금 여기 앉아 있는 모두가 불확실한 조건하에서 결정을 내려야 한다는 것입니다. 정직하고 타인의 말을 경청하는 사람이라면 자신이 던진 표에 나중에라도 스스로 의문을 제기할 수 있는 것입니다. 다른 사람이 옳을 수도 있다는 것을 알기 때문입니다. 저는 우리의 정책을 알리고 선전하러 나왔으며 당연히 다수의 사람이 우리를 지지해주시기를 바랍니다. 제가 들어왔던 수많은 주장 중에서 우리의 주장이 가장 확실하다는 확신이 들었기 때문입니다. 하지만 자만심이나 독선에 차거나 싸구려 인신공격을 하지는 않겠습니다. 그런 것들은 모두 바보들에게나 통하는 것입니다. 우리가 지금 추진하고 있는 것들이 훗날 실책으로 판명될 가망성을 완전히 배제할 수는 없습니다. 우리는 최대한의 지식과 양심을 바탕으로 행동하고 있습니다. 그러나 우리와 반대되는 주장들을 존중하고 우리의 주장을 점검하려 합니다. 인간 사회를 이루는 것들은 매우 복잡하고 다면적이라 100퍼센트 확실한 것은 아무것도 없습니다. 우리는 그 점을 인정하며 여러분을 대할 때도 항상 명심할 것입니다. 이 의회의 품위에 걸맞도록 말입니다!" 이런 말이 울려 퍼지면 분위기는 금방 바뀔 것 같지 않은가! 음량을 줄이고 싶은 사람은 아무도 없을 것이다.

지적 정직성에는 모르는 것을 인정하는 것 말고도 사실의 인정이라는 것이 포함된다. 특히 도덕적으로 중대한 의미를 가진 사실을 다룰 때 그러하다. 그러므로 진실이 결여될 때 법적 사안으로 다루어지기까지 한다. 실재했던 민족 학살을 부정하는 행위는 법의 처벌 대상이다. 설령 그 주장으로 아무도 실제 피해를 입지 않았다고 하더라도 **안 되는 것은 안 되는 것**이며 **있을 수 없는 일**이기 때문이다. 이런 것을 보고 우리가 느끼는 감정은 존엄성의 부재로 인한 역겨움이다.

미신을 대할 때도 우리는 그것을 존엄성과 상충되는 것으로 받아들인다. 호텔에 13층이 존재하지 않는 경우가 많다. 13이라는 숫자가 불행을 불러온다고 믿기 때문이다. 사람들은 엘리베이터 안에서 13층 버튼이 없는 것을 보고 한번 웃고 지나간다. 그러나 순간적으로 찝찝하고 불쾌한 기분이 든다. 미신을 향한 진지함이 도대체 주변의 상황과 맞지 않기 때문이다. 그까짓 것 있으면 어떻고 없으면 어떤가, 그건 사실이다. 그러나 우리를 진실로 황당하게 하는 것은 이 사소한 예 속에 숨어 있는 훨씬 일반적인 그 무엇이다. 그것은 **이유**라는 개념에 대해서 진지하게 생각해보지 않는다는 것이다. 어떤 일의 이유라는 것은 자신의 확신을 변화시킬 수 있고 또 변화시켜야만 하는 그 무엇이다. **아무거나 믿으면 안 돼!** 하고 소리치고 싶은 사람도 있을 것이다. 바로 이 원칙은 진실을 향한 의지와 관련을 맺고 있다. 어떤 것에 이유라는 것이 부여되면 자신의 믿음이 옳다고 생각할 수 있는 가능성이 높아지기 때문이다.

카지노에 가보면 몇 날 며칠이고 기계 앞에 앉아서 숫자를 적는 사람을 볼 수 있다. 구슬이 앞으로 어디로 떨어질지는 이전에 어디로 떨어졌는지와는 전혀 상관이 없다. 조작되지 않은 정상적인 기계에서는 그런 연관성을 찾아볼 수 있는 시스템이 없다. 판이 새로 시작할 때마다 처음부터 다시 시작되는 것이다. 그곳에 앉아서 숫자를 적고 있는 사람들의 광신을 보고 있노라니 답답해서 견딜 수가 없다. 미신은 그것을 믿는 사람들의 존엄성마저 위험에 빠뜨리는 것이다.

다른 사람을 미신으로 끌어들이는 행위도 존엄성을 훼손하는 행위이다. 루르드를 예로 들어보겠다. 루르드는 끔찍하기가 말로 할 수 없는 곳이다. 온 도시를 숨 쉴 틈 없이 꽉꽉 메운 상술과 통속성 때문만이 아니다. 최악은 마지막 지푸라기라도 잡으려는 심정으로 기적의 치유를 바라며 그곳에 모여든 수많은 마비 환자와 장애인의 광경이다. 즉각적으로 병이 낫는 경우도 있지만 그것은 매우 희귀한 경우로 의학계에서는 아직 원인을 밝혀내지 못하고 있다. 정신적인 변화가 육체의 변화를 이끌어내는 것인지도 모른다. 그러나 성수가 끊어진 신경망을 다시 이어주지는 못한다. 누구라도 아는 사실이다. 반대의 사실을 믿어야 할 이유는 어디에도 없다. 누군가를 현혹시키는 것은 그의 존엄성을 망가뜨리는 행위다.

지적 정직성의 결여, 거짓말, 미신 말고도 또 하나가 더 있다. 현실감각과 진위 분간 능력의 부재에서 비롯되는 어리석은 허언이 그것이다. "어제 일요일은 오늘 일요일보다 좋았다." 등의 말장난이라든가 "리스본에서 뉴욕까지 도보로 편안히 모시겠습니다."와 같은 실없는 농담을 말하는 것이 아니다. 말의 내용에 **의미**가 있고 없고가 문제가 아니다. 어리석은 허언은 의미의 유무를 떠나서 말하는 사람이 자기가 쓰는 말이 사실에 부합되는지 아닌지 신경 쓰지 않는, 그리고 중요하지도 않은 그런 말을 뜻한다. 어떤 한 가지의 사실뿐만이 아니라 모든 사실이 관심 밖이다. 윌리 로먼의 사장인 하워드를 보자. 하워드는 윌리에게 이제 세일즈맨으로 일할 수 없다는 것을 통보한다.

로먼 하워드, 지금 나를 내쫓는 건가?

하워드 윌리, 아무래도 쉬셔야 할 것 같아요. 오랫동안 푹 쉬시란 말입니다.

로먼 하워드…….

하워드 푹 쉬고 나서 좋아지시면 다시 오세요. 그러고 나서 다음 단계를 의논해봅시다.

독자는 로먼이 "이런 제기랄!" 하고 소리치는 장면을 상상해볼 수 있다. 그의 욕설에 담긴 뜻은 '내 앞에서 그런 헛소리 하지 마!'라는 뜻일 것이다. '내가 언제 휴가를 달랬어? 다른 업무를 맡겨달라는 말인 줄 너도 **뻔히** 알잖아! 사람을 해고하면서 휴가라는 말은 당치도 않다는 걸 **뻔히** 알잖아! 무엇보다도 나한테 다시는 일을 주지 않을 거라는 걸 **너 자신이** 명확히 **알고 있어**. 그러니까 나중에 해결하자는 그따위 헛소리는 집어치워!'라고 속으로 부르짖고 있지 않을까.

로먼에게 의존성과 무력감을 직접 느끼게 함으로써 굴욕을 준 하워드는 이제 빈말로 다시 한 번 굴욕감을 안기고 있다. 사실을 논하는 진정한 대화에서 발을 빼고 듣기 좋은 말로 두루뭉술하게 넘어가려고 하는 것이다. 하워드는 자기 자신도 믿지 않는 말을 한다. 이것은 거짓말 축에도 끼지 못한다. 한갓 공허한 **헛소리**다. 입으로 떠드는 공갈이며 악의적 허풍이다. 이것은 인간관계의 존엄성을 망가뜨린다.

사실인 척 가장한 어리석은 허언, 그러나 사실은 허풍에 지나지 않는 얼렁뚱땅하는 식의 이야기는 실상 우리의 일상생활 곳곳에서 얼마든지 찾아볼 수 있다. 대부분은 그리 심각하지 않은 수준에서 이루어진다. 사람들은 이런 이야기를 통해 스트레스를 해소하려고 만나기도 한다. 이런 경우는 진위 여부나 인과관계가 중요한 것이 아니다. 어떤 감정을 억누르다가 참다 못해 정신적으로 조금 숨을 돌리려는 행위, 무방비적인 발언으로 내적 균형을 다시 찾으려는 시도라고 볼 수 있다. 또 사소한 잡담을 통해 정신적 스트레스를 덜 수도 있다. 이런저런 잡다한 주제에 대해 이야기를 나누는 것은 그저 상대방과 이야기를 한다는 데에 중점을 둔 것이지 옳고 그른 것이 중요한 것이 아니다. 말의 내용에 특별히 결과가 뒤따르지도 않고 여파가 오래가지도 않는다. 존엄성에 영향을 미치지 않는 경우라고 하겠다.

존엄성이 위협받는 경우는 수다로 풀기에는 상황이 너무 심각하고 진지한 때다. 하워드와 로먼이 처한 상황이 그 예다. 또 공식적으로 어떤 사실을 밝혀야 할 때가 그러하다. 경제가 일어나고 실업률이 내려간다. 정부 측 인사가 방송에 나와서 계속 구호를 외친다. "이게 다 누구 덕이겠습니까? **우리** 정부가 해낸 거죠!" 옆 탁자에 앉아 텔레비전을 보던 한 손님이 나에게 말을 걸어온다. "사람들이 코웃음 치는 것도 모르고 저리 떠들고 있으니 한심해서, 원. 헛소리도 유분수지 말입니다."

라디오에서는 또 이런 소리가 나온다. "이번에 스페인이 유럽컵 축구 대회에서 우승국이 된다면 국가 위기에서 벗어날 수도 있습니다." 은행에 걸린 포스터에는 이런 글귀가 쓰여 있다. "저리 융자로 걱정 없는 미래를 준비하세요!" 빚더미에 올라앉은 부부가 그걸 보며 기뻐한다. 내게 TV 토론회에 출연해달라며 토론회의 여자 사회자는 이런 말을 덧붙인다. "다른 건 신경 쓰실 필요 없고요, 말싸움만 제대로 잘 해주시면 됩니다." 옳고 그름은 아무 상관이 없다. 중요한 건 '사운드바이트', 즉 충격요법과 관심 몰이와 센세이션이요, '거지 같은 것'이다.

5장

자아 존중으로서의 존엄성

5장

주체로서의 우리는 자신의 행위를 자신에게만이 아니라 타인들에게도 이해시킬 수 있는 존재다. 이것은 행위에 얽힌 동기를 설명함으로써 이루어지며 이 과정에서 자신의 정체성이 드러나게 된다. 동기에 얽힌 이야기는 바로 본인의 이야기이며 어디서 왔는지와 어떻게 지금의 자신이 되었는지, 그리고 앞으로 어떻게 할 것인지가 이 이야기에다 나타나 있기 때문이다. 서문에서 밝힌 바와 같이, 동기에 관련된 이야기에서 자아상이 형성된다. 자아상은 내가 나 자신을 어떤 모습으로 보고 있는가 하는 것이다. 여기에는 현재의 모습뿐만이 아니라 앞으로 어떤 사람이 **되고 싶은가** 또는 **되어야 할 것인가** 하는 문제도 포함된다. 주체로서의 인간은 자신을 평가할 줄 알며 자신의 행동과 경험에 만족하는지, 즉 인정할 것인지 배척할 것인지 자문할 줄 안다. 이 평가에 따라서 자신의 행위와 감정을 **존중**할 것인지 **경시**할 것인지가 결정된다. 따라서 자아상을 동반하고 살아가는 존재는 자아 존중감을 획득할 때와 상실할 때의 경험을 모두 가지고 있다. 이러한 경험은 존엄성을 이해하는 데 큰 역할을 한다.

한계 짓기로서의 존엄성

자아 존중의 측면에서 본 인간의 존엄성은 이루고 싶은 목적이 있더라도 수단과 방법을 **가릴** 줄 안다는 것과 관련을 가진다. 이 존엄성을 가진 사람의 행위에는 **한계**가 있다. 아무리 큰 이익을 가져온다고 해도 어떠한 경우에서도 하지 않는 일이 있다는 뜻이다. 그는 자기 자신을 존중하기 위해 이 한계 안에서 머무른다. 만일 선을 넘으면 자아 존중감을 잃게 된다. 자아상은 이 한계선을 포함한다. 그가 어떤 특정한 일을 하지 않는 이유는 자아상과 맞지 않고 또 그의 정체성을 위태롭게 만들기 때문이다. 자아 존중에 신경을 쓴다는 것은 삶에서 이러한 종류의 인과관계가 일치하도록 노력한다는 의미다. 어느 날 자아 존중감이 지속되도록 하는 노력을 포기하게 된다면 그의 존엄성은 균형을 잃게 된다.

개인의 정체성에 깊이 관여하며 자아 존중감을 결정짓는 이 한계선은 도덕적 한계선을 동시에 겸하는 경우가 많다. 이것은 단순히 타인에 대한 배려일 수도 있고 잔혹성에 맞선 싸움에서 나온 결과로 생긴 경계선일 수도 있다. 설령 이 선을 넘는다고 해서 반드시 비도덕적인 것은 아니며 누구에게 피해를 입히는 것이 아닌 경우도 많다. 그럼에도 불구하고 선을 넘게 되면 더 이상 자신을 존중할 수 없게 되어버린다.

앞서 소개한 베른하르트 빈터가 과학자라고 가정해보자. 미신에 대해 무관용과 배척의 원칙을 고집하며 이성과 논리를 지키는 사람이다. 그런 그가 병에 걸렸다. 현대 의학은 불치병 선고를 내린다. 그러던 중 기적으로 병을 고치는 사람의 이야기를 듣게 된다. 이성적인 기준으로 생각해보면 기적 치료사의 방법으로는 병이 낫게 되어 있지 않다. 치료가 가능한지 그렇지 않은지 이미 결론이 나 있는 문제다. 그런데도 아내 자라와 친구들은 그래도 한번 시도해보라고 종용한다. "어차피 손해 볼 것 없잖아요. 게다가 다른 사람의 생명이 아닌 바로 당신 자신의 생명이 왔다 갔다 하는 일이고요!" 그들은 이렇게 말한다. 베른하르트는 이렇게 대꾸한다. "평생 동안 학문적 증명과 과학적 사고와 이성을 믿으며 살아온 나요. 그런데 이제 와서 미신 꽁무니나 뒤쫓으라니! 말도 안 되는 소리요!" "하지만 이런 경우에는 해볼 수 있는 모든 것을 해보는 것이 이성적인 것 아닐까요?" "아니. 왜인 줄 알아요? 성공할 것이라고 믿어야 할 이유가 단 한 가지도 없기 때문이오. 땅에 핀 잡초를 먹어야 할 이유가 전혀 없는 것처럼 말이오. 또 밑져야 본전이라고들 하는데, 그것도 옳지 않아요. 내가 나 자신을 우습게 여기게 될 거라 이 말이오."

병세는 악화되고 고통은 날이 갈수록 심해진다. 베른하르트는 남몰래 기적 치료사를 찾아간다. 집 앞에 도착한 그는 쉽사리 초인종을 누르지 못하고 한참을 왔다 갔다 한다. 그는 끝내 초인종을 누르지 않는다. 왜 그랬느냐고 만일 누가 물어본다면 이런 대답을 할 것이다. "나 자신을 배반하는 느낌이 들었어. 날 잃어버리는 것 같았다고. 나 자신을 잃으면 존엄성도 따라서 사라지겠지." 그래도 결국엔 기적 치료사를 찾아갈지도 모른다. 시키는 대로 물속에도 들어갔다 나오고 효험이 있다는 들꽃과 치료사의 손길과 중얼거리는 주문을 감내해야 될지도 모른다. 기적 치료사의 집을 나와 거리에 선 그는 하지 말 걸 그랬다는 생각을 한다. 기분이 울적해 집으로 돌아와 아내 자라에게 털어놓자 자라는 이렇게 말한다. "아직 무슨 큰일이 난 것도 아닌데 왜 그러세요!" 그는 이렇게 대꾸한다. "아니, 큰일이 일어났지. 내 안에서 큰일이 일어났어. 그냥 나 자신을 꾹 믿었더라면! 내가 나 자신이 아닌 것 같구려!"

반대의 경우도 생각해볼 수 있다. 자라가 병에 걸렸다고 해보자. 자라는 말한다. "당연히 가봐야죠! 안 될 이유가 뭐죠? 아무리 과학이 좋다지만 절대적인 건 아니잖아요? 나는 일단 다 고려해봐야 한다고 생각해요. 한번 해보는 거예요! 손해 본다 쳐도 기껏해야 한나절 헛수고한 셈 치면 되잖아요. 혹시 또 알아요, 병이……." 이윽고 치료사에게 다녀온 그녀가 말한다. "어휴, 괴팍하기가 이를 데 없는 사람이었어요! 또 집 안은 얼마나 으스스한지. 그래도 재미있는 경험이었어요." 베른하르트가 아내를 본다. 아내는 남편의 그런 눈길을 잘 안다. "그래서 자아 존중감을 잃어버렸느냐고요? 아니요. 고매한 혁명의 이상을 배반했다면 또 모를까, 이런 사소한 사건으로 그럴 일은 없어요."

자아 존중 유지를 결정짓는 한계선은 당사자가 스스로 긋는 것이라는 사실을 이 예가 확인시켜준다. 자아 존중과 존엄에 대한 평가를 내릴 때 타인에 의한 한계선은 의미를 가지지 않는다. 중요한 것은 본인이 스스로 그은 경계다. 내가 견딜 수 없다고 해서 다른 사람도 똑같이 느끼는 것은 아니다. 어떤 행동이 그 자체만으로 존엄성이 결여되었다거나 하는 것도 아니다. 존엄성의 문제는 항상 자아상과 행위의 한계선에 맞물려 있다.

장클로드 로망의 이야기로 다시 돌아가 보자. 주차장, 카페, 쥐라의 숲 속에서 수년간의 시간을 허비하며 어마어마한 거짓으로 삶 전체를 포장하여 정직성이라는 면에서의 존엄성을 내동댕이친 사람이다. 그렇다면 그는 자아 존중이라는 면으로서의 존엄성도 내던진 것일까? 우리는 아무리 상상력을 동원해도 로망의 입장이 되어볼 수가 없다. 도저히 참을 수 없을 정도로 자기 자신을 경멸해 마지않는 인물이었을 거라는 생각이 들기 때문이다. 자신의 거짓말과 그로 인해 잃어버린 삶의 시간으로 인해 자아 존중감도 상실했을 것이라는 예상을 해보는 것은 전혀 어렵지 않다. 그럼 우리는 여기서 이러한 의문이 든다. 자신을 어떻게 보느냐 하는 관점에 과연 모든 게 달려 있을까? 자아 존중에 관한 객관적인 기준 같은 것은 존재하지 않을까?

기회주의의 극단적인 예를 접했을 때도 비슷한 의문이 일어날 것이다. 홀로코스트를 소재로 오락성 영화를 만들어 큰 수익을 올린 사람, 상업 저널리즘이라면 치를 떨다가 돌연 찬성으로 돌아선 사람, 오랫동안 인종주의에 대항해 싸우다가 어느 날부터 분리주의 정치가의 연설 원고를 작성해주는 사람, 평소에 끔찍이도 싫어하던 숙모에게 남겨줄 재산이 있다는 것이 밝혀지자 갑자기 사랑스러운 조카로 변신한 사람, 출세하기 위해 성 상납을 마다하지 않는 여배우, 여자를 얻기 위해 사이비 종교 교단에 들어간 사람, 한 방 크게 터뜨릴 수 있는 소재를 위해 가리지 않고 남을 이용해먹는 개그맨, 매춘, 승리하기 위해 일단 아무것이나 **다** 말해놓고 보는 미국의 선거 풍경. 이 모든 것들이 존엄성이라고는 찾아볼 수 없는 역겨운 연극이 아닐까? 자아를 존중하는 사람에게서 과연 이런 풍경이 연출될 수 있을까? 이만하면 **객관적**으로 **명확**한 것이 아닌가?

그러나 주관적이지 않으며 자아상과는 상관없는 관점들도 존재한다. 이들이 가진 사상은 앞뒤 논리가 맞지 않는다. 얼핏 보기에는 주관적인 판단에서 나온 것처럼 보이지만 실상 그들의 뿌리는 두 가지 중 하나이다. 투사에 의한 것이거나 자아상들 간에 존재하는 문화적 공유성에 의한 것이다. 로망의 처지가 되어 주차장에서 꾸벅꾸벅 졸며 인생을 허비한다는 상상만 해도 어쩌면 자신을 그렇게 하잘것없는 존재로 생각할 수 있나 하는 생각에 몸서리를 치게 된다. 1차적으로 자신의 자아상을 반영하는 이러한 평가가 내 개인적 영역을 떠나서도 효력을 발휘한다는 사실은 내가 내 자아상을 다른 사람들과 공유하고 있다는 사실에 기인한다. 즉, 내가 아니라 어느 누구라도 치를 떨 거라는 예상을 하는 것이다. 앞에서 언급된 저급한 기회주의의 예를 보아도 그렇다. 우선 자신의 잣대를 들이대 보고 남들도 다 비슷한 잣대를 사용한다는 사실을 확인한 후에 존엄성에 대한 자신의 생각이 일반적이고 보편적인 것이라고 생각하게 되는 것이다.

이 불확실한 자아상이 사회적 역할의 일부분일 때, 그리고 그 역할이 강제적일 때에 위의 사고는 더 확고해진다. 1장에서 우리는 환자 본인의 의지에 반하면서까지 수혈과 제왕절개 수술을 행한 의사의 예를 보았다. "나는 도저히 선택의 여지가 없었습니다. 꼭 그렇게 해야만 했습니다." 그가 훗날 한 말이다. 그는 자신이 확실히 믿고 있는 바를 따르지 않으면 자기 자신과 분리되고 말 거라고 느꼈던 것이다. 결정에 관여한 것은 의사로서, 다시 말해 히포크라테스 선서와 하나가 되었던 자아상의 소유자로서 가지는 자아 존중심이었다. 다른 의사들도 그의 이러한 자아상을 공유하고 있으며 또한 법정에서도 인정되는 요소이기도 하다. 그럼에도 불구하고 자아상은 그저 자아상에 불과할 뿐이다. 즉, 특정한 배경과 문화적 조건을 토대로 만들어졌으며 언제든지 변화가 가능한 내적 기준이다. 자아상에 연결되어 있는 존엄성의 기준 또한 마찬가지다. 이러한 것들이 당사자가 처한 문화적 환경에 매우 의존한다는 사실을 잊지 않고 염두에 두어야만 타인의 자아 존중심과 그에 따르는 존엄성을 비난하며 자신의 사고를 강요하는 우를 피할 수 있다.

변화하는 자아상

자아 존중을 결정하는 자아상은 빈 공간에서 저절로 생겨나지 않는다. 이는 양육, 교육, 문화적 형성 과정이 합쳐져 오랜 시간 동안 천천히 만들어낸 산물이다. 양육과 교육과 문화에는 다른 것들도 중요한 역할을 수행한다. 이들을 인정하고 존중하는 것은 내 존재의 당위성을 형성하는 데 하나의 역할을 담당한다. 이들을 비판하고 무시하면 자아상이 묻힐 수 있으며 결국 무너질 수도 있다. 이런 의미에서 자아 존중은 사회적 현상이기도 하다. 그렇다고 해서 어떤 사회의 구성원이 되지 못하는 사람은 자아 존중심에 따른 존엄성을 갖고 있지 않다는 뜻은 아니다. 나는 내가 사는 장소와 내가 속한 집단이 정한 원칙에 따라 살고, 이것을 스스로가 선택한 것이라는 사실은 자아 존중심의 한 가지가 될 수 있으나 이러한 원칙도 결국은 혼자서 정하는 것이 아니다.

자아상이 집단의 다른 구성원들과의 교류를 통해서 발생한다는 것은 자아상이 변화할 수 있다는 말과 다르지 않다. 과거에는 자신을 이런 사람이라고 이해했는데 시간이 지남에 따라 그와 다른 자아상이 들어서면서 과거의 자아상이 사라지는 경우가 많다. 그에 따라서 자신에게 던지는 물음도 옛날과는 달라진다. 전에는 내면의 갈등과 불일치로 인식되었던 것이 훗날 일치감과 조화로움으로 느껴져 존중감이 향상될 수도 있다. 이것이 존엄성과 어떤 관계에 있는지의 물음에 답하기 위해서는 이 변화가 어떻게 형성되었는지 그리고 어떤 동기가 뒤에 숨어 있는지를 알아보는 것이 중요하다. 어떤 사람이 싫어하던 특정한 정당이 있었는데 정당 내에 연봉을 많이 주는 자리가 났고 그가 그 자리에 취직할 기회가 생겼다고 해보자. 그는 훗날 정당 대변인의 자리에까지 오른다. 가자미눈을 뜨고 바라보는 내게 그가 묻는다. "정치적 견해는 언제든지 바뀔 수 있는 것이 아닙니까?" 그는 이렇게 대꾸하면서 자신의 전격적 방향 전환을 사상적 발전의 과정으로 생각하려고 안간힘을 쓰고 있을지 모른다. 그러나 속으로는 다 알고 있다. 새로운 자아상과 새로운 자아 존중심이 돈에 매수된 것이라는 사실을. 그는 존엄이 부슬부슬 무너져 내리는 것을 조금씩 느낀다. 또 다른 예로, 어떤 집안과 결혼했다는 이유로 기존의 가치관을 바꾸는 경우도 있다. 이것은 잘못된 동기다. 기회주의다.

인간관계에서 비롯된 격렬한 감정이 내면의 경계선을 밖으로 밀어내 가능성의 영역을 넓히게 되었다면 어떨까? 사랑, 감동, 감사의 마음 같은 것들이 사물을 보는 눈을 변화시켜 자아 존중심이 새로운 상황과 조화를 이루게 되는 현상이 일어나게 되면 어떨까? 베른하르트 빈터가 새로운 사랑을 시작했다고 가정했을 때 전에는 낯설었던 가치관, 즉 도덕적, 정치적, 미적 상황에 대해서 전혀 새롭게 눈을 떴다면? 이제 그는 낙태 반대자가 되었고 세금 인하에 찬성하며 앤디 워홀의 열렬한 팬이 되었다. 옛날 같았으면 식당에서 옆 탁자에 앉은 사람이 대중오락

일간지의 기자라는 사실만으로도 자리를 박차고 나갔을 사람이 이제는 그 신문사에게 주최하는 파티에 간다. 그 기자가 새로 사귀게 된 애인의 친구이기 때문이다. 이제 대중 사우나도 즐겨 다니고 이전에는 입에 감히 올리지도 않았을 단어들을 쓴다. 자라가 손님 맞을 준비를 하느라고 거실을 청소하면 잔소리를 늘어놓던 사람이 이제는 스스로 먼저 청소한다. 이러한 변화는 계산된 것이 아니다. 그의 행동의 변화를 가능케 한 감정은 진심으로 우러나온 것이었다. 그러나 역시 문제는 있다. 가치관의 변화가 새로운 삶의 테마와 가능성 자체와는 상관없는 내적 변화로부터 비롯되었기 때문이다. 다시 말해서 판단의 기준이 새로이 형성된 것이 아니라 외부의 영향에 의해서 경계선이 앞뒤로 왔다 갔다 한 것뿐이라는 뜻이다. 이렇게 되면 변화를 가능케 한 원인이 되는 인간관계 안에서의 허용치와 그 인간관계를 벗어났을 때의 내적 허용치 사이에 커다란 격차가 생기게 된다. 새로운 애인과의 관계가 끝나고 베른하르트 빈터가 다시 옛날의 잣대로 돌아오게 되면 훗날 과거를 돌아보며 자칫하면 존엄성을 잃었을지도 모른다면서 이렇게 말하지 않을까. "내가 나 자신이 아니었던 것 같아. 내 옆에 또 다른 내가 서 있었던 것 같았지. 기분이 참 그렇네." 만일 그가 새로운 경험과 성숙의 과정, 스스로의 심사숙고를 거쳐 새로운 가치관에 도달했다면 이런 느낌은 갖지 않았을 것이다. 학생 시절 정치적으로 좌파 성향을 가지고 있다가 어떠한 과정과 시간을 거쳐서 점차 보수적으로 변했다든가 예술에 관한 물음들에 관해 점점 개방적인 사고를 하게 되었다든가 또는 사회적 관계에 있어서 관대하게 변화해나갔다든가 하는 것들을 예로 들 수 있겠다. 그런 사람은 과거를 회상할 때 이렇게 웃으며 반응할 수 있다. "맞아, 그랬지! 옛날에는 정말 그랬어! 내가 지금 이러리라고 과거에 상상이나 했겠어! 하지만 이제는 달라. 내가 하는 일이 어색하지 않고 편하기만 한걸."

베른하르트 빈터가 또다시 새로운 여자 친구를 사귀었다고 해보자. 이번에는 매우 독실한 기독교 집안에서 자라난 여성이다. 식전 기도, 미사, 고해성사, 기독교식 임종 절차, 루르드 방문 등 어느 하나도 소홀히 하지 않는다. 무신론자인 베른하르트는 어떻게 할까? 기도할 때 옆에서 뻣뻣하게 앉아 있어야 할까? 아니면 같이 기도문을 중얼거려야 할까? 믿지 않으면서도 입술을 달싹달싹 움직이는 척이라도 해야 할까? 그가 자아 존중에 해를 입히지 않는 묵인과 절대 용인되지 않는 묵인의 차이점을 이해할 수 있을까? 그런 묵인의 방법이 이 상황에서 과연 **존재하기는 하는 걸까**? 그냥 예의를 차리는 차원에서 미사에 참례할 수 있을까? 말로만 하는 신앙고백이 자아 존중에 위협이 되는 건 아닐까? 기도를 중얼중얼 따라서 하기만 한다지만 사실 이것은 입술을 움직이는 동작 그 이상의 의미를 갖고 있다. 적어도 남이 보기에는 무언가를 **말하고** 있는 것이다. 그는 평소에 이렇게 말하곤 했다. "고해성사는 존엄성 상실과 똑같은 말이야. 정직성이라는 면을 생각하면 언뜻 존엄스럽게 보일 테지. 그렇지만 가장 내밀한 것을 타인에게 털어놓는 행위야. 이것이 굴종인 이유는 규칙으로 정해진 것이기 때문이지. 죄를 말하고 용서를 사려는 불순한 목적에서 시행되고 사람이 내적으로 발전하는 데 아무런 도움이 되지 않아." 이랬던 사람이 어느 날 고해성사 칸막이 안으로 들어가는 모습을 상상할 수 있는가?

그러려면 종교적인 깨달음이 먼저 있어야 한다. 어떻게 그것이

가능하게 되었는지 그리고 그것이 과연 **정확히 무엇인지** 한마디로 말하기는 어렵다. 매우 많은 것에 관한 내적 기준이 변했으며 그에 따라 자신을 보는 눈도 달라졌을 것이다. 최후의 심판을 대비하기 위해 새로운 가치관을 받아들였다면 이것이 과연 기회주의인지 아닌지, 존엄성에 부합되는지 아닌지를 판단할 수 있을까? 존엄성 있는 개종과 존엄성 없는 개종의 구별이 존재하는가? 있다면 그 기준은 무엇일까?

파괴된 자아 존중

인간은 타인의 자아 존중심을 짓밟고 파괴할 수 있다. 이것은 사람이 할 수 있는 일 중에서 가장 잔혹한 일이다. 프리드리히 뒤렌마트의 희곡《노부인의 방문》은 이런 잔혹함을 그린 작품이다. 이것은 복수의 이야기다. 노부인 클라라 배셔는 젊은 처녀였을 때 알프레드 일이라는 남자의 아이를 가진다. 알프레드 일은 법정에서 아이의 아버지가 아니라고 부인한다. 그는 두 사람의 증인을 돈으로 사서 그녀와 동침했다는 거짓 증언을 하게 한다. 클라라 배셔의 소송은 기각당한다. "나는 매춘부가 되었소. 법원의 판결이 나를 매춘부로 만들었소." 노부인이 된 클라라 배셔가 말한다. 그녀는 모든 것이 돈으로 해결될 수 있다는 것을 배운다. 그녀는 죄다 사들인다. 매춘굴, 회사, 사람들까지도. 어마어마한 재산을 이루었으나 이제 늙어서 쇠약해진 부인은 클레어 자카나시안으로 이름을 바꾸고 젊은 시절의 뼈아픈 기억이 묻혀 있는 도시 귈렌으로 돌아온다. 부인은 정의를 되찾고자 하지만 결국은 당시 알프레드 일이 행했던 배신과 부조리에 대한 응징을 원하는 것이다. 그녀는 귈렌 사람들에게 이렇게 말한다. "당신들에게 막대한 돈을 주고 정의를 사겠소." 그러자 시장이 말한다. "정의는 돈으로 살 수 없습니다!" "돈으로 살 수 없는 건 없지요. 알프레드 일을 죽인다는 조건으로 거대한 금액을 시에 기부하겠소." "귈렌 시의 이름으로 그 제안을 거절하겠습니다. 인간성이라는 이름으로요. 차라리 몰락한 도시로 가난하게 사는 편을 택하겠습니다."

이것은 자아를 존중하는 태도에서 나오는 반응이다. 할 수 있는 것에는 저마다 한도가 있다. 사람은 매매할 수 있는 존재가 아니다. "그럼 기다리지요." 노부인이 아무 감정도 내보이지 않은 채 말한다. 기다림은 결국 결실을 맺는다. 귈렌 시민들은 점점 과소비를 시작한다. 음식, 의복, 가구 등을 모두 빚을 내어 사들인다. 어차피 시에 돈벼락이 떨어질 거라는 예상을 하는 것이다. 알프레드 일은 시민들의 생활수준이 점점 올라가는 것을 보며 자신의 죽음이 가까워옴을 피부로 느낀다. 그는 오랫동안 고민에 고민을 거듭한 후에 시장에게 이렇게 말한다. "이제 당신들이 재판관이 되겠군요. 어떤 결론이 나든 당신들의 심판에 따르리다. 그것이 내게는 정의가 되겠지만 당신들에게는 과연 무엇이 될지 나는 모르오. 그대들의 판결이 신 앞에서 떳떳하기 바라오. 나를 죽인다고 해도 불평하지도, 항의하지도, 거부하지도 않겠소. 그러나 당신들의 행위는 어디까지나 당신들의 행위로 머무를 것이오." 작가 뒤렌마트는 알프레드 일을 죽게 만든다. 그리고 노부인은 약속을 지킨다. 약속대로 돈이 지급된다.

뒤렌마트가 이 작품에서 하려고 하는 이야기는 1차적으로 알프레드 일이 살해당함으로써 복수가 이루어진다는 것이다. 그런데 노부인이 복수하려는 대상은 그 밖에도 전체 귈렌 시민들이다. 그들은 노부인의 자아 존중심과 그에 따르는 존엄성을 잃게 만든 장본인들이다. 이 이야기를 토대로 자아 존중이 파괴되는 복수극을 따로 써도 좋을 정도이다. 알프레드 일을 죽이기로 결정한 시민 투표 결과를 지켜보고 아마 노부인이 이렇게 말하지 않았을까 하는 상상을 해본다. "내 소원은 이것 단 한 가지였지. 너희들이 매수될 수 있는 존재라는 것, 그래서 자존감이고 뭐고 다 내팽개칠 준비가 되어 있다는 것을 증명하는 거였어. 아무리 그래도 내가 설마 진짜로 알프레드 일을 죽이고 싶었겠어. 물론 나를 배신한 건 사실이지만 그때 그는 스무 살도 안 된 어린애였지. 엄청난 부담감에 몸을 떨었을 거야. 나는 너무도 괴로웠지만 그렇다고 죽을 정도는 아니었어. 가장 힘들었던 것은 재판이 끝난 뒤 이 시골 구석 귈렌에서 창녀와 같은 취급을 받으며 인간 이하의 대접을 감수해야 했을 때였지. 나는 그런 굴욕을 겪고 지금의 복수를 계획했어. 그리고 성공했지. 순전히 돈 때문에 알프레드를 죽이려 했던 너희들은 목숨보다 중요한 무언가를 잃어버렸어. 그게 뭐냐고? 존엄성이야. 이제 너희들은 알프레드 일과 함께 살아가야 해. 하루하루를. 너희는 곁을 지나가는 그의 눈길을 견뎌내야 하겠지. '너는 자존감도 없는 인간이다. 돈을 위해서라면 뭐든지, 정말 뭐든지 할 인간이다. 너는 돈에 자신을 팔 것이며 존엄성을 땅에 던져버린 하찮은 존재다.'라고 그가 말할 때 너희들은 할 말이 없을 거야. 하나 더, 너희들은 그동안 끌어다 쓴 빚을 갚아야 할 거야. 나는 단 한 푼도 내놓지 않을 테니까. 너희 같은 천하의 기회주의자들에게 한 약속을 지킬 필요를 조금도 느끼지 않아. 나는 너희들이 얼마나 가련하고 미천한 존재들인지 증명해 보였어. 나는 끝없이 경멸한다. 알프레드 일의 경멸 속에 너희들이 숨이 막혀 죽어가길 바란다. 날마다 서서히!"

노부인은 귈렌 시민들을 유혹해 천하의 기회주의자의 길로 가도록 만듦으로써 그들의 자아 존중심을 파괴해버렸다. 이것은 유혹에 의한 파괴지만 또 다른 예도 있다. 그것은 공포와 고통을 줌으로써 파괴하는 방법이다. 조지 오웰은 이것을 그 어느 누구보다 정확하게 그려냈다. 빅브라더 체제의 최고 고문관인 오브라이언은 고문을 통해 윈스턴이 둘 더하기 둘은 다섯이라고 하는 지경에 이를 때까지 자기 자신으로부터 배반시킨다. 윈스턴은 자신에게 가해지는 굴욕을 1장에서 언급한 방법으로, 즉 내적 요새로 도망치는 것으로 반응한다. 오웰은 이렇게 쓰고 있다. "그는 당의 명령에 복종했지만 증오하는 마음은 변함없었다. 지금까지는 이단적인 사상을 표면적인 대세 순응주의로 잘 숨겨왔다. 그러나 이제는 한발 더 안으로 뒷걸음질 쳤다. 정신은 굴종했으나 가장 깊숙한 심장은 꼭 지킬 수 있도록 간절히 빌었다. (중략) 그는 이제 명확히 알 것 같았다. 비밀을 지키려면 자기 자신에게 숨겨야 한다는 것을. (중략) 그는 증오를 자신의 일부지만 다른 나머지 부분들과는 관계없는 물질 덩어리, 이를테면 일종의 혹처럼 마음속에 꼭꼭 감추어야만 했다." 아무리 그들이 자신을 총으로 쏴 죽인다고 해도, "그의 이단적 생각은 그 어떠한 벌도 받지 않고 후회도 남기지 않고 영원히 그들의 손아귀가 닫지 않는 곳에 머물 것이었다. 그들에 대한 증오를 품고 죽는 것, 그것은 자유를 의미했다." 그는 이러한 생각을 통해 파괴되지 않고 일부나마 남겨진 자기 존중감을 느낄 수 있었다. 자기 존중감에는 다른 요소도 있었다. 과거 연인이었던 줄리아를 절대 배반하지 않으리라는 신성불가침의 결심이었다. 이것이야말로 어떠한 일이 일어나도 끝내 넘지 않을 최후의 경계선이었다. 그러나 그는 마침내 지옥 중에도 가장 밑바닥인 101호로 보내지고 만다. 오브라이언은 굶주린 쥐 떼를 윈스턴의 얼굴에 던진다. 윈스턴에게 주어진 선택은 단 한 가지였다. 자기 대신 줄리아를 내세우는 것이었다. "돌연 이 세상에서 대신 벌을 받아줄 수 있는 사람은 오직 한 사람밖에 없다는 생각이 퍼뜩 떠올랐다. 자신과 쥐 떼 사이에 방패막이가 되어줄 수 있는 몸뚱어리 말이다. 그는 정신 나간 사람처럼 거듭 소리 질렀다. '줄리아를 불러요! 나는 빼줘요! 줄리아더러 하라고 하란 말이에요! 당신들이 그녀를 어떻게 하든 상관없어요. 낯짝을 쥐어뜯고 온몸의 껍질을 벗겨내요. 나는 놔줘요! 줄리아, 줄리아를 잡아와요!'" 훗날 윈스턴은 절대 되돌릴 수 없는 무언가가 인생에서 존재함을 깨닫는다. 그것은 자신의 행위였다. "가슴속에서 그 무엇이 죽임을 당하고 있었다. 불에 타고, 녹슬어 허물어지면서." 나중에 윈스턴과 줄리아가 만난다. 두 사람은 고백한다. "내가 당신을 배반했어요." 또 그날 이후로 서로에 대한 감정은 예전으로 되돌아갈 수 없었다고 이야기한다. 조지 오웰은 다음과 같이 썼다. "더 이상은 할 말이 없었다."

희생된 자아 존중

윌리엄 스타이런의 소설 《소피의 선택》에서 아우슈비츠 수용소에 끌려간 소피는 독일군 장교 루돌프 헤스의 군화를 핥는다. 참으로 읽어 내려가기 힘든 대목이다. 독자는 끓어오르는 분노와 모멸감을 느끼고 책을 방구석으로 던져버리고 싶은 충동을 느낀다. 어떻게 이런 일이 있을 수 있나, 하고 분개한다. 헤스의 장교실 밖으로 비르케나우의 화장터가 보이고 가스를 마시고 죽어간 유태인들의 시신이 타면서 내는 연기가 자욱하게 올라온다. 이 죽음의 공장을 운영하는 사람이 바로 헤스다. 사람이 누군가의 구두를 혀로 핥는다는 것은 상상으로도 차마 못 할 짓인데 독자는 그게 바로 나라고 생각하면 경악으로 온몸이 얼어붙을 지경이 된다. 게다가 다른 사람이 아닌 헤스의 군화를 핥는다는 건 더욱 상상할 수가 없다. 인간의 존엄성을 생각할 때 **그 어떠한 경우라도 절대로** 있어서는 안 되는 일이 존재한다고 부르짖고 싶어진다. 그럼에도 불구하고 소피가 그렇게 했다면 존엄성을 스스로 짓밟는 방식 중에 가장 처참한 방식이 되는 것이다. 이것은 자아 존중의 절대적인 상실이며 동시에 존엄성의 절대적인 상실이다.

그러나 상황은 실제보다 더 단순한 겉모습을 하고 나타난다. 첫인상이라는 것이 워낙 분명하고 강력한 것이기 때문에 우리는 단순히 직감을 따르기 쉽지만 상황의 각 부분과 세부적인 것까지 꼼꼼히 짚어보지 않으면 중요한 것을 놓치게 된다. 소피는 유태인이 아니지만 폴란드인이라는 이유로 아우슈비츠 수용소까지 끌려오게 되었다. 헤스는 소피의 독일어와 타자와 속기 능력을 보고 그녀를 선택한다. 그녀는 헤스의 타자수 역할을 하면서 그의 집 지하실에서 숙식하며 다른 사람들보다 조금 더 많이 잘 수 있게 된다. 또 혼자 조용히 지내며 남은 음식을 먹을 수 있는 혜택을 받는다. 아우슈비츠에서는 그야말로 엄청난 사치인 셈이다. 게다가 자신을 강간한 여성 동성애자 감독관의 손아귀로부터 피할 수도 있다. 폭력과 굶주림과 기타 비인간적인 고통으로부터 도망칠 수 있다는 사실이 소피로 하여금 헤스의 조수 역할에 간절히 목을 매달게 한다. 이런 소피가 헤스의 사무실에 앉아서 타자기를 두드린다고 해서 그녀를 비난할 수만은 없다. 누구라도 이해할 만한 이유가 있기 때문이다. 멀지 않은 곳에 시체 태우는 연기가 자욱하게 피어오르는 죽음의 수용소 총책임자 아이히만의 앞잡이 헤스를 두고 소피는 훗날 지독하게 역겨운 사람이었다고 진술한다. 그러나 소피가 작성해야 했던 보고서 문구는 이러한 문구들이었다. "비르케나우에서의 특수 치료 작전에 예상보다 더 많은 과부하가 걸리는 관계로, 그리스 출신 유태인들의 경우 동부 점령 지역 가운데 제3의 장소를 물색하는 방안이 조심스럽게 제기되고 있습니다." 행위의 당위성에서 굳건하고 절대 흔들리지 않는 인간 존엄성의 한계가 있다면 우리는 소피가 비르케나우 화장터의 짙은 연기 속에서 이런 문장을 썼다는 사실을 어떻게 받아들여야 할까? 또 그녀가 이런 문장들을 써서 잠시나마 도망칠 수 있었던 고통이 인간의 상상을 초월하는 것이라는 사실이 우리의 판단에 어떤 영향을 미칠까?

소피는 헤스를 유혹하려고 시도한다. 수용소에서 도망치게 해주지 않을까 하는 희망에서다. 헤스와의 사이에서 일종의 친밀감이 형성되는데, 읽는 독자는 괴롭다. 어떻게 수용소에 끌려오게 되었느냐는 헤스의 물음에 그녀는 이렇게 대답한다. "운명이 나를 당신에게 데려다주었어요. 오직 **당신**만이 이해해줄 거라는 걸 알고 있었기 때문이죠." 헤스는 그녀에게 초콜릿 한 조각을 주고 입술에 붙은 부스러기를 손가락으로 훑어 입속으로 넣는다. 그러고 나서 업무상 구술을 하는 척하며 그녀와 **그것**을 하고 싶다고 밝힌다. 그 일은 끝내 일어나지 않는다. 그녀는 돌연 헤스에게서 근접하기 어려운 아우슈비츠 장교의 모습을 다시금 본다. 광신적으로 유태인을 혐오했던 부모 밑에게서 자랐던 소피는 품속에 가지고 다니던 반유태인적 메시지가 담겨 있는 팸플릿을 헤스에게 보여준다. 그녀는 헤스의 마음에 들기 위해 갖은 시도를 다 한다. 이제 육체적, 정신적 한계를 둘 다 넘어선 그녀에게 더 이상의 피난처는 없다. 독자는 묻는다. 소피는 이제 어떻게 살아가야 할까? **온전한 정신**으로 어떻게 살아갈 수 있을까?

그러다가 독자는 소피가 자신을 그렇게 저버린 것은 제 한 목숨 때문이 아니라 자식을 위한 것이었음을 알게 된다. 소피는 헤스에게 애걸한다. "사령관님, 제가 많은 것을 바랄 수 없는 처지라는 건 잘 알고 있습니다. 하지만 수용소로 돌려보내기 전에 이 한 가지 청만은 제발 들어주시기 부탁드립니다. 소년들만 모아놓은 D 수용소에 제 어린 아들도 있습니다. 저랑 같이 여기 왔지만 지난 몇 달 동안 단 한 번도 보질 못했습니다. 정말 보고 싶습니다. 이제 겨울이 닥치는데 건강은 어떤지 걱정이 많습니다. 혹시 퇴소할 수 있는지 한번 검토해주시기 부탁합니다. 몸이 매우 약하고 아직 많이 어립니다……." 그녀는 많은 세월이 지난 훗날 이렇게 회고한다. "어쩔 수가 없었어요. 그에게 와락 달려들어 허리춤을 부여잡고 애걸복걸했어요. 제 어린 아들을 한 번 보게라도 해달라고 했어요. 그 말을 하면서 스르르 땅바닥에 주저앉아 무릎을 꿇지 않을 수 없었어요. 나는 헤스의 군화를 팔로 감싸 안았어요. 차가운 가죽이 마치 모피나 부드럽고 따스한 무엇이나 되는 것처럼 내 뺨을 꾹 갖다 댔어요. 아마 혀로 핥기까지 했던 것 같아요, 그 나치의 군화를."

조지 오웰의 작품에 나오는 윈스턴은 처참한 고통에서 벗어나기 위해 줄리아를 배반하고 자신을 배반한다. 자기를 위해 그렇게 한 것이다. 그의 경우는 소피의 경우와 다르다. 소피의 동기는 자기가 아니라 자식이다. 타인을 구하기 위해 자신의 자아 존중을 **희생**하는 경우라고 할 수 있다. 구하려는 가치가 크면 희생의 크기와 희생하려는 의지가 상실의 크기를 상쇄한다. 즉, 존엄성의 **희생**은 존엄성의 **상실**이 아니라는 의미가 된다. 그렇다면 이런 궁금증도 들 수 있다. 이미 잃어버린 존엄성에도 불구하고 희생을 통해 새로운 존엄성을 찾을 수 있을까? 아니면 애초부터 존엄성을 잃지 않았던 것일까? 이러한 고려도 없이 자기 자신을 구할 목적으로 경계선을 넘을 때 존엄성은 상실된다. 윈스턴의 경우처럼 아무리 최후의 방어를 위한 것이라고 할지라도 이 사실은 변함이 없어 보이지만 한편으로 보면 이해를 구할 수 있는 경우이기도 하다. 이와는 대조적으로 소피처럼 자기희생이 동반된 경우는 의지의 또 다른 형태의 하나로 이해할 수 있다. 내 안녕을 위한 것이 아니라 타인의 안녕을 위한 것이다. 그렇다면 다음과 같은 질문을 품어볼 수도 있겠다. 존엄성의 문제는 이제 다른 차원으로 이동되었으므로 나는 새롭게 등장한 동기의 이타적 성격을 통해서 존엄성을 보장받으며 이전에 존엄성이라고 지칭되었던 것을 더 이상 돌볼 필요가 없는 것인가? 심지어는 이런 질문까지 가능하다. 새로운 이타적 의지가 등장함으로써 이전에 유효하던 존엄성에 관한 물음들은 효력을 잃을뿐더러 존엄성의 상실도 더 이상 일어나지 않는 것인가?

아니면 아주 다른 양상이 벌어질 것인가? 소피는 회상을 끝내면서 존엄성을 잃는다는 것에 대해 고민하는 행위에 대해 쐐기를 박는 말을 한다. "아우슈비츠는 그 어떤 상상도 무용지물로 만들어버릴 정도로 끔찍하고 잔혹한 곳이었어요. 세상 사람들은 이런 말들을 하지요. 어떤 일을 할 때는 응당 **지켜 마땅한** 품위가 있다,라고 말이에요. 하지만 그곳은 그런 말을 할 수 있는 곳이 아니었던 거예요." 덧붙인다면, 세상의 **잣대**는 그곳에서는 잘못된 잣대였다. 이미 서문에서 밝힌 바와 같이, 존엄성을 지키며 산다는 것은 인간의 생명에 대한 무리한 요구와 위협에 답하는 방식이기도 하다. 이 답을 하기 위해선 일정 정도의 자유와 개인의 독립성이 전제되어야 한다. 이러한 것이 남김없이 소멸될 정도로 인간이 막바지까지 몰린 상황에서는 존엄성의 그 어떤 이상도 무너지고 만다. 존엄성에 대한 시비 자체가 대두될 수 없는 것이다. 그 상황에서 어떤 판정을 내린다는 건 어불성설이다.

분열된 자아 존중

소피가 자식을 위해서 본인의 자아 존중심을 희생했다고 하자. 그렇다면 그것은 자아 존중심이 특정한 시점 이후로 그녀에게 더 이상 중요하지 않게 되었다는 뜻이다. 자아 존중을 향한 욕구와 타인을 구하고 싶은 욕구 사이의 갈등은 작품 안에서 극단적인 방법으로 해소된다. 그러나 일반적인 다른 상황에서는 이 갈등이 팽팽히 유지되어 풀리지 않는 경우가 많다. 당사자는 본인 한 사람에게만 해당되는 자아 존중심의 경계선을 밟지 않으려고 안간힘을 쓰는 행위가 결국은 타인의 이익에도 관여하는 또 다른 종류의 자아 존중심을 해치고 있다는 사실을 분명하게 느낀다. 조지프 콘래드의 소설《로드 짐》에서 초로에 접어든 일등항해사 존스를 보자. 브라이얼리 선장은 그 누구도 이해하지 못할 행동을 한다. 바다로 뛰어든 것이다. 평소 선장의 거만한 태도를 불쾌하게 생각하면서도 몰래 동경하던 존스는 이렇게 말한다. "나는 그가 물에 뛰어들었을 때 헤엄치려는 시도를 전혀 하지 않았음을 옹호한다. 그에게는 실수로 난간 아래로 추락해 물로 떨어졌을 때 그대로 물 위에서 온종일이라도 헤엄칠 기세를 가진 사람에게서 볼 수 있는 기개가 있었다. 그 자신이 언젠가 말한 대로, 선장은 그 누구에게도 결코 밀리지 않았다." 브라이얼리 선장은 과거 해운 조합에 쓴 보고서에서 존스를 자신의 후임자로 지목했었다. 그러나 다른 사람이 후임자가 된다. "격자무늬 회색 양복을 입고 가운데 가르마를 탄 조그맣고 시건방진 녀석"이었다. 후임 선장은 선원들 앞에서 죽은 브라이얼리의 험담을 한다. 존스는 차마 들을 수가 없다. 브라이얼리의 험담을 듣는 것은 자존심이 허락하지 않는다. 본문을 보자. "'나 자신도 문제 많은 건 맞지만 당신이 브라이얼리를 대신해 선장 자리를 꿰차고 앉아 있는 꼴을 참고 보아 넘길 그런 놈은 아닙니다.' 그렇게 말하면서 나는 살롱을 떠나 보따리를 꾸렸고 부둣가 일이 시작되기 전에 일찌감치 내 짐을 모두 가지고 부두에 내려와 있었습니다." 그는 스스로 정한 자기 존중의 경계를 지켜낸다. 그런데 그에게는 또 다른 책임이 있었고 그 책임 또한 자기 존중의 한 요소였다. 본문은 계속된다. "10년을 배에서 일하다가 이제 뭍에서 떠돌게 된 거지요. 가엾은 아내와 애들 넷이 1만 킬로미터나 떨어진 곳에서 내 봉급의 반에 의지해 입에 풀칠을 하고 있는데도 말입니다. 그렇습니다! 브라이얼리 선장을 모함하는 소리를 듣느니 차라리 때려치운 겁니다." 존스의 사례는 한 인간을 관통하는 자기 존중의 틈새를 잘 나타내 준다. 어떤 한 면에서 자신을 존중하려 하다 보니 또 다른 면으로는 그에 반대되는 상황을 감수해야만 하는 견고하지 못한 균열의 예다.

다른 등장인물에게서도 위와 같은 균열을 찾아볼 수 있다. 프리드리히 뒤렌마트의 단편소설 〈약속〉에 나오는 수사관 마태의 경우다. 납치당했다가 죽임을 당한 소녀의 부모에게 무슨 수를 써서라도 꼭 범인을 잡고 말겠다는 약속을 한다. "자신의 행복을 담보하고서라도" 말이다. 수많은 심문 과정 끝에 용의자에게 자백을 받아냈지만 그는 곧 감방에서 스스로 목을 매어 죽고 만다. 마태는 그의 자백을 의심한다. 그러나 공교롭게도 그날이 취리히 경찰청에서의 마지막 근무일이었다. 요르단으로 출국해 새로운 일을 시작하기로 되어 있었기 때문이다. 공항의 무빙워크 위에서 그는 중대한 결정을 내린다. "탑승객들을 기내로 안내하는 스튜어디스가 마태의 비행기 표를 받으려고 손을 내밀었다. 그러나 그는 표를 건네는 대신 주위를 둘러보았다. 그리고 출발 준비를 마친 비행기를 보며 손을 흔드는 어린이들의 즐거움과 부러움이 뒤섞인 얼굴들을 보았다. 그가 말했다. '아가씨, 저는 타지 않겠습니다.' 그리고 다시 공항 건물로 들어와 와글와글하는 어린이들의 무리를 뚫고 출구로 나아갔다." 어린이들을 보자 이 사건의 진범을 반드시 찾고 말겠다는 생각이 들었던 것이다. 그건 그 자신이 아이의 어머니에게 약속한 바이기도 했었지만 자기 존중의 문제이기도 했다. 경찰관으로서 그런 생각을 한 것은 아니었다. 이제 더 이상 경찰의 신분이 아니었다. 그건 엄숙하게 약속을 한 사람으로서의 할 일이었다. 어쩌면 그는 자기가 그럴 의무와 책임이 있다고 느꼈을 수도 있다. 하지만 그는 이제 도로 옛 직장으로 돌아갈 방법이 없었다. 그로써 그가 알코올중독자가 되고 도덕적 완결성을 비롯한 모든 것을 잃어버리게 되는 이야기가 펼쳐진다. 그는 어린이가 그린 그림을 보고 범인이 그라우뷘덴 지방 출신 사람이라는 힌트를 얻는다. 그는 쿠어와 취리히 사이에 위치한 주유소의 운영권을 임차해서 운영하며 범인이 주유소에 들를 날을 기다린다. 얼마 전까지 취리히 경찰청의 기대주였던 그가 이제 주유소에 앉아 술을 마시고 담배를 피우며 몇 날 며칠이고 범인이 올 날만을 기다리며 시간을 죽이고 있는 것이다. 약속 때문이었다. 자기가 한 약속이니 꼭 지켜야 한다고 생각했던 것이다. 그것을 위해서 꿈에도 상상하지 못했던 일마저도 할 수 있는 준비가 되어 있었다. 그는 어느 매춘부와 결탁해 그녀의 아이를 미끼로 이용한다. 그는 두 사람을 목적을 위한 수단으로 이용해 비도덕적인 것의 전형이라고 할 수 있는 행위를 한다. 그것은 도덕적 자아 존중의 한계 밖에 존재하는, 그가 이제까지 알지 못하던 것이다. "당신은 개자식이야." 아이의 어머니가 훗날 이렇게 말한다. 마태의 행위는 뱃사람 존스가 자기 가족에게 했던 짓보다 더욱 잔인한 것이었다. 아니면 다른 방식으로 잔인하다고도 할 수 있겠다. 어쨌든 우리는 여기서 마태가 통과했던 좁은 틈새를 볼 수 있다. 그는 한편으로 자신에게 충실하려고 했지만 그로써 다른 한편으로 자신을 배반할 수밖에 없었던 것이다.

자기 자신을 책임지기

내면의 경계선을 넘어갈 때에만 자기 존중감을 잃는 것은 아니다. 자신과 자신의 인생에 대한 책임을 질 준비가 되어 있지 않을 경우에도 그것은 쉽게 상실된다. 장피에르 멜빌의 영화 〈암흑가의 세 사람〉에서 갱 두 사람이 보석상을 털 계획을 세운다. 문제는 광선 경보 장치다. 먼 거리에서 정확히 한 발의 총을 쏘아 맞춰야만 경보 장치를 해제할 수 있다. 두 사람은 고민하다가 전직 경찰이며 저격 전문가인 장센을 떠올린다. 장센은 다 쓰러져가는 집에서 술독에 빠져 살며 벽장 속에서 벌레와 뱀이 나온다고 헛소리를 할 정도로 망가진 인물이다. 두 사람은 장물의 3분의 1을 주겠다며 같이 일하자고 제안한다. 그 말을 들은 장센은 재빨리 툭툭 털고 일어나 술도 끊고 사격 연습에 들어간다. 또 특수 총알을 직접 제작하며 체력을 다진다. 경보 장치의 스위치까지는 멀리 떨어져 있고 첫 번째 총알로 단번에 끝내야 한다. 범행의 날, 장센은 총을 받쳐줄 삼각대를 가지고 온다. 그는 삼각대에 총을 장치한다. 그런데 막상 총을 쏴야 할 순간이 다가오자 장치를 떼어내어 직접 조준한다. 일행은 경악을 금치 못한다. 그는 한 방에 맞춘다. 옛날 실력으로 돌아왔음을 증명해 보인 것이다. 그러고는 납작한 술병을 꺼내 뚜껑을 열고 냄새를 한 번 맡더니 입을 대지 않고 도로 닫는다. 그는 자기 몫은 받지 않겠다고 말한다. 그럴 수는 없다고 하자 손을 내저으며 말한다. "자네가 없었다면 벽장에 사는 애들에게 복수할 기회는 영영 오지 않았을 걸세." 돈보다도 귀한 것, 자신을 존중하는 마음을 이미 돌려받았으니 그걸로 충분하다는 말뜻이었다.

장센은 자신과 자신의 삶에 대한 책임을 포기해버린 사람이었다. 그와 함께 자립성이라는 측면에서의 존엄성은 잃어버린 상태였다. 이 상실의 과정에서 그는 자신이 어쩔 수 없는 사건에 휘말린 단순한 희생양, 내면의 산사태에 묻혀버린 희생자가 아니라는 것, 그리고 충분히 자기 힘으로 할 수 있는 어떠한 일을 하지 않고 **흘려보냈다**는 것을 깨달았을 것이다. 그것은 바로 **자신을 돌보는 일**이었다. 이 일을 태만히 한 그가 결국 놓쳐버린 것은 스스로 살아가는 힘뿐만 아니라 자신을 존중하는 마음이었다.

자신에 대해 책임을 진다는 의미로서 스스로를 돌보는 것은 여러 측면을 가지고 있다. 그중 한 가지는 자기의 건강과 능력을 돌보는 것, 내적 강박에서 벗어나서 더 큰 독립성을 추구하는 것, 자신의 삶이 가진 논리에 대해 이해의 폭을 넓혀가는 것, 그리고 그 삶에 의미와 방향을 찾아주는 것 등이 있다. 실패를 한다고 해도 자아 존중에 위협이 되지 않는다. 위의 것들이 가진 중요성을 더 이상 **인지**하지 않을 때, 그리고 결국 **손을 완전히 놓아버릴 때** 비로소 위협이 된다. 거기에는 그 어떤 불변의 잣대도 없다. 그러므로 설사 어떤 일로 인해서 병이 든다거나 생명의 위협이 다가온다고 해도 누군가는 나는 이렇게 살 것이며 다른 삶은 원치 않는다,라고 말할 수 있는 것이다. 자아 존중은 자신의 결정권을 인지하는 데 있다. 장센의 경우 이 깨달음을 잃어버렸다가 옛날의 능력이 돌아오자 다시 찾은 것이다.

우리는 걸인을 볼 때마다 이런 물음을 떠올릴 수 있다. '자신을 돌보거나 포기하거나.' 운이 없게도 문명의 혜택이 매우 부족한 나라에 태어난 불운아들을 볼 때의 느낌은 복지국가의 걸인을 볼 때의 느낌과는 분명히 다르다. 모든 것이 부족하고 척박한 나라의 걸인들을 보면 서슴지 않고 도와주고 싶은 마음이 든다. 아무리 노력하고 발버둥을 쳐봐도 선택의 여지가 많지 않은 이 나라에서는 누구라도 쉽게 이런 처지가 될 수 있다는 것을 알기 때문이다. 이런 경우의 걸인에게는 존엄성이 있다. 스스로 인생을 꾸려가지 못하게 되었음을 인정하며 솔직하게 타인들 앞에 나서는 것이다. 걸인 앞을 스쳐 가는 행인들은 안다. 그 사람이 그렇게 된 것에 얼마나 많은 행운과 불행의 장난이 끼어들었던 것인지. 그래서 지갑을 열어 동전을 준다. 그러나 노동 고용 부처와 복지

기관이 존재하는 나라에서는 선뜻 지갑을 열게 되지 않는다. 이런 사회적 장치가 있더라도 바닥으로 떨어질 수 있다는 건 알지만 그럼에도 불구하고 걸인이 자신을 스스로 책임지기 위한 모든 방법을 다 시도해보았는지, 너무 빨리 포기한 건 아닌지, 그에게 자아 존중이란 무엇을 의미하는지 다시 한 번 자문하게 된다. 그와 더불어 이런 의문도 든다. 걸인 여인이 행인의 동정심을 유발하기 위해 누더기를 걸친 어린 자식을 보란 듯 내놓는 행위는 존엄성 없는 행위인가, 아니면 자신이 정말로 도움이 필요하다는 사실을 부끄러움 없이 인정하는 존엄성 있는 행위인가? 자신의 약점을 품위 있게 드러내 보이는 것과 약점을 품위 없이 꾸며내는 것의 차이는 과연 어디에 있는가?

사람이 자기 스스로에게 책임을 진다는 것은 자기 **자신을 인정하고 받아들이는 행위**를 포함한다. 신념, 감정, 의지, 살아가는 총체적 방법 등이 이에 들어간다. 이것은 타인과 자신을 **구분 짓는** 능력과 용기를 의미한다. 이것은 또 다른 면에서 갈등을 회피하지 않는 강함을 뜻한다. 여기서 자기 존중은 두려움이 없다는 것과 일맥상통한다. 우리는 앞에서 베른하르트 빈터가 이성적인 사람이라는 것을 알게 되었다. 그는 자신을 타인과 분리하고 자신을 인정하는 데에 아무런 어려움을 겪지 않는다. 그러나 그것이 이성이 아니라 감성이었다면, 즉 감정이나 인간관계에 있어서의 친밀감과 거리감에 관한 문제였다면 달랐을 것이다. 그런 문제라면 베른하르트는 쉽게 스트레스를 받았을지도 모른다. 학생 시절에 그가 살았던 주거 공동체에서 마약을 하는 것이 유행이었다고 가정해보자. 베른하르트는 룸메이트들이 아무리 권해도 거절했을 것이고 때로는 놀림도 참아야 했을 것이다. 그래도 끝까지 동참하지 않고 버틴 것은 그에게 좋은 경험으로 남았을 것이다. 자기 존중심이 거듭 이 작은 승리는 결혼 생활이나 친구들과의 관계에서 어려운 상황이 닥쳤을 때마다 의지할 수 있는 좋은 기억이다. 주위 사람들과 어색해지지 않기 위해서, 또는 얼굴 붉히기 싫어서 갈등이 발생할 때마다 직면하지 않고 회피하며 미화하거나 부정하기 급급했을 때 자아 존중감이 얼마나 고통을 겪었는지 스스로 느꼈기 때문이다. 앞 장에서 우리는 그가 떠나자마자 발끝으로 박자를 맞추며 휘파람을 부는 아내 자라의 평소와는 전혀 다른 모습을 병실 문틈으로 지켜보는 그를 마주한 적이 있다. 몇 년 동안 끊었던 담배를 다시 피워 무는 그는 방금 자기가 목격한 장면이 무엇을 의미하는지 알아내야 할 필요를 느낀다. 자신의 자기 존중감을 위해서라도 그래야 한다고 생각한다.

어떠한 것에 저항을 해야겠다고 결심하는 순간, 우리는 거대하고 위험한 충돌 상황에 직면하게 된다. 비밀경찰의 추적을 피해 가까스로 도주에 성공해 외국으로 망명했던 반체제 인사가 자기 존중감과 삶의 일치감을 위해 다시 고향으로 돌아갈 결심을 하는 경우가 그런 경우다. 그런데 이러한 자기 존중은 언뜻 보면 사소하고 우습게 보이는 작은 일 때문에 위험에 처할 수도 있다. 지휘자로서 처음 활동을 시작할 시절, 레너드 번스타인은 성공하려는 야망에 가득 차 있었다. 그러나 자기가 영어식 이름을 사용하려고 한다는 소문이 돌자 그는 냉소로 반응했다. 이보다 더 사소한 일도 실제 생활에서는 많이 일어난다. 특정한 인물과 한 식탁에 앉지 않으려고 한다든지, 친구들과 같이 들어간 극장에서 영화를 관람하다가 영화가 도무지 역겨워서 혼자서 극장을 나온다든지 하는 일 말이다. 또는 다수의 의견과는 다른 의견을 공공연히 표현하는 일도 여기에 해당된다. 이런 예들은 아웃사이더가 가지는 존엄성을 표현한다. 상황이 어떻든 원칙은 항상 똑같다. 타인의 동의를 얻기 위해 자신을 배신하지 않는 것, 존엄성을 걸면서까지 남의 마음에 들려고 노력하지 않는 것이다.

하워드와의 굴욕적인 대화에서 로먼은 처음에는 주당 65달러를, 그다음에는 50달러를, 결국은 40달러를 요구한다. 그보다 더 낮은 급료를 요구한다는 것은 1장에서 말한 바와 같이 그의 마지막 남은 자아 존중심을 파괴하는 일이다. 1장에서 염두에 두었던 바를 지금 설명하자면 이렇다. 자아 존중심이란 자신의 능력에 걸맞은 것을 요구할 줄 아는 것도 포함한다. 이것 또한 자신을 인정하고 존중하는 행위의 하나다. 노동조합이 임금 인상을 요구할 때는 여러 가지 원인이 있겠으나 그중 하나는 자아 존중이다. 우리는 능력에 맞는 보상을 원한다. 최저임금은 사람이 사는 데 꼭 필요한 임금이다. 그것은 근로자의 자아 존중심에 합당한 임금이다. 여기서 말하는 자아 존중이란 특정한 종류의 인정을 마땅히 요구할 줄 아는 의식이다.

마지막으로 다룰 또 다른 차원의 자아 존중은 인생을 살아나가면서 정신적 정체성이 변화를 거듭한다는 인식을 가지는 것이다. 베른하르트 빈터에게 작가 친구가 한 명 있다고 가정해보자. 그는 자기가 쓴 작품을 더 이상 좋아하지 않는다. 그래서 시중에 판매되는 그 작품을 모조리 사들인다. 누가 방해라도 할라치면 거의 폭력적이 되다시피 변한다. 베른하르트는 안절부절못하는 그를 보며 유치하다고 생각한다. 그런 친구가 안쓰럽기만 하다. 그의 존엄성이 와르르 무너지는 것 같다. 베른하르트는 친구에게 말한다. "이봐, 마르틴. 과거의 자네도 역시 자네야. 그래, 자네 생각은 다를 수 있어. 자신이 썼다는 이유로 옛날의 글들이 창피하게 여겨질 수도 있겠지. 그러나 편을 가르고 부정하는 것은 해답이 될 수 없어. 그 모든 것에도 불구하고 자네가 쓴 것을 좋아해야만 하는 이유를 자네는 찾아야 하네. 자네 자신을 격려하고 스스로의 편이 되어야 해. 세월이 지나감에 따라 변화하는 한 사람으로서의 자네를 말이야. 과거의 자네가 지금과 다른 생각과 느낌을 가졌던 것, 그리고 그것이 변해 지금의 생각과 느낌이 된 것, 이 모두가 우연히 이루어진 것은 아니라네. 여기에는 우리가 이해해야 할 무언가가 있어. 과거에 흐르던 삶의 가락이 현재의 가락이 된 것, 이것은 나름의 논리를 가진 내적 사건으로 인한 것이야. 불투명한 지질학적 변이 같은 것이 아니란 말일세. 이 내적 변화를 이해하고 자기 것으로 만들며 삶의 일부분으로 인정할 수 있다네. 인생에 책임을 진다는 것, 그것은 다음의 두 가지를 뜻한다네. 이해하는 것, 그리고 인정하는 것. 그런 다음에 세상을 향해 얼굴을 돌려 이렇게 외치는 거라네. 그래, 다 내가 했어! 아니, 더 좋은 건 이렇게 외치는 거야. 이 모든 것이 내 모습이야!"

6장

도덕적 진실성으로서의 존엄성

6장

살다 보면 병이 들거나 도움을 필요로 하는 타인을 위해서 내 삶을 한발 양보하게 되는 일이 생길 수 있다. 여행을 포기하거나 직장을 그만두거나 사랑을 단념한다. 이런 경우 내 행동을 좌우하는 것은 평소와 같이 내 욕구가 아니라 타인의 욕구이다. 나는 그의 욕구와 필요를 내 것으로 만들었고 내 욕구보다 우선에 둔다. 이것은 도덕적 행위의 표지이며 도덕적 인식과 배려의 핵심을 이룬다. 다시 말해서 타인의 이익이 내가 어떤 행위를 직접 하거나 용인하게 만드는 원인이 되는 것이다. 이것은 인간의 존엄성을 이루는 또 한 축이다. 그러나 이러한 행위의 논리가 항상 명쾌하게 이해되는 것은 아니며 앞뒤를 맞추려 하다가 자칫하면 전체 그림이 뒤죽박죽될 수 있다. 그렇다면 어떻게 하면 도덕적 경험을 쉽게 이해할 수 있을까? 또 그것은 존엄성이라는 개념 및 우리가 지금까지 이야기했던 다른 개념들과 어떤 식으로 연결되어 있을까?

자립적 도덕성

타인을 위해 자기 소망의 성취를 포기하는 것, 이것은 자신에 대해 비판적인 거리를 유지하고 그 거리를 유지하기 위해 노력하는 사람만이 할 수 있는 행위다. 이런 사람은 여기저기 떠밀리듯 자신의 욕구가 휘두르는 대로 힘없이 굴복하지 않으며 욕구의 노예가 아닌, 자기 자신의 주인이다. 즉, 자신의 욕구 중 어느 것을 행동으로 옮길 것인가를 스스로 결정하는 존재라는 뜻이다. 이것은 도덕적 결정의 경험은 자기 결정권이 가진 거리 유지와 통제의 경험과 같다는 뜻이기도 하다. 거리 유지와 통제가 도덕적 경험의 전부는 아닐지라도 우리가 매번 이런 경험을 할 때마다 그 능력을 확인할 수 있으며 그에 따른 내적 자유를 경험하게 된다는 말이 되겠다.

그런데 타인의 욕구가 내 결정을 지배한다는 것은 어쨌거나 주도적 결정권이 침해된다는 뜻 아닌가? 그렇다면 결국 앞뒤가 맞지 않는 모순적, 더 나아가 기만적 이야기가 되지 않는가? 남의 욕구를 우선한다면 내가 나 자신으로부터 멀어지지 않을까? 결국 자아 소외를 겪게 되지 않을까? 도덕적 행위의 원인이 외부의 권위에 대한 두려움이라든지 그로 인한 징벌인 경우, 즉 신의 분노가 무서워서 또는 종교 기관으로부터의 배척이나 사회로부터 매장당하는 것이 두려워서 같은 이유인 경우 답은 그렇다,라고 할 수 있다. 도덕적 결정권을 쥔 주인이 아니라 그에 예속된 종복으로서 행동하기 때문이다. 이와 비슷한 경우로, 내면화된 권위에 대한 두려움이 원인으로 작용할 때를 들 수 있다. 다시 말해 양심의 목소리에 굴복한다는 것도 내면에 존재하며 내 삶을 결정하는 어떤 사람의 목소리에 따른다는 뜻이다. 이렇게 되면 이제 나는 자신을 통해, 그리고 자신 앞에 노예가 된다. 위의 두 경우에서 우리는 도덕적 결정권을 가지고 있다고 할 수 없다. 강요에 의한 선택이기 때문이다.

자기 주도적 결정권은 다음과 같은 형태로만 존재한다. 내면의 압박에 굴복하느냐 하지 않느냐 결정하는 것, 그리고 양심의 가책을 감수하느냐 하지 않느냐 하는 것이다. 그러나 이것은 내면의 예속화의 경험이다. 도덕적 행위는 즉흥적인 도덕적 감정에서 나오는 것이 아니다. 그러므로 이런 즉흥성에서 비롯된 것은 진짜가 아니다. 어떤 상황이 가지는 분위기의 미묘한 차이에 반응하는 데서 나오는 도덕적 감수성이 우리의 도덕적 행위의 원인이 될 수 없으므로 도덕적 행위라는 것은 규칙과 법칙과 의무와 명령과 원리 원칙에 방향성을 두어야 하는 행위다. 허락된 것과 그렇지 않은 것에 대한 내적 처리 과정은 철저하게 관리된다. 도덕적 행위에 엄격한 사람이라면 마치 낡은 토시를 팔에 끼고 찡그린 얼굴로 입술을 꽉 다물고 금지된 것의 목록이 빼곡히 적힌 먼지 앉은 서류 더미를 일일이 들여다보는 수고를 참아야 한다는 듯이 말이다.

그러나 도덕적 경험이라는 것이 위에서 말한 과정을 반드시 거쳐야 하는 것은 아니며 일상생활에서도 위와 같은 형태로 경험되지는 않는다. 도덕적 판단을 내리는 사람은 삶이 진행되어가면서 성장하는 도덕에 대한 감수성을 바탕으로 판단한다. 그리고 도덕적 감수성은 여타 감수성과 마찬가지로 시행착오를 거치며 발달되고 다듬어진다. 도덕적인 금지 사항 목록을 일일이 들춰가며 따지는 관료적 관점과는 달리 이것은 상황을 세세하게 인식하고 거기에 맞는 판단을 내림으로써 이루어진다. 도덕적으로 중대한 상황은 질적으로 매우 농밀한 상황이며 매 상황이 나름대로 각각 다 다르다는 것을 전제로 한다. 도덕적 감수성은 우리가 경험할 수 있는 가장 귀중한 경험을 바탕으로 탄생한다. 그것은 **도덕적 친밀성**이다. 이것은 각 주체들이 서로 조우할 수 있는 특별한 종류의 만남을 바탕에 깔고 있다. 2장에서 언급한 바와 같이, 이런 만남에서는 각 당사자들이 내면적으로 여러 형태와 방식으로 서로 얽혀 있다. 그들의 사고와 감정은 상대방의 사고와 감정을 인정하며 그들의 소망과 욕구에는 상대방의 소망과 욕구가 반영되어 있다. 주체들이 서로 교차점을 만드는 데에는 또 다른 방식이 있다. 상대방의 입장에 서서 생각하는 것이다. 객관적인 거리를 두고 상대방의 경험을 듣는 것만으로는 충분하지 않다. 거기서 한 걸음 나아가 상대방의 상황에 자신을 대입해보고 내가 만일 그 상황이었다면 어땠을까 상상을 해보는 것이다. 그런 다음 감정이입 능력을 활용하고 사회적 상상력을 동원해본다. 상대방의 처지를 상상해 자기 것으로 만드는 것에 머물지 않고 그것을 스스로의 경험과 행동에 대한 물음으로 삼는 것이다. 그렇게 해서 나온 대답은 또 다른 대답의 전신이 된다. 이제 우리는 타인의 삶에 **연루**되었다. 두 사람의 관계는 결속된 만남이라고 부를 수 있는 그런 관계, 즉 상호작용에서 발생하는 열기를 내포하는 관계가 되었다. 다른 표현을 빌리자면, 타인의 삶에 **참여**하는 것이다.

이러한 참여는 여러 가지 형태로 나타난다. 그중 하나는 도덕적 친밀성이다. 이것은 상대방의 욕구를 자신의 것으로 만들고 자신의 욕구를 그다음으로 놓을 때 생겨나는 특별한 친밀감이다. 이를 통해 당사자들은 도덕적 친밀감 없이는 탄생될 수 없는 특수한 방식으로 서로에게 **중요한** 사람이 된다. 상대방에게는 감사함을 넘어서는 중요함이고 나에게는 남김 없는 희생이나 헌신이 아닌 그 무엇이다. 이 관계에서는 감사라든지 희생 같은 단어가 전혀 어울리지 않는다. 깊은 연대감이나 동반자적인 삶, 절친하다는 말이 더 걸맞을 것이다. 이들은 한 사람의 인생에 깊이와 풍부함을 더해준다. 도덕적 권위와 허용되는 것과 안 되는 것 따위의 목록을 옆으로 치워놓았을 때 우리는 이러한 경험이 가진 깊이를 더욱 명확히 느낄 수 있다. 도덕책에서 그렇게 하라고 하니까, 라는 이유 하나만으로 병자를 위해 자신의 욕구를 양보한다면 원하는 도덕적 친밀감은 생겨나지 않는다. 양보의 동기가 나 자신에게 있지 않고 내 머리 위에 걸린 목록에 근거하기 때문이다. 나와 도덕적 친밀성 사이에 존재하는, 나 자신으로부터 우러나오지 않은 단념과 포기의 마음이 나간 자리에 원망이 들어선다. 도덕적 친밀성은 미처 생겨나기도 전에 허물어진다.

도덕적 의식 안에서 자기 결정권과 도덕적 친밀성, 이 두 가지는 한 줄기가 되어 흐른다. 이들 둘이 합쳐져 도덕적 행위의 가치를 형성한다. 둘은 함께 나타날 뿐만 아니라 서로에게 깊숙하게 관여되어 있다. 도덕적 친밀성은 자유의 표현이기 때문에 가치 있는 것으로 인식되며, 우리가 특정한 것을 포기하는 것은 그것이 도덕적 친밀성을 가진 특별한 친근함을 가져다주기 때문이다. 이런 맥락에서 볼 때 도덕적 친밀성은 단지 관념적인 것으로만 인식되는 데에 그치지 않고 직접 **체험**되는 것이라 하겠다. 우리가 도덕이라는 것이 무언가에 근거하고 있다고 주장한다면 그 근거는 바로 이 체험된 맥락일 것이다. 왈가왈부하는 대신에 간단하게 이렇게 말해야 하지 않을까. 우리는 바로 이런 체험에서 나온 것을 바탕으로 살아가려 한다고, 그것이 소중하고 바람직하고 행복하게 인생을 사는 방법이기 때문이라고, 또한 그렇게 살아가고자 하는 공동체의 일원이 되고 싶기 때문이라고.

도덕적 존엄성

다른 사람의 존엄성을 해치면 자신의 존엄성도 따라서 해를 입는다. 노부인의 방문을 받은 귈렌 시민들이 겪어야 했던 것이 바로 그것이다. 노부인이 알프레드 일에게 굴욕을 주고 결국 죽음을 선사한 후 그들은 그 어떠한 존엄성도 누리지 못하는 모습으로 서 있어야 했다. 자아존중이라는 존엄성뿐만 아니라 타인의 욕구와 삶을 기꺼이 배려하는 도덕적 진실성이라는 면에 있어서의 존엄성도 상실했던 것이다.

자신의 존엄성과 타인의 존엄성과의 관계에 대한 맥락은 서문에서 언급했다. 삶의 방식으로서의 존엄성은 격리되었을 때 경험될 수 없으므로 이 두 존엄성은 서로를 전제로 한 조건 위에서 존재할 수밖에 없다. 사회적 존재로서의 우리는 타인을 어떻게 대하는가의 방식을 바탕으로 지금 우리의 모습으로 만들어진다. 도덕적 진실성은 이런 의미에서 볼 때 존엄성의 원천 중 하나이다. 타인과 더불어 그의 욕구를 존중하고 내 행동을 그에 맞춤으로써 **도덕적 존엄성**이라고 불리는 특정한 형태의 존엄성을 취득한다는 뜻이다. 만약 완전히 부도덕한 무언가가 있다면 그것은 이 존엄성과 하등의 관련을 맺지 못할 것이다. 부도덕은 존엄성에 따르는 숙고와 감정의 차원을 알지 못하기 때문이다.

고요한 숲 속을 헤매 다니던 장클로드 로망은 그 많은 거짓말에도 불구하고 도덕적 존엄성에 대한 인식이 아주 없었던 것은 아니었다. 가족이나 친구들에게 했던 행동으로 볼 때 그에게는 도덕적 진실성에 대한 능력이 있었다. 아니면 적어도 그것을 인지할 수 있었던 능력은 있었던 것으로 보인다. 그의 행위가 끔찍한 이유는 그나마 남아 있던 도덕적 존엄성까지 파괴해버리는 엄청난 냉혈함과 돌발성에 있다. 법정에 선 그가 최후진술에서 이렇게 말한다. "입을 다무는 것만이 내게 남은 단 하나의 선택이라는 것을 압니다."

그러나 도덕적 존엄성에는 도덕적 친밀성에 대한 각오와 능력 말고도 다른 많은 요소들이 있다. 도덕적 존엄성은 도덕적 진실성의 특수한 형태다. 타인의 불특정한 욕망이 아니라 존엄성의 핵을 이루는 것과 관련한 특정한 욕망, 다시 말해 독립성, 진실한 인간관계, 친밀성의 보호, 진실함과 자기 존중에 관한 욕구를 인정한다는 뜻이다. 사람이 살면서 겪게 되는 타인에 대한 무례와 배려 없음에는 여러 종류가 존재한다. 발을 밟히거나 도난 또는 사기를 당하거나 배신을 당하는 등 분노를 일으키기는 하지만 그것이 곧 굴욕을 의미하거나 그것 때문에 존엄성이 훼손되었다고는 말할 수 없는 것들이다. 가해자는 그런 행위를 함으로써 도덕적 진실성의 일부를 잃어버리기는 하지만 그렇다고 해서 우리가 여기서 말하는 의미의 도덕적 존엄성을 상실하지는 않는다. 존엄성을 상실하는 것은 가해자가 피해자의 존엄성을 앗아 갈 때 비로소 일어난다. 여자의 아이를 미끼로 삼아 범인을 꾀기 위한 단순한 도구로 전락시킨 수사관 마태가 그랬고 윈스턴으로 하여금 줄리아까지 배신하도록 만든 오브라이언, 또 함께 사는 가족에게마저 정직함과 진실한 인간관계를 앗아 갔던 로망의 경우가 그러했다. 이들은 도덕적 진실성을 어쩌다가 실수로 잃어버리게 된 것이 아니라 스스로 내동댕이쳤다.

국가가 나서서 국민의 존엄성과 그들의 도덕적 존엄성이 외부에 의해 훼손되지 않도록 보호하는 법률이 있다. 일체의 고문을 금지하는 것이나 난쟁이 던지기, 피프쇼의 금지 등이 그 예다. 독일 연방헌법재판소가 여객기가 테러에 이용되어 빌딩으로 돌진할 경우에도 미리 쏘아서 격추시키는 행위를 위헌이라고 판결했을 때 바로 이런 원칙이 적용된 것이다. 판사들은 여객기 안 승객의 목숨이 다른 사람들의 목숨을 구하는 목적을 이루기 위한 수단으로 이용된다는 것을 판결의 이유로 들었다. '존엄성과 양도 불가한 권리를 가진 주체로서의 존재를 부정하는 것'이라는 논지였다. 여기서 우리가 논의해온 방향으로 조금 더 깊이 생각해본다면 여객기를 격추시켜야만 하는 사람의 도덕적 존엄성도 보호받을 권리가 있다는 데에까지 생각이 미치게 된다. 히로시마와 나가사키에 출격했던 전투기 조종사에게 그래야 했었던 것처럼 말이다.

가해자의 도덕적 존엄성이 실추되는 것은 그의 행위가 **잔인**할 때다. 잔인한 행위는 셀 수 없이 많다. 그러나 정말로 잔인한 것은 누군가의 존엄성을 짓밟아버릴 때다. 그를 빈곤과 의존 속으로 몰아넣을 때, 그리고 중독의 길로 내몰아 굴욕의 굴레를 씌울 때가 그렇다. 또 죄와 수치로 범벅이 된 사람을 황색 언론 한가운데로 질질 끌고 갈 때, 누군가를 한평생 거짓말로 속일 때, 고문을 가해서 자아를 잃어버리게 만들 때, 이것만으로도 도덕적 존엄성의 상실을 의미한다. 그런데 더 크고 깊은 상실이 기다리고 있다. 그것은 무엇을 얻기 위해서나 어떤 목적 때문이 아니라 **잔인함 자체를 위해서** 행위할 때다. 마약가의 보스와 황색 언론은 돈을 벌기 위한 목적으로 잔인한 행위를 한다. 로망이 살인을 한 이유는 거짓말이 들통 나면 안 되기 때문이었다. 오브라이언조차도 윈스턴이 빅브라더의 국가를 인정하고 결국에는 흠모하게까지 만들 목적으로 고문을 가했다. 이런 예들은 아직 도덕적 존엄성의 맨 밑바닥 단계라고 할 수 없다. **괴로워하는 것을 즐기기 위해** 타인에게 잔인함을 가할 때, 존엄성의 수위는 바닥에 다다른다. 여기서 가해지는 가해자의 의지는 잔인함을 잔인함 자체로, 악을 악 자체로 원하는 의지이다. 형이상학적으로 애매모호한 느낌을 주긴 하지만, 이런 경우 '악한 의지'라는 말을 쓸 수 있을 것이다.

1장에서 가해자가 피해자의 무력감을 즐기는 것을 굴욕이라고 말한 바 있다. 마약상이 중독자의 애걸하는 모습을 보며 만족스럽게 웃을 때, 관중이 기형이나 수치스러운 약점을 가진 사람을 공개적으로 비웃으며 야유를 퍼붓기까지 할 때, 이런 행위를 하는 사람은 자신의 도덕적 존엄성을 잃는다. 옐친은 한때 큰 권력자였던 고르바초프를 공개석상에서 망신을 주었다. 처음 대하는 연설문을 읽게 만들었던 것이다. 고르바초프는 언짢았지만 할 수 없이 연설문을 읽어 내려갔다. 카메라는 그 세기의 굴욕을 고소한 듯 즐겁게 바라보는 어떤 남자의 얼굴을 비춰주었다. 그의 비웃음은 남의 무력감과 굴욕을 즐기는 비웃음이었다. 실로 거부감이 드는 장면이었다. 그는 자신의 도덕적 존엄성을 내버리고 있었던 것이다.

거부감을 일으키는 것은 이뿐만이 아니다. 도덕적 경험이 다른 방식으로 배반당할 때, 즉 **허영심**에 이용될 때가 그렇다. 나 자신이 보기에 모양새가 좋기 때문에 도덕적 행위를 할 때, 그렇게 하면 내가 도덕적이고 희생적이고 진실한 사람으로 보이기 때문에 그렇게 할 때다. 내가 걸인에게 적선하는 모습을 사람들에게 보일 때, 또는 뭔가를 희생한다든가 넉넉한 성금을 기부하는 모양을 공개할 때처럼 이 자만심은 다른 무엇보다도 다른 사람들의 평가에 그 원인이 있는 경우가 많다. 그러나 도덕적 자만심은 조용히 이루어지는 경우도 종종 있다. 다른 사람들보다 희생정신이 강하다는 의식을 혼자서 즐기는 경우가 그렇다. 마음속으로 그들보다 더 나은 인간으로 자신을 돋보이게 하는 것이다.

여기서 문제는 무엇일까? 도덕적 행위는 자신의 가치가 높아졌다는 느낌을 위한 단순한 수단이 된다. 겉으로 보기에는 희생과 헌신이 사실은 한없는 자기중심주의이다. 도덕이 자기중심적 사고의 수단으로 이용된다. 이것은 역설이며 변태적 요소가 보이기까지 한다. 자기가 아닌 온전히 타인을 위해서 하는 행위가 실은 오로지 자신을 위한 것이기 때문이다. 내 도덕적 행위의 수혜자가 되어야 할 누군가는 그저 내 나르시시즘을 펼칠 멍석에 지나지 않으며 도덕적 동기를 자아도취적으로 전용시키는 것은 도덕적 경험에 해를 입힌다. "아무리 그래도 도덕적 행위를 하면 나한테도 뭔가 남는 것이 있어야지! 그렇지 않으면 어떻게 그런 행동을 할 마음이 나겠어?" 자아도취적 요소 없이 자발적으로 주도된 도덕적 진실성, 좋은 것을 했다는 경험을 경험 자체로 인식하는 것, 마음속에다가 쌓아두거나 나중에 꺼내서 써먹는 일이 없는 한 옳은 말이다. 바로 이러한 인식이 도덕적 존엄성을 이룬다.

도덕적 존엄성을 이루는 또 다른 요소는 **충실함**이다. 여기서 말하는 충실함은 장기적인 연대감을 일컫는다. 이것은 일회성 도덕적 행위보다 약간 더 오래가는 정도를 일컫는 것이 아니라 다소 추상적인 뜻을 가지고 있다. 수많은 부침과 난관의 영향을 받지 않는 영역에 있는, 절대적이고 무조건적인 그 무엇이며 경험에서 비롯된 것이라기보다는 가치관이나 태도에 더 가깝다. 누군가의 영혼을 편든다는 표현을 빌려도 무리가 없을 것이다. 이러한 종류의 충실함을 동기로 삼아 행동한다는 것은 매번 자문하거나 현재의 도덕적 인식을 수시로 확인하지 않는다는 것을 의미한다. 또한 충실함은 도덕적 계산이 없는 태도를 뜻한다. 평소에 도덕적으로 괜찮았던 것이 한번 내게 불리하게 작용한다고 해도 충실함은 계속적으로 유지된다. 충실함은 당사자들이 함께 겪어온 장기간의 경험에 뿌리를 깊이 박고 있으며 당사자들의 생이 서로 겹치며 만나는 과정을 통해 한 사람의 생을 다른 사람 없이는 생각할 수 없을 때 이루어진다. 오랜 기간의 결혼 생활을 함께한 배우자, 친구, 특별한 경우 이웃 간 등이 많은 것을 함께 겪고 난 후 생겨나며 같은 직장 생활을 한 경우나 정치적 활동을 꾸준히 이어왔던 경우에도 형성된다. 당사자들은 '우리가 같이 겪어온 오랜 세월로 봤을 때 그 어떤 일이 일어나더라도 나는 당신을 지지한다.'라는 마음가짐을 가지게 된다. 그러나 충실함은 때에 따라서 깨지기도 한다. 서로의 이익이 충돌하거나 도덕적 이해가 일시적으로 상충한다고 해서 와해되는 것은 아니고 크나큰 결과를 초래하는 배신이나 사상적 기만, 또는 범죄에 연관되었을 때 등 매우 중대한 원인이 있을 때 그렇게 된다. 삶의 커다란 덩어리가 떨어져나감으로 해서 충실성도 무너진다. 뒤에 남은 소외감과 냉정함은 한때 깊었던 충실함의 빈자리를 더욱 크게 느끼게 한다.

죄와 용서에서의 존엄성

우리는 타인에게 잘못을 저지를 수 있다. 그럴 때 우리는 죄를 자신에게 지운다. 죄와 존엄성은 어떤 관계에 놓여 있을까? 존엄성은 죄를 어떤 식으로 다룰까? 피해자의 존엄성은 어디에서 찾을 수 있을까?

누구에게 죄를 짓는다는 것은 그에게 고통을 안겨준다는 것을 뜻한다. 죄의 인식은 도덕적 진실성을 파괴했다는 인식과 같다. 또한 상대방이 느끼는 고통이 자신의 존엄성의 훼손을 의미한다면 그것은 그것으로 인해 자신이 도덕적 존엄성을 잃었다는 것을 인식한다는 뜻이다. 우리는 그러한 행위를 했을 때 혼란에 빠진다. 자기 자신 때문에 혼란스러운 것이다. 이 혼란스러움의 감정은 죄의식이다. 죄의식 속에는 여러 가지 의식이 섞여 있다. 좀 배려해주었으면 하는 상대방의 마음을 저버렸고 자신의 행위를 통해 소외되었으며 지금까지 누려왔던 타인들의 평가를 상실했다는 의식들이다. 타인들의 선의가 이제 거부로 돌아설 것이며 나를 향한 원망과 복수심이 생겨날 것임을 알게 된다. 이러한 모든 것들을 예상할뿐더러 그것이 일면 당연하다고도 생각하게 된다. 결국 자기가 한 일을 후회하게 되며 그것을 보상할 기회를 찾으려고 노력한다.

죄를 저지른 자의 존엄성은 그가 자기 잘못에 대해 어떠한 태도를 지니고 있는지 그리고 상실된 도덕적 질서를 어떠한 방식으로 바로잡으려고 노력하는지에 달려 있다. 이것은 그것이 과연 정확히 어떠한 죄인가에 따라 달라질 것이다. 죄라는 것은 매우 다양하며 존엄성을 다양한 방식으로 위협하기 때문이다. 자동차 앞으로 뛰어든 아이를 피하지 못하고 친 경우를 가정해보자. 아이의 죽음의 원인을 제공한 사람은 나지만 나는 과실이 없다. 피할 방법이 전무했기 때문이다. 하지만 나는 악몽을 꾼다. 자동차 바퀴가 아이의 조그마한 몸 위를 밟고 지나가는 꿈이다. 도덕적으로 보았을 때 보상할 의무는 없다. 그렇지만 나는 아이의 집으로 찾아가 부모를 만나볼 것이며 그것이 존엄성과 관련된 것이라는 경험을 할 것이다. 그것은 사과의 의미를 가진 존엄성은 아닐지라도 불행한 일에 대한 마음 깊은 애도와 슬픔을 나타내는 존엄성일 것이다. 아무리 자기의 책임은 아니어도 고통에서 자유로울 수 없는 사람이 가지는 존엄성이다.

술에 취한 상태에서 차를 모는 바람에 인도에 서 있던 아이를 치었다고 상상해보자. 또는 아이가 죽지 않고 전신마비의 몸이 되었을 수도 있다. 의도한 것은 아니었지만 나에게는 책임이 있다. 법적 책임을 떠나서 나는 존엄성과 관련해 어떤 태도를 취해야 할까? 부정이나 변명, 궤변 없이 잘못을 인정하는 것이 최소한일 것이다. 진실성과 관련한 존엄성을 위해서다. 그리고 용서를 구할 것이다. 내 의도를 용서해 달라는 것이 아니라 내 부주의와 스스로의 상태를 제대로 통제하거나 돌보지 않았음에 대해 용서를 청하는 것이다. 또 고통을 최대한 줄이기 위해 최선을 다할 것이다. 아이나 아이의 부모 앞에서 몰래 빠져나가려는 사람처럼 행동하지 않을 것이다. 부모의 당연한 분노나 어쩌면 일생 동안 지속될 아이의 원망을 그대로 받아들일 것이다. 얼마간의 금액을 자동이체되도록 해놓고 내 할 일은 끝났다고 생각한다면 그것이야말로 존엄성의 부재일 것이다.

그렇다면 나 스스로에게는 어떻게 대해야 할까? 잊지 않는 것, 그것만으로는 부족하다. 그러나 존엄성은 죄의식으로 아무것도 할 수 없는 상태가 되는 것, 오직 그 생각으로 숨이 막혀 죽는 것을 의미하지 않는다. 그것보다는 우리가 앞 장에서 다뤘던 존엄성, 즉 자신에 대해 책임을 지는 존엄성이 될 수 있도록 경험을 통해 성숙하는 것, 인생에 대해 전체적으로 더 큰 책임감을 느끼고 기존의 우선순위를 점검해보는 것이 존엄성 있는 태도에 더 가깝다.

이보다 더 나쁜 상황을 설정해보자. 나는 차에 치인 아이를 밤거리에 내버려두고 그냥 지나간다. 여기서 내가 잘못한 이유는 의지에서 찾을 수 있다. 아이의 죽음을 원해서가 아니라 돕고자 하는 의지를 발현하지 못했기 때문이라고 할 수 있다. 겁이 났거나 내게 더 중요한 뭔가가 있었기 때문인데, 동기가 무엇이었냐는 간과할 수 없는 요소다. 어쨌거나 두 가지 동기는 의지의 부족을 나타내므로 나는 죄를 지은 사람이 된다. 이것은 술에 취해 운전을 했다는 사실보다 나 자신 또는 내 정체성과 더 깊숙이 관련되어 있는 사항이다. 그러므로 나는 죄를 더 깊이 경험하게 된다. 나 자신 그대로 행동한 나는 도덕적 친밀성에서 낙오되었다. 나는 자신을 통제하지 못해서가 아니라 평소의 내 성품으로 인해 소외된 것이다. 나는 법정에서 단순히 음주운전을 했을 때와는 매우 다른 타인의 시선을 느껴야 할 것이다. 내가 폭력 등으로 아이의 존엄성을 능동적으로 위해하지 않았다고 해도 지켜줘야 할 곳에서 지켜주지 않은 것은 명백한 사실이다. 아이의 존엄성은 내게 그리 중요하지 않았다. 아이를 되살리거나 보상할 길은 이제 없다. 부모 앞에 나아가 어떠한 변명이나 구실 없이 그들의 분노를 그대로 받아들여야 할 것이다. 그걸로 충분할까?

존 버넘 슈워츠의 소설《내 생애 가장 슬픈 오후》는 어린 아들을 옆에 태우고 운전하다가 도로에서 소년을 치고 도주한 한 남자의 이야기다. 그는 아들에게 개를 치었다고 이야기한다. 사고가 일어난 곳은 주유소인데 소년의 아버지는 자기 아들이 자동차에 들이받히는 광경을 고스란히 목격한다. 이야기는 죽은 소년의 가족이 빠지는 깊은 수렁과 아버지가 범인을 찾아다니는 과정을 풀어간다. 소년의 아버지는 운전자가 아들과 며칠 지내러 온 작은 오두막까지 찾아오게 된다. 그는 부자가 이야기하는 것을 듣는다. 그는 운전자를 눈 덮인 밖으로 끌어내어 등에 총을 겨눈다. 그러다가 발을 헛디뎌 넘어지고 운전자가 반격할 기회를 제공한다. 운전자는 총을 빼앗아 사라지는가 싶더니 다시 나타난다. "나는 그에게서 빼앗을 수 있는 것은 모조리 빼앗아 갔다. 그러나 그러고 싶어서 그런 것이 아니었다. 나는 피하려고 무진 애를 썼고 깊이 후회했다. 그래도 내가 그에게서 아들을 앗아 간 건 사실이었다. 그래서 다시 돌아왔던 것이다." 그는 아버지 앞에서 총을 눈 덮인 땅에 떨어뜨린다. 그가 말한다. "아들이 하나 있습니다. 당신 아이처럼 지금 열 살이죠. 당신은 억울할 겁니다. 그건 맞습니다." 그러자 소년의 아버지가 말한다. "당신은 내 아이의 목숨을 앗아 갔소. 그리고 아무 일도 없었다는 듯이, 마치 그럴 권리가 있는 것처럼 당연히 계속 살아가고 있소." "난 무서웠습니다." 운전자가 말한다. "그걸로는 안 되오." 아버지가 대꾸한다. 그러고는 운전자에게 총구를 겨눈다. 운전자가 고개를 끄덕이며 말한다. "예." 소년 아버지의 고백이 본문에서 이어진다. "나는 그의 얼굴을 보지 않으려고 애썼지만 어쩔 수 없었다. 우리 두 사람 모두 한 치도 움직이지 않았지만 째깍째깍 흐르는 몇 초간의 시간과 침묵이 그와 나를 가깝게 만드는 듯했다. 햇볕과 바람에 그을린 넓적한 얼굴, 그리고 서로 멀찍이 떨어져 있는 갈색 두 눈은 놀라울 만큼 순했고 나는 처음으로 그의 눈 밑에 검은 그늘이 져 있음을 보게 되었다." 소년의 아버지는 운전자에게 자수할 거냐고 묻는다. "그렇습니다." 그가 대답한다. 아버지의 독백은 이렇게 계속된다. "'안 돼,' 내 입에서 갑자기 튀어나온 말이었다. 나는 경찰에 끌려가는 그를 눈앞에 그려보았다. 그것은 아무 의미도 없었다. 달라질 것은 하나도 없었다. '안 되오.' 나는 고개를 흔들며 다른 장면을 떠올렸다. 잠에서 깨어나 아무도 없는 차가운 집에 홀로 서 있을 그의 어린 아들을. '아들에게 가시오.' 나는 그에게 이렇게 말했다."

이것은 본보기나 모범으로 든 이야기가 아니다. 용서를 하라는 말도 아니다. 그러나 우리는 이 이야기에서 뭔가를 읽어낼 수 있다. 존엄성이 죄의 극복에 관련한 것이라면 가해자와 피해자 사이의 대면이 있어야만 성사될 수 있다는 사실이다. 그리고 이 대면은 사건을 떠나 서로를 보고 경험할 수 있는 만남이라야 한다. 가능하다면 앞의 이야기를 가상으로 계속 더 이끌고 가보기로 한다. 얼마간의 시간이 흐른 후 두 사람은 다시 만난다. 죄와 고통은 고스란히 남아 있고 둘 사이의 적대감은 옅기만 닿아도 폭발할 것처럼 여전히 팽팽하다. 그러나 두 사람은 서로의 생활에 대해, 아버지로서의 삶에 대해 여러 이야기를 나눈다. 둘은 아무 말 없이 자리에서 일어나 그냥 가버리고 싶은 충동을 문득문득 느낀다. 대체 이런 것이 무슨 의미가 있냐고 자문한다. 그러나 두 남자는 또다시 만난다. 이것은 죄와 책임에 대한 인식의 변화 가능성에 대한 이야기이다. 죄가 점점 희미해진다거나 이야깃거리로서 조금씩 빛이 바랜다거나 하는 뜻이 아니다. 당사자 두 사람이 상대방에 대해 많이 알수록, 그리고 조금씩 더 많이 이해할수록 인식과 느낌은 좀 더 세분화되고 구체화된다는 이야기이다. 그렇게 되면 죄란 더 이상 뭉뚱그려진 둔탁한 덩어리가 아니다. 당시 운전자였던 남자는 소년의 아버지가 어떠한 불행을 느끼고 있는지, 그의 인생이 어떤 지경이 되었는지 좀 더 깊이 느끼게 되고 지금까지와는 다른 더 폭넓고 적확한 말로 용서를 빌 수 있을 것이다. 이것은 그저 말로 때우려는 시도와는 다르다. 또 말을 떠나서 행동과 몸짓으로 자신이 후회하고 있다는 것을 정직하게 나타낼 수 있을 것이다. 한편 소년의 아버지가 상대편을 더 잘 알게 되었다고 해서 도덕적 균형을 다시금 완벽하게 잡거나 쉽게 용서하지는 못할 것이다. 그렇지만 아들의 목숨을 앗아 간 무자비한 가해자로서의 적으로만 상대편을 보던 눈이 조금씩 달라질 것이다. 그리고 죄로 그의 미래를 완전히 봉인해버리지 않고 앞으로의 여지를 남겨놓게 될 것이다. 내가 상상한 이야기는 이렇다. 이것은 죄가 극복됨에 따라 다시 얻을 수 있는 존엄성의 이야기다.

죄의식의 변화 가능성과 열린 미래를 가능케 하는 만남은 의지의 부족이나 태만이 아니라 고통을 의미하는 명확하고 인지된 의지에 죄의 근원이 있다고 해도 가능하다. 이러한 죄도 마찬가지로 다양한 성격을 지니며 따라서 존엄성에 도전하는 양상도 여러 가지로 나타난다. 또 죄에 대한 사건을 넘어서고 난 후의 이야기가 어떻게 펼쳐지는지도 사건의 개별적 성격과 의미에 따라 달라진다. 도저히 견딜 수 없는 극한의 사정 때문에 행한 행위가 타인을 파멸시키는, 말하자면 정당방위의 사건도 있을 것이다. 우리는 로만 프리스터의 자서전《납작모자 혹은 목숨의 대가》에서 그 예를 찾아볼 수 있다. 주인공 프리스터는 나치 유태인 수용소에서 강간을 당한다. 가해자는 납작모자까지 빼앗아 간다. "모자 없는 수용자는 이제 죽은 거나 마찬가지였다. 아침 조회에 규정대로 모자를 쓰지 않고 나타난 수용자는 총살당하기 때문이었다." 프리스터는 다른 사람의 모자를 훔칠 마음을 품고 밤에 몰래 수용소 건물로 숨어들어 간다. "남자는 맨 위층 침대에서 자고 있었다. 이불을 뒤집어쓰고 있어서 누군지 얼굴은 보이지 않았다. 그러나 옆구리에 낀 납작모자 가장자리가 흘낏 삐져나와 있었다. 나는 조심스레 모자를 쏙 빼냈다. 남자는 움직이지 않았다. 모자가 내 손에 들어왔다. 나는 얼른 모자를 윗옷 안에 숨겼다. 모자의 거친 천이 가슴팍에 까끌까끌하게 와 닿았다. 나는 행복한 기분으로 내 숙소로 돌아왔다."

다음 날 아침이 된다. "내 뒤 어딘가에서 그 누군가가 확실한 죽음을 기다리고 있었다. 나는 모자 없는 그 남자가 무슨 기분을 느꼈을지 알지 못했다. 나는 양심의 가책을 느끼지 않았다. 남자와 그가 느낄 감정에 대한 일체의 생각을 거부했다. 그가 죽고 살고는 내게 중요하지 않았다. 내가 나를 돕지 않으면 누가 나를 돕는다는 말인가? 장교와 조장이 수용자들의 머릿수를 세는 동안 나는 1초 1초를 세었다. 제발 일이 빨리 지나가기만을 바랄 뿐이었다. 모자 없는 남자가 살려달라고 애걸했다. 아무런 예고 없이 총성이 울렸다. 나는 뒤를 돌아보지 않았다. 누가 총살되었는지 알고 싶지 않았다. 나는 살아서 기뻤다." 프리스터는 이 이야기를 하룻밤 만에 써 내려간다. 글을 읽은 기자가 책으로 펴내자고 하자 프리스터는 거부한다. "그렇다면 왜 쓰신 겁니까?" "나도 모르겠소. 쓰고 싶은 마음이 나 자신보다 강했소."

이것은 스스로 살기 위한 궁여지책에서 나온 죄에 관한 이야기다. 삶에의 의지는 다른 어떤 것보다 강력하다. 수용소에서 그것은 죄의식을 몰아낸다. 죄의식은 커지면 안 된다. 하지만 없어지지도 않는다. 몇 해가 흐르고 나서 죄의식은 글을 쓰는 과정에서 완전히 고삐가

풀린다. 그리고 그로부터 다시 몇 해가 지난 후 프리스터는 그 이야기를 가지고 대중 앞에 나설 수 있게 된다. 그것은 자신의 죄를 인정하고 삶 안에 포함하려는 시도였다. 그것은 두 가지로 나뉘는데 현재의 자기는 옛날의 자기가 아니라는 의식이 그 하나다. 그렇다고 해서 죄가 작아지지는 않는다. 그래도 죄는 그의 내부에서 과거와는 다른 곳에서 느껴지며 삶에 다르게 작용한다. 프리스터의 관점은 사건이 일어났던 때와 달라졌고 또 격정에 휘말려 그 사건을 써 내려갔을 때와도 다르게 변했다. "어둠의 시대에 속해 있던 사건을 빛의 시대의 관점으로 평가하는 것이 과연 옳은가?" 죄를 부정하는 것이 아니다. 그러나 죄를 이해하지 못한 채 봉해버리려는 것이 아니라 그것을 보는 올바른 시각을 찾으려는 시도가 행해져야 한다는 것이다. 바로 이런 모습이 존엄성의 모습일 수 있다.

자기방어 때문에 저지르는 잘못, 그것은 독재 체제하의 정보기관이나 치안 유지 기관으로부터 너 자신이 죽지 않으려면 부모나 친구나 애인을 배반하라고 협박을 당할 때도 일어날 수 있다. 단순히 어떤 사람을 배신하는 것이 아니라 의리와 믿음이라는 소중한 가치를 저버릴 것을 요구하는 협박이다. 그럴 경우, 배신한 사람과 배신당한 사람은 훗날 어떤 모습으로 만날 것인가? 그런 만남에는 어떠한 존엄이 존재하는 것인가? 그런 만남에서는 피해자가 배신을 이해하게 되는 과정이 중요할 것이다. 배신한 자가 정확히 어떤 협박을 당했는지, 또 그가 어떤 심적 갈등을 겪었을지 피해자가 눈앞에 그려볼 수 있을 때 비로소 자신한테도 얼마든지 그런 일이 일어날 수 있음을 알게 된다. 그런 다음에야 배신으로 잃어버렸던 서로의 존재를 다시 찾으려는 시도로 발전할 수 있는 여지가 생긴다. 또 배신자는 보상과 배상을 통해 자신의 죄가 존재하는 바로 그 지점을 다시 탈환할 수 있을 것이다. 그런 다음 양측은 삶의 새로운 공통점을 찾기 위해 노력할 수 있다. 이해하는 것은 용서하기 위한 전제 조건이며 용서의 한계는 상상력과 역지사지 능력이 가지는 한계와 동일하다.

3장에서 우리는 윌리 로먼이 매카시의 공산주의자 사냥꾼 일당에게 친구를 팔아넘겼다는 가상의 장면을 설정했었다. 그의 밀고로 말미암아 친구 자신은 물론 온 가족이 파멸을 맞았다. 친구가 스스로 목숨을 끊지 않고 살아남아 윌리 로먼과 만났다는 상상을 해보자. 이 만남의 존엄성은 어디에 있을까? 용서를 한다면 어떤 종류의 용서일까? 로먼이 친구를 밀고한 것은 자신이 살아남기 위해서가 아니었다. 과거 친구였던 사람이 납득할만한 배신의 동기, 그래서 화해의 계기를 마련해줄 수 있는 동기가 과연 존재할까? 만일 그것이 윌리 로먼의 질투심이나 시기심이었다면 그는 화해의 시도조차 하지 않을 것이다. 그러나 로먼에게 다른 동기가 있을 수 있다는 것, 예를 들면 친구는 까마득히 몰랐지만 로먼이 과거에 그에게 당했던 굴욕이나 여타 모질었던 일을 잊지 못하고 복수하려고 했다면 사정은 달라진다. 로먼이 복수를 통해 얻으려고 했던 것은 고통의 똑같은 분담이었다. 그것은 모든 복수와 보복의 원칙이다. 과연 복수심에서 화해의 마음이 나올 수 있을지는 의심스럽다. 그래도 순전한 이기심이나 완전한 악함에서 비롯된 것보다는 나은 건 사실일 것이다. 어쨌거나 친구는 로먼이 후회하고 있다는 것을 느낄 수 있어야 한다. 변명의 여지가 없는 잘못을 인정하는 것, 그리고 그 행위로 인해 도덕적으로 진실하지 못한 사람이 되어버린 것에 대해

유감과 슬픔을 느낀다는 것을 친구가 알게 된다면 그는 이 책 앞부분에서 언급된 바와 같이 비록 세간에 많이 통용되고 있으나 실제로는 어려운 개념인 **용서**라는 것에 대한 마음의 준비를 할 수 있을 것이다.

넬슨 만델라는 정치범으로 27년간 감옥에 갇혀 있었다. 감옥에서 나온 그는 반평생을 앗아 간 백인들에게 화해의 손길을 내밀었다. 내가 고통받았으니 너도 받아야 한다는 사고방식의 포기가 행동뿐 아니라 감정 차원에서도 이루어진 것이다. 화해하려고 하는 그의 의지가 지닌 존엄성은 용서할 수 있는 능력에 기반을 둔다. 그것은 지나간 부조리를 그대로 놔두려는 힘과 의지였다. 그에게 그런 힘이 있었던 이유는 한 개인의 갈등이나 고통보다 더 큰 무언가가, 즉 국가의 평화적 미래가 만델라에게 훨씬 중요했기 때문이라고 생각된다. 그것은 감옥에서 지낸 반평생을 대수롭지 않게 만들 수 있을 만큼 커다랗고 중대한 이유였다. 이와 같은 원리가 좀 더 작은 의미로 용서에 적용될 수 있다. 그것은 미래를 가능하게 만들기 위해 과거의 부조리가 드리우는 그늘을 뛰어넘는 것이다. 계산과 정산을 일단 놔두고 인생의 다음 단계를 준비하는 것이다. 다음 장에서 우리는 균형 감각이라는 관점에서의 존엄성을 다룰 텐데, 그 균형에서 관대함이 탄생하며, 앞에서 말한 용서는 관대함이라는 형태로 나타날 수 있다. 배신을 당했다면 그것을 이겨내고 극복하기 위해서는 나 자신에게 소중한 미래를 위해 다시 한 번 새롭게 상대방에게 마음을 여는 앞으로의 한 걸음이 필요하다. 우리가 이 말에 동감할 때 존엄성이 바로 설 수 있다.

벌: 파괴가 아닌 발전

죄에는 여러 형태로 벌이 가해진다. 벌이란 누군가가 가한 악의 대가로 그 사람에게 가하는 악이다. 그것이 개인적 차원에서 벌어지면 우리는 스스로 해결한다. 그리고 법을 어겼을 경우 그 행위를 하는 사람은 국가의 대리인이다. 벌에는 어떤 동기가 숨어 있을까? 벌을 주는 사람과 받는 사람의 존엄성에는 어떤 변화가 일어날까?

죄를 지은 사람은 규범을 어긴 것이다. 해선 안 되는 일을 했다는 뜻이다. 규범의 침해는 어떠한 형태로든지 벌이라는 결과를 낳는다. 그냥 아무 일도 없었다는 듯 넘어가지 않는다. 만일 그렇게 한다면 그 규범은 효력을 잃는다. 범법 행위에 형벌을 가하는 국가는 지켜보는 국민의 눈 때문에 법을 수호한다. 이것이 벌 뒤에 숨은 동기, 혹은 **개념적인** 동기라고도 할 수 있다. 규범이라는 논리에서 도출된 것이기 때문이다.

누군가 우리에게 알면서도 고통을 가하는 경우 우리는 분노와 원망, 증오를 느낀다. 이러한 감정들은 고통의 상쇄를 갈망하는데, 그것이 원망을 잠재워주는 데 일조하기 때문이다. 이런 상쇄를 일컬어 복수 또는 보복이라고 한다. 피해자가 재판관에게 요구하는 것도 바로 이것이다. 가해자를 감옥에 집어넣고 고통을 고통으로 되갚아주는 것이다. 선고 형량이 부당하다고 주장하는 경우는 내 고통에 비해 가해자가 겪을 고통이 너무 가볍다는 뜻이다. 법의 심판 없이 보복을 가하는 사람도 정의를 부르짖는다. "우리는 우리를 아우슈비츠로 보낸 빌체크를 기차에서 목 졸라 죽였다." 프리스터가 책에서 이렇게 쓰고 있다. "나는 범행에 전혀 가담하지 않았지만 '우리가 죽였다'고 쓴다. 나는 사건을 지켜보았고 그가 숨을 멈출 때까지 계속 목덜미를 조르는 손가락들을 보았다. 내 심장은 목 조르는 이들과 함께 뛰었다. 나는 이 행위를 자연스러운 정의라고 보았다. 중립적 법정만이 범죄를 재판할 수 있다고 누가 말하는가? 빌체크는 자신의 악행에 대한 대가를 치렀다." 이러한 종류의 인식이 벌에 대한 두 번째 동기다.

또 다른 동기는 피해자의 관점에서보다 가해자의 앞날과 더 많은 관련이 있다. 이는 벌을 강제적 교육이라고 보는 관점이다. 가해자의 행위에 강제적으로 변화를 주고 자신의 행위에 더 많은 통제와 책임을 지도록, 그리고 법을 존중하고 타인을 중시하도록 조치하는 것이다. 이 조치는 가해자에게 고통을 주기 위해서가 아니라 그에게 효과적으로 영향을 주기 위해서 행해진다. 가해자가 구속과 결핍을 느낌으로써 변화의 필요성을 스스로 깨달아가는 것이 목적이다.

이 마지막 동기는 존엄성에 위협을 주지 않는다. 단죄받은 이가 열린 미래를 살아갈 수 있도록 해준다. 그에게 가해지는 교화는 결핍과 강제를 내용으로 하지만 주된 목적은 분별없던 지난날로부터 범법자를 분리시켜서 자신을 새롭게 보고 새로운 태도를 습득할 수 있는 기회를 주자는 것이다. 비록 범법자이지만 그의 존재 자체도 목적으로서 가치가 있기 때문이다. 교화가 얼마나 성공하고 실패하는지는 중요한 것이 아니다. 우리는 냉소적 태도에 관심을 둘 필요가 없다. 정말 결정적인 것은 범법자의 존엄성이 존재하도록 지켜주는 인격적 만남이 이 동기 안에 내재되어 있다는 사실이다.

그러나 보복이 동기가 되어 지배적으로 작용할 때 이야기는 달라진다. 고통의 상쇄에 대한 바람이 범법자의 존엄성을 망가뜨린다. 아마도 사형이 그럴 것이다. 수감자는 공포 속에서 아무 미래도 없이 돌멩이처럼 살아가며 국가에 의해 정해진 죽음을 기다린다. 가변적인 열린 미래가 주는 존엄성을 포함한 모든 존엄성을 그에게서 빼앗았다. 캘리포니아에서는 어느 살인자가 선고받은 지 20년 만에 사형되었다. 그는 모든 폭력적 행위에서 벗어나겠다고 선언했고 동화책도 썼으며 자신을 근본적으로 바꿀 수 있는 모든 가능성을 찾아 노력했다. 주지사도 그 사실을 알고 있었다. 그러나 사면하지 않았다. 실로 얼굴을 화끈거리게 만드는 도덕적 존엄성 상실의 예라고 할 수 있겠다.

보복이라는 동기와 교화라는 동기 간에 일어나는 각축전은 모든 교도소에서 볼 수 있는 광경이다. 그곳에서는 매일 그리고 사소한 일 하나하나에서 재소자의 존엄성이 위협받고 있다. 교도소는 하나의 전제 기관이므로 그 사실 자체만으로도 존엄성에 위협이 된다. 교도소에 수감되기 전에 수감자는 나름의 자아상과 일련의 방어기제, 권리, 사회적 관계라는 공간에서의 위치 등을 갖고 있었다. 그런데 교도소의 방문이 굳게 닫힘과 동시에 그런 모든 것들이 다 사라지고 만다. 그것은 한 개인의 죽음을 의미하고 때로는 영혼의 죽음도 의미한다. 그는 이제 외부 세계와 차단된다. 교도소 방문객은 차단 장치만 봐도 숨이 턱 멎을 지경이다. 시설로 첫발을 내딛는 수감자 등 뒤의 차단 장치가 닫히면 수감자는 굴욕의 세계로 들어선다. 등록 과정에서부터 이미 시설의 기계적 관료 체제 속으로 먹잇감처럼 들여보내지는 물건으로 취급된다. 일부 교도소에서는 처음 수감될 때 벌거벗겨지는 경우도 있다. 개인 물건은 전혀 허가되지 않고 이름도 없어진다. 머리가 깎이고 번호가 매겨 있는 교도소 수의를 입고 나면 다른 사람이 된다. 교도소 관계자들에게는 모두가 그저 반항적인 범죄자의 전형으로 보일 뿐이다. 그러나 가장 견딜 수 없는 것은 혼자서 아무것도 하지 못하는 것, 자기 생활을 자기가 알아서 할 수 없다는 것이다. 일과는 정해져 있고 대화와 통신도 통제된다. 자신의 운명에 관계되는 결정이 어떻게 내려지는지 알 길이 없다. 아무 가치도 없는 일이 무조건적인 노동으로 주어진다. 그저 재소자의 의지를 꺾고 누르겠다는 목적뿐이다.

3장에서 한 번 등장했던, 낭시 교도소에서 수년간 재소자를 가르쳤던 작가 필립 클로델은 그의 책에서 이렇게 쓰고 있다. "교도소는 공장 같았다. 갈아내고 잘게 쪼개지고 축소된 시간, 질식한 목숨, 제한된 움직임 말고는 그 어느 것도 생산하지 않는 커다란 공장 말이다." 그리고 교도소가 얼마나 지옥 같을 수 있는지 설명한다. "다른 사람이 보는 앞에서 목욕하고 다른 사람이 눈 뜨고 있는 앞에서 똥을 싸고 다른 사람 앞에서 살아가고 세 명이나 네 명이 10평방미터도 되지 않는 공간을 나누어 써야 한다. 14인실에 세면대가 단 하나 있고 그나마 찬물만 나오는 경우도 있다. 옆 사람의 잠꼬대를 들어야 하고 가위 눌림을 보아야 하며 방귀와 울음과 욕설과 그 밖의 다른 것들을 견뎌야 하고 꼼짝없이 강간당해야 한다."

나는 교도소장을 찾아간다. 그는 교도소 안을 두루 보여주며 수감자들의 방에 들어가서 그들과 이야기를 나눌 시간을 허락한다. 다 돌아보고 난 후 교도소장의 집무실에 들어가 의자에 앉은 내게 두 가지 기억이 떠오른다. 그 첫 번째, 나는 4인실에 있다. 네 사람 가운데 한 명은 탁자 앞에 앉아 있고 나머지 세 명은 각자 침대에 누워 있다. 나는 탁자에 앉은 사람에게 다가간다. 피부색이 어둡고 덩치가 거대한 사람이다. 그는 색연필로 뭔가를 그리고 있다. 그는 나를 쳐다보지 않는다.

나도 무슨 말을 해야 할지 모른다. 하지만 손님이 와서 좋아하는 기색을 느낄 수 있다. 돌연 그가 입을 연다. "여기선 시간이 남아돌아요. 이렇게 살 순 없어요." 나는 그의 말을 견딜 수 없다, 그리고 사람을 이렇게 취급해선 안 된다, 이 두 가지로 해석해본다. "이럴 순 없어요. 이해하겠어요?" 예, 나는 대답한다. 이해한다고 한다. 그가 나를 쳐다본다. 나는 여태껏 그런 눈빛을 견뎌야 했던 적이 없었다. 조금 더 머물고 싶으면서도 한편으로는 도망가고 싶었다.

두 번째, 나는 왜소하고 허약해 보이는 어떤 사내와 함께 독방에 있다. 3미터 곱하기 5미터 정도 되는 방이다. 침대와 책상이 차지하고 남은 좁다란 공간을 옆으로 서서 통과해야 한다. 우리는 침대 모서리에 앉아 있다. 여기 얼마나 있었으며 앞으로 얼마나 더 살아야 하는지 내가 묻는다. '종신형'이라고 한다. 이것도 끔찍한 단어다. 그러나 '종신'이 주는 영구함의 느낌이 나를 더욱 몸서리치게 한다. 지옥에서 보내는 영원이다. 내가 가장 견디기 힘든 것이 뭐냐고 그에게 묻는다. 그는 아무 말 없이 나를 문 쪽으로 이끈다. 그러곤 내 손을 잡아 손잡이가 있어야 할 곳에 갖다 댄다. 무언가의 **부재**를 그토록 선명하게 느낀 것은 그때가 처음이다. 다시 침대로 돌아온 나는 없는 손잡이가 있어야 할 곳을 물끄러미 바라본다. 나는 눈을 뗄 수가 없다. 심장마비라도 온 것처럼 가슴이 옥죄어온다. 옆에서 사내가 말한다. "이럴 순 없어요." 그만 자리에서 일어날 때가 왔다. 나는 무슨 말을 해야 할지 모른다. 익히 알고 있는 의례적 인사말이 목구멍에 걸려 나오지 않는다. 나는 잠시 그의 팔을 잡아주고 난 후 밖으로 나온다. 문은 빠끔히 열려 있다. 밖에서 초조하게 기다리고 있던 교도관이 문을 잠근다. 열쇠 소리가 귓가를 맴돈다.

교도소장의 집무실. 나는 교도소장과 마주 보고 앉아 있다. 그는 독불장군도 아니고 이해심이 없는 사람도 아니다. 그러나 이 장소와 자신의 직무에 의문을 제기하는 사람을 만나면 금방 경직된 방어 자세를 취하는 사람이다. 교화와 응분의 대가, 그는 이 두 가지를 다 안다. 그는 둘 사이를 오간다.

"이래선 안 됩니다." 내가 말한다. 대화를 여는 말로는 당연히 부적절하다. 그러나 나는 그림을 그리던 거구의 남자가 했던 말을 옮겨야 한다. 그 말에 숨이 막혀 죽지 않기 위해, 그리고 그 말을 공개하기 위해서다.

"무슨 말씀이신지 모르겠습니다." 교도소장이 말한다.

"감금하는 것, 그리고 여기서 버려지는 막대한 시간을 말씀드리는 겁니다. 이건 사람을 교화하는 게 아닙니다. 오히려 파괴할 뿐입니다."

"여기는 호텔이 아닙니다. 형벌 기관이죠."

"압니다. 형벌 집단 거류 지역이지요."

교도소장의 얼굴이 실룩거린다. 초조하거나 신경증적인 실룩거림이 아니다. 당장이라도 나를 내쫓고 싶다.

"재소자들은 어차피 여기 갇혀 있어서 보통 사람처럼 자율적 생활을 할 수 없습니다. 그런데 왜 또 방문을 잠가야 합니까? 하루에도 몇 번씩 감방 안에 갇히는데 그럴 때마다 매번 충격일 겁니다. 문손잡이도 없더군요. 무슨 생각으로 그런 겁니까? 그렇게 한다고 교화가 되는 건 아닙니다. 그 반대지요. 원망과 증오와 절망만 키울 뿐입니다. 어째서 그렇게 하십니까? 그들에게 감금의 고통과 무력감, 굴욕을 반복해서 경험하게 하고 싶어서요? 그들의 불행이 목적입니까? 고통을 받게 하려고요? 열쇠 짤랑거리는 소리가 들릴 때마다 인간이 조금씩 파괴되어가고 있다는 것을 알면서도 그러십니까? 피해자 때문이 아닌, 국가에 의한 순수한 인간 파괴가 공무원의 손을 통해 행해지고 있습니다. 훗날 연금을 받을 거면서도 때때로 스스로 목숨을 끊는 것이 그들 아닙니까?"

"우리가 불행을 불행으로 되갚는다는 듯이 말씀하시는군요. 우리가 하는 일이 **악행**인 것처럼 말입니다. 하지만 그렇지 않습니다. 우리는 **형벌**을 주는 것입니다. 그건 다른 것입니다. 그리고 여기 들어온 사람들은 큰 고통, 정말로 크나큰 고통을 불러일으킨 사람들입니다. 그걸 잊어선 안 되죠."

"제가 그걸 모르는 게 아닙니다. 전 피해자의 복수심도 이해하고 교도소 측이 그들의 요구를 대리로 수행하고 있다는 것도 압니다. 그러나 벌과 파괴는 **별개**의 문제입니다. 거기에는 한계가 있습니다. 그리고 매일같이 그들을 감금하는 것은 그 한계를 넘어선 것입니다. 이것은 감금 중에서도 불필요한 감금입니다. 그들은 어차피 여기서 나갈 수 없기 때문입니다. 그저 괴롭히는 것 이상도 이하도 아니죠. 사람을 완전히 폐인으로 만든다, 수감자 한 명이 이러더군요."

"그자가 당신의 아이들이나 부인, 부모님께 무슨 짓을 저지른 사람이라면 어떻게 하시겠습니까? 그렇다고 해도 그자가 매일 굴욕의 나날을 보내는 것에 대해서 반대하시겠습니까? 아니면 피해자의 고통이 없던 것으로 다시 되돌려질 수는 없으니까 이런 형태로라도 행해지는 것이 고통의 균등 차원에서 정의롭다고 느끼시겠습니까?"

"방문을 밖에서 걸어 잠그는 방식으로 날마다 굴욕을 가하는 것은 그냥 평범한 고통이 아닙니다. 단순한 불편이나 괴로움, 짜증 나는 일이 아닙니다. 몇백 번, 몇천 번 반복되어 가해지는 이러한 굴욕은 그들의 영혼을 파멸시키려고 만들어진 것입니다. 단 하루라도 잠기지 않은 방에서 자본 적이 없는 인간은 언젠가는 숨을 쉴 수조차 없어집니다. 당신이라면 그렇게 살고 싶을까요? 그것이 얼마나 무지막지한 굴욕인지 정확히 눈앞에 그려볼 수 있는 상상력이 부족하기 때문에 당신들이 그런 일을 계속할 수 있는 건 아닐까요?"

"만일 그자가 당신의 자녀를……."

"아뇨, 나는 그가 벌을 받기를 원할 겁니다. 보상의 의미로도 말이죠. 강제적인 삶, 전적으로 찬성입니다. 변화에의 강요, 여기엔 피해자에게 보상할 수 있도록 하는 강제하는 것도 포함됩니다. 저는 피해자를 위해 평생 동안 뭔가를 포기하고 쓰라림 속에 사는 것, 피해자에게 도움이 될 만한 포기를 말하는 겁니다. 하지만 누군가의 영혼을 망가뜨리는 굴욕을 의미하는 것은 아닙니다."

"한번 이런 가정을 해보죠. 따님을 강간한 강간범을 만납니다. 따님은 입을 굳게 다문 채 트라우마 속에서 나오지 않습니다. 따님의 영혼은 산산조각 났죠. 그러면 당신은 그자를 파괴하고 싶지 않겠습니까?"

"그렇겠지요. 충분히 그럴 거라고 생각합니다. 하지만 중요한 건 그게 아닙니다. 피해자의 즉흥적 감정이나 피해자를 바라보는 사람의 고통에 관한 이야기가 아닙니다. 제가 말하고자 하는 것은 국가에 의해 심사숙고를 거친 적절한 형벌입니다. 그리고 이 형벌은 도덕적 존엄성을 기준으로 삼아야 합니다. 형벌이 수감자의 존엄을 해치지 않도록 주의해야 합니다. 존엄성 자체가 중요하기도 하지만 그러지 않고서는 스스로를 고치고자 하는 의지가 생기지 않기 때문입니다. 형벌을 집행할 때 인간의 존엄성을 지킬 것을 법적으로 명시한 국가도 있습니다."

"그 존엄성이란 대체 어떤 존엄성이지요? 살인자, 강간범, 사기꾼, 타인의 삶을 짓밟은 자들의 존엄성요? 그들이 한 짓을 잊지 마십시오. 그들이 무슨 **고통**을 야기했는지, 또 그 고통을 **다시는 되돌릴 수 없다**는 것을 말입니다."

"잊지 않고 있습니다. 방금 몇몇 재소자들에게서 느꼈던 거칢과 잔인성을 잊어서 그런 것이 결코 아닙니다. 그럼에도 불구하고 그들에게 보장되어야 할 존엄성이 무엇인지 말씀드리려고 하는 것입니다. 그들을 대면할 때는 다른 사람들을 대면할 때와 똑같이 대면하며, 그들을 그들이 행한 과거의 특정한 행위에 규정되고 그 행위 하나로 모든 것이 판단되는 인간으로 보지 않는 것이 존엄성의 뜻이라는 것을 우선 말씀드리고 싶습니다. 그들의 존엄성을 지켜준다는 것은 그들을 끔찍한 범죄 이후에도 어쩌면 근본적으로 변화할 수 있는 여지가 있는 앞날을 기대할 수 있는 한 인간으로 본다는 것입니다."

교도소장은 창가로 다가가 잠시 아무 말 없이 밖을 바라본다. "말은 참 좋습니다." 그가 이윽고 입을 연다. "로맨틱하군요. 저도 때로는 그런 비슷한 말을 하곤 했습니다. 20년 전에요. 혹시 재범률이라고 들어보셨습니까? 며칠 전 여기서 출소한 사람이 있습니다. 살인죄였지요. 그가 정문을 통해 나가는 모습을 제가 이 자리에서 직접 보았습니다. 오늘 아침에 그가 나갔던 반대 방향으로 들어오더군요. 또 한 사람을 때려죽인 겁니다."

"자신의 미래를 열린 미래로 **활용**할 **확률**이 얼마나 높은가에 관한 이야기가 아닙니다. **전망**이 중요한 게 아닙니다. 어떤 **개념**을 가지느냐

하는 문제입니다. **우리**의 개념 말이죠. 재소자의 존엄성은 우리가 어떤 개념을 가진 상태로 그들과 만나느냐에 달렸습니다. 그 개념이란 교도소가 어떻게 운영되느냐 하는 형태로 표현되고 말입니다. 방금 전 교도관 하나가 방문을 하나하나 가리키며 이러더군요. '살인자, 어린이 성범죄자, 마약상, 은행 강도.' 그의 말은 영구하고 총체적이고 회복 불가능한 선언처럼 들렸습니다. 방 안에 있는 인간이 그 말 한마디로 **단번에** 정의된다는 듯이요. 또 **인간의 종류**를 지칭하는 것처럼 들리더군요. 제가 말하는 것은 바로 이런 것입니다. 인간이 특정한 행위로 형벌을 받을 때 교도소가 바로 형벌입니다. 교도소는 그 자체로 완결된 기관이고 재소자의 모든 생활을 통제합니다. 그러다 보면 재소자도 그의 행위 하나로 축소되어 규정지어질 수 없는 삶이 있고 정체성이 있다는 사실을 잊기 쉽습니다. **이 축소의 행위는 바로 파괴와 다름없다**고 할 수 있습니다. 그 사람과 관련해 이루어지는 모든 일들은 과거의 행위가 드리운 그림자 속에 행해지고, 그에게는 그 그림자와 죄를 벗어나 한 인간으로서 가치를 가질 수 있는 기회가 없습니다. 파괴에 다다르도록 형벌을 집행한다면 그것은 그에게서 존엄성을 빼앗는 형벌입니다. 그의 존엄이 우리의 손에 달려 있는 이상, 그가 자신이 저지른 행위 이상의 그 무엇이라는 것을 우리가 알아주고 인정해주는 것이 그의 존엄성을 지켜주는 것입니다. 형을 집행하는 기관은 형벌이라는 범위를 지켜가는 가운데 이 깨달음이 매일 피부로 경험될 수 있도록 규칙과 표현의 형태와 수단을 개발해야 할 것입니다. 재소자들한테도 이 **권리**를 알려야 하고 말입니다."

"불만을 토로하거나 항의할 권리는 이미 그들에게 주어져 있습니다."

"그래요? 이용하는 사람이 있습니까?"

교도소장은 어깨를 들었다 놓더니 희미하게 웃는다. "이곳 재소자들은 방에 개인 소지품을 놓을 수 있고 옷도 마음대로 입을 수 있습니다."

"좋습니다. 하지만 그보다 더 중요한 건 **노동**입니다. 의미 없는 죽은 시간이 되지 않도록 노동은 그들에게 매우 중요합니다. 그들 시선의 공허함에서 시간의 공허함을 느낄 수 있습니다. 봉투 붙이기 같은 일이 아니라 **제대로 된** 일, **가치 있는** 일이 필요합니다. 그러려면 기술을 **개발**할 수 있는 교육이 필요합니다. 자신의 **가치**를 느끼게 할 수 있는 교육 말입니다. 어떤 이들에게는 일생에서 처음으로 받아보는 교육이 될 수도 있습니다. 아까 똑같은 복도를 반복적으로 닦고 또 닦는 재소자를 보았습니다. 내가 말을 걸자 그는 '이게 내가 맡은 일입니다.' 하고 말하더군요. 제가 이래선 안 된다고 말씀드리는 요지가 바로 거기 있습니다. 아무리 죄를 저지른 수감자라고 해도 시간을 살아 있는 시간으로 느낄 수 있어야 합니다. 그 시간 안에서 뭔가를 스스로 만들어내고 스스로 느껴야 합니다. 그들에게 미래에 대한 **전망**을 허락해야 합니다."

"작업을 하지 않겠다고 버티는 자들도 있습니다. 침대에 누워 천장만 바라보는 게 더 좋다는 치들이지요."

"지금 제가 말씀드리려고 하는 일이라면 그런 일은 없을 거라고 장담하겠습니다. 또 이 일에는 한 가지 면이 더 있습니다. 일을 통해 돈을 버는 겁니다. 그리고 그 돈의 대부분을 피해자에게 지불하는 겁니다. 보상의 일종으로요. 속죄한다고도 표현할 수 있겠습니다. 죄를 없애거나 떨쳐버리는 것과는 다른 겁니다. 오히려 죄를 삶에 편입시킨다고 하는 것이 맞겠습니다. 또한 잃어버렸던 존엄성을 되찾는 겁니다.

혹시 모르지요, 그렇게 하는 과정에서 피해자와 새롭게 대면할 수 있는 기회를 얻을지도요."

"맙소사, 그런 제도를 어떻게 다 만든다는 겁니까?"

"가능할 겁니다. 의지만 있다면요. 제 로맨틱한 미치광이 두뇌를 한 번 더 돌려볼까요. 혼자서 따로따로 작업시키지 말고 **여럿이서 함께할** 수 있는 공동 작업이라면 효과가 더 좋을 겁니다."

"감옥에는 우정이라는 것이 존재하지 않습니다. 동료는 있을지 몰라도 친구는 없습니다."

"그렇습니다. 하지만 달라질지도 모르지요."

"이제 하나만 남았군요. 그들에게 치료받을 권리를 주라는 주장은 어째 안 하십니까?"

나는 싱긋 웃는다. "범죄자로 태어난 사람은 없습니다. 이곳으로 이끈 모든 행위도 하나의 탈선일 뿐입니다. 다 사람이 하는 짓이고 인간의 모든 행위의 뒤에는 그것을 가능하게 만든 다면적인 정신적 활동이 있습니다. 죄를 돌덩이처럼 가는 곳마다 품에 안고 가는 것보다는 그것 안으로 파고들 때 재소자는 자신에게 무슨 사건이 일어난 것인지 알아낼 수 있습니다. 이것은 또한 그들을 지원하는 우리 자신의 존엄성에 관련된 문제이기도 합니다. 만일 이와 반대의 상황이 일어난다면 그것은 야만적인 보복일 뿐입니다. 재소자는 내면의 혼란 속에서 숨이 막히고 말 겁니다! 이 안에서 지내는 교도소장님은 어떻게 느낄지 모르지만 제가 밖에서 교도소를 볼 때면 종종 이런 생각이 듭니다. 얼마나 어긋나기 쉬운 세상인가, 내가 그중 하나가 되지 않았다는 사실만으로 얼마나 행복한 사람인가, 하는 생각 말입니다."

"그렇다면 당신은 '왜 만날 **범죄자**의 권리만 그토록 중요하게 취급하는가! **피해자**의 권리는 어느 누가 생각해줄 것인가?' 하며 고개를 젓는 사람들에게는 무슨 말을 하시겠습니까?"

"나는 이렇게 말할 겁니다. 가해자에 대해 이야기할 때에는 가해자가 이야기의 중심입니다. 피해자에 대해 이야기할 때는 피해자가 이야기의 중심입니다. 양측에 관해서 해야 하는 이야기는 서로 아주 다른 겁니다. 그리고 그들을 돌봐야 하는 방식은 매우 다릅니다. 존엄성에 관한 것이라고 해도 말입니다. 이 두 가지를 서로 **대립 관계**에 놓는 것은 불합리한 것입니다. 사석에서 흔히 떠들 수 있는 일일지는 몰라도 불합리한 논리입니다."

"당신이 제안하는 그런 일들을 실제로 시행한다고 했을 때 언론이 떠들 말들은 상상하기도 싫습니다. 재소자들에게 텔레비전이 지급된다고 해보십시오. '귀하신 몸이 오락을 원한다! 엔터테인먼트! 그들에게 창녀도 제공하라!' 이렇게요."

"저도 압니다. 그렇게 떠드는 인간들은 **깊이 생각하지 않고** 삽니다. 그들은 매일, 매해를 이 안에서 보낸다는 것이 어떤 건지 **상상하지** 못합니다. 바깥세상과 아무런 소통이 없을 때 사람이 질식하고 썩어가고 퇴화한다는 사실을, 그리고 아무리 감방 안이라고 해도 한번쯤은 소리 내어 웃을 수 있어야 한다는 것을요. 잔혹 행위의 많은 부분이 상상력의 부족으로 저질러집니다. 상상력을 가로막는 것은 보복을 향한 무조건적인 갈망입니다. 사형이 필요하다는 요구가 그중 하나입니다. 국가는 이러한 원초적이고 지각없는 요구에 대항하고 사람을 공개적으로 단죄하려는 이 같은 욕망으로부터 도덕적 존엄성을 지켜낼 줄 알아야 합니다. 사회 전체의 의견이 하나로 모아질 때 그것이 가능해지겠지요. 죄가 있는 사람의 존엄성이라 할지라도 존엄성이 사회적 관심사가 될 때, 보복의 범주와 격리와 징계의 범주 안에서만 사고하는 사회에서 벗어날 때 말입니다."

교도소장이 말한다. "장클로드 로망, 그 사건을 아십니까?"

나는 고개를 끄덕인다.

"법정에서 쭉 지켜보았습니다. 참기 힘들더군요."

"예." 내가 대꾸한다.

"그래도 그렇게 말하시렵니까? 당신의 의견이 그자에게도 역시 유효합니까?"

나는 그렇다고 한다.

"로맨티스트시군요. 진짜배기 로맨티스트요. 그런 사람을 만나본 지가 얼마나 오래됐는지 모르겠습니다."

"한번은 철없는 사회 평등주의자라는 소리까지 들은 적도 있지요."

"그래서 불쾌하셨습니까?"

"아니요. 사람들은 다른 사람들에 대해선 말이 많지만 정작 어떤 일에 대해선 말이 없지요."

우리는 잠시 말없이 앉아 있다. 교도소장의 역설이 싫지 않다. 그 속에 있는 얼마간의 존경이 느껴지기 때문이다.

그는 방을 나가려다 말고 멈춘다. "지금 당신이 앉아 있는 그 자리에 얼마 전 은행 강도가 앉았습니다. 장롱같이 떡 벌어진 어깨에 담벼락 같은 얼굴을 한 자였지요. 그가 나더러 그럽디다. '열쇠를 가진 이 개자식아.' 그래서 나도 이렇게 대꾸했습니다. '열쇠도 없는 이 개자식아.' 잠시 아무 일도 일어나지 않았습니다. 그러다가 그의 얼굴이 점점 일그러지더니 웃는 얼굴로 변하더군요. 얼마의 시간이 흐른 뒤 그와 나는 복도에서 마주쳤습니다. '소장님, 휴가는 잘 다녀오셨어요?' 그가 묻더군요."

"그것 보십시오." 내가 말한다.

개자식 이야기를 하면서 우리는 웃었다. 나는 교도소를 벗어나 밖에서 회색 요새를 올려다보며 우리가 웃은 사실에 대해 기뻐했다. 쇠창살이 둘러쳐진 작은 창문 하나에 담요가 널려 있었다. **거주**라는 단어가 맞는지 모르겠지만, 7년째 쥘리앵이 거주하고 있는 방이다. 아직 6년 더 남았다. 담요는 언제나 같은 자리에 걸려 있다. 끝내 교도소장의 허락을 받아낸 것이다. 감방 문이 열리고 자유 이동이 허락된 시간에도 쥘리앵은 그 자리에 앉아 계속 그림을 그리거나 책을 읽는다. 책 중에서도 먼 외국에 대한 책을 좋아한다. 나는 근처 책방에 가 그런 종류의 책 여러 권을 사서 그에게 보냈다. 재소자에게 보내지는 소포는 통제가 심하지 않다고 교도소장이 말했다. 그러고 나서 나는 다시 한 번 교도소 앞을 지나갔다. 내 몫이 되었을지도 모를 불행에 대해 생각해보면서.

절대적으로 넘어선 안 될 도덕적 경계가 있는가?

자아 존중에 대한 앞 이야기에서 우리는 베른하르트 빈터가 원칙을 지키는 사람이라는 사실을 알게 되었다. 어떠한 일이 있더라도 절대 흔들리지 않는 원칙에 대한 개념이 있는 사람이다. 그는 항공기가 무기로 악용될 경우 군대에게 그 항공기를 격추할 수 있는 권한을 주는 항공 안전법에 대해 듣자 얼굴이 벌겋게 달아올랐다.

그는 자라에게 이렇게 말한다. "이런 상상을 해보면 어떨까. 누군가 내 앞에 나타나 이렇게 말하는 거요. '죄송합니다만 다른 사람의 생명을 구하기 위해 당신을 좀 죽여야겠습니다.' 그러면 난 이렇게 묻지. '어떻게 타인의 생명을 내 생명보다 우위에 두는 그런 미친 생각을 할 수 있소? 내 생명을 타인을 위해 희생하라고요? 정신이 어떻게 된 거 아니오? 인간은 서로 **목숨을 교환할 수 있는** 존재가 아니오. 그건 인간의 존엄성에 위배되는 일이오.' 그러자 그가 말하길, '당신이 탄 비행기가 고층 빌딩과 충돌하면 당신은 어차피 죽습니다. 그러면 **당신도** 죽고 빌딩 안에 있던 **사람들도** 죽어요. 우리가 당신 비행기를 쏘아서 떨어뜨리면 오직 당신만 죽고 다른 이들은 살게 되지요. 즉, 사망자의 수를 최소한으로 줄이자는 데에 목적이 있는 겁니다. 대를 위해 소를 희생하자, 희생을 최소화하자 이거지요. 이거야말로 **필요한** 일 아닙니까? **도덕적**으로 말입니다.' '방금도 말했듯이 인간의 목숨은 계량화할 수 있는 것이 아니오. 아무리 **수적**으로 이익이라는 결론이 나와도 그렇다고 죽일 수는 없는 일이오. 중요한 것은 **각각**의 목숨이오, 그들의 존엄성이오. 그것만이 유일한 도덕적 잣대요. 그 어떤 **목적**이 있다고 하더라도 죄 없는 생명을 죽일 수는 없소.'"

그날은 빈터에게는 더없이 반가운 날이었다. 헌법재판소에서 항공 안전법의 해당 조문에 대해 인간의 존엄성을 해치기 때문에 헌법에 위배된다는 판결을 내렸기 때문이었다. 그는 의기양양한 얼굴로 자라에게 다음과 같은 판결문을 읽어주었다. "국가가 국민의 생명을 구할 목적으로 다른 이들을 죽인다면 그들은 단순한 대상에 지나지 아니한다. 그 과정에서 그들은 스스로의 의지대로 살고자 하는 가치를 박탈당하게 된다. 법이 내린 권리를 근거로 오히려 도움을 받아야 할 무죄한 인간을 일부러 죽인다는 것은 도저히 용납되지 않는다……. 설사 승객들이 곧 죽을 운명이라는 전망이 지배적일지라도 그것이 위와 같은 상황에 처한 사람을 죽일 수 있는 근거, 즉 이들의 존엄성에 대한 권리를 빼앗을 이유가 되지 못한다. 인간의 생명과 존엄성은 각 개인의 물리적 존재성이 가진 기한에 상관없이 동일한 헌법상의 보호를 받는다."

빈터는 다시 한 번 반복했다. "도저히 **용납되지** 않는다,라고 했군. 판사의 생각도 나랑 똑같아. **어떤 경우에라도** 도덕적으로 절대 허락할 수 없는 것들이 있소. **절대적**으로 통용되는 것, 상황에 따라 상대화되지 않는 것들 말이지. 그게 바로 인간 존엄성의 조건이오. 세속화된 사회에서 이 존엄성은 마지막 남은 신성한 영역이지."

자라가 그를 쳐다보았다. 남편이 그런 말을 하는 걸 평소에 한 번도 본 적이 없었다.

"내가 말하는 **신성함**의 의미는, 어떠한 경우라도 건드려서는 안 된다는 뜻이오. 그 어떤 상황이 닥치더라도."

"이런 상상을 한번 해보세요. 당신이 비행기를 타고 있는데 테러리스트가 고층 빌딩을 폭파하겠다고 협박을 하는 거예요. 비행기는 경로를 이탈하고, 결국 빌딩으로 돌진하게 되리라는 걸 당신은 **확실히** 알아요. 그러면 '알았소! 우리를 쏘시오!' 하고 말할 수도 있다는 생각은 해보지 않았나요?"

"한 가지는 확실해. 이렇게는 말할 수 있소. '나는 괜찮으니 쏘시오! 빌딩에 있는 사람들을 구하시오!' 누군가를 구하기 위해 대신 총알을 맞는 것과 비슷하다고 할 수 있지. 하지만 이 말은 오직 나 하나에게

만 해당되는 말이오. 남들에게는 묻지도 않고 그들도 나와 똑같이 처분해달라고 말할 수는 없소. 내게 해당되는 것만 말할 때는 스스로의 결정에서 비롯된 내 존엄성의 표현이지만 타인의 의지에 반해 이런 말을 하게 되면 이 그릇된 간섭이 그들의 존엄을 해치는 거요. 알고 보면 원리는 간단하지. 누군가 우리의 이익이나 심지어 생명에 현저히 반하는 행위를 해야만 한다면 그는 우리 앞에 나와서 사정을 설명하고 우리가 내릴 결정에 승복해야 하오."

"하지만 그 누군가에게 우리 의견을 물을 시간도, 기회도 주어지지 않았다면요? 우리에게 입장을 **밝혔다 치고** 그냥 넘어가면 안 되는 건가요? 또한 우리가 모두 동의한다고 가정하기에 충분한 좋은 근거가 있다면요? 그 일이 부연 설명이 필요 없는 너무나 **당연한** 일일 수도 있지 않겠어요? 탑승자 모두가 당신처럼 사태의 심각성을 잘 알고 또 공포로 인해 이성이 마비되지 않았다고 가정하면 그들 모두가 당신처럼 반응하지 않겠어요? 만일 아니라면 오히려 당신이 그들에게 참으로 이상한 이유를 대야 할지도 모를 일이죠. '내게는 남은 몇 분이 수백 명의 남의 목숨보다 소중합니다.'라고요. 비행기를 격추시키고자 하는 사람도 그것을 명분으로 삼을 거라는 생각은 안 해봤나요? 당신 말이 다 옳다고 해도 결국은 쏘는 게 맞는 거 아닌가요? 그게 정말로 그렇게 존엄성에 반하는 거예요?"

"사람에게 가장 중요한 것, 즉 스스로에 대한 권위와 생명을 **앗아갈 때마다** 존엄은 위협받는 거요. 탑승객에게 묻지 않는다는 건 권위를 빼앗는 거요. 사람은 누구나 원하는 바를 말할 수 있소. 다른 사람들이 모두 나처럼 생각한다고 아무리 가정한다고 해도 그 사실에는 변함이 없소. 그들이 정말 그렇게 생각할지 확신이 없어서가 아니오. 그것이 단 몇 분간의 생이라고 할지라도 암묵적인 가운데 격추한다면 그들이 자신들의 자율적 결정권을 **행사**할 기회를 박탈한다는 거요. 또한 나는 누군가가 나처럼 '나는 괜찮으니 격추하라'고 하지 않는다고 해서 그의 의견이 그렇게 비정상적이라고 생각하지는 않아요. '나는 누군가를 보호하기 위해 **사용**되고 싶지는 않아요.' 또는 '나는 **이용**되고 싶지 않단 말입니다. 설령 사람을 살린다고 해도요.'라고 생각할 수도 있는 거니까."

"하지만 총알받이나 방패처럼 투입되는 것과는 다르잖아요."

"그는 이렇게 말할지도 모르지. '나는 사람을 보호할 목적으로 **제거**되고 싶지 않습니다.'라고."

"그 사람 자체를 제거하는 게 아니라 **비행기**를 격추하는 거죠."

"말꼬리를 잡고 늘어지는군. 그래도 괜찮소. 자, 그렇다면 그 사람은 이렇게 말하지 않을까. '비행기를 제거하기 위해 내 죽음이 **수용**되는 것이 나는 싫습니다. 내 목숨이 **유용성** 판단의 대상이 되는 것 자체를 원치 않습니다.' 이렇게 말이오."

"얼핏 듣기에는 옳은 말처럼 생각되네요. 유용성이라는 말이 저열하고 비겁하며 인성을 말살하기까지 하는 느낌을 주니까요. 하지만 너무 단순하고 표면적인 것 아닐까요? 격추에 찬성하는 사람들은 자신의 생각이 **도덕적**으로 옳다고 판단한다는 걸 염두에 두기 바라요. 계산에서 나온 판단이 아니라는 거죠. 비행기가 빌딩으로 돌진하는 일만은 막아야 한다는 건 너무나도 **명백**하니까요. 그들은 아마도 이렇게 말하지 않을까요. '만약 쏘지 않고 놔둔다고 생각해보십시오. 빌딩에 있던 사망자 말고도 다른 사람들까지 사망자로 추가됩니다. 빌딩이 무너지고 옆에 있던 다른 빌딩까지 덩달아 휩쓸려 무너지면서 거리의 행인까지 모두 죽겠지요. 그야말로 지옥이 따로 없게 됩니다. 그렇게 만들어야 옳다고, **도덕적**으로 바람직하다고 주장하시겠습니까? 어차피 곧 죽게 될 탑승객들을 몇 분 더 살리겠다는 명분으로요? 죄송한 말씀이지만 그런 생각이야말로 **엽기적**입니다!'라고요."

"나는 몇 분간의 목숨을 이야기하는 게 아니오. 존엄이 훼손당하는 것을 이야기하는 거지. 판사의 논거도 바로 그 점이오."

"만일 비행기가 핵 발전소를 향해 돌진한다고 가정해보세요. 당연히 발전소는 무너지죠. 굳이 당신한테 그에 따르는 결과를 설명해줄 필요는 없겠죠. 당장 수만 명이, 장기적으로는 수백만 명의 사망자가 나와요. 광대한 지역에 사람이 살 수 없게 되고요. 탑승객의 존엄이 이 무한한 인간의 **고통**과 피해보다 더 중하다고 과연 말할 수 있을까요? 도덕은 존엄의 보호와 관계 있는 것이 아니라 고통을 막는 데에 더 의미가 있어요. 도덕적 행위란 고통을 최소화하는 행위예요. 따라서 비행기를 격추하는 것은 핵 발전소가 파괴되었을 때에 따르는 대재앙에 비해 고통을 현격히 경감하는 행위임에 의심의 여지가 없어요."

"사람의 존엄성은 공공의 이익에 **견주어지는** 게 아니오. 고통과도 함께 다루어질 수 없소. 존엄은 **거래의 대상**이 아니오. 그러니까 손댈 수 없다고 하는 게 아니겠소. 판사도 그런 의미에서 생각한 거요. 그래서 헌법 제1조에 논리의 근거를 둔 것이고. 국가는 인간의 존엄성을 **관리**할 수 없소. 테러리스트가 만들어낸 상황을 보고 '원래는 존엄성이 최고 우위에 놓여야 하지만 이 사건에서는 아니다.'라고 판단하거나 할 수 없다는 말이지. 고통, 그것도 막중한 고통을 줄이려는 목적은 수단을 정당화하는 경우가 많지. 하지만 **이런** 경우는 그렇지 않소."

"**계산**하고 **흥정**하고 **관리**하고…… 교묘한 표현들이군요. 다분히 의도적이에요. 장사, 경솔함, 부패한 관료주의자를 연상케 해요. 이런 식의 표현은 얼핏 들어서는 잘 알 수 없도록 미미하게 깔려 있지만 효과는 크죠. 듣는 사람이 이렇게 느끼게끔 해요. '아, 존엄성 앞에서는 모든 비교가 불가능하구나. 묻는 것조차 용납하지 않는다. 존엄의 준수는 **절대적**이다. 방금 당신이 말한 것처럼 신성불가침한 것이 있다면 바로 이거로구나. 이것은 또 바로 우리 두 사람의 이야기이기도 하지 않은가.' 그런데 너무 궤변적이지 않나요? 기필코 빌딩이 무너지는 걸 막아내려는, 그래서 고통을 어떻게든 막아보려는 사람들에 대한 은근한 모욕 아닌가요? 여기서 수단을 정당화시키는 것은 대단히 **도덕적인** 목적이랍니다. 계산에서 비롯된 것이 아닌, **희생자**를 중시한 거죠. 몇몇 사람의 존엄성이 공공의 선을 위해 희생돼요. 하지만 아무 때나 그러자는 것이 아니고, 일반화나 습관화가 되어서도 안 되겠죠. 그럼에도 불구하고 엄청난 고통을 최소화하기 위해서는 희생자의 발생이 불가피한 상황이 있다는 걸 생각해야 돼요. 존엄성에 훼손이 가더라도 절대 희생자가 있어서는 안 된다고 생각하는 사람은 신성한 대상을 **우상**으로 만들어버리죠. 빌딩을 향해 돌진하는 비행기를 올려다보며 '곧 재앙이 오겠군요. 하지만 나도 어쩔 수 없습니다. 아시다시피, 탑승객의 남은 마지막 몇 분에 대한 존엄성, 바로 거기서 걸리니까 말이죠.' 하는 사람이 존재할 거라고 상상할 수 있겠어요?"

"공공의 선과 고통의 방지를 존엄성보다 우위에 놓는 사람들을 폄훼하면 안 되겠지. 그들이 반대 의견을 가진 사람들보다 도덕적으로 경솔하다고 여겨서도, 조금이라도 가볍게 여겨서도 안 돼. 반대 의견을 가진 사람들이 '그러나 우리는 인간 존엄성보다 다른 것이 우위에 놓이지 않는 사회에서 살기를 **원한다**. 바로 그런 것이 우리가 **살고 싶어 하는 방식**이다.' 하고 말할 수 있었으면 하는 것이 내 바람이오."

"그 대가가 미리 피할 수 있고 예방할 수 있는 고통이라도요?"

"그렇다면 대가를 치러야 하겠지. 존엄성의 불가침성에 대한 대가."

"만일 대가를 치러야 하는 사람이 바로 당신과 의견을 같이하는 이들이라면?"

"존엄성을 지키는 문화가 치러야 할 대가지."

"비행기를 격추하느냐 마느냐 하는 머나먼 예까지 들 필요는 없어요. 우리 주위에도 일상에 가까운 예는 얼마든지 있으니까요. 타인의 고통을 막기 위한 고문이 그 하나죠. 법에서는 '체포된 사람은 정신적으로나 신체적으로 부당한 대우를 당하면 안 된다.'라고 하지요. 그렇기 때문에 고문의 협박 아래 진술된 내용은 법정에서 증거로 채택되지 않고 진술을 강요한 협박은 법적 처벌의 대상이에요. 여기서 다시 한 번 존엄성은 법에 의해서 절대적인 것으로 보호되죠. 그런데 이런 가정을 해보세요. 우리 애가 납치된 거예요. 납치범은 잡혔는데 도무지 입을 열지 않죠. 보통의 수단을 써서는 아이가, 우리 아이가 어디 있는지 알아낼 수가 없어요. 범인은 죽어도 입을 열지 않겠다는 의지를 분명히 하고요. 그러면 당신은 이런 생각이 들지 않을까요. '어떻게든 저 고집을 꺾어야겠다. 만일 그 방법이 고문밖에 없다면 그래야 하지 않겠는가?' 경찰 중에도 그렇게 생각하는 사람은 언제나 있어왔어요. 앞으로도 계속 존재할 거고요. '법 같은 건 개나 줘버려. 짐승만도 못한 저 녀석의 존엄성이 뭔지는 몰라도 내 손발을 묶을 수는 없다. 나는 아이를 꼭 구해야 해!'"

"분명 나도 경찰관에게 이렇게 소리치고 싶은 충동을 느끼겠지. '뭣 하고 있는 겁니까! 우리 애를 구하시오! 무슨 값을 치러서라도 반드시!'라고 고함을 지를 거요."

"그런데요?"

"그럼에도 불구하고 나는 그것이 금지된 국가에서 살고 싶소. 나 자신이 절대 고문당할 일이 없을 거라는 이유 때문만이 아니오. 비록 미국 같은 경우는 그렇지 않지만 말이오. 내가 이렇게 말하는 것에는 더 깊은 이유가 있어요. 그것은 고문은 존엄의 파괴이고 인간의 정신을 완전히 망가뜨릴 때도 많다는 것이오. 관타나모의 경우를 봐요. 나는 그런 것이 가능한 사회의 일원이 되기 싫소. 그냥 싫으면 싫은 거요."

"그럼 우리 애는 어떡하고요? 애가 겪을 고통과 공포는요?"

"내가 지금 말해야 하는 것, 말하게 될 것은 위험한 것이오. 어쩌면 그로 인해 우리 사이가 돌이킬 수 없이 달라질지도 모르오. 나는 우리 아이를 위해서라도 존엄성의 절대적 보호에서 등을 돌리지 않을 것이오."

"녀석은 잔인하고 피도 눈물도 없는 범죄자라고요! 게다가 그로 인해 고통받는 사람은 다름 아닌 우리 아이고요!"

"그래도 달라지는 건 없어요."

"달라질 게 없다고요?"

"그래요. 지금 중요한 건 솔직하고 명확해지는 거요. 당신은 우리가 아닌 다른 사람이, 즉 경찰이 고문을 가하길 바라겠지. 본인이 잔혹함을 지켜보지 않아도 되도록 말이오. 그러나 당신이 말하는 이유가 정말 불가피한 이유라면 **당신 스스로**가 고문 도구를 잡을 수도 있다는 말이 되오. 당신은 그러고 싶소? 윈스턴으로 하여금 줄리아를 배반하게 만든 오브라이언이 되고 싶냐 말이오. 당연히 당신의 **동기**는 오브라이언과는 전혀 다르지. 하지만 **잔혹함의 작용 기제**는 다를 것이 없소. 당신은 그의 입을 열기 위해 그를 **꺾어야** 하오. 저항하려는 시도조차 포기할 정도로 그의 공포와 고통을 극대화해야 하오. 그러기를 **원한단** 말이오? 잔인함을 가할 충분한 **마음의 준비**가 되어 있소? 당신은《1984》를 바깥 쓰레기통에 내다 버렸지. 그러면서 그 책을 불태워야 한다고, 더 이상 생각나지 않도록, 그 생각들이 더 이상 존재하는 것을 허락해선 안 된다고 하면서 말이오."

"이제부터 내가 할 말에 대해서 사실은 나 자신도 조금 놀라고 있어요. 아마도 우리 사이의 뭔가를 변화시킬 말일지도 몰라요. 네, 그래도 말할 거예요. 우리 아이를 위해서요. 또 공포와 절망에 빠져 있는 **모든** 아이들을 위해서요. 그건 조지 오웰과는 아무런 상관이 없어요. 동기야 물론 **완전히** 다르지요. 그리고 그 동기가 무엇이냐에 따라 잔혹함의 **본질** 자체가 달라져요. 당연히 고문은 잔인한 거지요. 그것에 대해서는 더 이상 변명하지 않겠어요. 하지만 여기서의 잔혹함은 사상적 굴복을 강요하려는 오브라이언의 잔혹함과는 다른 거예요. 차라리 정당방위에 의한 잔인함이라고 하는 편이 더 맞겠네요. 나를 덮친 강도의 목을 조르는 것처럼요. 아마도 정당방위를 대신 해주는 것이라고 표현할 수 있지 않을까요. 아이를 위한 정당방위죠."

"나는 그것을 위험한 생각이라고 보고 거부하오. '존엄성은 고급스럽고 우아한 것이라서 원래는 존중해야 하는 게 맞지만 극단적인 상황이 올 때는 뒤로 제쳐놔야 한다. 예를 들면 공포에 떨고 있는 아이를 구출해야 하는 일이 닥친다면 다소 **미안하지만** 고문 금지라든가 존엄성 같은 것들은 **그렇게까지** 중요하진 않다.'라는 생각 말이오. 내가 왜 그 생각에 거부감과 분노를 느끼는지 그리고 어째서 구태여 똑같은 말을 자꾸 반복하는지 말해주겠소. 인간의 존엄, 그것은 최고의 가치이고 끝까지 지켜야 할 성지요. 그렇기 때문에 그 가치를 수호하는 원칙을 소홀히 여겨서는 안 되는 것이오. 우리가 아닌 타인이 원인을 제공하고 책임져야 하는 고통을 경감할 목적이 있어도 존엄성을 밀어내서는 안 되오."

"그렇다면 납치된 아이 말고 다른 예를 들어서, 테러리스트를 상상해봐요. 그들이 핵 발전소에다 폭탄을 설치했다고 해봅시다. 경찰이 그중 하나를 잡았고 시한폭탄은 계속 재깍거리죠. 경찰은 폭파범에게 소리 지르고 어르며 위협하지만 그는 눈썹 하나 깜짝하지 않아요. 그를 심문하는 경찰이 귀싸대기를 올려붙이고 주먹으로 얼굴을 후려치죠. '폭탄을 어디다 설치했나?' 하고 묻지만 대답은 없고 폭탄은 어딘가에서 계속 터질 때만을 기다리고 있어요. 경찰들이 그를 의자에 앉히고 목에 줄을 감아요. '당장 입을 열어, 아니면 의자를 뒤로 차버릴 거다, 이 나쁜 놈아!' 경찰관 한 명이 소리 지르죠. 다른 경찰들은 놀라서 아무 말도 못 하고 쳐다보고만 있어요. '고문 금지? 존엄성? 웃기시네!' 그가 고함을 쳐요. '나라 전체가 오염되게 생겼다고! 나라 전체가!' 그는 의자를 향해 다리를 들어 올리고 폭파범은 결국 입을 열어요. 폭탄은 제거되고요.

경찰관은 나중에 고문 금지법 위반과 존엄성 침해 혐의로 법정에 서게 돼요. 그는 이렇게 피고인 최후진술을 해요. '존경하는 재판장님 그리고 법관 여러분, 여러분께 한 가지 말씀드릴 것이 있습니다. 우리가 그자를 고문하고 위협하지 않았다면 여러분 모두는 지금 여기에 앉아 있을 수 없었을 것입니다. 여러분은 죽었거나 피폭당했을 겁니다. 건강한 모습으로 이렇게 여기 와 계실 수 있는 것은 다 제 덕분입니다. 더러운 짓을 제가 맡아서 했기 때문이죠. 여러분은 어쨌든 제게 어떠한 판결이라도 내리시겠죠. 그것이 어떤 판결이든 저는 아무 관심도 없습니다. 한 가지만 말씀드리겠습니다. 제가 한 일은 **옳은 일**이었습니다. 누군가 제 입장에 있는 자가 저처럼 하지 않았다면 그것은 더러운 일에 손을 담그지 않으려고 몸을 사리는 **비겁함** 때문이었을 겁니다. 아니면 자아도취적인 도덕적 허영심 때문일 수도 있습니다. 다들 나를 봐라, 나는 인간 존엄성을 소중히 여기는 사람이다! 누가 뭐래도 내가 고수하는 존엄성의 문화를 망가뜨릴 수는 없다! 아무리 나라가 쑥대밭이 된다고 해도 말이다! 이렇게 말하면서 말입니다. 그런 자는 **존엄성의 광신자**라고 말씀드리고 싶습니다. 균형 감각을 상실한 자라는 말입니다. 또 존엄성에 대한 법 조항을 제 앞에 들이미는 여러분은 뭔지 아십니까. 가소로운 **존엄성의 관료주의자**들이십니다. 그 어느 법률적 조항도 따라가지 못할 정도로 **명백히** 극단적이고 위험한 일이라고 하더라도 무조건적으로 법 조항에만 집착하는 자들이라는 말이죠. 한 가지 더 말씀드리겠습니다. 만일 제가 처했던 그 상황에서 손을 더럽히길 거부하는 자가 있었다면 그는 **실패자**이며 **죄를 저지른 것**입니다. 피해자에게 죄를 저지른 것이지요. 그는 도덕적 진실성을 땅에 떨어뜨린 것일 테고 말입니다. 그럼 이제 뒤집어서 말씀드려볼까요. 그는 **자신의 존엄성을 상실**했을 것입니다. 용기와 균형 감각, 사고와 행위에서의 독립성, 수많은 사망자와 피폭자에 대한 존중심을 증명해 보이지 못했으니까요. 이 사건에서 인간 존엄성에 대한 진실이란 바로 이런 것입니다. 이제 청이 하나 있습니다. 제발 제게 판결을 내려주십시오! 제 존엄성에 충실했다는 죄를 단죄해주십시오!'

어때요? 할 말이 있나요? 고통이 얼마나 크든 간에 그것은 존엄성 불가침의 원칙이 존중되는 문화가 치러야 할 대가라고 말할 텐가요? 그 문화의 물리적 근간이 파괴되는 지경에 이르러도요?"

"당황스럽군. 경찰관의 주장에 맞서기가 상당히 힘들군. 그의 주장뿐만이 아니라 그의 감정에 반박하는 것도 쉬운 일은 아니오. 겉으로 드러내놓고 동감할 수는 없을지라도 그가 느꼈던 강력한 도덕적 감정에서 완전히 자유로울 수 있는 사람은 없을 것이오. 우리는 일이 그렇게만 되어간다면, 즉 그가 폭파범의 목에 줄을 감는다면 **너무나도 기쁠 것**이오. 그리고 그에게 **감사한** 마음이 들 것이오. 이 사실을 부정한다면 그건 부정직하고 멍청한 짓이겠지. 나 또한 부정하지 않겠소. 하지만 그래도 혼란스럽소. 왜냐하면 부정하지 않으면서도 내가 옳다는 생각을 아직도 가지고 있기 때문이오. **협상의 대상**이 될 수 있고 또 원칙적으로 필요에 따라 **뒤로 밀려날 수 있는** 존엄성, 그것은 더 이상 존엄성이 아니기 때문이지. '존엄성은 침해할 수 있는 부분만 제외하면 불가침성을 가진다.'라고 한다면 그것이 존엄성이겠소? 만일 그렇다면 그것은 우리 헌법이 말하는 문화와는 전혀 다른 문화이겠지. 그리고 난 그런 문화를 가진 사회에서는 살고 싶지 않아요. 하지만 방금 그 경찰관의 이야기는 잊지 못할 것 같소. 방금 말한 대로 나는 당혹스럽소. 이 문제에 관해서 그것이 어느 방향이든 간에 아무것도 부정하지 않고 정당화하지 않는 일관된 사고방식이 분명 존재할 거요. 우리가 이렇게 중대한 물음에 일관성 있는 결론을 내지 못한다는 건 말이 안 될 거라고 생각해요. 아니면 내가 틀린 것일까? 누가 못하거나 더할 것도 없이 똑같이 훌륭한 논리로 무장한 상반된 판단과 인식이 이 문제에 대해서 결국 합치점을 찾지 못하고 끝없는 논쟁을 계속하게 될까? 정말 나는 모르겠소."

"두 개의 문화가 서로 대립하고 있는 것 같군요. 공공의 이익과 고통의 최소화가 우선시되는 사회, 그리고 각 개개인의 존엄성의 보호가 우선시되는 사회 말이에요. 양측 모두 도덕적 진실성의 수호자라고 자처하고 있고요. 전자의 문화는 피할 수 있는 불행을 막는 데 논리의 근거를 두고 후자의 문화는 존엄성을 절대 침범하지 않는 데 근거를 두고 있어요. 경찰이 했던 말뜻은 이런 거예요. **타인**의 존엄성만이 다양한 관점에서 다양하게 이해되는 것이 아니라 **자신**의 존엄성, 가해자의 존엄성도 그렇다는 거예요. 당신의 관점에서 보는 존엄성은 고통의 위협이 존재할 때 타인의 존엄성을 그로부터 보호하는 데 있어요. 여객기를 격추하지 않는다거나 납치범이나 테러리스트를 고문하지 않는 거죠. 밀려드는 고통에 굳게 맞서는 대신 욕을 뒤집어쓰거나 도덕적으로 비난받는 거요. 그러나 경찰관이 생각하는 존엄성이라는 것은 평상시라면 필시 존중되었을 타인의 존엄성이 고통의 물결에 삼켜지지 않도록 하는 데 있어요. 이렇게 볼 때 실로 서로 다른 두 도덕적 관점의 결론 없는 갈등이 예상되네요.

하지만 우리가 여태까지 너무 간단하고 단순하게 생각한 것일 수도 있어요. 어쩌면 고통과 존엄성에 **우열**을 매기는 것이 옳지 않을뿐더러 난센스일 수도 있다는 생각이 들어요. 존엄성의 개념, 그리고 존엄성에의 요구가 **어디서 왔는지** 생각해봐야 할 것 같아요. 하늘에서 뚝 떨어진 개념이 아니잖아요. 신이 부여했다고 외치는 사람도 더러 있지만요. 존엄성은 누가 내리거나 부여한 게 아니에요. 그걸 만들어낸 사람도, 그 요구를 발전시켜온 사람도 바로 우리들 자신이에요. 삶이 포함하는 위험과 힘든 기대를 더 잘 **견디게** 하기 위해서죠. 즉, 특정한 종류의 불행을 피할 수 있도록 돕는 잣대, 기준이 되는 것을 가질 수 있도록 하기 위해서라는 말이지요. 그 불행이란 우리가 존엄성의 상실이라고 부르는 것, 하지만 물론 존엄성이라는 개념을 만들어내기 전부터 **존재**해오던 것이죠. 우리는 존엄성의 개념을 만들어냈다는 걸 잊어서는 안 돼요. 우리가 그것을 만든 이유는 **사물의 평범한 궤도**라고 부르는 것을 위해서였어요. 다시 말해 누구나 다 알고 그 누구도 피해 갈 수 없는 인생의 모든 상황과 사건이죠. 삶에는 정말 평범하거나 아무 어려움도 없는 그런 일들만 있는 게 아니잖아요. 상실이나 고독, 질병, 죽음과 같은 것들도 있어요. 하지만 그것들이 아무리 거대하고 충격적인 사건이라 하더라도 결국은 인간사의 틀에서 벗어나는 것은 아니에요. 그들은 모두 '인간의 조건(condition humaine)'을 이루죠.

하지만 때로는 세상이 거꾸로 뒤집히는 것 같은 일이 일어나기도 해요. 전쟁, 테러, 자연재해 같은 것들을 통해서요. 그러면 그동안 익숙했던 존엄성의 잣대와 행위를 한정 짓던 경계가, 뭐라고 표현하면 좋을까, 더 이상 **통용**되지 않는 경우가 생기죠. 한마디로 **부적절**하게 되는 거예요. 이런 일을 당하는 사람이 잣대를 잊거나 무시하는 건 아니에요. 다만 절체절명의 난제에 빠진 상황하에서 잠시 **정직 처분**을 받은, 말하자면 뒤로 잠깐 제쳐둔 것으로 생각하는 거예요. 아까 말한 경찰관처럼요. 그가 직면했던 위기는 심각한 **도덕적** 위기예요. 고통을 막아보려는 무조건적인 의지죠. 이런 위기 상황에서 무언가의 금지라는 것은 도덕적으로 명백하게 옳은 것에 접근하지 못하도록 바리케이드를 치는 광신적 행위로 비춰졌던 거예요. 평소에는 그에게조차도 도덕적 진실성의 **표현**으로 비춰졌던 존엄성의 근거가 이제 그 진실성의 **상실**을 낳는 결과를 초래한다고 생각된 거지요. 그러니 테러리스트를 고문하는 궂은일을 거부하는 사람에게 죄가 있는 거고요. 폭탄이 제거되고 끔찍한 재해가 일어났을지도 모르는 날이 지나가고 나서 존엄성의 엄격한 잣대가 다시 그 효력을 얻게 되죠. 그리고 그건 전처럼 매우 철저하게 지켜지고요. 자, 그럼 이걸로 앞뒤가 맞는 논리가 서게 된 건가요?"

자라의 사고의 흐름은 헤스의 군화를 핥았던 소피의 경우, 그리고 혼란이 극단으로 치달은 나머지 도덕이나 존엄성 같은 것을 말할 수 없는 그런 세상에 살았던 저자 로만 프리스터의 살인의 추억에 나타났던 사고와는 구별되어야 하는 것이다. 자라가 말하는 존엄성 수호의 일시적 포기는 그것들과는 완전히 다르다. 그것은 지극히 도덕적인 동기에서 나온 존엄성의 침해다. 우리는 그러니까 도덕적 가치의 틀 안에 머물러 있는 것이다. 그러나 소피와 프리스터는 그러한 틀의 형태 자체가 거의 보이지 않는 사막에 있었다.

베른하르트가 말한다. "그렇다면 문제는 이런 것이겠군. 막대한 고통과 자신의 도덕적 존엄성을 근거로 한다면 재난이 어느 정도로 심각해야 타인 존엄성 수호의 엄격한 원칙을 무효화할 수 있을 것인가 하는 문제. 아니면 다른 말로 해볼까? 장애물을 뛰어넘는 자의 도덕적 위기는 얼마나 중대하고 심각해야 하는 것인가? 아이 하나가 납치될 정도면 되는 것인가? 아니면 비행기나 핵 발전소처럼 수많은 생명이 걸려 있어야 되는가? 그리고 또 한 가지는 과연 누가 그것을 결정하는가, 하는 문제요."

"그건 바로 **우리**, 공동체의 구성원인 우리가 결정해요. 아니면 누가 하겠어요? 물론 모두의 의견을 사전에 미리 물어보거나 투표를 하지는 못하겠지요. 당연히 점차적으로 우리의 목소리가 수렴되겠죠. 하지만 결국은 어떤 한쪽으로 공공의 판단이 형성될 테고 앞으로의 판단 기준으로 작용하겠지요. 그것 말고도 법원의 판례도 존재해요. **우리**, 여기서 우리란 이렇게 모여서 토론하는 몇몇 사람이 아니고요, 실제로 일어났거나 있을 법한 존엄성의 침해 사례에 대해 사고의 깊이가 있고 현명한 사람들이 뜨겁게 토론하는 폭넓은 논쟁을 말하는 거예요. 도덕적 위기에 근거한 존엄성 침해의 한계, 그것은 최대한도로 좁게 설정되어야 해요."

"그렇다면 헌법에 명시된 엄격한 법은 뭐요? 법에는 **예외가 없잖소**. 특히나 헌법 제1조는 영구적 조항이오. 즉, 절대 바꾸거나 폐지될 수 없다는 뜻이오."

"그래서는 안 되죠. 그런 조항은 사람의 관점을 통째로 정의하니까요. 그런 걸 두고 세계관이라고 하죠. 그런 법 조항에 예외를 둔다는 것 자체가 말이 안 돼요. 그러나 세상이 극도로 어긋난 나머지 법 문구를 원뜻대로 엄격하게 지키는 것이 아무 소용이 없을 때도 생길 수 있어요. 그럴 때면 그 상황 안에서 도덕적 진실성이 무엇을 우리에게 주는지 끊임없이 생각하고 또 생각해야 되겠지요."

7장

사물의 경중을 인식하는 존엄성

7장

인생을 살다 보면 다른 것보다 더 많은 자리를 차지하는 것이 있게 마련이다. 그것은 그 사람에게 중요한 것이라는 뜻이다. 삶에서 무엇이 중요한지에 대한 인식은 인간 존엄성의 한 면을 이룬다. 자신의 삶이 의미가 있는지를 경험하게 해주는 데 일조하기 때문이다. 자신에게 중요하다고 느껴지는 일에 시간과 힘을 바치는 것은 자기가 누군지 그리고 무엇을 위해 사는지 느낄 수 있게 해준다. 동시에 그것을 통해서 전체적으로 무엇이 중요한지 판단하는 기준이 형성되기도 한다. 중요하고 심각하게 받아들여야 할 것과 겉으로 보기에는 심각해 보이지만 곧 지나갈 중요성을 지닌 것의 차이를 인식하는 법을 배우게 된다. 즉, 균형과 조화에 대한 감각을 기르는 것이다. 이것 또한 인간 존엄성을 표현하는 수단 가운데 하나다. 그러나 이 모든 것들은 일률적으로 똑같은 것이 아니다. 가까이서 들여다보면 제각각의 모습에 혼란스러울 수도 있다. 균형 감각을 이루는 요소들은 무엇이며 이것과 관계를 맺고 있는 것들에는 무엇이 있을까?

삶의 의미

자신의 삶에서 어떤 의미를 찾는다는 것은 무슨 뜻일까? 각각의 행위를 보면 이것을 좀 더 잘 이해할 수 있다. 어떤 행위를 한다는 것은 특정 목적을 이루려는 것이다. 사전을 수시로 찾아본다는 것은 언어를 배우겠다는 목표를 뜻하는 것이고 대회에 나가서 좋은 성적을 거두려는 사람은 열심히 연습을 한다. 교육 과정을 한 단계씩 밟아나간다는 것은 직업적 목적을 위한 행위다. 우리는 목표를 추구하며 이 목표를 안다는 것은 우리 행동의 의미를 안다는 것과 같다.

그렇다면 목표 자체는 어떠한가? 하나의 목표는 그다음 목표의 과정이 될 수 있다. 통역사가 되기 위해서 언어를 배우며 댐을 건설하기 위해 토목 기사가 될 수 있다. 또 인간의 병마와 싸우겠다는 목표를 위해 의사라는 길을 선택할 수 있다. 그러나 그렇게 계속하다 보면 언젠가는 아무 목적도 말할 수 없을 때도 있다. 그럴 때면 '나에게는 그냥 그게 **중요해.**'라고 한다. 누군가가 **왜** 그것이 중요하냐고 묻는다면 이런 대답이 돌아올 것이다. '내 삶은 내 삶 그대로이고 나는 나이기 때문이다.'

그것으로 충분할까? 그 대답 뒤에 인생의 의미에 대한 또 다른 깊은 물음이 숨어 있는 것 같은 느낌은 뭘까? 그것은 관점의 변화와 관련이 있다. 우리는 각각의 행위와 인생의 단계를 보는 시각을 확장하여 삶을 **전체적으로** 바라보게 된다. 그러면 이제 그 **전체**라는 것은 무엇인가 하는 물음이 나오게 된다. 그 물음에 대답하려면 우리는 인생을 살아가는 당사자로서가 아니라 바깥에서 바라보아야 한다. 앞에서 나왔던 외국어 마니아 또는 헌신적인 의사의 삶은 **객관적**으로 보았을 때 어떤 의미를 가지는가?

설정된 목표가 어떤 것인지 또는 내적 만족도가 얼마나 높은지, 객관적으로 봤을 때 목표가 얼마나 중요한지 등에 대한 지표는 이 물음의 논리에서 벗어난다. 이 물음은 피할 수 없음과 동시에 어디서 답을 구해야 할지 방향성도 찾기 힘들다. 그래서 혼란스러운 물음이다. 이 혼란에서 벗어나는 길이 있다면, 질문은 그것이 주는 첫인상에도 불구하고 실제로는 아무 사상적 내용이 없기 때문에 설령 답을 찾지 못하더라도 하나도 이상하거나 잘못된 것이 아니라는 힌트를 얻는 것이다.

인생의 객관적 의미가 그 인생 외부에 있는 목적에서 존재할 수 있는가? 우리는 모르고 있는데 어느 누가 우리에게 와서 그런 목적이 존재하는 거라고 알려준다고 상상해보자. 하지만 그래봤자 결국 아무 도움이 못 되는 이유는, 도대체 무슨 삶의 목표가 존재하는지도 모르면서 그냥 그런 것이 있다고 믿는 꼴이 되기 때문이다. 결국은 인생에 객관적인 목표가 없는 상황과 경험적으로 다를 것이 전혀 없다. 그와 반대로 목표가 있는 상황을 가정해보자. 그런데 그것이 자신의 인생을 바라보는 내면적 시각에서 나온 것이 아니라면 우리가 그 목표를 과연 안다고 할 수가 있을까? 우리의 인생이 자신과 전혀 동떨어진 외부의 거대한 목표를 향해서 나아가는 과정이라면 그것은 무슨 뜻일까? 아니면 그와는 다르게 그 거대한 목표가 우리의 인간적 목표와 전적으로 어떤 연관성을 갖고 있을 수도 있다. 만일 그렇다면 그 목표는 삶의 의미를 찾는 데 도움이 된다. 외부적이고 객관적인 목표여서가 아니라 내부적으로 봤을 때 본인 스스로에게 목표라고 느껴지는 것이기 때문이다.

그러므로 객관적인 인생 목표라는 것은 시험대를 통과하지 못하는 경우가 많다. 그것 자체가 모순될 경우가 많을뿐더러 하나의 사상이 아니라 사고의 내용이 결여된 수사학적 형상에 불과할 때가 많기 때문이다. 이제 우리는 출발했던 곳으로 다시 돌아왔다. 인생의 성취를 내포하는 행위 하나하나와 그것의 중대성, 이들 추구하는 목표가 무엇이냐는 질문이다. 의미라는 것은 우리 스스로 **만들어내는 것**이지 **발견해야 하는 것**이 결코 아니라는 걸 이제 말할 수 있게 되었다. 우리가 어떤 청사진에 스스로를 동일시할 수 있고 그 청사진에 따라 생활하는 한, 우리는 인생의 의미에 대해 그리 고민하지 않는다. 그렇게 살아가는 동안에는 삶의 의미에 대한 질문이 인위적이고 거추장스러운 것으로 느껴진다. 그러다가 그동안의 계획이 무산되거나 끝났을 때 그런 질문이 갑자기 커다랗게 다가온다. 하지만 그때 와서 자신의 삶과 연관 관계도 없는 뭔가 원대하고 총체적인 의미를 추구하는 것은 전혀 소용이 없다. 도움이 되는 것은 단 한 가지, 내게 중요한 것을 새로 만들어내는 것이다. 이 과정에도 역시 존엄성과 독립성이 요구된다. 내게 중요한 것이 뭔지 그리고 삶을 결정하는 것이 뭔지 직접 지휘하는 것이다.

스스로의 목소리

헨리크 입센의 희곡《인형의 집》은 스스로의 목소리를 찾아가는 여정을 떠나는 한 여인의 시도를 그린다. 토르발은 아내 노라 헬메르를 온갖 유치한 별명으로 부르며 귀여운 인형처럼 다룬다. 노라 헬메르는 단 한 순간도 남편으로부터 독립적인 사람으로 존중된 적이 없다. 두 사람 사이에는 진짜 만남이 이루어진 적이 없는 것이다. 그녀의 인생은 언제나 그래왔다. "아빠랑 있을 적에는 아빠가 당신 생각을 말씀하시면 나도 똑같은 생각을 가졌어요. 내가 내 인형들을 가지고 놀듯이 아빠는 나를 아기 인형이라고 부르며 놀아주셨어요. 나는 아빠의 손에서 당신의 손으로 넘겨졌어요. 당신은 모든 걸 당신 취향대로 꾸몄고 나도 당신과 똑같은 취향을 갖게 됐어요. 지난날을 돌이켜 생각해보니 난 여기서 하루하루 근근이 꾸려가는 거지처럼 살아왔던 것 같아요. 우리 집은 아이들의 놀이방과 다를 바 없었어요. 어렸을 적 아빠의 아기 인형이었던 것처럼 당신의 인형 아내였죠. 우리 아이들은 또 내 인형들이었고요. 당신이 놀아줄 때마다 내가 기뻐했던 것처럼 우리 아이들도 내가 놀아주면 기뻐했어요. 바로 이런 게 우리 결혼 생활이었어요, 토르발."

8년간의 결혼 생활에서 그렇지 않았던 적은 딱 한 번 있었다. 노라는 당시 혼자서 어떤 일을 결정했다. 남편 토르발이 중병에 걸려 의사의 처방에 따라 남쪽 지방에서 요양을 해야 했다. 노라는 그들 부부 사이에서 일어난 일 중에 가장 중요한 일이라고 생각했고 그 인식은 그녀가 잠시나마 인형의 집에서 벗어날 수 있는 계기가 되었다. 남편에게는 요양비를 아버지한테 빌리겠다고 말해놓고 실제로는 불투명한 전력의 무면허 변호사에게서 돈을 빌린 것이다. 그는 차용증에 노라 아버지의 서명을 요구한다. 노라는 그 누구의 의견도 묻지 않고 혼자서 결정을 내린다. 아버지의 서명을 위조한 것이다. 스스로의 인생을 향해 그녀가 내디딘 첫발은 위법행위로 시작된다. 자신의 목소리를 내기 위한 절망적인 시도였던 것이다. 그러나 그것은 자유를 선사하기는커녕 협박의 빌미가 된다. 그리고 비밀리에 이루어진 것이었기 때문에 토르발과 그녀 사이에도 아무 영향을 주지 못한다. 그럼에도 불구하고 이 첫 번째 시도는 수년 후 터질 폭탄의 에너지가 된다. 협박에 실패한 변호사는 토르발을 찾아가 과거 노라의 실수를 까발린다. 토르발의 독선적 반응을 본 노라는 자신이 그 일을 했던 동기와 독립을 향한 시도에 대해 남편이 전혀 이해하지도 못할뿐더러 절대 자기 목소리를 알아주지 못할 위인이라는 것을 깨닫는다.

노라가 남편에게 말한다. "여기 앉아요. 오래 걸릴 테니까요. 당신에게 할 말이 있어요. 말하자면 결산을 하는 거죠, 토르발." 그러곤 두 사람의 관계 가운데 자신의 목소리가 단 한 번도 유효한 적이 없었던 점을 들어 자신이 노예처럼 살았다는 것을 조목조목 따진다. "우리가 부부가 된 지 8년이 되었죠. 우리가 맨 처음으로 진지하게 나눴던 대화가 뭔지 기억나요?" "진지하게? 그게 무슨 뜻이오?" 스스로의 목소리를 향한 절실한 욕구에 대한 토르발의 몰이해를 이 되물음처럼 선명하게 나타내는 것은 없다. 노라는 그날 저녁 당장 아이들과 남편을 두고 집을 나가겠다고 선언한다. "신성한 의무를 저버리겠다는 거요?" 토르발이 외친다. "나에게는 다른 신성한 의무도 있어요. 나 자신에게 거역하는 의무죠." 노라가 대꾸한다. "대다수의 사람들이 당신에게 동의하리라는 것도 알아요. 책에도 그렇게 나와 있죠. 그러나 나는 대다수가 말하는 것, 책에 쓰여 있는 것에 납득할 수 없어요. 나 혼자서 사물에 대해 생각해보고 이해해야겠어요." "당신에게 도덕이라는 게 있나?" "뭐라고 대답할 수가 없네요, 토르발. 나도 모르겠어요. 지금 너무나 혼란스럽거든요."

노라가 처한 혼란이 바로 그녀의 존엄성을 말해준다. 인생의 여러 가지 것들을 독립적으로 감당하고 처리하고 싶다는 필요성 말이다. 그렇다면 그녀 앞에 놓인 길은 어떤 모습일까?

그것은 이 책 1장에서 언급했던 내면의 독립성을 향한 길이 될 수 있다. 노라가 말한다. "경험을 쌓아야겠어요. 나 스스로를 가르쳐야 해요." 그것은 자신의 생각 안에서 방향을 설정하고 결정적인 문제에서 스스로의 생각을 형성하는 것일 터이다. "한센 목사님이 했던 말이 옳은 것인지, 최소한 나한테 들어맞는 말인지 난 알아야겠어요." 이러한 자립적 사고를 통해 노라는 앞으로 자신의 의지와 행위에 더 큰 영향을 미칠 수 있을 것이고 자유의지의 소유자로 변화할 수 있을 것이다. 감정을 다루는 내면의 권위는 점점 성장할 테고 그동안 가져왔던 자아상과 인생에서 무엇을 경험하고 하지 말아야 할 것인지 결정하는 내적 기준을 비판적인 눈으로 되물을 것이다. 자아상의 모습 중에서 얼마나 많은 부분이 내면화된 권위로부터 우러나온 것인지 알아볼 수 있게 될 것이고 외부의 권위를 자신의 것으로 바꿔놓게 될 것이다. 이것은 경험과 행위의 새로운 미래를 열어줄 것이다.

이 모든 것들은 자아 인식의 과정과 타자를 내 것으로 만드는 내면화 과정을 의미한다. 노라는 어떻게 해서 자신이 아빠의 인형이 되었는지, 예쁜 치마, 습관, 금지, 감정, 말 등으로 아빠가 자신을 꾸며주었던 과거를 되돌아보며 아빠의 마음에 들어야 한다는 것이 자신에게 어떤 의미였는지를 눈앞에 그릴 수 있을 것이다. 아마도 여전히 약간의 상반된 감정을 느낄 것이며 옛날에 자기가 왜 그랬는지 부분적으로 수긍하기도 할 것이다. 헬메르의 집을 나오면서 결혼 생활이 준 소외감을 다시 한 번 명확하게 느낄 것이다. 사건 하나하나, 금지되었던 모든 것들, 말귀 하나하나, 틀에 박힌 감정들을 되새기면서. 그런 의미에서 '결산'이라고 했던 그녀의 말이 효력을 갖는다. 이제 그녀 앞에 놓인 과제는 들썩이던 마음의 동요가 잠잠해지고 나서 내면세계를 조금씩 더듬어보고 또 여러 시험적 행위를 통해서 자신이 무엇을 생각하고 느끼는지 알아내는 것에 있다. 그러고 나면 그 사고와 경험과 행위를 표현으로 풀어내서 자기 것으로 만들어내고 내면적으로는 조화된 정신적 정체성과 연결시키는 시도를 계속해야 할 것이다.

노라가 인형으로 존재했던 시간 동안 놓쳐버렸던 것은 **참됨**이었고 그녀는 그 참됨을 찾아 나서야 할 것이다. 이것은 누구나 쉽게 입에 올릴 수 있는 말이다. 그러나 참됨이라는 것은 과연 무엇을 뜻할까? 생각과 경험과 행위가 참되려면 어떠해야 할까? 참됨과 대비를 이루는 것은 무엇일까?

자신을 **왜곡**하는 경우, 그 사람은 진짜 자기를 배반하는 것이다. 그가 말하고 행하는 것은 어떤 목적을 위한 것, 즉 목적을 위한 단순한 수단이 된다. 예를 들어 앞으로 다닐지도 모르게 될 직장에 잘 보이기 위해서 또는 선생님의 마음에 들려고, 아니면 끌리는 여성에게 좋게 보이기 위해서다. 그가 사람들에게 내보이는 인위적이고 목표 지향적인 겉모습은 혼자 있게 되는 순간, 그리고 그것이 의미하는 바가 소외라는 것을 느끼는 순간에 힘없이 허물어진다. 그런데 자신이 소외된다는 사실조차 느끼지 못할 때 소외는 위험한 것이 된다. 왜곡이 내부적으로 깊숙이 젖어들어 그것이 왜곡이라는 사실을 알아채지 못할 정도가 되는 것이다. 그 정도가 되면 자신이 말하는 것을 정말로 믿는다고 착각할 지경이 된다. 정치가에게 연설 원고를 작성해주는 사람의 경우를 예로 들어보자. 그는 정치가의 생각과 느낌과 말투를 연구해서 그에게 맞는 문구를 작성해준다. 그런데 그런 시간이 지속됨에 따라 그 문장은 점점 작성자의 문장이 되어간다. 그는 식사 자리에서나 여행을 가서나 침실에서도 그 말투를 자연스럽게 사용하게 될 것이다.

노라는 위와 같은 과정을 겪지 않는다. 처음에는 아버지, 후에는 남편의 취향을 따라 하던 아기 인형은 의식적인 목표를 따라가지 않았다. 인형은 알아차리지 못하는 사이에 사물을 삼투압 현상처럼 그냥 흡수했던 것이다. 그러므로 노라에게 자신만의 진짜 모습이 없었던 원인이 왜곡에 의한 것이라고 보기 어렵다. 왜곡을 시작할 만한 입장이나 발판이 아예 없었던 탓이다. 그녀의 삶이 가짜였던 이유는 그 삶이 처음부터 숨 쉬지 않는 삶이었기 때문이다. "일찍부터 엇나간 인간들이 그렇게 된 이유는 대부분 그 엄마가 글러먹었기 때문이다."라든가 "저 여자 미인이죠? 무도회에 온 사람들이 모두 입을 모았죠. 다만 어리고 귀여운 아가씨가 너무 고집이 세서 안됐네요."와 같은 우매한 말들을 끊임없이 들어야 했던 인생이었다. 노라는 또 다음과 같은 말을 하며 스스로의 숨을 서서히 조여갔다. "당신처럼 고급스러운 취향을 가진 사람은 없을 거예요."

고통스러운 거짓됨을 떨어내고 자신만의 목소리를 찾으려고 하는 사람은 감정의 격렬한 동요와 휘둘림을 겪을 수 있다. 절대로 그러지 않을 것 같은 사람이 분노나 열망, 갈망 또는 두려움에 휩싸인 모습을 볼 때 우리는 저 사람이 진짜 모습을 보여주는구나, 자신의 감정에 충실하구나, 하고 느끼게 된다. 앞에서 언급했던 연설문 작성자는 언젠가 원고를 전부 다 태워버리고 자신이 오랫동안 그 밑에서 스피커로 활동했던 정치가에 반대하는 팸플릿을 쓰게 될지도 모르겠다. 그리고 사랑스러운 딸이며 남편을 존경해 마지않는 아내인 노라는 세간의 도덕이 뭐라고 하든 간에 자리에서 벌떡 일어나 또박또박 걸어 나갈 것이다. 그러나 참됨을 판단하는 기준이 분노나 감정의 수위는 아니다. 그것들 또한 영화나 소설 같은 데서 모방한 것일 수 있기 때문이다. 또한 오직 즉흥성 하나만으로 진위를 판별할 수 없는 일이다. 자신과 동떨어진 순간적 반사작용, 왜곡의 재빠른 기전도 존재하기 때문이다.

참됨은 인과관계에 따른 감정의 동요보다는 어느 한 사람의 내적 일치성과 더 많은 관련이 있다. 우리는 누군가의 삶이 그가 주장하는 정치적 신념과 일치를 이룰 때 그의 신념을 참되다고 평가한다. 반면 신념이 삶의 스타일과 따로 떨어져 겉도는 모습을 보면 좀처럼 그 신념을 믿기 힘들어진다. 감정을 대할 때도 마찬가지다. 누군가를 심히 원망하다가 그가 죽자 이토록 슬퍼하는 것은 진짜일까? 경멸 섞인 독한 말을 그렇게 여러 번 듣고도 누군가를 여전히 사모하고 존경할 수 있을까? 우리는 참되다는 것, 그것은 생긴 그대로의 모습을 스스로에게 가감 없이 내보이는 것이라고 외치고 싶어진다. 그러나 단순하고 담백하게 보이는 이 논리에는 오해의 소지가 숨어 있다. 왜냐하면 사람의 내면세계란 흠 없이 매끈하지가 않기 때문이다. 우리의 경험과 사고와 의지는 불명확성과 상반된 감정으로 항상 가득 차 있으며 그중 어떤 것이 정말로 내 것인지 모를 때가 많다. 우리는 누구와 같이 사느냐에 따라 여러 삶을 산다.

자아상이 어떤 역할을 하는가 하는 물음으로 조금 더 깊이 들어가면 참됨에 관한 질문은 더욱 까다로운 것이 된다. 사고와 감정과 행위는 자아상에 근거할 뿐 아니라 때로는 기독교적 신앙 같은 것에 의해 강요되기도 한다. 예를 들어 기독교 신앙이 내가 가진 자아상에 들어맞아 내가 그것을 참되다고 느끼는 경우를 보자. 이 자아상에서 벗어나는 것은 이물질처럼 겉돌거나 거짓으로 느껴진다. 나는 나의 참됨을 지키기 위해 수도원에 입단한다. 그러나 곧 신앙을 잃어버리고 만다. 그것은 그동안 점진적으로 진행되어왔던 침식의 결과일 수도 있고 세상에 존재하는 수많은 고통을 보다 못해 폭발적으로 일어난 반란일 수도 있다. 나는 내 감정에 훨씬 가까운, 훨씬 더 내 참모습일 수 있는 또 다른 삶의 가능성으로의 길을 막고 있었던 이제까지의 자아상을 버린다. 등 뒤로 수도원의 문이 닫히고 나는 뜨겁고 먼지 자욱한 삶의 광장으로 한 발 내딛는다. 휘몰아치며 모든 것을 뒤엎는 동력을 참된 것으로, 그리고 자아상의 권력을 가짜의 원천으로 만들어버린 이것은 과연 무엇인가? 참됨을 결정짓는 기준은 무엇이란 말인가?

이제 노라가 가야 할 길은 앞에서 말한 것처럼 뿌옇고 뒤엉킨, 내면으로 인도하는 길이 될 것이다. 그녀는 말한다. "경험을 쌓아야 해요." 그 경험은 안락한 부모의 품과 남편의 은행, 그리고 가장무도회를 떠나 저편 멀리에서 얻는 경험일 것이다. 그러나 자신의 목소리를 찾는 여정에서 중요한 것은 새로운 세계를 만나보는 것에만 있지 않다. 그 세계를 대면했을 때 어떤 감정, 어떤 느낌으로 반응이 오는가를 이해하는 것이 무엇보다 중요하다. 그동안 참된 경험을 방해하던 종래의 습관이나 상투적 생각, 귀에 박힌 진부한 말투 같은 것들은 모두 비우고 자신에게 일어난 반응을 우선으로 쳐야 한다. 노라는 아이들을 두고 떠날 수 있는 내적 권리를 스스로에게 얻어낼 것이고 한센 목사의 말이 점점 힘을 잃어가는 것을 느낄 수 있을 것이다. 누구의 힘도 빌리지 않은 자기만의 자아상을 시험해볼 것이고 그 과정에서 길을 잃고 실수도 할 것이다. 그녀 또한 다른 모든 이들처럼 자신의 행위와 감정이 진짜로 참된 것인지, 그리고 중요한 것을 정말로 찾기는 했는지 때때로 불안에 휩싸일 것이다. 이 모든 것을 경험하면서 자신이 말하는 스스로에 대한 의무를 깨달을 것이다. 그것이 바로 존엄성을 이룬다.

균형을 유지하는 침착함

별 의미 없는 작은 일이 비극이 될 수도 있음을 고트프리트 켈러의 단편 〈마을의 로미오와 줄리엣〉에서 볼 수 있다. 농사꾼인 만츠와 마르티가 각각 경작하는 밭의 가운데 경계에는 임자 없이 놀고 있는 땅이 있다. 두 농부는 오랫동안 가운데 땅을 침범하지 않다가 어느 날 그곳으로 들어가 쟁기질을 하기 시작한다. 마르티는 만츠보다 한술 더 떠 땅 한가운데 세모꼴 모양으로 땅을 차지한다. 임자 없는 땅은 경매에 붙여지고 만츠가 땅을 사들인다. 만츠가 마르티에게 말한다. "자네가 내 땅 한가운데로 들어와 아래쪽 땅뙈기를 삼각형 모양으로 잘라 차지했다는 걸 알고 있네. 내가 그런 염치없는 짓을 참아줄 수 없다는 걸 자네도 알고 있겠지. 그래서 다시 그 땅을 거둬들일 테니 그렇게 알게. 행여 싸울 생각은 말게!" 마르티가 대꾸한다. "나야말로 왜 싸워야 하는지 그 이유를 모르겠네. 자네는 그 땅 생긴 그대로 산 게 아닌가! 우리가 다 함께 땅을 살펴보지 않았나? 한 시간 전부터 손톱만큼도 달라진 게 없는데 그게 무슨 소린가?" 이야기의 발단은 이렇게 시작된다. 만츠는 사들인 땅에다가 삼각형 땅이 포함되도록 경계를 일자로 쭉 긋고 마르티가 이미 쟁기질을 해놓은 그 땅에다가 다른 곳에서 모아온 돌들을 잔뜩 갖다 놓는다. 화가 머리끝까지 치민 마르티는 삼각형 땅을 압수하는 조치를 취하도록 마을 이장을 불러온다. "이날로부터 두 농부 사이에는 법정 싸움이 계속되었으며 둘 중 하나가 망할 때까지 싸움이 그칠 날 없었다."라고 켈러는 쓰고 있다. 두 사람은 서로를 가난하고 피폐하게 만들며 서로 사랑하던 두 집안의 아들과 딸은 부모의 싸움 때문에 같이 살 수 없음을 깨닫고 결국 죽음을 택한다.

우리는 두 농부는 **균형 감각**을 완전히 상실했다는 것을 알 수 있다. 그들은 그까짓 조각난 밭뙈기에 대한 권리를 지키기 위해 인생 전체를 걸었던 것이다. 켈러는 그들에게 일어난 사건을 다음과 같이 훌륭하게 묘사하고 있다. "평소에는 그리도 현명하던 이들의 생각은 이제 작두로 몽당지게 썬 여물처럼 짧디짧아지고 말았다. 좁아질 대로 좁아진 세상을 보는 눈이 그들을 가득 채웠고, 상대방이 일방적이고 제멋대로 그 조각 땅을 차지했는지에 대한 자신의 원망과 분노를 다시 한 번 들여다볼 수도 없었고 보려 하지도 않았다. 두 사람 다 자신의 명예가 땅에 떨어졌다고 생각했고 싸움이 주는 정열에 정신없이 자신을 맡겼으며 곧 이어진 멸망의 길로 들어섰다." 만츠와 마르티는 중요한 것과 중요하지 않은 것을 구분하는 능력을 잃었다. 사소한 것 하나로 일생을 망치는 모습을 독자는 가소롭고 기괴한 이야기로 치부하고 넘어갈 수도 있다. 그러나 더 생각할수록 두 사람이 어쩌면 존엄성을 잃어버리는 방식으로 삶의 균형을 놓친 것이 아닌가 하는 느낌을 가지게 된다.

이러한 경험을 전혀 겪어보지 않은 사람은 없을 것이다. 작은 일로 이웃과의 관계가 돌이킬 수 없이 서로 미워하는 관계로 돌아서는 예는 흔하다. 항상 발단은 사소한 것이다. 너그럽게 넘어가는 것이 필요할 때 그렇게 하지 못하면 사태는 돌이킬 수 없이 굴러가게 된다. 인생 반쪽이 위태할 지경에 이를 수도 있다. 싸움만이 능사는 아니다. 파업으로 공항에서 하룻밤을 지새워야 하는 승객들이 쏟아지는 흥분의 소용돌이에 승차하게 되면 원래는 작았던 사건이 존엄성을 운운해야 하는 중대한 사건으로 불어난다. 비싼 시계가 고장 났을 때도 있을 것이고 새로 산 차에 흠집이 나는 바람에 화가 나 잠이 오지 않을 때도 있다. 우리를 균형에서 끌어내리는 것은 언제나 작은 일, 그러나 일어나지 말아야 할 작은 일이다. 우리는 옛날을 뒤돌아보며 흔히 이렇게 말한다. "그때는 내가 정신이 빠져서 균형 감각을 잃어버렸었지." 이렇듯 자기 존중의 의미로서의 존엄성이 존립의 위험에 서 있을 때 우리는 부끄러움을 느낀다.

그러나 실제 사정은 균형과 분배의 상실이라는 공식이 주장하는 것처럼 그리 간단명료하지가 않다. 중요한 것이 뭔지 **잊어버리고** 중요한 것과 그렇지 않은 것을 혼동하는 데에만 문제가 있는 것은 아니다. 사소하게 보이는 어떤 것이 중요한 다른 어떤 것을 **대표**한다는 사실을 채 인식하지 못한 상태에서 그것에 기를 쓰고 매달리는 경우도 있기 때문이다. 만츠와 마르티에게는 조그만 땅뙈기를 사이에 둔 가소로운 기 싸움이 사실은 정의와 자존심, 존중받고 싶은 마음을 대표한다고 할 수 있고 한밤중에 공항에서 소란을 피우는 승객들에게 공항에서의 하룻밤은 과거에 있었던 불쾌한 사건이 주는 홀대받았던 경험을 떠올리게 했을지도 모른다. 또 고장 난 시계 같은 경우는 시계 말고도 또 다른 것이 망가져서일 수도 있다. 만일 이런 것들이 다른 중요한 것들과 연관

되지 않았더라면 우리는 그렇게 흥분할 필요가 없었을 것이다. 위태로운 우리의 존엄을 바로잡기 위해서는 사소한 일 뒤에 숨은 중대한 의미를 찾아내고 사소한 일 자체는 놓아버릴 줄 알아야 한다. 만츠와 마르티가 이것을 깨닫는다면 이런 대화가 가능하지 않을까. "그럼 까짓 그 땅뙈기는 자네가 가지게. 하지만 내가 바보라서 양보하는 게 아니라는 것만 알게." 망가져버린 시계를 바라보는 이는 이렇게 혼자 중얼거린다. "내가 화가 났던 건 단지 시계가 고장 났기 때문만은 아니었잖아." 이렇게 해서 균형은 다시 안배되고, 큰 것을 가리고 있던 사소한 일에 광적일 정도로 연연했던 과정에서 위험에 빠졌던 존엄성은 제자리를 찾는다.

균형 감각을 유지하려는 욕구는 **자신의 삶**에서 중요한 것들로만 대상이 국한되지 않는다. 세상에서 일어나는 모든 일, 즉 **전체적인 것**을 고루 염두에 두려는 시도도 거기에 해당된다. 사소한 싸움에 감정이 상하거나 흠집 난 새 차에 마음이 언짢아져서 집에 돌아온 우리는 텔레비전을 켜고 뉴스를 시청한다. 뉴스는 홍수, 전쟁, 빈곤을 보도한다. 부끄러운 마음이 밀려든다. 자기 일이라고 너무도 크게 해석하지는 않았는지! 이것은 도덕적 인식이 아니다. 뉴스에 나오는 불행과 사고는 우리 일상의 작은 사건들에 원인과 책임이 있는 것이 아니기 때문이다. 그리고 우리가 느끼는 부끄러움은 타인의 시선을 의식해서도 아니다. 온전히 자기 자신 앞에서만 느끼는 경우도 많기 때문이다. 그러고 나서 우리가 전과는 조금 달라진 생각으로 냉장고 문을 연다면, **어떻게** 달라졌다는 것일까?

대학에 있는 내 연구실 책상에는 액자에 든 사진 한 장이 놓여 있다. 푸석한 뺨 위로 두 줄기 눈물이 흐르는 한 아프리카 남성의 고통받는 얼굴이다. 그 사진은 인간을 위협하는 온갖 것들, 더위와 흙먼지, 상처와 고통, 상실과 환멸, 슬픔과 죽음 같은 것들을 상기하게 해준다. 아무것도 들지 않은 배를 움켜쥐고 따가운 더위와 자욱한 흙먼지를 마시며 하루하루 연명해가는 것, 그리고 기후와 빈곤과 질병으로 인해 책을 읽을 가망도, 연주를 듣거나 좋은 사람들과 대화를 나눌 여유도 허락되지 않은 단순한 한 덩어리의 육체로 한정 지어진다는 것이 어떤 것인지 곰곰 생각해보게 한다. 사진을 바라볼 때마다 기존의 언어로는 이 남자의 고통을 완벽하게 표현할 길이 없음을 새삼 느끼게 된다.

이 사진은 일상의 크고 작은 치열한 싸움 속에서 내 자신을 잃어버리지 말자고 다짐하게 해주는 역할을 한다. 사진을 책상에 놓을 때부터 그 생각은 분명했다. 어느 날, 방문객이 와서 끈질기게 질문을 던졌다.

"인신공격에 방해 공작 등이 난무하는 엄청나게 짜증 나는 회의가 끝난 후 연구소로 돌아왔다고 칩시다. 책상에 놓인 이 사진을 보는 것이 무슨 도움이 됩니까? **정확히 어떤 도움**을 준다는 거죠? 사진이 화가 나게 된 **원인을 해결**해주는 건 아니지 않습니까?"

"물론 그렇죠. 하지만 사진을 보면 내적 **거리감**을 만들어내는 데 도움이 됩니다."

"내적 거리감은 어떤 겁니까? 화를 조금씩 식히면서 생깁니까?"

"아뇨. 화를 진정하는 것이랑은 상관이 없습니다. 남의 고통을 안정제로 이용한다는 생각만 해도 역겨우니까요."

"좋습니다. 그러면 과연 무슨 일이 어떻게 일어난다는 겁니까?"

"일시적으로 좁아졌던 사고가 다시 원래대로 돌아갑니다. 분노가 너무도 사람을 지배하게 되면 화를 내게 한 원인이 이 세상에서 제일 중대한 일처럼 여겨지죠. 고트프리트 켈러의 표현을 빌리자면 작두에 몽당지게 썬 여물처럼 생각과 감정이 짧아진 겁니다. 다시 말해 정신적 안정이 아니라 정신의 확장을 하자는 거지요."

"**주의를 딴 곳으로 돌린다**는 뜻입니까? 고통을 보고 본인의 분노를 딴 곳으로 돌리는? 이른바 주의를 환기시키는 겁니까?"

"아닙니다. 그것도 아니에요. 이 사진은 나를 분노를 피하는 길로 이끌려고 존재하는 것이 아닙니다. 분노에 잡아먹히는 대신 분노를 넘기게 해주려고 있는 것입니다. 전체를 상기해보면 하나의 에피소드는 큰 무게가 없다는 것을 잊지 않게 하는 거죠. 바로 이것이 제가 말하는 내적 거리감입니다. 존엄성과 연관되어 있기도 하죠."

"그럼 그 거리라는 것은 어떤 겁니까? 우리가 집중해서 일을 할 때나 어떤 감정을 진심으로 느끼려면 반드시 내적 **정체성**이 수반되어야 하는 것 아닙니까? 그 말은 사물과 자신 사이에 거리가 없어야 한다는 뜻인데요. 당신이 말하는 이상적인 거리란 인생을 직접 **살아가는** 게 아니라 거리를 두고 저 혼자 흘러가게 **놔두라는** 뜻입니까? 그런 생각으로 저 사진을 바라보면 당신과 당신의 삶이 서로 동떨어진 느낌이 들겠군요?"

"오해하고 계시군요. 정체성 이야기는 맞는 말씀입니다. 중요하지 않다고 생각하는 모든 것과 내면적으로 거리를 둔다면 그는 인생을 살 기회를 놓치는 사람입니다. 그러나 내가 말하는 정체성에는 두 가지 종류가 있습니다. 그중 하나는 불가피하고 바람직한 것으로, 사실은 아주 간단합니다. 진심으로 사물을 대하는 것입니다. 그 사물은 어떤 것이든 상관없습니다. 축구 경기같이 주변적인 것이라도 괜찮습니다. 경기를 할 때 선수들은 공을 차거나 막고 결국은 이기는 것에만 온 정신을 집중합니다. 다른 것은 다 필요 없습니다. 뭐 이까짓 일쯤이야 하는 생각으로 아무 생각 없이 발 앞의 공을 성의 없이 툭 차버린다면 골로 이어지지도 않고 경기를 보는 우리는 비웃을 겁니다. 그런데 여기서 중요한 것은 선수들이 이 실용적인 정체성에 완전히 함몰되어 공을 차고 경기에 이기는 것이 그들의 인생을 정의 내린다고 생각해버려서는 안 된다는 겁니다. 결정적인 페널티킥을 성공하지 못한 선수가 있다고 칩시다. 그는 매우 괴로울 겁니다. 반면에 전혀 아무렇지도 않은 냉정한 태도를 보인다면 우리는 저자는 정신이 딴 데 가 있는 거야, 하고 생각할 테죠. 그런데 페널티킥에 실패한 그 사건이 몇 달이고 몇 년이고 끈질기게 따라다니다가 한 인간이 가진 자기 신뢰를 모조리 망가뜨린다면 어떨까요. 그건 정체성이 과다한 겁니다. 그는 삶의 균형 감각 잡기에 실패했다는 평가를 받을 것입니다. 그러므로 존엄성 상실이라는 것은 정체성이 아니라 잡았던 것을 놓을 수 있는 능력을 잃어버리는 데서 옵니다. 언제나 그렇죠. 있던 곳에서 쫓겨나거나 사업을 접어야 할 때, 필요 이상으로 오래 그 사건에서 벗어나지 못하면 실패의 죄책감과 상처로 괴로운 것에 그치지 않습니다. 아직도 마음을 비우지 못하는 자신이 스스로도 비존엄적으로 비치기 때문에 더욱 고통받습니다. 우리는 그걸 두고 균형 감각을 잃었다는 표현을 씁니다. 그럴 때 책상 위 이 사진을 들여다봐야 합니다."

내 연구실을 찾아온 손님들과 사진에 대해서 이야기를 나눌수록 나는 **평상심**이라는 것이 얼마나 중요한지 새삼 느끼곤 한다. 이 말 안에서 두 가지 개념이 만난다. 첫 번째는 자신의 감정에 이리저리 튕겨지는 공이 아니고자 하는 마음이다. 우리는 아무것에나 감정이 상하기를 원치 않는다. 우리 마음을 사로잡아도 되는 것과 되지 않는 것을 우리 스스로 결정할 권위를 가지기 바란다. 그런가 하면 또 그 반면에 무감동의 스토아적 이상이 뜨거운 감정을 억눌러 언제 어디서나 항상 평온하고 똑같은 기분을 유지하는 것도 원치 않는다. 우리가 추구하는 침착함을 '나랑은 상관없어' 식의 무신경이나 무관심과 혼동해서는 안 된다. 그렇다면 정말로 중요한 것을 알아보는 안정된 판단력과 감성, 이 두 가지를 어떻게 조화시켜야 할까?

나는 이렇게 말하고 싶다. "여기서 말하는 균형 감각이 우리에게 주는 것은 정확히 다음과 같은 것들입니다. 어떤 일의 노예가 되지 않고도 그것에 진심을 다할 수 있는 능력, 즉 깊은 감정을 경험하지만 그 일이 가진 의미를 무한대로 키우지 않고 어느 일정 선에서 그치게 하는 능력입니다. 뒤집어 말하자면 걱정 근심에 거리를 두면서도 그것들에 대해 진지한 태도를 가지는 것이 가능하다는 이야깁니다. 지금 당장 우리를 괴롭히는 것보다 더 크고 더 중대한 일이 분명히 존재한다는 것을 알고 느끼지만 그와 동시에 우리가 그런 걱정거리를 가지고 있다는 사실 또한 부정하지 않는 것입니다. 그리고 균형 감각이라고 할 때의 **감각**, 그것도 그냥 나온 말이 아닙니다. 그것은 균형이 유지되도록 도와주는, 더 중요한 것의 존재에 대한 추상적이고 이론적인 지식에 불과한 것이 아닙니다. 그것은 매우 구체적이고 체험 가능한 지식이며 어떤 격한 감정을 느낄 때 이미 그 안에 들어 있는 것입니다. 또한 평상심, 그것이 바로 이 조화로운 상태입니다. 조금 신비주의적으로 들리겠지만 더 적절한 표현을 찾지 못하겠습니다."

방문객 한 사람은 가방에서 프란츠 카프카의 일기를 꺼내더니 읽어 내려갔다. "8월 2일. 독일이 러시아에게 전쟁을 선포했다. 오후에는 수영 강습." 내가 말했다. "그렇죠. 맞습니다. 전쟁이 일어난 마당에 그걸 알고도 수영을 배우러 가다니, 말도 안 되는 것처럼 보이죠. 그러나 중요한 건 그가 **어떻게** 가는가 하는 문제입니다. 수영 강습이 그에게 여전히 제일로 중요한 것인지 아니면 자기가 수영 강습에서 뭘 배울지를 완전히 무의미하게 만드는 어떤 사건이 발생했다는 것을 느끼는지가 관건이라는 뜻입니다. 설사 그가 그것을 느낀다고 해도 자기가 수영을 잘하거나 못하거나에 따라 뿌듯해하거나 실망하는 것에는 변함이 없을 것입니다. 전쟁의 발발이 그의 감정마저 앗아 가지는 못하죠. 그러나 이제 더 중요한 것이 존재한다는 의식 안에서 그런 감정은 차단될 겁니다. 그러므로 그는 무관심이 아니라 평상심을 유지한 채로 수영장 가장자리에 앉아 있게 될 겁니다. 강습 결과가 좋든 나쁘든 관계없이 말이죠." 그러고는 조금 있다가 덧붙인다. "균형 감각은 중대함이라는 것에도 **여러 차원**이 있다는 의식을 포함합니다. 사적인 차원, 직업적 차원, 정치적 차원 같은 여러 차원 말입니다. 또 그들을 서로 **적대 관계**에 놓아서는 안 된다는 의식도 포함하지요."

때때로 우리는 어떻게 하면 자신을 **지나치게** 중요시하지 않으면서도 진지하게 받아들일 수 있을지에 대해 자문하곤 한다. 아무리 생각해봐도 답이 나오지 않아 포기해버릴까 하는 생각이 들 정도다. "박사 논문 마감이 6주 남았습니다." 박사과정에 있는 학생이 내게 말한다. "아마 앞으로 1년 후에도 저는 박사 논문 마감이 6주 남았다고 말하며 이

자리에 있겠죠." 우리 두 사람은 함께 웃는다. "그래, 자기를 우스갯거리로 만들 수 있는 것, **자기 풍자**로군. 중대함과 심각함이 넘쳐나는 어떤 대상에서 그 중대함을 완전히 부정하지 않으면서도 조금은 깎아내리는 그것이 바로 역설, 풍자라는 걸세. 이런 종류의 균형을 유지할 수 있는 것이 존엄성이 지닌 한 면모라네. 자기 풍자는 자신의 중요함에 의문을 제기할 수 있는 능력이지. 자기가 자기에게 내리는 평가 전체를 시험대에 올려놓는 것, 그러나 자기에 대한 평가가 정체성의 일부분이므로 그렇게 간단히 흔들어놓을 수는 없다는 것을 아는 상태에서 그렇게 하는 것이지. 그럼에도 불구하고 자신이 내리는 평가가 절대적이거나 전부는 아니라는 것도 알아. 바깥에서 보면 사물이 달라 보일 수 있다는 걸 알고 있기 때문이네. 그러니까 무조건적 자아 중심주의는 존엄성이 부족하다는 뜻과 같네. 균형 감각이 모자라면 과도한 자신감에 상처를 입게 되네. 자존심에 입은 자잘한 상처들을 툭툭 털어버리고 정말 중요한 것에 집중할 수 있게 만드는 능력, 그것이 유머 감각이지."

연구실에 온 또 다른 손님은 방금 사회복지 관청에서 오는 길이다. 존엄성이 위협받는 장소, 그리고 그것이 얼마나 쉽게 깨질 수 있는 것인지 느끼게 만드는 장소이다. 누군가 대기실 복도에다가 구토를 했다고 한다. 토사물이 악취를 풍긴다. 모두들 얼굴을 돌리고 외면한다. 내 일이 아니니까 하는 태도다. 사람들은 다른 쪽에 있는 의자로 옮겨 앉거나 얼굴을 찡그린다. 넥타이를 맨 말끔한 차림에 좋은 구두를 신은 신사 한 명이 잠시 사라지더니 조금 있다가 양동이와 걸레를 들고 다시 나타난다. 그가 바닥에 무릎을 꿇더니 토사물을 치운다. 그러고는 양동이를 다시 갖다 놓고 자기 자리로 돌아와 앉는다. 바지에는 얼룩이 묻었다. 그는 책을 꺼내 다시 읽기 시작한다. 손님이 내게 이야기한다. "그가 한 일은 존엄성 있는 행동이었어요. 그가 그런 행동을 한 것은 상황이 그런 행동을 필요로 했기 때문이었어요. 자기를 지나치게 중요시하지도 않았고 자기만족을 위해서나 남들의 박수를 기대해서도 아니었어요. 자아를 잠시 뒤로 놓고 현재 상황에서 **명백히 해야 할 일**을 기꺼이 그리고 당연히 하려는 마음가짐, 그것이 바로 인간의 존엄 아닐까요?"

그 후로 이런저런 복잡한 이야기와 책상에 놓인 고통받는 아프리카인의 사진 이야기를 거쳐 우리는 **자기 연민**이라는 이야기로 들어섰다. 자기 연민에 빠진 누군가의 모습을 보면 우리는 마음이 불편해진다. 왜일까? 자기 연민의 발단은 만성 통증이나 불치병, 정신적 상실 등 여러 가지다. 실제로 존재하는 진짜 고통인 것이다. 자기를 동정하는 것과 이 고통이 없었으면 얼마나 좋을까 하는 자연스러운 소망은 별개다. 그 소망이 존재하기 때문에 고통이 더 고통스럽게 느껴질 정도로 소망은 고통의 일부다. 또한 자기 연민은 고통이 어쩌면 영영 없어지지 않을 거라는 절망과는 다르다. 다른 사람이 우리의 고통에 대해 알게 되면 그들은 우리를 동정하며 안타까움을 표시한다. 그들은 함께 고통에 동참하는 것이다. 그런데 우리가 우리 자신을 동정하는 것은 왜 거부감을 불러일으키는 것일까? **남의 일**에 그런 감정을 느끼면 고귀하고 선한데 **자기 자신**한테 느끼면 비판을 받는 이유가 과연 무엇일까? 이상하지 않은가? 슬픈 일을 당했을 때 2차적인 반응으로 울 수도 있다. 울고 난 후에는 자기가 울었다는 사실이 슬퍼서 한 번 더 운다. 이 두 번째 울음이 왜 거북살스럽다는 걸까? 우리는 타인의 고통이나 눈물을 두고 울 수 있다. 남의 슬픔이 자신의 진짜 슬픔을 불러일으키기 때문이다. 그런데 왜 자신의 슬픔을 두고는 울면 안 된다는 건가? 울 만한 힘이 남아 있으면 그건 진짜 슬픔이 아니니까, 그런 논리 때문인가? 아니면 혼자 조용히 하는 자기 연민 자체가 불쾌한 것이 아니라 남들에게 비춰지는, 뭔가 바라는 듯한 궁상스러운 모습이 불쾌한 것인가? 도대체 남의 동정을 받아서 자신의 고통을 조금이라도 덜려고 하는 시도가 어디가 보기 불편하다는 것일까?

다른 면에서 살펴보자. 우리가 비판하고자 하는 이유는 자기 연민이 아니라 자기 연민으로 인해 사람이 수동적으로 되고 그것이 외부의 힘이 됐든 아니면 내적으로 고통을 새롭게 바라보려는 노력이 됐든 간에 어쨌든 스스로 자구의 방법을 찾아보려는 의욕이 꺾이기 때문이 아닐까? 자기 연민에 대한 이런 비판은 독립성의 부족과 그에 따른 존엄성의 부재와도 맥락을 함께한다. 아마도 자기 고통에 너무나 집중한 나머지 균형 감각을 상실했다는 지적도 그 안에 들어 있는 것은 아닐까?

끝에서부터 거꾸로 보기

죽음이 모든 경험의 종착역이라고 한다면 우리는 그것을 무서워할 필요가 없다. 무서움이란 어떤 것을 경험하고 난 경우에 느끼는 것이기 때문이다. 그럼에도 불구하고 머지않아 죽을 것이라는 말을 듣는다면 누구나 충격에 빠진다. 이유는 무엇일까? 죽음에 대한 공포는 죽음의 순간에 겪을 고통에 대한 공포이기 때문이다. 또한 죽음으로 인해 **놓쳐버릴** 인생에 대한 두려움일 수도 있다. 정작 중요했을지도 모르는 것들은 그냥 지나쳐버리고, 대신 사물의 중요성에 대한 자신의 감각에 들어맞지 않아도 그저 우리에게 주어지거나 해야 할 일이라는 이유로 그것들을 처리하면서 살아왔을지도 모른다는 두려움이다.

자신의 삶에서 무엇이 중요한지에 대한 의식을 기르기 위해 죽음을 앞둬야 할 필요는 물론 없을 것이다. 상상 속에서 생의 마지막까지 가보고 그 종말의 순간에 서서 지금까지 자신이 사물의 무게를 올바르게 쟀는지 물어보면 된다. 매일매일을 생의 마지막 날인 것처럼 살 수는 없다. 비록 세간에는 그렇게 하라는 솔깃한 문구가 있기는 하지만 생각해보면 앞뒤가 잘 맞지 않는 말이다. 매일 마지막 날인 것처럼 산다면 연달아 존재하는 수많은 날들을 통해 이루어지는 여러 일들을 기반으로 하는 연속적 인생이 불가능하게 된다. 자신이 정한 사물의 무게가 바람직한 것인지 확인하기 위해 마지막에서부터 인생을 바라본다면 무언인가가 아주 천천히, 고되게, 힘든 과정을 거쳐서 다가오는 것을 느낄 수 있을 것이다. 그것은 자신의 인생이 뭔지 이해하는 것, 그리고 이제 내 의식 안으로 새롭게 들어오는 욕구와 그 인생을 대비해보는 것이다.

이 책 시작 부분에서 언급했던 하나의 깨달음이 있다. 한 사람의 삶을 이루는 사고와 감정과 욕구에는 그의 표면적인 이력에 나타나지 않는, 또한 내적 인식의 차원에서도 나타나지 않는 아주 많은 것들이 포함되어 있다는 것이다. 우리 행위의 많은 동기와 우리가 경험하는 것들의 숨겨진 동력은 어둠 속에 감춰져 있다. 거기서 도출되는 주체의 특징은 무의식적이고 숨겨진 동기에 대해 알고 그것들을 밖으로 드러내어 자아 인식의 범위를 내적으로 넓힐 수 있는 가능성을 인지한다는 것이다. 자신의 삶을 끝에서부터 거꾸로 볼 때 사람은 자아 인식을 넓히고자 하는 욕구를 느끼게 된다. 또한 그동안 살면서 자신에게 금지했던 것은 무엇인지, 왜 금지했는지, 중요하다고 생각했던 것들의 숨겨진 기준은 과연 무엇이었는지, 또 그들의 뿌리는 어디에 있는지, 방향 전환이 아직 가능한지, 그러기 위해 어디서 용기를 얻어야 할지 등을 스스로에게 물어볼 수 있다. 이들 물음에 대한 대답은 그때마다 매번 달라질 것이다. 물음의 과정은 개방적이고 살아 있는 과정이어야 한다. 그리고 그 과정은 우리를 달라지게 할 것이다. 이것은 독립성을 가진 존엄성의 한 모습이기도 하다.

8장

유한함을 받아들이는 존엄성

8장

노화 또는 질병으로 인해 주체로서의 독립성을 잃어버리는 경우가 있다. 누가 빼앗아 간 것이 아니다. 서서히 진행되는 소멸의 과정일 뿐이다. 결국에는 관계를 이어갈 배우자도 곁을 떠나간다. 누군가를 만나고 대면할 일이 없다 보니 점점 방법을 잊어버리게 되고 마침내는 고독해진다. 친밀감과 애정의 감각을 상실하는 것이다. 독립성의 상실과 친밀한 인간관계의 상실, 이 두 가지는 존엄성을 위험에 빠뜨린다. 또한 인간 소멸의 맨 마지막 과정인 죽음은 존엄과 무관하지 않다. 소멸과 종말의 과정에서 맞이하는 고통스럽고 쉽지 않은 경험을 어떻게 하면 잘 받아들일 수 있을까?

타인이 소멸해감을 바라볼 때

우리 인생의 한 부분을 이루고 있던 사람들이 하나씩 예전의 능력을 잃어버리는 것을 지켜봐야 할 때가 있다. 그것은 고통을 의미하기는 하지만 그것 자체가 존엄성의 상실을 뜻하지는 않는다. 눈이 어두워지다가 아무것도 볼 수 없게 되는 것, 귀가 먹는 것, 전신마비에 걸리거나 수전증을 앓는 것, 엄습하는 불안과 현기증 때문에 외출을 꿈꿀 수 없는 것, 이 모든 것들이 유쾌하지 않고 견딜 수 없이 괴로운 일임은 분명하다. 그러나 그것만으로 존엄을 위협하는 무언가가 되지는 못한다. 물론 스스로 할 수 있는 일이 제한되면 남에게 의지해야만 하는 과정에서 수많은 의존성의 경험을 해야 할 것이다. 그리고 의존성은 무력감으로 경험될 때가 많다. 그러나 이들의 무력감이 굴욕으로까지 떨어져 존엄성에 상처가 나지 않도록 도와주는 것은 옆에 있는 우리 손에 달려있다. 우리는 그들과 이전과 다름없이 유대감으로 이어진 관계에 있으며 사고와 감정이 제한되더라 하더라도 예전에 존재하던 끈끈한 관계는 계속 이어질 수가 있다. 능력의 상실이 관계의 상실로 이어지지 않는다.

그런데 점점 쇠퇴하는 능력이 상대방의 정신적 정체성을 갉아먹는 경우는 사정이 다르다. 사람은 죽음 속에서 소멸하는 그 순간까지 체험의 중심이다. 그런데 그러한 중심도 내부 조직을 서서히 잃을 수가 있으며 그렇게 되면 행동의 일치성에 구멍이 생기게 된다. 이것은 인간이 자신의 행위를 점점 더 이해하지 못하는 방향으로 나아가며 앞으로의 일을 예견하는 능력에도 차질이 생긴다는 것을 뜻한다. 상대방은 여전히 행위의 주체이며 어떤 행위로 경험을 표출하는 행위자로 머물러 있는 데 반해 소멸의 과정에 있는 그의 행위는 순간적이고 단편적이며 그가 설명하는 행동의 동기라는 것도 한시적이고 때로는 앞뒤가 맞지 않을 때가 많다. 우리는 그런 사람들을 보며 예전의 자아상 중에 과연 얼마만큼이 남아 있는지 확신하기 힘들다. 경험된 과거와 현재에 대한 이해는 점점 그 층이 얇아지며 그것도 모자라 곳곳에 금이 가기 시작한다. 또 미래를 의식하는 사정거리도 줄어든다. 내적 검열은 아직 유지되고 오히려 더욱 완고해지는 경향을 보이지만 그것은 숙고를 통해 나온 것이라기보다는 반사작용인 경우가 많다.

시간이 더욱 진행되면 우리는 그들의 정신이 뚝뚝 단절되는 현상을 경험하기도 한다. 사고와 의지와 경험에 있어서 내용이 이어지지 않고 오직 시간적으로만 연결된 개별적 에피소드로 존재하는 것 같은 느낌을 받는 것이다. 의식의 일관성이 점차 사라지는 듯한 그들을 보며 우리는 **쇠약**이 **붕괴**로 전이되는 모습을 보게 된다. 이 사람에게 과연 이제 신념이라는 것이 남아 있는 것일까? 무언가에 대한 **믿음**이 남아 있는가? 하는 의문을 갖지 않을 수 없다. 하나의 신념은 다른 신념들과 다면적으로 이어져 있다. 이 연관 관계가 느슨해지거나 끊어진다면 예전에 알았고 익숙하던 말로써 본인의 생각을 표현한다는 것이 이제 가능할지 어떻게 확신할 수 있다는 말인가? 아니면 그저 습관적으로 하던 말을 되풀이하는 것에 불과한가? 과거에 알던 감각과 의지가 어느 정도 옛날 모습에서 변했는가? 이런 상태에 있는 내면세계에서 이제 **결정**이라는 것이 가능하기는 한가? 정신적 에피소드를 연결해주는 끈이 점점 힘을 잃어가고 있는 지금 우리는 그들의 삶을 어떻게 바라보아야 하는가? 결론적으로, 내가 그들이라면 과연 어떨까?

이런 국면을 맞은 사람들의 얼굴에서는 일말의 공허를 흔히 볼 수 있다. 그들의 시선은 어느 것에도 완전히 가닿지 못하고 미소에는 쓸쓸한 무언가가 어려 있다. 우리는 그런 사람들을 대할 때 그가 정말 온전히 내 앞에 있는 건지, 과거에는 몹시도 당연한 일이었지만 지금 과연 그들의 생각과 감정에서 어떤 대답을 얻어낼 수 있는지, 그와 내가 만나는 교차점이 존재하는지 그리고 그 교차점에서 서로 간의 의사소통이 가능한 건지 의문이 들 때가 많다. 아직은 간단한 정보를 교환하거나 간단한 질문에 간단한 대답을 할 수는 있다. 그러나 감정 상태나 소망에 관한 복잡한 질문에 대해선 비록 어떤 대답이 돌아온다고 해도 정말로 그들이 완전히 내 말을 알아듣고 대답한다고 볼 수 없다. 그들이 실제로 무엇을 겪는지 우리는 점점 알 수가 없게 된다. 알 수가 없기 때문에 우리는 우리가 정말 이 사람들을 올바르게 대하고 있는 건지 아니면 어떻게 해야 할지 몰라 그저 획일적으로 대하고 있는지에 대해서도 확신할 수가 없다.

4장에서 언급했던 오닐의 작품 주인공 메리 타이론은 아편중독으로 자신을 잃어가고 있는 중이다. 그녀는 주변 사람들이 더는 어찌해 볼 도리가 없을 정도로 약물의 노예가 되었다. 약을 끊겠다는 선언과 다짐도 이제 소용이 없게 되었다. 그녀는 제임스의 배우자가 되기를 멈췄다. 이성과 깨달음에 호소하는 것도 한계에 다다랐기 때문에 둘의 관계에서 유대감이 빠져나가 버렸다. 따라서 유대감으로 연결된 관계에서만 가능한 즉흥적 감정들도 퇴색되었다. 심지어 그녀의 비이성적인 행동과 고집을 두고도 아무도 분노하지 않는다. 화를 내는 것도 상대방이 어느 정도 제정신을 차릴 수 있다는 전제하에서만 가능하기 때문이다. 약물에 의한 인간 파괴는 멈출 줄 모르고 계속된다. 메리의 시선과 행동은 점점 이상해진다. 불러도 대답이 없는 나날이 점점 많아지고 집안에서 홀연히 사라졌다가 다시 나타나는 빈도가 잦아진다. 제임스와 아들들은 그녀의 정신이 점점 분열되는 것을 지켜본다. 이제 그들에게 남은 선택은 식구들을 남 보듯 하는 힘없는 그녀의 시선과 멀찍이 거리를 두는 것뿐이다. 아편중독이 메리에게서 앗아 간 것은 배우자로서의 존엄성이다. 이제 남은 사람들의 과제는 환자, 그리고 소멸해가는 자로서의 존엄성을 지켜주는 것이다.

우리는 자아를 잃어버린 자의 존엄성을 지켜주기 위해서 어떤 것을 할 수 있을까? 우리는 그들을 밀어내어서도 안 되고 인간으로 인식하지 않는다는 느낌을 주어서도 안 된다. 될 수 있는 한 오랫동안 그들을 독립적 인간으로 대하며 스스로의 삶을 운영할 수 있도록 능력을 자극해주어야 한다. 그것이 비록 단 몇 시간이나 며칠에 불과할지라도 말이다. 그리고 비록 점점 더 힘들어지고 실패하더라도 우리가 그들의 독립성을 중요시한다는 것을 그들이 **느낄** 수 있도록 배려해야 한다. 스스로의 자립성에 대한 감각이 결코 완전히 없어지도록 놓아두어서는 안 된다. 그렇기 때문에 이미 상실의 정도가 많이 진행된 사람이라 할지라도 아기를 대할 때처럼 말한다거나 그렇게 취급하는 것은 매우 좋지 않다. 그들의 존엄을 지켜준다는 것은 그러한 취급에 반대해 적극적으로 맞선다는 것을 뜻한다. 또한 그들이 말이 어눌하고 이상하다고 해도 그들에게 발언할 기회를 줘야 한다는 것을 의미하기도 한다. 그들이 하는 말에 반대하거나 이의를 제기하는 것도 빠뜨리면 안 된다. 반대 의견을 이야기한다는 것 자체가 그들을 대화 상대로 인정한다는 뜻이 되기 때문이다. 그들과 마음을 함께한다는 것, 유한한 인간들끼리의 연대감을 그들이 느낄 수 있도록 노력해야 한다. 그들에게 닥친 일이 언젠가는 우리 자신의 일이 될 수도 있다는 걸 우리는 알기 때문이다. 존엄성을 지키는 데 중요한 또 한 가지가 있다. 그들과 함께 웃고 즐기는 것이다. 다른 연결 고리가 모두 다 무너졌다고 해도, 굳이 말하지 않고 함께 웃는 가운데 인간의 소중한 만남이 이루어지기 때문이다.

탈출

양로원에 계시는 숙모님을 뵈러 간 날이었다. 거기서 옛날 라틴어 선생님을 우연히 만나게 되었다. 들어온 지 며칠 되지 않았던 선생님의 모습을 보자 왜 그곳에 오시게 되었는지 한눈에 알게 되었다. 그는 다리에 힘이 없어서 제대로 걷기도 힘든 데다가 자주 어지러워서 무엇을 잡고 서 있어야만 했고 손이 심하게 떨리는 상태였다. "도저히 집에서 혼자 생활이 힘들었지. 잡는 물건 족족 다 떨어뜨렸으니까." 선생님이 말했다. "바닥이 깨진 물건 조각으로 넘쳐났지. 그래서 여기 들어오게 된 거야." 그는 입안이 바싹 마른 사람처럼 말했다. 나는 곧 떠나야 했기 때문에 그의 가랑잎처럼 마른 손을 잡고 작별의 악수를 나누었다. 하지만 카이사르를 싫어하고 호라티우스를 좋아했던 선생님이 생각나 나는 그달 안에 다시 한 번 양로원을 방문했다. 그런데 그는 거기 없었다. 내가 그를 만났던 날로부터 이틀 후 아침에 직원이 방에 가보니 벌써 없었다고 한다. 벌써 전날 밤에 도망쳤던 것이다. 아테네로 갔다고 했다. 간호사가 새 주소를 알고 있었다. 이유는 알 길 없지만 나는 그를 만나러 아테네로 향하고 있었다. 안뜰로 창문이 난 방 하나, 거실 하나짜리 집의 부엌 바닥에는 깨진 그릇 조각과 그리스어 교본이 널려 있었다. 선생님이 말했다. "계기는 단 하나였네. 오후 5시, 덥고 환한 여름날이었지. 옆방의 방문이 열려 있어서 다 듣고 볼 수 있었네. 간호사가 도뇨관을 들고 옆방으로 들어왔어. 그러더니 이렇게 말하더군. 자, 이제 이 앙증맞은 하얀색 알약을 드시고 잠자리에 드셔야죠. 유리잔이 노인네의 치아에 부딪치는 소리가 들리더군. 간호사는 블라인드를 내려서 방을 어둡게 만들었어. 도대체 왜 이 시간에 다 큰 성인 남자를 마취시키다시피 해서 억지로 침대에다 몰아넣는 거요? 나는 너무도 화가 나 견딜 수가 없어 이렇게 소리 질렀네. 간호사가 나를 아래위로 훑어보더니 교대 시간이 돼서요, 퇴근해야 되거든요, 이러더군. 그때 나는 알았네. 내가 여기 있을 수 없다는 것을. 늙고 병든 인간들이 그저 **관리**의 대상인 곳, 그곳에 사는 모두가 각자 나름대로의 시간을 살며 그것이 지켜지기를 요구할 수 있는 권리가 전혀 고려되지 않은 채 그저 근무시간표가 유일한 일과의 기준이 되는 장소에서 나는 머무를 수가 없었네. 자네는 알겠나?" 그는 이전까지는 나를 자네라고 부른 적이 없었다. 그것은 매우 소중한 순간이었다. 우리는 함께 선술집에 갔다. 선생님은 때때로 내 팔을 잡고 의지해야 했다. 그는 술집 주인과 그리스어 몇 마디를 나누었다. "말하자면 어학원 숙제인 셈이지." 그는 그렇게 말하며 웃었다. 술집에는 선생님 말고도 손을 떠는 노인이 몇 명 더 있었다. 술집 주인은 바닥에 떨어져 산산조각 난 유리잔을 거듭 쓸어냈다. 그의 행동은 그곳 날씨만큼이나 자연스러웠다. "난 이제 여기서 살려네. 여기 아테네에서 말이네." 나는 그의 말에 고개를 끄덕거렸다. 그로부터 몇 달이 지나서 그의 여동생으로부터 연락이 왔다. 버스에 치었다고 했다. 소위 사고사라고 했다.

스스로가 소멸해감을 바라볼 때: 거부

베른하르트 빈터와 자라 빈터도 나이가 들었다. 병원 검진을 받을 일이 늘어만 간다. 베른하르트가 앓고 있는 어지럼증은 뾰족한 원인도 밝혀지지 않은 채 증상이 나아지지 않는다.

"나 자신을 잃어버리는 순간이 오면 괜히 쓸데없는 치료 같은 것 하지 말고 바로 죽었으면 좋겠소." 그날따라 힘든 하루를 보낸 베른하르트가 말한다.

"**당신 자신을 잃어버리다니**, 그게 무슨 뜻이에요? 기준이 뭔데요?" 자라가 묻는다.

"기준? 내가 나를 정의하는 데 사용했던 모든 것들이 기준이오. 내 정신적 정체성을 이뤘던 것들이지."

"예를 들면요?"

"인식할 수 있는 여러 능력. 그런 능력 중에는 어쩔 수 없이 받아들일 수밖에 없는 것들도 있소. 귀가 어두워져 음악을 즐길 수 없다면 가슴 아프겠지만 그것만 제외한다면 소리 없는 조용한 세상에 나 자신을 맞춰갈 수 있을 거요. 귀가 먹어도 계속 책은 읽을 수 있으니까. 만일 눈마저 먼다면 끝장이오. 방향감각을 잃어도 끔찍할 거요. 혼자서 집에 올 줄도 모르고 내가 있는 장소와 시간을 모른다면 말이오. 그건 무력함, 독립성의 상실, 의존성을 의미하니까."

"그런 증상들을 견뎌낼 수 있도록 내가 옆에서 도와줄게요."

"그런 종류의 상실은 사람이 **견뎌낼** 수 있는 게 아니오. 그 누구라도 할 수 없소."

"그래도 옛날 추억이 있잖아요. 우리는 **우리의** 기억이 있어요. 좋은 기억도 많고요."

"맞아. 처음에야 물론 그렇겠지. 그렇지만 그 기억들도 시간이 지나면서 조금씩 빛이 바래가다가 결국은 완전히 없어질 거요. 중요한 일을 잊기 시작하면, 예를 들어 삶의 중대한 상황이나 다른 사람과의 특별한 관계, 소중하고 인생을 결정지을 수 있는 감정들을 잊어버리기 시작한다면 나는 더 살기 싫어질 거요. 과거에 내가 구사했고 그것을 통해 세계의 일부를 경험했던 언어들이 조금씩 부스러져 무너져버린다면, 그래서 내 과거의 자취가 없어진다면 말이오. 그게 왜 그렇게 중요하냐고? 왜냐하면 현재의 개별화된 의식과 감정이 이 기억에 기반을 두고 있고 만일 그렇지 않다면 상황은 완전히 달라질 것이기 때문에, 그 속에서 살아 숨 쉬는 풍부한 기억이 없다면 현재의 인식은 평면적이고 단조로운 것이 되기 때문이지."

"만일 당신이 그런 상실의 현상을 전혀 알아채지 못하면요?"

"그런 것들이 어느 날 갑자기 날벼락처럼 찾아오거나 한꺼번에 남김없이 잊히는 건 아니오. 그저 하나씩, 조금씩 부스러져 가루가 되고 마는 것이지. 사람은 자신에게서 조금씩 능력이 없어지고 있다는 것을 분명하게 느낄 수 있소. 언젠가부터 기억에 구멍이 뚫리고 빈칸이 생기고 있다는 것을 아는 법이지. 예전에는 전혀 힘들이지 않고 했던 것이 더 이상 되지 않으면 무력감과 고립감을 느끼오. 그럴 때를 두고 누군가는 굴욕적이라고 할지 모르지. 일부러 무력감을 야기하거나 무력감에 고통받도록 꾸민 사람은 아무도 없지만 말이오."

"그래도 미래를 향해 살아갈 수 있는 거잖아요. 열린 미래를 느끼고 아직 오지 않은 앞날이 가져다줄지도 모르는 선물을 기다리면서요."

"소멸이라는 것은 학습 능력에도 영향을 미치지. 그것은 다시 말해 미래의 상실과도 같은 말이오. 살아 있는, 그리고 살아갈 만한 미래는 새로 발생하는 것들에서 항상 새로운 인상을 얻어가는 데에만 있는 것이 아니고 새로 얻은 그 인상과 느낌을 가지고 **무언가를 한다**는 데에 있는 거요. 즉, 경험한 것과 새로 획득한 인상 사이에 어떤 관계, 말하자면 비교와 이해의 관계가 형성되도록 해야 한다는 말이지. 지력의 실천, 그게 바로 배움이오. 단어가 외워지지 않아서 새로운 외국어를 배울 수 없게 된다면 난 정말 슬프고 막막한 심정이 될 것 같소. 하지만 그런 걸로 사람이 끝나는 건 아니오. 배움의 기본적 능력까지 없어진 건 아니니까. 정말로 끝나는 건 나를 둘러싸고 일어나는 변화들, 새로운 것들을 내가 그동안 알고 있던 것들과 어떻게 연관 지어야 할지 갈피를 잡지 못하기 시작할 때요. 도대체 어떻게 해야 할지 모르는 거지. 그렇게 되면 그 새로운 것들은 갑자기 벽을 뚫고 쏟아져 내리는 영문 모를 산사태가 되지. 나는 **방향을 가늠**할 수조차 없게 되오. 내 정신은 딱딱한 화석이 되어 사물의 전체적인 모양새를 파악하는 능력을 점점 잃어버려 결국은 쓰러질 수밖에 없는 신세가 되는 거요. 그러다 보면 언젠가는 **나 자신을 이해시킬** 수 없는 지경이 되겠지. 말문도 막히고 따라서 생각의 문도 막히는 느낌을 갖게 될 거요. 내가 뭘 생각하는지, 뭘 느끼고 원하는지 말할 수 없을 때가 올 거요. 그런데 어떻게 인간관계가 가능하다는 말이오?"

"감정을 통해 직접적으로 교류하는 방법도 있잖아요."

"내가 말하는 소멸에는 감성의 단순화도 포함되오. 이제 나는 내게 다가오는 사건에 전처럼 예리하고 개별적으로 반응하지 못하고 서로 엇비슷한 미지근한 감정으로 반응하게 될 거요. 느긋함이나 분별력을 이야기하는 게 아니오. 무엇을 경험할 때 예리함도, 명쾌함도 없이 언제나 흐리멍덩한 무언가가 따라붙어 급기야는 형체 모를 잡탕이 된다는 거요. 처음에는 오히려 마음이 편하겠지만 문득 이런 의문이 들며 소스라치게 놀라겠지. 복잡다단하던 내 감정은, 이중적이고 상반된 감정은 다 어디 갔지? 그런 감정들 때문에 괴로웠던 적도 많았소. 하지만 괴로움보다 나쁜 것은 그 감정들이 이제 없다는 것, 그들의 부재가 크게 느껴진다는 것이오. 감성의 무지렁이요, 감정적으로 모자란 바보가 되어가는 거지. 나는 다른 사람의 손에 의해 마당 의자에 앉혀졌다 소파에 앉혀졌다 하다가 틀어주는 음악을 듣고 때가 되면 밥을 먹겠지. 누가 잘해주면 기뻐하고 퉁명스럽게 쏘아붙이면 기분이 상하겠지. 감정의 종류는 점점 단순화되고 줄어들며 경험에서 얻는 선명한 윤곽과 대비는 희미해지는 거야. 그때가 왔다는 걸 느끼게 되면 그게 마지막이지.

그중에서도 가장 상상하기 싫은 건 지난 세월 동안 나라는 사람을 정의해오던 자아상을 잃어버리는 거요. 내가 누구인지 잊어버리는 과정이 시작되는 거지. 아침에 일어나 내가 또 오늘은 무얼 해야 할지 힘겹게 떠올리는 것, 예전에 했던 일이나 포부의 흔적을 발견하고는 그런 일을 왜 했는지, 또 그것들이 대체 나랑 무슨 상관이 있는지 몰라 놀라며 망연자실하는 과정이 진행될 거요. 또 내적 검열 기준에 확신이 없어지고 혼란에 빠질 수도 있지. 그렇다고 탈선에까지 이르지는 않겠지만 갑자기 이런저런 일을 허용하는 나는 내가 누군지, 누구였는지 모르게 될 거요.

또 말을 꺼내기조차 힘든 일이 하나 더 있소. 사람이 쇠락해가는 과정에서 언젠가는 신체 기능을 마음대로 통제하지 못하게 되는 일이 허다하지. 배설 기능도 그렇고. 나는 그런 일을 겪고 싶지 않소.

이거 알아요? 나는 내가 그동안 항상 도달하고 지키려고 애써왔던 수준보다 못한 수준에서 계속 살아가고 싶지 않소. 그 수준은 내 삶에 의미를 부여했던 수준이니까. 나는 오직 육체적 기능을 조금씩 연장하기 위해 수준과 삶의 의미를 계속해서 아래로 수정해나가다가 언젠가는 더 이상 아래로 내려가려야 갈 데도 없는 경사진 땅에 발을 디디고 싶지 않다오. 정말이지 절대로 그러고 싶지 않아요."

"그럼 그렇게 하세요. 누가 강요할까 봐 그래요? 그런데 말이 나왔으니 처음부터 자세히 따져봅시다. 당신 의견에 **반대**하고 싶어서가 아니라 당신 말을 더 잘 **이해**하기 위해서예요. 쉽게 물러서거나 포기하지 말고요. 삶 전체에 관한 중대한 내용이니까요.

당신은 상실의 과정을 어떻게든 스스로 느낀다는 전제하에서 이야기하고 있어요. 본인의 느낌을 말로 잘 표현할 수 있다는 뜻이 아니라 무능력이나 허무감 같은 것을 본인이 어렴풋하게라도 느낄 수 있다는 걸 전제하고 있죠. 그러나 그 과정이 이미 깊이 진행된 상태에서는 당신의 가정이 유효하지 않아요. 초기라면 물론 그렇겠지만요. 하지만 한번 이걸 가정해보세요. 조용히 파고드는 쇠락의 과정이 기억의 상실을 동반해서 객관적으로 봤을 때 당신의 능력이 점점 축소되고 있다고 해도 본인은 그것을 상실이라고 **느낄 수조차 없는** 경우를요. 그러니까 **기억이 완전히 쇠퇴**한 경우죠. 하나씩 하나씩, 한 겹 한 겹, 당신은 방금 당신이 말한 그 능력을 잃어버리는 거예요. 그리고 동시에 그것을 알아챌 수 있는 능력도 함께 잃어버리는 거죠. 당신 모습을 밖에서 그리고 위에서 한번 봐보세요. 조망하라는 말이죠. 당신은 정말로 예전보다 천천히 움직이고 걸음도 느려졌어요. 과거에 당신의 일부분이었던 능력이 이제 더 이상 당신 것이 아니란 말이에요. 하지만 여전히 버스를 타고 호수에 놀러가는 걸 좋아한다든지 옛날 음악을 즐겨 듣는 건 변함없어요. 그 음악이 정확히 언제 적 음악이었는지는 분간하지 못하지만요. 단것을 좋아하는 취향도 그대로죠. 말투도 무뚝뚝하고 좀 뒤틀렸지만 그래도 당신을 좋아하는 사람들은 여전히 좋아하고 그렇지 않은 사람들도 당신에게 뭐라고 하지는 않잖아요. 인생의 여러 요소를 생각해봤을 때 당신에게 그리 모자라는 것은 없어요. **나는 그게 싫다고**! 당신은 이렇게 외치고 싶겠지만 생각해보세요, 도대체 그게 **정확히** 왜 안 된다는 거죠? 어째서요? 잊지 마세요. 당신은 당신이 뭘 상실했는지 느끼지 못해요. 내 말이 옳다면 당신이 오늘 이 자리에 어떠한 모습으로 있었는지도 알지 못할 거예요. 행동이 굼뜨고 잘 잊어버리게 되어버린 내 눈앞의 이 사람이 뭐가 그리 나쁘다는 거죠? 당신이 무언가를 더 이상 경험할 수 없다는 게 그리 끔찍한가요? 제한된 인식의 범위는 제한된 그대로 존재할 뿐이에요. 당신은 그 이상을 인식할 수 없어요."

"내 예전 모습을 알고 있던 사람들이 완전히 달라진 내 모습을 보고 그렇게 느끼는 게 싫소. '옛날에는 참 똑똑한 사람이었는데 말이야. 그런데 저것 봐, 사람이 달라져도 저렇게 달라지나. 얼마 전에는 글쎄 정원에서 사과 하나를 주워 올리더니 손에 들고 하염없이 허공만 멍하니 쳐다보고 있더라니까. 자기 손에 있는 게 사과인지 뭔지도 모르는 듯이 말이지!' 이웃 사람은 이렇게 말할 테지. 그러니까 **나는 그게 너무도 싫소**! 그렇게 되기 전에 떠나고 싶다고! **그 지경이 되기 전에**! 이건 내 **존엄**

성이 걸린 문제요!"

"지금 생각 같아선 이웃들이 당신의 그런 모습을 보는 게 싫겠죠. 하지만 당신이 물끄러미 사과를 바라보기를 멈추고 고개를 들어 그들에게 인사하는 모습을 보이는 순간 더 이상 문제될 것은 없어요. 당신이 잃어버린 그 모든 것들을 담고 있는 그들의 눈빛이 무엇을 뜻하는지 그때 가면 당신 자신은 알지 못할 테니까요."

"하지만 그들의 눈빛에 담긴 뜻을 지금 이 시간 느낄 수 있단 말이오. 사과를 멍하니 바라보는 나를 보고 그들이 어떤 생각을 할지 눈앞에 뻔히 보인다오. 나는 **지금**이건 앞으로건 절대로, 절대로 그런 시선을 받고 싶지 않아요. **절대로** 말이오!"

"그래요, 나도 알아요. 하지만 대체 무엇 때문인가요? 우리가 어떠한 시선을 느끼고 **경험**할 때에는 그 시선이 좋거나 나쁘거나 둘 중에 하나겠죠. 하지만 방금 말한 사과 에피소드에 등장하는 이웃의 시선을 당신은 느끼지 못할 거예요. 그런 시선이 아직 존재하지 않는 지금에도, 또 존재하지만 당신이 느끼지 못할 미래에도 당신은 그것을 알아차릴 수 없어요. 왜 아직 일어나지도 않고 앞으로 알아차리지도 못할 이웃 사람의 시선 때문에 지금 인생을 마감하려고 하는 거죠?"

"설사 내가 알아차리지 못한다고 해도 그들은 내 존엄성의 상실을 보게 될 거요. 그건 확실해요. 나는 그 누구의 눈앞에서건, 내가 알아차리건 알아차리지 못하건 존엄성이 사그라지는 꼴을 보이고 싶지 않단 말이오."

"당신은 인간으로서의 능력이 하나씩 없어지면 존엄성도 사라진다고 생각하시는 모양인데 사람들은 그렇게 보지 않을 수도 있어요.

'저 양반이 옛날 같지 않군.' 하고 생각하다가도 '사람이 나이가 들면 다 그렇지. 옛날과 똑같을 수 있겠어? 삼라만상이 언젠가는 해지고 스러지게 마련이야. 저 양반이 저렇게 멍하니 있기는 해도 아직도 사람은 좋지. 오히려 몸놀림이 재고 매양 자기가 더 똑똑하다고 자부하던 옛날보다 더 낫다니까. 그래도 저렇게 옷을 말끔히 차려입고 집 앞에 나와 앉아 있는 모습을 보니 일종의 품위랄까 존엄성이랄까 그런 것도 풍기는 것 같아. 존엄성인가 뭔가가 들으면 섭섭하겠지만 내가 보기엔 저 늙은 양반이 정신이 좀 말짱하지 않다고 해서 존엄성을 잃었다고 할 사람은 아무도 없을 것 같은데.' 이렇게 말하지 않을까요?"

"여보, 난 지금 존엄성을 폄훼하고 싶은 생각은 없지만 내가 말하는 건 그런 게 아니오. 당신이 말하는 존엄성은 쇠약함에 항복하지만 자세를 흐트러뜨리지 않는 존엄성이오. 자기 연민이나 괜한 눈물 없이 침착하게 지켜내는 존엄성이지. 그건 위대하고 성숙하고 강한 것으로, 누군가 그걸 해낼 수가 있다면 그는 존경받아 마땅하지. 하지만 내가 그렇게 할 수 있을 것 같지는 않소. 그리고 설령 할 수 있다고 해도 그런 종류의 존엄성은 내게 **충분**치 않아요. 나는 깨끗한 옷을 입고 정원에 앉아 있고 싶지 않소. 요양원 같은 것은 말할 것도 없고. 당신이 내 곁을 지킨다고 해도 싫소. 아니, **바로 그렇기 때문에** 더 싫은 거요. 많은 것을 잃어버린 내 모습, 자신을 잃어버린 내 모습을 당신이 보는 것이 싫기 때문이오. 그것이 **벌써부터** 싫은 이유가 하나 더 있소. 당신은 과거를 회상하며 이렇게 생각하겠지. 이 양반은 내가 이런 눈길로 자기를 보리라는 걸, 그리고 그런 생각조차 하지 못하게 될 거라는 걸 미리 알고 끔찍이도 싫어했었지,라고. 나는 당신이 미래에 이런 생각을 품을 거라는 걸 지금 잘 알고 있소. 그래서 당신의 위로가 하나도 위로로 다가오지 않아. 당신은 또 이런 생각을 할 수도 있겠지. 이이가 자신이 예전 같지 않다는 걸 아직 인지할 수 있었을 때 자기 생각대로 했다면 좋았을 텐데, 나를 위해서가 아니라 이이 자신을 위해서 말이야,라고. 그리고 아마 그렇게 생각하는 게 맞을 거요."

"그럼 당신은 당신이 말한 식으로 자신을 잃어버리고 만 사람을 볼 때 그런 생각이 든다는 말이네요? 너무 **잔인**하지 않아요?"

"그것이 **비난**으로 작용할 때 비로소 잔인해지는 거지. 무슨 말이냐 하면, 그런 사람에게 당신은 왜 진작 세상에서 없어지지 않았냐고 비난을 할 때 그렇다는 거요. 그리고 또 모든 아픈 사람들에게 무차별적으로 똑같이 적용될 때도 그렇소. 아직 나는 그런 단계는 아니오. 하지만 내가 아는 누군가가 나와 같은 생각, 즉 타인의 시선을 아직 상상할 수 있는 처지에 있을 때 앞날을 미리 생각해본 결과 자신의 상실된 모습을 보이고 싶지 않다는 생각을 갖고 있다면 그것은 잔인함과는 정반대의 개념이 될 거요. 다시 말해 나는 그와 공감하는 거지. 그의 생각을 두둔하고 편들어주는 게 된다는 말이오."

스스로가 소멸해감을 바라볼 때: 날이 저물어감을 인정하기

자라는 새로운 시각으로 다시 생각해본다. 질문을 이해하려는 끈질긴 노력이다.

"당신 마음을 이해 못 한다는 말이 아니에요. 아마 내 마음도 당신과 비슷할지 모르죠. 하지만 이런 의문이 드네요. 당신에게서 느껴지는 격렬하고 노여움에 가까운 감정 속에 흐르는 인간의 가치나 존엄성이라는 것이 과연 무엇인지 말이에요. 우리가 알아채지 못하는 숨겨진 전제 조건들에는 과연 어떤 것들이 있을까요?

다른 문화권에서 만날 수 있는 다른 시각과 세계관을 본보기로 삼는 것이 그것을 가장 빨리 이해할 수 있는 방법 아닐까요? 그것은 우리 모두가 생물학적인 존재, 자연 존재라는 시각이죠. 다른 말로 **자연적 시각**이라고 부를 수도 있겠네요. 이러한 관점 아래에서는 길고 더딘 과정, 즉 생물학적인 성숙의 과정을 거친 다음 비로소 독립성과 능력과 복합적인 경험을 얻게 되지요. 이 과정의 마지막에는 우리가 개인적이고 정신적인 정체성을 가지고 경험하게 되는 것들이 있어요. 바로 이 정체성이 당신이 훗날 모든 쇠약해짐의 징후를 단죄하는 기준이 되는 것이죠. 물론 이 정체성도 우리 안에서 일어나는 생물학적 사건들에 좌우되기는 해요. 육체 현상 없이 정신에서만 일어나는 일은 존재하지 않으니까요. 그리고 육체 현상에 바탕을 둔 이 정체성은 삶 가운데에서 수없이 많은 몸의 미세한 변화들을 통해 결국은 변하죠. 그런 다음 일정한 나이가 되거나 질병에 걸리면 또 다른 작은 변화들이 등장하고, 결국 주체로서의 우리가 변하는 과정을 동반하게 돼요. 바로 이런 변화들이 당신이 결코 겪고 싶지 않다고 말하는 변화죠. 왜 그래야 하나요? 원하지 않는 경험을 통해 당신이 변질되기 때문에, 사물이 상실되기 때문에, 당신이 당신이 아니게 되어버리기 때문이죠. 하지만 우리는 다른 시각으로 볼 수도 있어요. 중요한 건 자연을 있는 그대로 놔두는 거죠. 인간이 성장과 소멸이라는 법칙에 따라 지배되는 자연의 일부라는 사실에 애써 저항하지 않는 거예요. 이것은 자연을 신비화하거나 본질을 흐리는 생각이 아니라 매우 이성적인 개념이라서 당신의 과학자적인 관점에 오히려 더 들어맞을 거예요."

"만일 그렇게 생각하는 사람이 있다면 그는 소멸이 많이 진행된 나머지 타인이 그를 알아보지도 못하고 그 사람조차도 자신을 인식한다는 것이 어떤 건지도 알 수 없게 되어버린 지경에까지 이른 상태를 과연 어떻게 평가할 것 같소? 존엄성이라는 관점에서 그는 어떤 생각을 가질까?"

"아마 이렇게 생각하지 않을까 싶네요. '내가 점점 사그라지고 있다는 게 느껴지는군. 지난 내 인생을 비추던 빛에 비교했을 때 이제 어두운 밤으로의 여행이 시작된 거야. 하지만 나는 이 여행을 떠날 각오가 되어 있어. 다른 사람들에게 최소한의 부담을 주는 내가 될 거야. 또 매 순간 최선을 다해서 살 것이고 매일 새로이 열리는 날들을 있는 그대로 받아들일 거야. 호수의 냄새를 맡기도 하고 눈이 소복소복 쌓이는 소리를 가만히 듣기도 하겠지. 다른 사람들이 날 어떻게 생각하겠느냐고? 이젠 그런 것 따위는 관심도 없어. 중요한 건 내가 나를 잃어간다고 해도 여전히 나 자신으로 남아 있는 거야. 어떻게든.' 자연에 존재하는 모든 사물과 마찬가지로 자신도 성장하고 자라고 꽃을 피우다가 또 시들고 소멸하는 과정을 피할 수 없는 자연적 존재임을 인정하는 한 인간의 존엄성이라는 것이 바로 이런 생각 안에 있는 것 아닐까요. 쇠락한다고 해서 타인의 시선을 피하거나 혼자 자격지심을 느끼지 않는 사람의 존엄성인 것이죠. 이런 사람들은 타인이 자신을 보면서 아, 나에게도 일어날 수 있는 일이구나,라고 생각하기 때문에 자신을 경멸하지 않는다는 것을 굳게 믿어요. 또 혼자 할 수 있는 일이 줄어들고 남의 손을 빌려야 하는 일이 늘어나며 진정한 인간관계보다는 누군가 돌봐주는 것에 대한 감사함과 송구함만이 남게 되는 시절에 대해 미리 대비하는 것도 자신의 존엄성을 지키는 한 방법이 되겠지요."

베른하르트 빈터가 자라의 관점을 마음속에 품고 다니며 자신이 가졌던 생각과 줄곧 저울질해보는 모습을 우리는 어렵지 않게 상상해 볼 수 있다. 그는 이 두 가지 생각의 흐름이 서로 양립될 수 없다는 것을 느낀다. 한편으로는 마지막 순간까지 삶의 주도권을 쥐고 있으려는 의지가 있고 다른 한편으로는 소멸의 운명에 자신을 맡기려는 각오가 있다. 베른하르트 빈터는 이 둘 중에 하나를 선택하는 것을 **양단간 결정**이라고 불러야 하는지 고민한다. 만일 그것이 양자택일이 아니라면 그럼 무엇인가? 그냥 어떤 사람이 존재하는 방식, 살아왔던 방법의 **표출**이라고 불러야 할까?

베른하르트가 훗날 쇠락의 징후를 느끼게 되면 그는 현재 경험할 수 있는 것들이 자신에게 얼마의 가치가 있는지 자문해볼 것이다. 그가 보는 학술 서적들이 방 한쪽에 놓여 있다. 아직 자라도 곁에 있다. 음악, 시, 호수의 냄새도 있다. 그러나 그것들은 점점 적어지고 희미해질 것이다. 우리가 아는 베른하르트는 언젠가 때가 되면 느낄 것이다. 이제 됐다, 하고.

죽음

사람이 죽으면 두 가지 일이 일어난다. 생명을 유지하는 육체 기능이 정지되고 경험 주체로서의 인간이 소멸된다. 이 이중의 사건이 존엄성의 틀 안에서 일어나도록 한다는 것은 무엇을 의미하는가? 타인은 임종을 앞둔 사람의 존엄성에 어떤 도움을 줄 수 있으며 죽는 당사자는 죽음이 그 자신이 생각하는 존엄성과 조화될 수 있도록 하려면 무엇을 해야 하는가? 대체 여기서 말하는 **존엄성**은 안팎으로 어떤 의미를 가지고 있는가?

이 책을 시작할 때 다음과 같은 내용의 말이 나온다. '한 인간의 존엄성이란 주체로서의 자립성과 자신의 삶을 스스로 결정할 수 있는 능력을 뜻한다.' 자신의 존엄성을 존중한다는 것은 이러한 능력을 존중하는 것이다. 죽는다는 것은 그것을 통해 한 인간의 독립성이 상실된다는 것을 뜻한다. 그럼에도 불구하고 우리는 어떤 의미에서 이 사건을 스스로 결정한다는 말인가? 자립성을 자립적으로 잃어버린다는 것, 자기 결정권이 상실되는 과정에서 그것에 대해 여전히 스스로 결정하려고 하는 것은 결국 모순 아닐까? 그게 아니라면, 어떤 경험을 느낄 수 있는 완전한 능력을 지금 이 순간 상실하고 있으면서 그 상실의 매 순간을 느낀다고 할 때만이 모순이 성립되는 건 아닐까? 즉, 최후의 순간까지 포함한 상실의 매 순간을 느낄 때마다 나의 완전한 독립성이 수행된다고 주장하는 것은 논리적으로 불가능하며 한마디로 모순이다. 이렇게 해서는 죽음과 관련된 존엄성을 영영 이해할 수 없다. 그렇다면 어떻게 해야 할까?

아직 내가 스스로 삶을 꾸려나갈 수 있을 때 훗날 내 독립성이 어떤 모습으로 변해갈지, 그래서 어떤 모습으로 남아 있을지 스스로 결정한다고 해야 이 모순에서 벗어날 수 있지 않을까. 여기서 말하는 죽음은 너무나 갑작스럽게 찾아온 나머지 존엄성을 생각할 겨를이 없는 돌연사나 사고사가 아닌 자연적인 죽음을 뜻한다. 인간은 자신의 자연적 죽음이 어떤 모습을 하길 바라는가? 죽는 과정은 삶의 마지막 사건이다. 그리고 그 삶은 개인마다 다 다르다. 한 사람이 평생 살아온 인생과 그의 마지막 모습이 서로 **어울려야** 한다는 것이 죽음의 존엄성이 가지는 기본 개념이다. 다른 말로 표현하면, 각자 서로 다른 개별적 죽음의 과정, 자신만의 죽음을 맞아야 한다는 뜻이다. 이러한 죽음을 이루는 것은 무엇인가? 한 죽음이 가지는 개별성, 유일성을 어떻게 이해해야 하는가? 각자에게 맞는 인생의 마지막에서 볼 수 있는 특징은 무엇인가?

옛날 병원이나 공동 치료소 같은 곳을 그린 그림이나 사진 등을 보면 수많은 사람들이 한 장소에 줄줄이 누워 있고 일부는 그 안에서 죽어가기도 한다. 이런 장면을 보면서 드는 생각은, 저 사람들을 덮쳤던 것은 고통과 두려움과 외로움뿐만이 아니었구나, 자기만의 개별화된 죽음을 맞을 기회를 빼앗겼구나, 하는 것이다. 이것이 어디 옛날에만 국한되겠는가. 지금도 임종을 앞둔 사람을 만나러 소독약 냄새가 진동하고 기다랗게 이어진 매끈한 복도 바닥에 신발의 고무창 소리가 맞닿아 끽끽 소리를 내는 최신 시설의 병원에 갈 때도 비슷한 느낌이 드는 것을 피할 수 없다. 다시 병원 밖으로 나와 수많은 환자들이 누워 있는 수많은 병실에 나 있는 창문을 올려다본다. 건물은 콘크리트 성냥갑 같다. 내가 찾아간 그 사람이 왜 이 병원에서 죽어야 하는지에 대해선 충분한 의학적 근거가 있다. 각종 기기들과 고무호스들이 그의 고통을 경감해준다. 이렇게 봤을 때 그는 이곳에 잘 온 것이다.

그러나 또 다른 의미에서는 옳지 않을 수도 있다는 생각이 든다. 그의 삶을 채웠던 모든 것들, 즉 가구, 식기, 그림, 사진, 기념품, 책, 집의 분위기를 좌우했던 잡동사니들, 눈에 익숙한 집 안의 불빛 같은 것들에 둘러싸여 죽을 수 없기 때문이다. 단순히 그런 것들이 병실에 없기 때문만은 아니다. 생전에는 거의 보지도 못했던, 전부 똑같이 회색으로 칠해진 병실 안에서 죽어야 한다는 것, 그리고 삶의 마지막 순간에 결국 자기 자신이 소외될 수밖에 없다는 이유가 덧붙여져서가 아닐까. 존엄성이라는 시각으로 볼 때 이건 아니다.

아내가 묻는다. "그럼 대안이 있어요?" "있지." 내가 대답한다. 뜰 밖으로 나가는 작은 문을 함께 지나가다가 내가 걸음을 멈춘다. 나는 상상해본다. 짐을 챙겨 넣은 가방을 끌고 죽음을 맞으러 병원으로 떠나는 길이라고. 상상 속에서 나는 집 안으로 들어가 내가 살던 공간을 둘러보며 지난날의 진득한 추억을 품은 물건들을 마지막으로 만져본다. 내가 뜰 밖 문을 닫는 것도 마지막이 될 것이다. 나는 "안 되겠어."라고 하며 가방을 들고 다시 집 안으로 들어간다. "여기선 오래 못 사실 거예요." 아내가 항변한다. 나는 그래도 괜찮아 하는 얼굴로 고개를 끄덕한다. "아파서 어떻게 하시려고요?" 아내가 묻는다. "주치의도 있고 진통제도 있어." 내가 말한다. "당신은 괜찮겠소?" 내가 아내에게 묻는다. 그건 어쩌면 물음이 아닐 수도 있다. 존엄과 관련된 문제, 그중엔 동의를 구할 필요가 없는 것도 있다.

물론 죽음에 연관된 것은 익숙한 환경 하나뿐만은 아니다. 죽음은 사람과도 관련이 있다. 그 사람에게 깊은 영향을 주고 생의 전반을 살아가는 데 같이 힘쓴 사람들이다. 죽을 때 그들이 옆에 있었으면 하고 바랄 수도, 또는 마지막 순간에 홀로 있고 싶을 수도 있다. 어떻든 간에, 그들이 없었다면 있을 수 없었을 인생을 함께한 사람들에게 작별 인사를 할 기회를 가질 수 없다면 존엄성 있는 죽음이라고 할 수 없다. 작별을 고하는 것에는 지난날을 돌아보는 행위가 포함된다. 내가 그들과 함께 경험했던 일, 같이 해냈던 일, 잘되고 잘되지 못했던 여러 가지 일들을 다시 눈앞에 그려보는 것이다. 그 과정에서 용서를 구하고 싶거나 화해하고 싶은 마음이 들기도 한다. 어쨌거나 이제 곧 끝나는 삶 전체에 대해 명확함과 명쾌함을 얻고자 하는 마지막 시도인 것이다. 이 지점에서 임종하는 자의 존엄성은 우리가 앞서 4장에서 이야기했던 진실성이라는 존엄성을 품고 있다.

다른 관점에서 보더라도 진실성은 존엄한 죽음을 가능하게 만드는 요소다. 질병으로 아픈 사람에게는 그 어떤 것도 숨겨서는 안 된다. 임종을 앞둔 사람이라고 해도 마찬가지다. 무슨 병인지, 앞으로 얼마의 시간이 더 남아 있는지, 어떤 고통을 겪을 것인지, 그것을 경감하는 방법에는 어떤 것들이 있는지 말을 해주어야 한다. 왜일까? 외적 행위나 내적 생각을 통해서 자신의 죽음에 **대비**할 수 있어야 하기 때문이다. 숨기고 알려주지 않는다면 그것은 무지막지한 간섭이다. 그런 행위는 인생을 마감할 기회를 강탈하는 것과 다름이 없다. 일부 의사나 가족은 환자가 공황에 빠져 경솔한 판단을 내릴 것을 두려워한 나머지 응당 알려주어야 할 것을 알려주지 않는 경우가 있다. 대체 무슨 생각에서 그러는지 도대체 알 수가 없다. 그게 언제가 됐든 어차피 한번은 알려줄 이야기 아닌가? 격렬한 반응을 보일 환자라면 차라리 지금 알려주는 것이 낫다. 사실을 말해주지 않아서 얻는 것이 무엇인가? 매일 아침 헛된 희망과 거짓된 낙관으로 환자를 위로하는 동안 시간은 쓸모없이 흘러가고 죽음은 그의 몸 안에서 점점 퍼져갈 뿐 아닌가? 그런 행위가 정말로 환자에게 **이로운** 것인가? 죽음을 차근차근 준비할 소중한 시간을 마음대로 빼앗는 것은 아닌가? 또 만일 죽음이 곧 다가오리라는 사실을 안 후에 엄청난 공황에 빠져 스스로 죽음을 선택했다면, 그것 또한 그가 선택한 자신만의 방식, 인정하고 받아들여야 할 선택이 아닐까? 환자가 가진 독립성의 존엄을 빼앗으면서까지 지켜내야만 하는 것이 과연 무엇이며 그럴 주제넘은 권리가 그 누구에게 있다는 말인가?

임종의 순간이기 때문에 용인되는 거짓말이라는 것이 존재할까? 진실성의 원칙에 어긋나지만 죽는 사람의 존엄성을 지켜주기 위해 필요한 거짓말 말이다. 임종하는 사람 앞에서 그의 능력이나 공적, 체면, 도덕성, 그를 향한 다른 사람들의 애정과 존경의 감정, 평판 등에 대해 선의의 거짓말을 하는 경우가 있다. "당신은 훌륭한 아버지였어요. 우리 모두 당신이 보고 싶을 거예요. 그리고 당신이 작곡한 곡들은 세상이 알아주는 뛰어난 작품이니 후세에까지 전해질 거예요." 이런 말을 듣는 사람은 자아상에 그 어떤 흠집도 내지 않고 죽을 수 있을 것이다. 이런 모습을 옆에서 지켜보거나 직접 그런 말을 하는 사람의 입장이 된다면 그 심정이 어떨까? 우리는 이렇게 생각할 것이다. "이제 편히 눈 감으실 수 있을 거야." 망자의 편안한 마음, 이것은 우리가 그까짓 것, 하며 소홀히 여길 수 있는 하찮은 주제가 결코 아니다. 병실을 나와 스스로에게 물어본다면 아마도 "그래, 그렇게 하길 잘했어. 잔인한 진실을 말한들 누구에게 도움이 되겠어?"라는 혼잣말이 나올 것이다. 그렇지만 가슴 한구석을 갉아먹는 불편한 의구심은 여전히 남아 있을 것이다. 우리는 임종이라는 매우 중대한 순간에 진실한 대면을 회피하고 그 사람을 가벼이 여긴 것이다. 우리 자신의 도덕성에도 손상을 입혔다. 그뿐만이 아니다. 우리의 거짓말이 **그 사람 또한** 손상시켰다는 경험도 피할 수 없다. 생의 마지막 순간을 깨끗하게 마무리 짓지 못하게 만들어버린 것이다. 그 깨끗함은 그가 누려야 할 존엄성이다. 임종하는 그가 설령 그 존엄성의 상실을 체감하지 못했다고 해도 어쨌든 그런 일이 일어난 건 틀림없는 사실이다. 아무리 고결한 동기에서 비롯되었다고 해도 우리는 그 책임에서 자유로울 수 없다.

죽을 수 있게 놔두기

누구나 불치병에 걸릴 수 있다. 의학이 할 수 있는 것이라곤 죽음의 순간을 조금 뒤로 미루고 죽어가는 과정을 다소 견딜 만하게 만드는 것뿐이다. 병에 걸린 사람이 독립된 주체로서 자신의 존엄을 지키기 위해 할 수 있는 것은 의료진이 자신에게 적용하는 치료법에 대해 허용하거나 거부하는 것이다. 그것에 대해 최종 권한을 가진 사람은 환자 자신인 것이다. 그것이 현대 의학의 관점에서 비이성적인 결정일지라도 어디까지나 환자가 결정할 사항이다. 죽음을 어느 정도 뒤로 미룰 수 있는 방법이 있는데도 아무 치료를 받지 않겠다고 하는 사람도 있을 수 있다. 항암 화학요법이나 진행을 늦추는 여타 약물 치료를 거부하고 고통을 완화하는 약물만 복용하겠다고 하거나 인공호흡 장치나 심장박동을 유지시키는 일체의 의료 기기를 거부하는 경우도 있고 심장박동이 갑자기 정지되었을 때 인공 소생술을 쓰지 말 것을 고집하는 경우도 있다.

이 모두가 의료진의 반발을 사는 일이다. "당신이 생명을 유지하도록 하는 것이 내 의무입니다. 그것은 생명의 보호를 최고의 가치로 삼는 의사의 윤리에 속하는 일입니다." 의사는 이렇게 말할 것이다. 우리는 모든 치료법이 환자의 최종 동의를 전제하고 있다는 사실을 그에게 일깨워준다. 이것은 환자의 존엄성과 법을 연결시켜주는 조치이다. "하지만 당신의 생명이 달려 있지 않습니까!" 의사가 이렇게 항변한다. 환자가 말한다. "네. 바로 그 이유 때문입니다. 내 생명이고 내 죽음이죠. 어떻게 죽을지는 나 혼자 결정할 일입니다. 선생님이 의사로서 느끼는 생명 연장의 윤리를 폄하하고 싶은 생각은 조금도 없습니다만 이 윤리를 환자의 안녕보다 우위에 놓아서는 안 됩니다. 의사의 윤리는 환자의 자유 결정권 앞에서 그 한계에 다다르기 때문이죠. 환자 스스로가 죽는 것이 더 좋겠다고 하면 그렇게 할 수 있도록 존중해주어야 합니다. 법적으로도 그렇게 하도록 되어 있습니다. 하지만 제게 더 중요한 것은 그 동기가 환자의 존엄성 존중에서 나온 것이라야 한다는 겁니다. 의사가 환자의 의지를 무시한다고 했을 때 그것은 명백한 간섭과 월권행위가 됩니다. 따라서 선생님의 도덕성도 추락하는 결과를 낳겠죠."

때로는 사고를 당하거나 신체적 질병으로 인해 뇌사에 빠지는 일도 일어난다. 이런 경우는 자기 의지의 존중이라는 면, 우리의 존엄성, 그리고 의료진의 행위에 관해 어떤 의미를 가질까? 물론 그 정도가 얼마나 심한가에 따라 다른 결정이 내려질 것이다. 의학적으로 봤을 때 환자가 의식을 되찾아 스스로 의사 결정을 할 수 있는 상태로 돌아올 가능성이 존재하는가? 아니면 뇌파가 완전히 정지되어 다시는 경험과 결정의 주체로 돌아올 수 없게 되었는가? 전자의 경우는 간단하다. 우리는 환자가 생명을 유지할 수 있도록 최선을 다해 노력하고 경험과 행동의 주체로 되돌아올 수 있는 모든 가능성을 지원해준다. 이것은 생명의 보호와 환자 존엄성의 존중이라는 면에서 꼭 필요한 행위다. 이 두 가지 관점은 서로 충돌하지 않는다. 비록 환자가 현재는 자신의 의사를 전달하지 못할지라도 우리는 그의 뜻과 우리의 뜻이 다르지 않을 거라고 확신할 수 있다.

그런데 우리 앞에 인공호흡기를 달고 누워 있는 환자가 다시는 의식을 회복하지 못할 것이며 단연코 모든 경험의 전제 조건이라고 할 수 있는 뇌의 활동이 이제 완전히 소멸되었다는 것이 확실한 경우, 다시 말해 후자의 경우에는 사정이 그리 간단하지가 않다. 여기서 베른하르트 빈터가 이런 처지에 놓였다고 한번 상상해보도록 하자. 아내 자라가 잠시 여행을 간 사이 사고가 일어났다. 사고 다음 날, 자라는 남편과 단둘이 병실에 있다. 온통 잠잠한 가운데 오직 인공호흡기가 내는 숨소리만이 울려 퍼질 뿐이다. 베른하르트는 금방이라도 잠에서 깨어나 눈을 번쩍 뜰 것만 같다. 자라는 그의 손을 잡고 머리카락을 쓰다듬는다. 그녀의 눈길이 인공호흡 장치의 스위치에 가 멎는다. 그녀는 남편이 생전에 저 장치에 대해서 했던 말을 하나도 빠짐없이 고스란히 기억하고 있다. 그래도 머릿속에서 다시 한 번 당시 남편이 했던 말을 떠올려본다. 그러나 병실이라 그런지 머릿속에서는 아무것도 떠오르지 않는다. 그녀는 집으로 가서 남편이 앉았던 소파와 마주한 자리에 앉는다.

"다시는 의식이 돌아오거나 사물을 인식하지 못할 것이 분명한데도 기계에 의존해 호흡 활동을 연장하고 영양 공급을 받는다는 건 인공적 생명 연장이며 텅 빈 육체적, 기계적 활동이오. 그렇게 연장된 생명에는 **주인이 없고** 주체도 없소. 다만 홀로 동떨어져 **소외**된 생명에 불과할 뿐이지. 인간이 가진 생물적 기능은 경험의 중심체인 한 주체로 현존하기 위해서 아주 중요한 역할과 의미를 갖고 있소. 이것이 식물과 다른 점이지. 그런데 지금 우리가 말하는 경우에는 이러한 중요성이 빠져 있소. 그럼에도 불구하고 생명을 연장시킨다는 것은 내면의 시각이 결여된, 단지 기능만의 생명, 말하자면 바퀴가 헛돌아가는 것과 마찬가지요. 난 이런 상상을 해본다오. 언젠가 멀지 않은 훗날, 몸의 기력이 사라지고 인지능력도 완전히 소멸되겠지. 그러다 보면 어느 순간 두려움에 가슴이 철렁하는 거요. 만일 의식이 사라진다 해도 그 이후로 몇 년은 기계에 힘을 빌려 숨을 쉬고 영양분을 공급받는 세월을 보낼 것 아니오. 그건 한때 한 인간이었던 나랑은 아무런 상관도 관계도 없는 단계란 말이오. 그렇게 되면 내 몸은 더 이상 **내 몸**도 아니고 그렇다고 **그 누구의 것**도 아닌, 단지 하나의 생물학적 순환 체계에 지나지 않게 되지. 예전에 내면의 인식과 경험이 깃들어 있던 신체가 있었던 자리에 남은 것은 **껍데기**요. 껍데기는 시간이 지난다고 해서 껍데기 아닌 다른 것이 될 리가 없어요. 그러나 그 껍데기는 과거에 여느 주체였던 나를 담았었다는 의미에서 그냥 **여느 껍데기**가 아닌 바로 **내 것**이기도 하지. 그렇기 때문에 그 껍데기를 텅 빈 유령의 집처럼 목숨을 이어가게 할 것이냐의 여부에 아직 스스로 태도를 결정할 수 있는 지금 이 시점의 나는 관심을 기울일 수밖에 없소. 나는 껍데기가 소멸하기 바라오. 내가 떠난 자리에 그것이 남아 있는 것이 싫소. 이 소망은 꼭 존중되어야만 하는 것이오. 육체 기능과 사물의 인식 사이의 상호작용을 통해 온전한 한 인간으로 살아왔던 사람을 존중하려면 꼭 그렇게 해야 해요. 이건 존엄성의 문제요."

베른하르트 빈터는 종종 이런 말을 하곤 했다. "인간의 존엄성은 죽음과 죽음의 과정을 받아들이는 것 또한 의미하지. 모든 수단을 총동원해 필사적으로 저항하려고 하지 않는 것. 이 문제에 관해 제각기 간섭하며 나서는 사람들을 막아내야 할 때도 있으니 그것도 어이없는 노릇이오. 의사들과 싸워야 할 때도 많지. 인간의 죽음을 수시로 접하는 사람들인데도 그렇다오. 육체적 생명의 연장이 모든 것의 우위에 서 있다니 그것처럼 말이 안 되는 생각이 세상에 어디 있겠소. 육체 안에 정신이 살아 있거나 말거나 상관없다는 태도요. 아리엘 샤론 총리를 비롯한 여러 사람들이 자연적 죽음의 과정을 누리지 못하고 수년에 걸쳐 인공적으로 생명이 유지되었다는 사실을 생각해보면 그것처럼 끔찍하고 기괴한 것은 없다는 생각이 들어요. 비인간적이라는 생각밖에 안 들지. 환자의 존엄성이 심각하게 훼손된 경우요."

다음 날 자라는 베른하르트의 동의서를 가지고 병원으로 간다. 이러할 경우에 대비해 생명 연장의 모든 인공적 방법을 거부하겠다는 베른하르트의 의사가 명시된 서류다.

"나는 베른하르트 빈터 씨를 죽일 수 없습니다." 의사가 말한다.

"선생님이 기계를 끈다고 해서 그를 **죽이는** 게 아니에요. 단지 **죽을 수 있게 하는** 거지요. 이 둘 사이의 차이점을 모르시지 않을 텐데 왜 그러시나요?"

"우리의 의무는 삶을 보호하는 거지 마감시키는 것이 아닙니다."

"보호할 대상은 **인간의 생명**이지 **영혼 없는 육체**는 아닐 텐데요."

"히포크라테스의 선서를 마친 의사인 저에게는 인간의 생명보다 더 높은 가치는 없습니다."

"최고이자 불가침의 가치는 인간의 존엄성이에요. 이 존엄성의 핵심은 생명의 보호가 아니라 자유 결정권입니다. 선생님은 제 남편의 자연적 죽음을 막으려고 하지만 지금의 상태를 스스로 원한 사람은 제 남편입니다. 남편이 명백히 의사를 밝혔음에도 불구하고 그것을 거부함으로써 그이의 마지막 가는 길에 대한 권리를 무효화하고 계신 겁니다. 그건 월권행위예요. 그리고 그의 존엄성을 해치는 것이기도 하고요. 저는 남편을 대신할 권리만 있는 것이 아니라 그의 의지를 실현할 **의무**도 지고 있습니다. 선생님도 아시겠죠. 법도 우리 편이라는 것을요."

의사는 자라를 쏘아보며 이렇게 말한다. "그래도 기계를 손수 끄시지는 못하실 테죠."

"할 수 있어요." 자라가 대답한다.

병원 복도에서 자라는 같은 처지에 누워 있는 아들을 가진 한 어머니와 마주친다.

"잘 있나 보려고 하루에 두 번씩 들른답니다." 여인이 말한다. "병원 측에서 어떻게 하고 있는지 아무도 모르잖아요. 어떨 때 보면 베개가 비뚤게 놓여 있을 때도 있다니까요. 아들이 조금이라도 불편하면 안 되죠."

"아드님은 아무것도 모를 겁니다." 자라가 말한다. "앞으로도 모를 거고요. 그냥 편히 가도록 해주시는 게 어떨까요? 아드님은 그럴 권리가 있어요."

"하지만 **내 인생**이에요! 여기 오는 것도, 아들을 돌보는 것도 모두 **내 인생**이라고요!"

"중요한 게 뭐죠? 아드님인가요, 아니면 자기 자신인가요?"

여인의 말문이 막힌다. 그녀는 기분 상한 눈빛으로 자라의 뒷모습을 바라본다.

언젠가 자라는 베른하르트에게 이렇게 이야기한 적이 있었다.

"반대의 경우를 생각해봐요. 회복 가망성이 없는 상해를 입고 사물을 경험하는 주체로서의 역할을 더 이상 하지 못하게 되었지만 그래도 계속 생명을 유지하고 싶어 하는 누군가가 있다고 가정해봐요. 그는 자기를 절대 죽게 내버려두지 못하게 해요. 그럴 때는 어떻게 하죠? 당신의 말처럼 그의 존엄성도 자유 결정권에 의한 것이기 때문에 그대로 존중해야 하나요?"

"그는 자유 결정권을 근거로 내세울 수 있고 우리는 그의 말을 들어줘야 해요. 그러나 여기서 차이점이 있소. 그 한 가지는, 나는 아무 감각이 남아 있지 않은 내 육체에게 더 이상 그 무엇도 가하지 않기를 바란다는 거요. 그런데 그는 자신의 몸이 타인의 손에 의해 언제까지나 계속 호흡하고 영양을 섭취하기를 바라지. 내가 타인에게 금지하는 것을 그는 허락하는 거요. 그는 타인과 그들이 할 미래의 행위를 그 자신이 주도하기를 바라지만 나는 그러지 않소. 또한 그가 많은 사람들이 무의미하다고 생각하는 그런 행위를 끝없이 요구한다는 사실 때문에 문제는 더욱 복잡해지지. 자유 결정권이라고 해서 모두 똑같은 건 아니오."

"모든 인간은 그 자체로 목적이 아니냐고 그가 되물을 수 있지 않을까요. 그 때문에 자신의 의지가 관철되어야 하는 거라고 덧붙이면서요."

"그렇다면 이런 대답이 가능할 것 같소. 인간이 그 자체로 목적이 된다는 개념은 인공적으로 유지되는 무감각한 육체를 말하는 것이 아니고 사물의 인식이 가능한 개인을 일컫는다고. 나는 그에게 예전에 내가 당신에게 설명한 적 있던 이야기를 해줄 거요. 한때 경험의 주체가 살던 집으로서의 육체가 이제 감각도 없고 주인도 떠나간 깜깜한 상태로 얼마나 더 끝없는 시간을 펌프에 매달려 있어야 하는지, 상상만으로도 얼마나 기괴하고 끔찍한 일인지 말해줄 테요."

"그가 당신의 관점에 무조건적으로 항복하지 않을 거라고 항변하면요? 그런 상상이 자기는 전혀 끔찍하지 않다고 하며 자유 결정권 이야기로 다시 돌아올 수도 있잖아요."

"그럼 존엄성이 자유로이 결정할 수 있는 권리만을 뜻하지 않고 인간의 유한성을 인정하는 것도 뜻한다는 걸 그에게 일깨워야겠지요. 한정 없는 생명의 연장이 그런 의미에서 존엄성에 상충되는 것이라는 것도 말이오. 경험의 주체로서의 누군가가 소멸되면 그를 죽을 수 있게 놓아두는 것이 자연적인 것이고 바로 이런 자연스러움에 존엄성이 존재하지. 누군가의 내부에 완전히 불이 꺼졌는데도 죽지 못하게 하는 것은 부자연스럽고 비존엄적이오."

"당신은 의사의 간섭에 대항해 항상 이런 말을 해왔지요. 남이 가진 존엄성에 대한 생각에 휩쓸리지 않겠다고. 자유 결정권에는 누구나 나름의 방식대로 존엄성을 이해할 수 있고 또 그것이 존중되는 것도 포함되지요. 누군가 불쑥 나타나 당신에게 '자연스러운 죽음에 대한 당신의 견해는 나의 견해와 다릅니다. 자기의 가치관에 맞지 않는다는 이유로 상이한 기반 위에 세워진 내 견해를 틀린 것으로 몰아붙일 권리가 당신에게는 없습니다.' 하고 말하면 어떻게 하겠어요? 이보다 더 까다로운 경우도 생각해볼 수 있어요. 특정한 종교의 신도인데 그 종교에서는 모든 수단을 동원해서라도 육체가 영원히 생명을 유지해야 한다는 교리를 갖고 있다면요? 그들이 '우리 종교에서 가르치는 관점은 당신의 관점에 비해 결코 그 가치가 떨어지지 않습니다.'라고 할 수 있지 않겠어요?"

"맞소. 하지만 나는 이렇게 말할 거요. '하지만 당신의 관점은 우리에게 끝없는 간호를 의미하고, 우리가 보기에 끝없는 간호는 무의미합니다. 환자가 아무것도 느끼거나 알지 못해서가 아닙니다. 자유의사의 주체로서 이제 더는 존재하지 않는 누군가의 강압적 사고에 우리가 고개를 숙일 것이라고는 기대하지 마십시오.'라고."

"생전에 이 문제에 대해서 말하거나 의견을 내비친 적이 없는 사람이 영영 회복될 수 없는 뇌사 상태에 빠져버렸을 때는 어떡하나요?"

"돌아올 가망이 제로라는 확신이 들면 죽음을 허락해야 하오. 그건 그의 존엄성이 요구하는 바요. 살아 있는 우리들의 기준에 따라서 행동해야 하오. 그것 말고 또 다른 기준은 그에게서 듣지 못했기 때문이지."

삶에 종지부를 찍다

누군가 이런 생각을 한다. 이제 충분히 살았다, 더 오래 끌 필요가 없다. 이런 생각을 하는 사람이 꼭 불행하거나 부족함이 많았던 인생을 살았던 사람이라는 법은 없다. 그는 '이제 지긋지긋한 고생은 그만'이라고 생각해서가 아닐 것이다. 불행과 행복이 뒤섞여 어느 정도 평형을 이루던, 평범한 인생이었을 것이다. 주어진 능력과 희망에 따라 나름대로 만족스러운 인생을 살았을 수도 있다. 그러니 고통을 끝내자는 동기는 아닐 것이다. 그에게는 다른 동기가 있다. 미래가 그에게 무엇을 가져다줄지 더 이상 **궁금하지 않다**는 느낌을 받아서다. 이젠 자기 자신에게

놀랄 일도 없다.

은퇴한 그는 직장 생활을 열심히 그리고 후회 없이 했기 때문에 이만하면 됐다 하는 기분으로 회사에서 나왔다. 업무의 반복, 때로는 성공하고 때로는 실패한 일들, 사람들에게서 인정받기도 하고 실망을 주기도 했던 나날들, 매일 주고받던 말들, 익숙한 농담과 정해진 일과, 때가 되면 바뀌던 사무실 창밖 계절의 빛깔들. 그토록 오랜 세월을 보냈던 곳에 가끔 찾아가 창문 안으로 시선을 던진 적도 많았다. 그러고는 건너편 찻집에 앉아 그래도 즐거움이 많았던 그 시절의 추억을 떠올렸다. 그러나 옛 직장을 찾아가는 일은 조금씩 줄어든다. 그의 생활은 또 다른 리듬을 찾았다. 이전에는 시간이 없어서 엄두를 내지 못했던 여행, 독서, 음악 감상 같은 것들이 그의 일상을 채웠다. 계절이 변하는 모습도 몸으로 더 잘 느낄 수 있게 되었다. 몇 년 전 아내가 먼저 세상을 떠난 이후로 그녀의 부재는 일상적인 것이 되었고 익숙해진 부재는 더 이상 부재가 아니지 않나 느껴질 때도 많았다.

그를 가장 괴롭히는 것은 이제 더는 새로운 경험을 하지 않는다는 사실이다. 오늘 저녁, 내일, 다음 달에 무얼 할지 이미 다 알 수가 있다. 그렇다고 딱히 속상한 건 아니지만 새로운 것, 놀라움을 주는 사건이 점점 귀해지고 있다. 똑같은 일을 반복할 때마다 씁쓸한 뒷맛을 느낀다. 씁쓸한 건 그때뿐만이 아니다. 자기가 하는 말도 그렇고 남에게 듣는 말도 모두 만날 똑같다. 어쩌면 이렇게 같은 말을 반복하며 살 수 있는지 그 자신도 문득 깜짝 놀랄 때가 많다. 자기 입에서 나오는 뻔한 말이 싫어 차라리 입을 닫는 편을 선택할 때도 있다. 저 양반이 왜 저러지, 하고 주위 사람들이 수군거려도 어쩔 수 없다.

그는 여행 상품 책자를 뒤적거린다. 이곳저곳의 풍경, 여기저기의 골목길 모습이 펼쳐진다. 물론 모두 다 구경하고 싶다. 그러나 그곳에 가려면 역, 공항, 자동차, 호텔 등 항상 반복되는 여정을 건너뛸 수가 없다. 정해진 인사말과 잡담을 하기도, 듣기도 해야 된다. 지친 걸까? 그럴 수도 있다. 하지만 오랜 시간 고통을 겪은 자의 기진맥진함은 아니다. "내 영혼이 내 삶에 지쳐버렸다."라는 문구를 어디선가 들은 것 같다. 바로 이런 경우를 두고 하는 말일까? 분노에 가득 차 자신을 방어하려는 마음은 결코 아닌 것 같다. 오히려 이런 느낌이다. 충분하다, 이젠 됐어.

그는 우울증에 관한 글을 탐독한다. 읽어보니 자신은 우울증에 해당되지 않는다. 정신적 질병과는 전혀 무관하다. 자기가 생각해도 뭔가가 부족하기 때문에 마음고생을 하는 사람으로는 보이지 않는다. 때때로 스스로에게 묻는다. 내 삶, 이 경험이 완전히 지나가면 즐거워질 수 있을까? 그러곤 이 물음이 가진 모순에 실소한다. 이 물음을 한다는 것이 혹시 이 삶을 더 살아가고 싶다는 증거 아닐까? 모든 경험을 한 후의 맨 마지막 경험을 하고 싶다는 소망, 즉 경험이라는 것에 대한 소망이 아직 남아 있다는 뜻인가?

그는 스스로 목숨을 끊는 일을 일고의 가치도 없는 것으로 치부하는 종교적 가정에서 자라났다. 그런 행위는 신성모독이고 죄악이었다. 그러나 그는 그 사고를 이해한 적도 없었고 받아들이지도 못했다. 자기가 아니면 과연 그 누가 자기 삶의 주인이란 말인가? 목숨에 관한 이처럼 중대한 질문을 놓고 스스로 결정하지 못한다면 대체 다른 그 무엇에 대해 결정할 수 있다는 말인가?

"뭔가에 단단히 마음을 상했나 보네." 사람들은 무덤 앞에서 이런 말들을 할지 모른다. 그는 벌써부터 그게 아니라고 항변하고 싶다. 입 다문 자신의 미래에다 대고 이렇게 외친다. "그냥 충분히 살았으니까 이렇게 한 건데, 안 된다고 누가 그래? 충분함마저 너무 충분했단 말이다!"

그런데 위와 같은 예는 삶의 마침표를 찍는 원인으로 제일 흔하게 나타나는 것은 아닐 것이다. 대부분의 사람들은 자신의 삶이 현재의 모습으로 흘러오게 된 데에 대해 견딜 수 없어서 그런 결정을 내린다. "산다는 것 자체가 좋은 것이 아니라 잘 사는 것이 좋은 것이다." 세네카가 루실리우스에게 한 말이다. "너희들은 자신의 생에 힘을 가하는 것에 반대하고 자기 자신을 죽이는 살인자가 됨을 신에 대한 모독으로 여기는 철학의 스승들도 보게 될 것이다. 그들은 말할 것이다. 자연이 정해준 마지막을 기다려야 한다고. 그러나 그자들은 자유를 향한 길을 가로막는다는 사실을 깨닫지 못한다. 아픔을 뚫고 자유의 땅으로 나가 재난을 막을 수 있는데도 질병의 끔찍함이나 인간의 잔인함이 날 찾아오기를 기다리고 있어야만 한단 말인가? 인간이 삶에 대해 불평하지 말아야 하는 이유는 단 한 가지, 삶이 그 누구도 붙잡지 않는다는 사실 때문이다."

삶을 그토록 힘겹게 만드는, 그래서 인생을 더 붙들고 있어야 할 이유를 없애는 것은 대체 어떤 종류의 고통일까? 그것은 또 우리의 존엄성과는 어떤 관계를 맺고 있을까?

무엇으로부터 반사적으로 도망치다가 저질러지거나 어둠에 가려진, 통제할 수 없는 갑작스러운 충동에서 비롯된 자살이 존재한다. 그런 일을 두고 이렇게 보든 저렇게 보든 어쨌거나 존엄성과는 관련이 없다고, 존엄성이라는 큰 틀에 맞출 수 있는 경우가 아니라고 결론 내리는 사람도 있을 수 있다. 그러나 또 다른 예에서 보면 존엄성을 명확히 인지한 상태에서 이런 일이 벌어지는 경우도 있다. 세네카는 맹수에게 던져질 운명에 처한 어떤 사람에 대해 이렇게 썼다. "병사들이 지키는 가운데 오전에 열릴 쇼를 위해 마차에 앉아 실려 가는 한 남자가 있었다. 남자는 꾸벅꾸벅 조는 체하면서 머리를 자꾸 앞으로 숙여 수레바퀴 살에 머리가 낄 때까지 그 자세로 앉아 있다가 결국 바퀴가 굴러가자 목이 부러지고 말았다. 그는 자신을 형벌의 장으로 데려갈 마차를 타고 탈출에 성공한 것이다. 하고자 하는 마음만 있으면 그 무엇도 걸림돌이 되지 못한다." 이것은 견딜 수 없는 고통과 굴욕을 피하기 위한 자살, 존엄성의 상실을 막기 위해 행해지는 자살이다.

세네카의 예를 좀 더 다양하게 상상해보자. 고문을 피하고 줄리아를 배신하지 않기 위해서 감옥에서 목을 매는 윈스턴, 나치의 강제수용소에서 전기 담장에 스스로를 던지는 수감자, 자본주의 앞잡이라는 오명을 뒤집어쓰지 않기 위해 스스로 생을 마감하는 피고인. 이는 모두 존엄성을 지키기 위해 행한 자살이다. 때로는 존엄이 생명보다 더 큰 가치를 가질 때도 있다.

세일즈맨 윌리 로먼도 결국 손수 인생에 종지부를 찍는다. 지하실의 고무호스가 아니라 자동차를 이용한다. 실패가 주는 절망과 깨진 꿈 때문에 자살하는 것이다. 이것은 고문실로 향하는 자가 스스로 목숨을 끊는 것과는 다르다. 그 차이는 로먼에게는 설득할 여지가 있었다는 점에서 찾을 수 있다. 자살 말고도 다른 길이 있다는 것을 보여줄 수 있었다면 그렇게 하지 않았을 수도 있다는 점이다. "아버지는 그릇된 꿈을 꾸셨어요." 아들은 이런 말을 한다. 그 꿈은 성공에 대한 꿈, 대박에 대한 꿈, 사랑받고 존경받는 꿈이었다. "사람들한테 인기가 많다는 이유 하나만으로 다이아몬드를 벌어들일 수 있는 기적, 그것이 이 나라의 기적이지." 로먼은 아메리칸드림이 주는 거짓된 세계관이라는 무형의 감방 안에서 살았다. 아들은 또 말한다. "이 집에서 우리는 단 10분도 진실을 말해본 적이 없어요." 로먼의 아내 린다는 거짓으로 무장된 삶의 빗장을 풀어 진실과 존엄을 바로 세우고 남편으로 하여금 실패한 사람이라도 세상은 살아볼 가치가 있다고, 거짓과 기만 없이도 나름대로 잘 살 수 있다고 설득할 수도 있었다. 무덤 앞에 선 아들이 중얼거린다. "아버지는 자신이 누군지 평생 모르고 사셨어요." 만약 그러지 않았다면 로먼은 그러한 결정을 내릴 필요가 없었을지도 모른다.

아니, 그래도 결국은 스스로 목숨을 끊는 쪽으로 결론을 내렸을까. 3장에서 우리는 린다에게 이렇게 말하는 윌리 로먼을 보았다. "고무호스를 숨겼던 이유는 그저 내 절망을 혼자만 알고 있고 싶어서였소. 그 어떤 누구도 아닌 자기 혼자 해결해야만 하는 문제라는 게 있게 마련이오." 이 반항적인 고독에 묻어 있는 것은 일종의 존엄성이 아닐까? 로먼은 린다와 아들들에게 보험금을 남겨주기 위해 스스로 죽음을 선택한다. 그가 거둔 최후이자 유일한 성공이다. 그의 삶에선 돈과 성공이 잣대였다. 그는 린다에게 무슨 말을 할까. "이게 바로 나고, 내가 살아온 모습이오. 그래서 이제 나는 이렇게 내 삶을 마감하려 하오. 나는 당신이 나를 다른 사람으로 만들려 하는 것을 원치 않소. 어차피 되지도 않을 거요. 하지만 나는 당신이 그런 시도를 하는 것부터가 싫소."

자신의 죽음을 계획하는 사람을 우리는 어떻게 대해야 할까? 그와 어떤 이야기를 나눠야 하며, 그의 존엄성과 우리의 존엄성을 다 같이 지키는 방법에는 어떤 것이 있을까? 우리는 그가 독자적인 의지를 찾는 데 도움을 줄 수 있다. 마지막이자 생을 마무리하는 의지가 독자적인 의지가 될 때, 다시 말해 사람들의 말에 솔깃하거나 떠드는 소리에 휩쓸리거나 교묘한 선동에 조종되지 않을 때만이 그의 존엄성이 보존될 수 있다. 집단 자살이나 정체가 불투명한 가치관에서 비롯된 자살, 협박에 의한 자살 등이 존재한다. 실제로 행해졌을 수도 있지만 캐릭터처럼 부풀려졌을 수도 있는 업적으로 칭송받는 실제 또는 가상의 위대한 영웅과 자신을 동일시한 나머지 스스로 죽음을 택하는 경우도 있다. 우리가 그런 사람들과 이야기를 할 때는 그의 진짜 의도가 무엇인지 잘 따져봐야 할 것이다. 의지의 근원이 무엇인지, 외부의 영향이 얼마나 개입되었는지, 그리고 그가 자신을 보는 관점과 얼마나 일치하는지를 곰곰 생각해보아야 한다. 우리가 이 과제를 제대로 수행한다면 삶이 견딜 수 없게 되어버린 당사자는 우리가 그에게 보여주는 연대감에 아무런 부담이나 강요를 느끼지 않고도 스스로 상황을 명확하게 판단할 수 있게 될 것이다. 그리고 삶에 대한 변론과 그 자신의 의지, 이 두 가지가 저울 위에서 균형을 이루게 될 것이다. 결국 그는 본인의 삶에 대한 논리가 돌이킬 수 없는 마지막 걸음을 정말로 내딛게 허락할 것인지 스스로 잘 판단할 수 있게 된다. 그리고 자신이 지키고 싶었던 소중한 인간관계에도 불구하고 왜 그런 선택을 되돌릴 수 없는지 다시 한 번 확실히 생각을 정리할 수 있게 된다.

죄의식이나 존엄의 상실감이 클 때, 이런 결정은 더욱 어렵고 외로워질 수밖에 없다. 앞서 우리는 매카시 정책에 오랜 친구를 팔아버린 윌리 로먼을 가정해보았다. 그런 배반을 저지르고 살 의지를 잃어버린 그의 처지를 우리는 쉽게 이해할 수 있다. 도덕적 존엄성을 잃어버린 데 대한 죄의식과 상실감이 너무나 무거운 것이다. 만일 우리가 로먼과 이야기를 나눌 수 있다면 그의 존엄성과 우리의 존엄성을 둘 다 위태롭게 만드는 행위를 피해야 할 것이다. 그것은 바로 문제를 별것 아닌 것처럼 얼버무리거나 축소하는 것이다. 우리는 그가 행한 잘못의 무게를 직시하고 인정해야 한다. 만일 우리가 그 문제에 대해 로먼을 조금이라도 옆길로 꼬이려고 한다면 그는 당장 자리를 박차고 일어나 이렇게 외칠지도 모른다. "그 문제가 내게 어떤 의미를 가지고 있는지 당신들이 뭘 안다고 이렇다 저렇다 하는 거요?"

정신적 정체성을 영영 잃기 전에 삶에 마침표를 찍겠다, 하는 생각이 들면 베른하르트 빈터도 마지막 고독을 선택하리라는 걸 우리는 앞서의 글을 통해 이미 알고 있다. 아니면 그에게 다른 일들이 닥칠 수도 있다. 예를 들면 목 아래로 전신마비가 왔다든지, 게다가 시력까지 잃는다든지 하는 사고가 덮칠 수도 있다. 몸이 묶이고 앞이 보이지 않는 그런 상황은 그에게 지옥같이 느껴질 수 있다. 그는 사태를 명확히 파악하자마자 오직 단 한 가지 의지, 즉 죽고자 하는 의지만을 가지게 된다. 그러나 그는 손수 죽음의 방법을 취할 수는 없다. 다른 사람의 손이 필요하다. 자신의 의지를 실현시키기 위해, 그리고 고통에 종지부를 찍기 위해 타인의 개입이라는 방법을 필요로 하는 것이다. 그는 누군가 자기의 의지를 이해하고 삶을 끝내주기 바란다. 그가 원하는 것을 법적 용어로 '자살 방조죄'라고 하며 이 나라에서는 범죄가 된다. 그러나 이러한 종류의 방조나 도움이 법적으로 허가되는 국가가 존재한다. 그리고 그것을 고통 없이 안전하게 수행할 수 있는 사람은 의사다. 베른하르트 빈터가 두 명의 의사와 상담하는 광경을 상상해보자. 한 사람은 베른하르트의 의지에 동의하는 사람이고 다른 한 사람은 그러지 않는 사람이다.

"자신의 의지를 이해하는 데에는 그 어떤 양보도 있을 수 없어요. 그것이 결국 전부니까요." 린다가 했던 말이다. 그것은 여기서도 통용된다. 어떤 것에 반대하느냐, 아니면 찬성하느냐 하는 단순한 문제가 결코 아니라는 말이다. 핵심은, 어떤 상황에 처했을 때 우리의 생각과 느낌이 어떤지 최대한 정확히 이해하는 것이다. 그것은 혼란스러운 상황일 수도 있는데 그럴 때 그 혼란스러움을 이루는 것이 과연 무엇인지 추적해내는 일이다. 그렇게 해서 마지막에 어떤 것에 대해 찬성이나 반대의 결론을 내리게 되었을 때 그것은 그 누구의 강요도 개입되지 않고 자기 자신이 확신할 수 있는 것이어야 한다. 반대편이 불순한 동기로 불을 지르는 신념 전쟁으로까지 확대시켜선 안 된다. 주제가 가진 무거움으로 볼 때, 우리는 특정한 조건들이 가진 사고의 흐름의 선을 침착하게 계속 이어서 그려가며 상대방에게 이런 물음을 던져야 한다. "이래도 당신 생각이 여전히 옳을까요?"

첫 번째 의사 난 사람을 죽이지 않습니다. 그 누구도 살해하지 않을 겁니다. 의사로서 내가 가진 의무는 생명을 구하고 유지시키는 일이지 파괴하는 일이 아닙니다.

베른하르트 다른 주제에서도 다 마찬가지겠지만 우리는 이 문제에서도 단어의 선택에 매우 신중해야 합니다. 말이라는 것은 감정을 부풀릴 수도, 사고를 흐릴 수도 있습니다. 말은 연상 작용에 의해 그 개념과는 아무 관련이 없는 그림을 불러일으킬 수 있으니 말입니다. 지금도 그렇습니다. **죽이다, 살해하다, 생명을 파괴하다**, 이런 말들은 잔인함의 기운을 동반합니다. 범죄나 전쟁이나 수용소 같은 틀 안에서 사용되는 말들이니까요. 이런 단어들을 사용하면 잔혹함이라는 감정을 불러일으킵니다. **듣는 사람 모두가** 안 돼! 하고 소리칠 만한 말이라는 겁니다. 그렇지만 내가 선생님께 부탁하는 일은 고통을 불러일으키는 잔혹함이 아니라 그와는 정반대입니다. 고통으로부터의 해방, 괴로움의 종결이죠. 그래서 우리는 가치중립적인 말, '삶을 끝내다' 같은 말을 사용해야 합니다. 내 삶을 끝내는 것, 바로 그것이 내가 바라는 겁니다.

첫 번째 의사 그 누구도 사람의 생을 끝낼 수 없습니다. 존엄성에 위반됩니다.

베른하르트 존엄성요? 무슨 말씀입니까?

첫 번째 의사 생명이 가진 존엄성은 신의 선물입니다. 그러므로 우리가 마음대로 해서는 안 되는 겁니다.

베른하르트 존엄성을 둘러싼, 내가 알지도 이해하지도 못하는 사상에 휘둘릴 생각은 결코 없습니다. 나는 내 존엄성이 무엇인지 선생님께 말하고 싶을 뿐입니다. 나의 존엄성은 자유롭고 독립적인 의사로 이루어져 있습니다. 선생님이 내 존엄성을 존중하고 싶다면 내 의사를 존중하셔야 합니다. 선생님이 내게 죽는 데 도움을 주었으면 하는 것, 그것이 내가 가진 의사입니다. 선생님이 할 수 있는데도 그렇게 하지 않는다면 그것이 바로 내 존엄성을 해치는 겁니다.

두 번째 의사 사실, 신이 금지했다고 근거를 대는 건 의사로서의 우리 역할에 걸맞지 않죠. 나 또한 그러한 식의 존엄성을 이해하지 못합니다. 지금 이 경우처럼 한 인간의 의지를 보호하지 못하고 무조건적으로 그의 반대편에 서는 존엄성이 그 무슨 존엄성일까요? **무분별한** 존엄성인가요? 전신마비와 암흑이라는 감옥에 갇힌 빈터 씨에게 그런 말은 **조롱**이나 다름없을 겁니다. 하지만 빈터 씨, 제 동료에게 자신의 종교적 신념에 반대되는 일을 하라고 요구하는 건 무리한 것 같습니다. 그것 또한 그에게는 일관성에 관련된 존엄성을 배반하는 행위가 될 테니까요.

베른하르트 알겠습니다. 최소한 개념적으로는 받아들일 수 있습니다. 하지만 그가 여전히 내 자유 결정권을 무시하고 있다는 사실에는 변함이 없군요. '당신의 개인적 존엄성은 내가 믿고 있는 신이 주신 존엄성에 비해 큰 가치가 없습니다.'라고 말하고 있으니까 말입니다. 이건 결코 사소한 문제가 아닙니다. 나는 이렇게 자문해봅니다. '저 사람은 자신이 저지르는 일을 **이해**하고 있을까? 꼼짝도 할 수 없다는 것, 앞으로도 절대로 몸을 움직일 수 없다는 것이 뭔지, 게다가 시력까지 잃어 이제 다시는 세상을 보지도 못하고 뭔가를 읽을 수도 없다는 게 뭔지 단 한 번이라도 진지하게 **상상**해본 적이 있을까? 그 무력감의 지옥이 얼마나 지독한지 확실히 알고 있을까? 신이 주신 존엄성이라는 게 있으니 당신의 고통이 얼마나 크든 내 생각을 바꾸지 못합니다,라는 그의 말이 어느 정도로 **가혹**한지 상상이나 할까?' 하고 말입니다.

첫 번째 의사 내가 가진 종교적 믿음을 제한할 수 있다고 해도 자신을 죽여달라는 부탁에 응할 수는 없습니다. 누군가의 의지가 최종적인 것인지 알 수 없기 때문입니다. 정말로 그 생각이 **확고**한가? 다시는 되돌릴 수 없다는 것을 **명확히** 인지하고 있는가? 그의 의지는 **진짜**인가?

타인의 영향이 개입되지 않은 그 사람 **자신의 생각**이라는 것이 명백한가? 자기기만에 의한 것은 아닌가?

베른하르트 만일 내가 법을 만드는 처지에 있다면 이 문제를 매우 오랜 기간 동안 검증하고 거듭 숙고하게 할 것을 주장할 겁니다! 이성적으로 생각했을 때 조금이라도 꺼림칙한 것이 있다면 그냥 지나치지 않을 것을요. 하지만 이것 아십니까? 사람이란 결국은 **스스로 깨닫게** 됩니다. 인생을 살면서 고비마다 여러 다른 결정을 내릴 때와 다르지 않습니다. 선생님은 이런 말을 할 수도 있겠죠. "빈터 씨, 당신은 며칠이 아니라 벌써 몇 주째 제게 똑같은 부탁을 하고 있습니다. 하지만 당신이 본인의 생각을 **정말로** 잘 이해하고 나서 하는 말씀인지 제가 무슨 수로 알 수 있을까요? 아무리 어둡고 부자유스러운 삶이지만 **실제로는** 조금이라도 매달리고 싶은 마음이 손톱만큼이라도 있을지 제가 어찌 알 수 있단 말입니까?" 만일 그런 말을 듣게 된다면 난 정신을 잃을 정도로 너무 화가 날 것 같습니다. 세심한 성인군자 같은 겉모습 속에 사실은 엄청난 자만심이 숨겨져 있으니까 말입니다! 벗어날 수 없는 절망 속에서 내린 내 최종적인 결정이 마치 거짓인 것처럼 취급하고 있으니까요!

두 번째 의사 그런데 당신의 죽음에 대한 의지라는 것이 **바뀔** 가망은 없는 겁니까? 항상 **가능성**이라는 것은 존재하지 않습니까?

베른하르트 이론적으로 볼 때, **모든** 의지는 바뀔 수 있습니다. 하지만 그렇다고 해서 본인의 의사로 존중하지 않을 수는 없는 겁니다. 만일 그런 이유로 누군가의 의사를 무시한다면 인간의 자기 결정권에 대한 존중이 **100퍼센트 무효화**되고, 따라서 그의 존엄성에 대한 존중도 모두 사라지게 됩니다.

두 번째 의사 좋습니다. 하지만 이 결정은 당신의 **맨 마지막** 결정인 겁니다!

베른하르트 마지막 결정이고 그 결정에 따른 결과를 되돌릴 수 없다는 사실은 그것이 내 스스로 내린 것이고 따라서 존중되어야 한다는 것에는 아무 영향도 미칠 수 없습니다. 그렇지 않을 경우 누군가의 생의 최종 결정은 최종이라는 **이유** 때문에 존중할 필요가 없다는 괴상한 결론이 날 수 있기 때문입니다.

첫 번째 의사 당신에 관련된 이야기이기 때문에 냉소적으로 들릴 수도 있겠지만, 정치적 책임이라는 면에서 한 가지 다른 이야기를 하려고 합니다. 살인 방조가 법적으로 허가된다면 마치 봇물이 터졌을 때처럼 건잡을 수 없게 될 수도 있습니다. 누군가에게 방해가 되거나 연명치료를 계속할 돈이 없을 때 당사자의 뜻이라고 하면서 그런 일을 요구할 수 있으니 말입니다.

베른하르트 봇물 터지는 일은 없을 겁니다. 봇물이 터진다는 은유는 자동적으로 다음 재앙을 불러일으키는 일에 사용되는 다른 은유들처럼, 이번 한 가지를 허락하면 다른 것들도 허락해야 한다는 뜻을 가지고 있습니다. 다시 말해, 이것 하나를 허가하면 다른 동일한 사례도 허가하지 못할 아무 이유를 대지 못하는 것을 뜻하죠. 하지만 여기 이 문제는 그렇지 않습니다. 조금 전에 내가 말했던 것처럼, 이 문제에 관해서 엄격한 기준을 제시하고 당사자의 의사가 정말 확실한지 다각도로 확인하는 과정이 꼭 필요합니다. 그의 의사가 자립적이고 진실하고 조종되지 않은 견지가 판단 기준이 됩니다. 검증을 담당하는 독립위원회를 설치해서 불순한 동기가 끼어들 여지가 없도록 하는 겁니다. 이러한 검증이 바로 새로운 둑 역할을 할 겁니다.

두 번째 의사 동료가 말하는 것은 이 주제에 관한 사고의 급작스러운 개방이라기보다는 악용의 여지가 급격히 밀려드는 현상에 대한 경고일 겁니다.

베른하르트 그러한 종류의 악용을 규명하고 방지할 수 있는 방법을 마련하면 됩니다. 게다가 악용의 여지가 있으니 제대로 적용되면 매우 효과적일 법을 아예 만들어선 안 된다, 하는 건 **절대** 말이 안 됩니다. 그런 생각은 결국 이런 말과 다름없지 않겠습니까? "솔직히 말해서 당신이 겪고 있는 괴로움을 보니 정말로 딱합니다. 하지만 당신의 청을 들어주고 싶어도 법이 없어서 불가능합니다. 악용당할 소지가 있다는 이유로 해당 법을 제정하지 못하고 있기 때문입니다." 선생님이 입장을 바꿔서 이런 말을 들어야 하는 처지가 되었다고 생각해보십시오. 피가 거꾸로 솟지 않겠습니까?

첫 번째 의사 일전에 병원에서도 이 주제에 대해 이야기가 나왔습니다만 누군가가 '안락사'니, '홀로코스트'니 하며 못마땅하다는 듯 중얼거리더군요.

베른하르트 그거야말로 어리석고 품위 없고 무책임한 헛소리군요. 황폐해진 정신세계의 증거라고 할까요. 파시즘적인 인간 말살 정책을 인간 자유의사의 존중과 구별하지 못하는 자가 의료진이라니요.

두 번째 의사 그런 실언은 사실 일고의 가치도 없습니다. 하지만 최근에 누군가에게 이런 말을 들었습니다. "그것은 의식적이고 고의적으로 죽이는 거 아닌가? 그렇다면 **살인**인데?" 또한 희망 없는 환자에게 타인의 손을 빌려 죽을 권리를 주는 데 이의를 제기하는 법관들도 종종 그런 식으로 이야기하고 있습니다.

베른하르트 그런 사람들에게는 국어사전을 던져줘야 합니다. **살인**이라는 것은 본인의 의지에 반해, 그리고 저열한 동기에 의해 사람을 죽이는 것인데 우리가 말하는 죽음에는 이 두 가지 모두가 없습니다. 게다가 맨 처음에 언급한 내용을 반복하자면, 사람들은 단어가 가진 힘에 쉽게 휩쓸린 나머지 사고해야 한다는 걸 종종 잊어버립니다.

첫 번째 의사 좋아요. 그럼 아까 말한 입장에서 백 보 후퇴해보겠습니다. 우리가 당신을 죽이는 것이, 아니, 당신의 표현을 빌리자면 당신의 삶을 끝내는 것이 당신의 의지라는 것을 십분 이해한다고 칩시다. 또한 그런 당신의 소망을 이해하지 못하는 사람은 인정도, 일말의 공감 능력도 결여된 사람이라는 것도 인정한다고 합시다. 한술 더 떠서 당신의 고통을 차마 더 이상 지켜볼 수 없는, 내 경우와는 달리 특정한 종교적 신념을 가지지 않은 누군가가 당신을 도와주려는 상황을 다 이해한다고 칩시다. 하지만 그렇더라도 나 자신은 절대로 맨 마지막 과정, 당신에게 독이 든 주사를 놓는 일을 손수 실행할 수 없습니다. 종교가 없다고 해도 차마 그 일만은 하지 못할 것 같습니다.

베른하르트 지금 내가 겪어야만 하는 엄청난 고통을 생각해볼 때 정말 내키지는 않지만 그래도 그건 이해해드려야 할 것 같습니다. 그 정도로 큰 감정의 저항을 이겨내라고 요구할 권리는 없으니까요. 하지만 그 저항감이 과연 얼마나 **앞뒤가 맞는 것인지** 의문이 드는군요. 선생님은 고통에 신음하는 사람에게서 고통을 경감하는 일에는 앞장설 것 아닙니까. 그것이 의사의 본분이니까요.

첫 번째 의사 그거야 **생명의 한도 내**에서 이루어지는 일이니까 그렇죠!

베른하르트 왜 꼭 그래야만 합니까? 생명 유지가 고통을 의미할 때도 그래야 합니까?

두 번째 의사 모든 것을 정지시키는 약물을 당신에게 주사한다는 상상에 의사인 나조차 깜짝 놀라곤 합니다. 과연 내가 이 사건 이후로도 살아갈 수 있을까, 하고 말입니다.

베른하르트 내 몸에 주삿바늘을 꽂은 후에 손잡이를 당겨야만 약물이 몸 안으로 흘러들어가도록 장치를 해놓았다고 가정해봅시다. 선생님은 합법적으로 주사만 설치하고 최종적으로 손잡이를 당기는 사람은 나 자신이라고 합시다. 그런데 문제는, 난 절대 **할 수가 없다**는 겁니다! 그럴 수가 없어요! 나는 선생님의 손이 필요합니다. 내가 내 의지를 실현할 수 있도록 선생님이 일종의 도구가 되어 나를 도와준다고 생각하면 안 되는 겁니까?

첫 번째 의사 그 뜻은 잘 알겠습니다. 하지만 손을 빌린다는 것은 당신의 관점에서 본 생각입니다. 그 손은 절대 **내 손**이 될 수 없습니다. 내 관점으로는 그것도 엄연한 행위의 하나입니다. 그리고 그 행위는…… 아니, 안 됩니다. 난 그런 일을 하고는 살아갈 수 없습니다.

베른하르트 선생님이 지금 이 침대에 몇 시간이고 앉아 있다고 상상해보십시오. 나는 제발 청을 들어달라고 간청하며 매달립니다. 선생님은 손잡이를 잡아당겨 달라는 제 청이 절실하며 진심이라는 것을 느낍니다. 그래도 거부하겠습니까?

첫 번째 의사 내가 상상할 수 있는 상황은 단 하나, 숨이 끊어진 당신을 눈앞에 두고 내가 그랬다, 하고 생각하는 상황입니다. 난 병실을 나가 버리고 말겠지요.

두 번째 의사 사람의 목숨을 끊어놓고 계속 전처럼 살아가는 건 내게도 상상하기 힘듭니다. 하지만 당신의 입장과 관점 안으로 들어가는 데 완벽하게 성공한다면, 누군가를 고통에서 벗어나게 했다고 바꾸어 생각할 수도 있겠지요. 예전에 근무하던 병원에 나이가 지긋한 환자가 있었습니다. 눈동자와 턱 부근의 근육 일부만을 제외하고 온몸이 마비된 환자였지요. 인공호흡기에 의지했으며 인공적으로 영양을 공급받았죠. 병원 측에서 턱에다가 센서를 장착해서 컴퓨터에 연결시켰습니다. 모니터에는 알파벳을 띄웠습니다. 원하는 알파벳이 나올 때마다 환자가 턱 근육을 미세하게 움직이는 방법으로 신호를 보냈습니다. 모니터는 점점 문장으로 채워지기 시작했습니다. 환자는 글을 썼던 것입니다. 그는 고트하르트 터널에 대한 책을 썼습니다. 그러기를 몇 년, 결국 책이 완성되었을 때 그는 이렇게 썼습니다. "이제 더는 못 하겠다. 화장해달라." 우리는 환자와 약속을 했었습니다. 그 문장을 읽게 되면 그대로 도와주겠다고 말입니다. 그날 밤, 그는 저절로 사망했습니다. 나는 그의 침대 앞에 오랫동안 서 있었습니다. 내가 직접 그 일을 하지 않아도 되었던 사실에 무척 안도했습니다. 하지만 만일 그렇지 않았다고 해도 나는 그의 뜻대로 했을 것입니다.

고인을 대할 때

우리는 죽은 사람의 존엄성도 그냥 지나치지 않는다. 죽은 사람은 어차피 모를 것이지만 우리는 이 문제를 다룰 때 고인이 중심에 선다는 것을 잊지 않는다. 살아 있는 우리도 고인의 존엄성과 전혀 무관하지 않다. 우리가 그 고인뿐 아니라 저세상으로 떠난 사람 모두에게 어떤 태도를 취하느냐에 달린 것이기 때문이다. 그런데 그 정도를 넘어서서 고인의 무언가를 지켜줘야 할 필요성을 느낀다. 그게 무엇일까?

고인은 그냥 육신이 아니다. 그는 우리와 사고와 감정을 교차시켰던 존재로서 인간관계를 맺었던 한 인간이었다. 육신은 허물어지고 존재하기를 멈출 것이다. 그런 이유로 우리는 그의 몸을 태워도 되는 것이다. 하지만 해서는 안 되는 것이 있다. 먹거나 판매하거나 육신에게 장난을 치는 행위다. 이러한 금지 사항들은 그 육신이 한때는 주체였다는 사실, 그리고 이용되거나 도구화되어서는 안 될 목적 자체로 존재했다는 사실과 연장선상에 있다.

또한 호기심 어린 눈길이나 말초 자극을 기대하는 심리로부터도 고인을 보호해야 한다. 사고를 당해 사망한 이의 시신을 덮어주는 것은 고인이 이런 모습을 보이고 싶어 하지 않을 거라는 추측 때문이다. 비록 고인은 느끼지 못할지언정 이런 행위는 은밀함에 대한 존중이라는 면으로서의 존엄성에 관여된다. 정론지나 정도를 걷는 언론 매체가 아무리 잔악한 독재자의 시신이라 할지라도 훼손된 시신의 사진을 공개하지 않는 것은 이런 이유에서다. 훼손된 시신의 모습은 과거 한 인간이었던 존재를 살과 뼈로 이루어진 단순한 물질의 조합으로 만들어버린다. 이것은 한 개인이 소멸하는 매우 잔인한 방법이다. 이 또한 그 누구도 자신의 그런 모습을 보이고 싶어 하지 않는다는 명제에서 출발한 것이다. 그러한 장면 앞에서 자연스럽게 고개를 돌리고 싶은 충동을 느끼는 것은 바로 이 때문이다. 시신으로 돈을 벌려고 하는 자에게는 비난과 경멸이 쏟아진다. 그들은 자신도 느끼지 못하는 사이에 고인의 존엄성을 훼손하고 있는 것이다.

고인의 시신이 보존되는 경우도 있다. 이것은 다른 사람들이 다시 한 번 그의 모습을 보며 명복을 빌어주게 하기 위해서이다. 망자의 시신을 가지고 장난을 치거나 웃음거리로 삼는 사람을 본다면 누구나 분노를 느낄 것이다. 베른하르트 빈터가 "나는 전시되고 싶지 않다."라고 말하는 경우이다. 그의 말은 이렇다. "내 상(狀)을 아직 품고는 있으나 이미 창백해지고 붕괴된 껍데기에 시선이 쏟아지는 것을 원치 않는다. 그저 잠자는 거라면 깨고 나서 그 시선에 대답할 수 있지만 그게 아니지 않은가. 죽은 내 육신을 전시하기 위해 **꾸미는** 것도 바라지 않는다." 어차피 죽은 당신은 모를 것 아닌가, 혹자는 이렇게 반문할 수도 있다. 베른하르트 빈터는 대답한다. "하지만 지금 생각해도 싫다." 베른하르트 빈터의 동료 하나는 자신이 죽는 모습을 교육 목적으로 촬영하도록 했다. 빈터는 외친다. "그 얼마나 **괴팍한** 생각인가! 내게는 그가 너무도 낯설고 이상한 사람이다."

우리가 고인의 존엄성을 보호할 때는 그의 존재가 깃들어 있던 육신만을 보호하는 것은 아니다. 고인이 남긴 것들을 정리하는 과정에서도 그에 대한 존중이 이루어진다. 하지만 이제 세상에 없는 사람과는 아무 관계가 성립되지 않는 것 아닌가, 혹자는 이렇게 말할 수도 있을 것이다. 그럼에도 불구하고 사후의 고인과의 관계에서 오는 감정은 매우 중요한 것이고 오래 지속된다. 고인의 삶을 이루었던 여러 요소에 대한 존중심이 그중 하나다. 그가 생전에 소망했던 것들을 그냥 지나치고 모든 것을 한꺼번에 쓰레기통에 던져버리는 행동은 존중심이 끝났다는 것을 의미한다. 사람이 죽었다고 해서 모두 다 끝나는 것은 아닐 것이다. 존중심의 종말은 살아 있는 우리 자신의 태도와 관련된 생각의 변화이며 우리가 예전에 고인에 대해 품었던 생각을 해친다. 타인의 죽음이 그에 대한 우리의 생각까지 변화시키는 이유가 되는 것은 아니며, 만일 생각이 변했다면 이 이유는 우리 안에 있는 것이 분명하다. 고인에 대한 관점이 실은 절대 불변도 아니고 확고하지도 않았으며 어쩌면 기만이나 거짓일지도 모른다는 것을 나타낸다.

고인을 오랫동안 기억하고 추모하는 것은 마치 아무 일도 없었던 것처럼, 고인이 아직 살아서 식사를 함께하는 것처럼 행동하는 것이 아니다. 절대 건드려서는 안 되는 일은 무조건적 숭배나 집착으로 변질되기 쉽다. 그렇다고 해도 고인의 일생을 이루었던 것들을 함부로 없애는 것도 옳지 않다. 또한 자기에게 유리한 쪽으로 이득을 취하는 데 이용해서도 안 된다. 살아생전에 자기가 쓴 원고를 없애지도 못했지만 그렇다고 출판되는 것도 원치 않는 작가들이 있다. 그럼에도 불구하고 그것을 읽고 싶어 하는 많은 독자들이 존재하고, 만일 출판하게 되면 돈방석에 올라앉을 가망이 크다. 그들은 '공공의 이익'을 내세우려고 할 것이다. 하지만 그것은 고인의 의지에 역행한다. 자기의 인생, 특히 자신이 어떤 사람이라는 것이 고스란히 나타나 있는 글과 삶의 드라마라는 중대한 문제에 있어서 독자적으로 살려고 했던 한 개인이 가지는 존엄성에 상반되는 것이다.

해서는 안 되는 일이 또 있다. 고인의 특정 비밀을 공개하거나 그의 돈을 유용하는 것이다. 우리는 그가 살아 있다고 상상한 상태에서 그에게 자신의 행위를 설득하거나 정당화한다고 가정하지 않으면 안 된다. 그런데 우리에게는 아무리 정당하게 보이는 일일지라도 고인이 이해하지 못하거나 인정하지 못할 거라고 추측된다면 어떻게 해야 할까? 예를 들면 괴로움이나 고통을 경감하는 일처럼 우리가 옳다고 철저히 확신할 수 있는 경우라면 어떨까? 살아 있는 이들에게 고인의 존엄성이 의존하는 경우, 그의 존엄성은 어떻게 되는 걸까?

고인의 죽음이 남아 있는 사람들에게 해방을 의미하는 경우라면? 그를 둘러싼 잡동사니와 폐물을 모두 버리게 되어 속 시원하다면? 마구잡이로 다 갖다 버리는 것과 그럼에도 불구하고 고인의 존엄성을 지켜주는 방법 사이에는 어떤 차이를 찾아볼 수 있을까? 쓰레기통으로 직행시키지 않고 그 물건들을 활용할 수 있는 누군가에게 넘겨주는 걸로 충분한가?

고인에 대한 우리의 존엄성은 고인이 자신의 삶의 논리에 순응하며 살아온 방식과 고인의 유지를 존중해주는 데에 있다. 고인에 대한 존경을 다른 사람들이 보는 가운데 표하는 것은 고인에 대한 존경이라기보다는 그것이 겉으로 드러나기 원하는 타인들의 기대에 부합하고자 하는 면이 더 크다. 또는 고인의 유지를 마음속에 새기며 조용히 혼자서 받드는 방법도 있다. 이때 고인에 대한 마음은 겉으로 드러나야 하는 여타 다른 종류의 존경심과는 성격이 다르다. 이것은 혼자 말고는 아무도 눈치채지 못하는 존경심이다. 그리고 자족의 성격을 띠기 때문에 본래의 의미에 충실한 존경심이라고 하겠다.

참고문헌

1. 독일어 인용 부분의 번역은 모두 옮긴이의 것이며, 한국어 판본이 있는 경우 해당 서지 사항을 병기했다.
2. 원문에 영어로 인용된 부분은 번역하지 않고 그대로 실었다.

서문

파괴 불가능한 권리로서의 인간 존엄성이 신에 대한 믿음에 뿌리를 둔 것이라고 보는 저서의 예로는 빌프리드 헤를레(Wilfried Härle)의《존엄성—인간의 위대함을 생각하며(Würde—Groß vom Menschen denken)》(뮌헨: 디더리히스, 2010)가 있다. 여기서 저자 헤를레는 이렇게 쓰고 있다. "존엄성에 대해 이야기할 때, '창조자에 대한 믿음보다 더 총체적이고 모든 것을 뒷받침하며 만인을 설득 가능한 논거는 존재하지 않을 것'이라는 이론은 신학과 존엄성의 비판자들도 이의를 제기하지 않으며, 가장 일반적으로 받아들여지고 있다. 신에 대한 믿음과 인간 존엄성 사이의 연관 관계는 매우 강력하여 이 두 가지가 서로의 존재 근거를 마련해주며, 한 가지가 사라지면 나머지 하나도 쉽게 소멸하거나 인생에서 모습을 감춘다." 그러나 믿음이 없는 사람들에게 이 말이 뜻하는 것은 '자신에게 스스로도 잘 이해하지 못하는 존엄성이 있다'는 뜻이 된다.

1장

존재 자체로 목적 되기

이것에 관해 널리 저명하게 알려진 사상은 이마누엘 칸트(Immanuel Kant)의 저작에서 볼 수 있다. 전형적인 부분을 인용하면 아래와 같다. "그러므로 나는 말한다. 인간을 비롯한 지성적 존재는 모두 스스로가 목적으로서(Zweck an sich selbst) 존재한다. 이런저런 의지를 만족시키는 임의의 쓰임새로서의 수단이 아닌, 스스로뿐 아니라 다른 지성적 존재를 향한 일체의 행위에 있어서 언제나 목적 자체로 취급되어야 한다."《윤리형이상학 정초(Grundlegung zur Metaphysik der Sitten)》 제2절. "인류 자체가 존엄이다. 인간은 수단이 아닌 언제나 그리고 동시에 목적으로 다뤄져야 하므로 바로 그 안에 인간의 존엄성이 있다……."《윤리형이상학(Metaphysik der Sitten)》 덕 이론 편.

백종현 옮김,《윤리형이상학 정초》, 아카넷, 2012.

백종현 옮김,《윤리형이상학》, 아카넷, 2012.

난쟁이 던지기 대회

이를 둘러싼 법적 분쟁은 1991년에서 1995년 사이에 있었다. 모르상쉬르오르주 시로부터 금지 처분을 받은 후 마뉘엘 바케나임이 본래 제소한 내용은 디스코텍에서 이 행사를 할 수 있도록 허가해달라는 것이었다. 2002년 7월에 내려진 유엔 인권위원회의 판결은 〈커뮤니케이션(Communication)〉 854호에 실렸다. 마뉘엘 바케나임은 난쟁이 던지기 게임의 금지는 사생활을 자유롭게 누릴 권리를 침해한다는 주장을 펼쳤다. 재판부는 이 권리에 제한 사항이 존재한다고 보았다. 재판부의 주장은 아래와 같다. "That limit ... is justified by higher considerations deriving from the respect due to the dignity of the human person."

로베르트 발저(Robert Walser), 《야콥 폰 군텐(Jakob von Gunten)》, 프랑크푸르트: 주어캄프, 1985.
홍길표 옮김, 《벤야멘타 하인학교—야콥 폰 군텐 이야기》, 문학동네, 2009.

도축장

내가 이 부분을 쓰고 있을 때 우연히도 미하엘 함페의 《퉁구스카》(뮌헨: 한저, 2011)를 접하게 되었다. 나는 도축장에 관해 그와 나의 견해가—심지어 문장의 구성까지도—얼마나 비슷한지 읽고 놀라지 않을 수 없었다.

조지 오웰(George Orwell), 《1984(Nineteen Eighty-Four)》, 런던: 펭귄 북스, 1954.
권진아 옮김, 《1984년》, 을유문화사, 2012.

빌헬름 폰 훔볼트(Wilhelm von Humboldt)

1792년에 쓰인 《국가 유효성의 한계 짓기에 대한 고찰(Ideen zu einem Versuch, die Grenzen der Wirksamkeit des Staats zu bestimmen)》에서 본문 인용.

환자의 의지를 거스를 수 있는 명분으로서 의사가 가진 양심의 자유
뮌헨의 주 대법원이 여호와의 증인인 환자가 수혈을 거부한 사건에 의사로서의 양심의 자유를 허용하는 판례를 남겼다. 판결문은 〈의료법〉 2003년 174호에서 읽을 수 있다. 도움을 준 베를린 훔볼트대학의 타티아나 회른레 씨에게 감사의 말씀을 드린다.

아서 밀러(Arthur Miller), 《세일즈맨의 죽음(Death of a Salesman)》, 펭귄클래식, 2000.
강유나 옮김, 《세일즈맨의 죽음》, 민음사, 2009.

내적 독립성에 대해서는 본인의 저서이며 '그라츠 강의 시리즈' 중 하나인 《어떻게 살 것인가?(Wie wollen wir leben?)》(레지덴츠 출판사, 2011)에서도 논의되었다. 의지와 결정에 관계하는 내적 독립성에 관한 내용은 역시 본인의 저서 《자유의 기술(Das Handwerk der Freiheit)》(한저 출판사, 2001)에서 다루고 있다.

자립성의 완전한 상실에 기인한 내적 검열의 외부 이동
지그문트 프로이트(Sigmund Freud), 《집단심리학과 자아분석(Massenpsychologie und Ich-Analyse)》(피셔 포켓판, 1993)에서 인용.
이상률 옮김, 《집단심리학과 자아분석》, 지도리출판사, 2013.

블라디미르 나보코프(Vladimir Nabokov), 《롤리타(Lolita)》, 빈티지, 1989.
《롤리타》에서 험버트 험버트는 이렇게 고백하고 있다. "나는 허약했고 나의 님프 소녀는 나를 손아귀에 사로잡아버렸다. 소녀가 인간적 동정심에 등을 돌리면 돌릴수록 나의 열정과 다정함, 고통은 점점 더 커져만 갔다. 그리고 그녀는 그걸 이용했다……. 하루에 3페니, 또는 니켈 세 닢을 벌 때에도 심드렁하기 짝이 없었고 파괴적이며 괴이하고 느릿느릿하고 천국 같은, 그러나 그것 없이는 단 며칠도 버틸 수 없는 독을 주지 않겠다고 으름장을 놓으며 잔인한 실랑이를 통해 나를 괴롭혔다. 자신의 보드라운 입이 가진 마력과 힘을 아는 그녀는 나의 특정한 부탁을 들어주는 대가로 3달러나 심지어 4달러까지도 보너스를 챙겼다."
김진준 옮김, 《롤리타》, 문학동네, 2013.

하인리히 만(Heinlich Mann), 《운라트 선생(Professor Unrat)》, 로로로, 1951.
모명숙 옮김, 《운라트 선생 또는 어느 폭군의 종말》, 지식을만드는지식, 2011.

알프레트 안더쉬(Alfred Andersch), 《붉은 머리의 여자(Die Rote)》, 발터: 올텐, 1960.
차경아 옮김, 《붉은 머리 여자》, 리을, 1991.

막스 프리쉬(Max Frisch), 《몬타우크(Montauk)》, 프랑크푸르트: 주어캄프, 1978, 2011.
이정린 옮김, 《몬타우크》, 고려대학교출판부, 2006.

2장

축소된 정신력과 소통 사이의 관계에 대해 더 알고 싶다면 스티븐 시퍼(Stephen Schiffer)의 《의미(Meaning)》(옥스퍼드대학출판부, 1973)와 파울 바츨라비크(Paul Watzlawick)의 《인간의 소통(Menschliche Kommunikation)》(베른: 후버, 1969)을 읽어볼 것을 권한다.

피프쇼에 대한 독일 연방 행정법원의 1981년 12월 15일 자 판결은 BVerwG, I C 232.79에 기록되어 있다.

암스테르담의 쇼윈도 여인들
이에 관해 존엄성에 대한 칸트의 또 다른 정의를 인용해보면, "목적의 왕국에서는 모든 것이 가치 아니면 존엄성, 이 두 가지 중 하나를 가진다. 가치를 가진 것은 동일한 가치를 지닌 대용물로 대치될 수 있다. 그에 반해 모든 가치를 넘어서는 것, 대용물을 허락하지 않는 것은 존엄성을 가진다."《윤리형이상학 정초》 제2절.

인정과 권위

둘 사이의 관계에 대해 레네 마이어(René Majers)의 저서《수치, 잘못 그리고 인정(Scham, Schuld und Anerkennung)》(베를린: 데 그루이터, 2013)에서 많은 도움을 받았다.

클로드 소테(Claude Sautet) 감독, 〈막스와 고철 장수(Max et les Ferrailleurs)〉(1971), 로미 슈나이더, 미셸 피콜리 주연.

3장

타인의 시선이 우리를 어떻게 만드는가

이 주제에 관해서는 장폴 사르트르(Jean-Paul Sartre)의《존재와 무(L'Être et le Néant)》(파리: 갈리마르 출판사, 1943)에서 매우 명쾌하고 인상적으로 다뤄졌다. 본문과 관련된 부분은 3부 1장 4절 '시선'에 나온다.

정소성 옮김, 《존재와 무》, 동서문화사, 2009.

퍼 페터슨(Per Petterson), 《시간의 흐름을 저주한다(Ich verfluche den Fluß der Zeit)》, 한저 출판사, 2009.

수치심과 내적 권위의 상실 간의 관계에 대해

앞서 말한 레네 마이어의 저서《수치, 잘못 그리고 인정》에서 많은 힌트를 얻었고 수치심에 대해 전반적으로 명쾌한 설명을 주는 저서로는 K. 쉬타우프(K. Schüttauf), E. K. 슈페히트(Specht), G. 바헨하우젠(G. Wachenhausen) 공저의 《수치의 드라마(Das Drama der Scham)》(괴팅겐: 판덴회크, 2003)가 있다.

폭로에 대한 공포가 현재의 경험을 왜곡시키는 것에 대한 이야기는 나의 소설《페를만의 침묵(Perlmanns Schweigen)》(뮌헨: 알브레히트 크나우스, 1995)에서 다루었다.

필립 클로델(Philippe Claudel),《열쇠 소리(Le Bruit des Trousseaux)》, 파리: 스톡 출판사, 2001.

크리스타 볼프(Christa Wolf),《천사의 도시(Stadt der Engel)》, 프랑크푸르트: 주어캄프, 2010.

막스 프리쉬(Max Frisch),《세 번째 일기를 위한 원고(Entwürfe zu einem dritten Tagebuch)》, 프랑크푸르트: 주어캄프, 2010.

버나드 라운(Bernard Lown),《잃어버린 치유의 예술을 찾아서(The Lost Art of Healing: Practicing Compassion in Medicine)》, 밸런타인 북스, 1999.
서정돈·이희원 옮김,《잃어버린 치유의 예술을 찾아서》, 몸과마음, 2003.

에드워드 올비(Edward Albee),《누가 버지니아 울프를 두려워하랴(Who's afraid of Virginia Woolf?)》, 런던: 펭귄, 1962.
강유나 옮김,《누가 버지니아 울프를 두려워하랴》, 민음사, 2010.

4장

에마뉘엘 카레르(Emmanuel Carrère),《적(L'Adversaire)》, 갈리마르 출판사, 2002.
이 책에서는 본문 2장에서 다룬, 친밀하고 연대적 관계에서 거리를 둔 관계로 변화하는 한 예를 살펴볼 수 있다. 로망의 친구들이 그의 사기와 살인 행각에 대해 알게 되었을 때의 이야기다. "밤늦은 시각, 친구들 사이에서 장클로드의 이야기가 나왔다. 그들은 그의 이름을 차마 입 밖에 내지 못했고 로망이라고 성(姓)으로 부르지도 않았다. 그는 삶에서도 죽음에서도 벗어나 있었고 이제 이름 같은 건 없었다."

유진 오닐(Eugene O'Neill), 《밤으로의 긴 여로(Long Day's Journey into Night)》, 예일대학출판부, 1955.
강유나 옮김, 《밤으로의 긴 여로》, 열린책들, 2010.

어리석은 허언

해리 G. 프랭크퍼트(Harry G. Frankfurt)는 에세이집 《우리가 관심을 갖는 것의 중요성(The Importance of what we care about)》(케임브리지대학출판부, 1988)에서 아래와 같은 의미심장한 구절을 남겼다. "It is just this lack of connection to a concern with truth—this indifference to how things really are—that I regard as of the essence of bullshit."

5장

프리드리히 뒤렌마트(Friedrich Dürrenmatt), 《노부인의 방문(Der Besuch der alten Dame》, 디오게네스 출판사, 1999.
김혜숙 옮김, 〈노부인의 방문〉, 《뒤렌마트 희곡선》, 민음사, 2011.

윌리엄 스타이런(William Styron), 《소피의 선택(Sophie's Choice)》, 런던: 빈티지 북스, 2000.
한정아 옮김, 《소피의 선택 1·2》, 민음사, 2008.

조지프 콘래드(Joseph Conrad), 《로드 짐(Lord Jim)》, 펭귄클래식, 2000.
이상옥 옮김, 《로드 짐 1·2》, 민음사, 2005.

프리드리히 뒤렌마트, 《약속(Das Vesprechen)》, 디오게네스 출판사, 1996.
차경아 옮김, 《약속》, 문예출판사, 2002.

번스타인(Leonard Bernstein)
번스타인의 일화는 험프리 버턴이 집필한 전기에 등장한다. 로이 해리스는 번스타인에게 이름을 바꿔보라고 권했다. 번스타인은 한 편지에 이렇게 썼다. "해리스는 매우 친절했다. (…) 그는 내게 이름을 바꾸는 게 좋겠다고 진심으로 권했다. 바꾼다면 로이 해리스같이 영미식 이름이지 뭐겠는가. 내 이름을 그대로 쓴다면 외국인 예술가에 대한 무조건적인 환영에 대한 반감의 물결 한가운데로 떠오를 것이라고 했다. 그리고 이 물결은 앞으로 20년간은 변함없이 지속될 것이라고 내다보았다." 험프리 버턴(Humphrey Burton), 《레너드 번스타인(Leonard Bernstein)》, 더블데이, 1994.

6장

존 버넘 슈워츠(John Burnham Schwarz), 《내 생애 가장 슬픈 오후(Reservation Road)》, 빈티지, 1999.
김원옥 옮김, 《내 생애 가장 슬픈 오후》, 랜덤하우스코리아, 2007.

로만 프리스터(Roman Frister), 《납작모자 혹은 목숨의 대가(Die Mütze oder der Preis des Lebens)》, 베를린: 지들러 출판사, 1997.

독일 연방헌법재판소의 판결문은 2006년 2월 15일 자 법원의 언론 보도자료에서 읽을 수 있다. 재판부의 판결 요지를 다른 말로 하자면 이렇다. "국가는 인간을 서로 교환할 수 없다. 인간을 수량적으로 측정 가능한 대상, 따라서 대체가 가능하도록 만들 위험이 있기 때문이다." 이것은 또한 칸트의 정신에 입각한 것이기도 하다.

7장

헨리크 입센(Henrik Ibsen), 《인형의 집(Ein Puppenheim; 원제 Et Dukkehjem)》, 프

랑크푸르트: 아우토렌 출판사, 2006.
안미란 옮김, 《인형의 집》, 민음사, 2010.

고트프리트 켈러(Gottfried Keller), 〈마을의 로미오와 줄리엣(Romeo und Julia auf dem Dorfe)〉, 《젤트빌라 사람들》, 빌헬름 골드만 출판사, 1981.
권선형 옮김, 〈마을의 로미오와 줄리엣〉, 《젤트빌라 사람들》, 창비, 2014.

프란츠 카프카(Franz Kafka), 《일기 1910~1923(Tagebücher 1910-1923)》, S. 피셔 출판사, 1967.

8장

세네카(Seneca)
본문의 내용은 서간집 제8집, 루실리우스에게 보내는 70번째 서한에 등장한다.

죽음이라는 주제에 관해 나는 다음 두 책에서 많은 것을 배웠다.
미하엘 데 리더(Michael de Ridder), 《우리는 어떻게 죽고 싶은가?(Wie wollen wir sterben?)》, 판테온 출판사, 2011.
이수영 옮김, 《우리는 어떻게 죽고 싶은가?》, 학고재, 2011.
H. 크리스토프 뮐러 부쉬(H. Christof Müller-Busch), 《이별에는 시간이 필요하다(Abschied braucht Zeit)》, 주어캄프, 2012.

우리 모두의 존엄을 위해서

이 책은 스위스 태생의 저명한 철학자이자 소설가 페터 비에리(Peter Bieri)가 쓴 *Eine Art zu leben: Über die Vielfalt menschlicher Würde*를 우리말로 옮긴 것이다.

저자는 하이델베르크 대학 철학부에서 박사학위를 취득하고 버클리 대학, 하버드 대학, 베를린 자유대학 등 여러 곳에서 연구 활동을 했으며 마그데부르크 대학의 철학사 교수직을 역임한 후 베를린 자유대학에서 언어철학 교수로 있었다. 후에 관료적인 대학 정책에 반대하여 사임하고 저술과 창작 활동에 집중하고 있다. 철학뿐만 아니라 문학에서 그가 독일어권 문학지도에서 차지하는 비중은 크다. 파스칼 메르시에(Pascal Mercier)라는 운치 있고 리듬감 있는 필명으로《레아》,《페를만의 침묵》,《피아노 조율사》,《리스본행 야간열차》등 여러 권의 소설을 발표했는데 그중《리스본행 야간열차》는 국내에서도 책으로 나오고 제레미 아이언스 주연으로 영화로도 만들어졌다. 통찰력 있는 아름다운 대사들이 리스본의 아름답고 여유로운 풍광과 조화를 이루며 치유와 일탈의 기쁨을 동시에 선사한다.

몇 해 전, 이라크에 있는 정치범 수용소에서 찍은 한 사진이 알려지면서 세상이 경악으로 들끓었던 사건이 있었다. 미군이 이라크인 수감자들을 발가벗기고 끝이 뾰족한 두건을 씌운 채 인간 피라미드를 쌓게 한 뒤 그 뒤에서 포즈를 취하는 사진이었다. 문제는 미군들의 표정이었다. 그들은 기분 좋게 웃고 있었다. 차라리 총부리를 겨누고 있었다거나 화를 내거나 심각하게 굳은 표정이었더라면 보는 사람의 충격이 덜했을지도 모른다. 사진을 본 사람은 누구나 미군의 행위보다 그들의 태도에 더 크게 놀랐다. 뭔가가 심각하게 잘못되었다. 마음이 불편하고 분노가 치민다. 그런데 그 이유는 정확하게 어디에 있는가? 이 책에서는 이를 인간 존엄성의 문제와 연결 지어 생각하고 있다.

존엄성은 많은 학자들과 신학자들의 연구 대상이었다. 그리스 법철학에서 이야기하는 인간 평등에 뿌리를 둔 존엄성, 신학에서 신이 인류에게 부여했다는 신성한 존엄성, 국가나 공공의 이익과 개인의 존엄성과의 균형, 인권과 존엄성과의 상관관계, 심지어는 동물의 존엄성에 이르기까지 다양한 사고와 저술이 진행되어왔다. 그런데 이 책《삶의 격》은 조금 다르다. 저자 비에리는 의식적으로 존엄성의 정의에 대한 논의나 역사, 철학적 배경을 제외한 채 곧바로 하고 싶은 이야기로 들어간다. 그가 독자에게 하고자 하는 이야기는 존엄성이란 하늘에서 뚝 떨어지거나 누군가(신적 존재)가 인류에게 선사하거나 철학책에서만 존재하는 개념이 아니라 인간이라면 어느 누구나 살아가면서 매 순간 맞부딪치게 되는 문제이며 스스로 선택하는 삶의 방식이라는 것이다. 여태까지 인간의 존엄성은 신이 부여한 인간의 특성으로 보는 의견이 많았다. 그런 관점이 가진 문제는, 존엄성이 매우 추상적인 것으로 남아 있게 된다는 사실이다. 다들 신성하다고는 하는데 나는 그것을 도저히 체험할 수도 없고 파악할 수도 없다. "살다 보면 정말로 중요한 결정을 내거나 중대한 사안을 맞이해야 할 순간이 오는데 그런 상황에서 의외로 머릿속에 존엄성이란 것이 큰 역할을 할 때가 많다. 그것이 정확히 무엇인지 이해하기 위해서 오랫동안 삶의 여러 순간마다 떠오르는 생각을 정리했고 존엄성의 경험을 한눈에 볼 수 있는 지도를 그려내기에 이르렀다." 저자가 이 책을 집필하게 된 동기다.

타인이 나를 어떻게 대하는가? 내가 타인을 어떻게 대하는가? 나는 나를 어떻게 대하는가? 이 세 가지 큰 관점에서 출발하면서 문학이나 영화의 장면들, 또는 저자가 상상하는 여러 삶의 상황들을 예로 들어 독자가 자신의 처지를 대입해 풀어나갈 수 있도록 이끌고 있다. 너무 거창한 개념이라서 관심조차 가질 수 없었던 주제를 삶의 영역으로 밀어 넣은 이 책에서 독자는 깨달을 수 있지 않을까. 존엄성은 생산적으로 어울려 사는 삶의 한 방식이고 각 개인들이 서로를 이끌어주고 서로에게 길을 터주는 것일 뿐만 아니라 굴욕감이나 모욕을 주지 않고서도 잘못된 점을 고쳐주고 때로는 상대방을 거부할 수도 있는 방법이라는 것을.

옮긴이는 이 책을 읽으면서, 또 읽고 난 후 생각의 지평선이 한층 넓어진 느낌이다. 답답하던 시야가 좀 더 트였다. 인간관계에서 어렵거나 까다로운 문제점이 생겼을 때 잡을 수 있는 든든한 지지대 하나가 더 생겼다고나 할까. 지금 내가 내리는 이 결정, 지금 내가 저 사람을 대하는 태도가 과연 타인과 나의 존엄을 지키는 결정인가 하고 되묻는다. 존엄성은 결국 인간을 위한 것 이상도 이하도 아니다.

'서술적으로 철학하기'라는 철학적 표현의 새로운 형태를 창조했다는 평을 듣는 비에리의 말을 인용해본다. "처음에는 탁자가 두 개 있었습니다. 하나는 철학과 학생의 공부 책상이었죠. 거기에는 칸트의 《순수이성비판》이 놓여 있었습니다. 다른 하나는 침대 머리맡 옆에 놓는 작은 탁자였습니다. 그리고 그 위에는 막스 프리쉬가 있었지요. 세월이 흐르면서 두 탁자의 위치는 점점 가까워졌습니다. 사고를 조망하는 것과 그것을 설명으로 풀어놓아 구체화시키는 것, 이 두 가지를 단단히 연결시키고 한 가지가 나머지 한 가지를 통해 계속 발전하도록 만드는 능력을 펼칠 수 있어서 얼마나 행복한지 모릅니다."

2014년 10월

문항심

삶의 격
존엄성을 지키며 살아가는 방법

1판 1쇄 발행 2014년 10월 29일
1판 25쇄 발행 2024년 12월 9일

지은이 · 페터 비에리
옮긴이 · 문항심
펴낸이 · 주연선

책임편집 · 심하은
편집 · 이진희 백다흠 강건모 이경란 오가진 윤이든
디자인 · 김현우 김서영 임지현
마케팅 · 장병수 김한밀 정재은
관리 · 김두만 구진아 유효정

(주)은행나무
04035 서울특별시 마포구 양화로11길 54
전화 · 02)3143-0651~3 | 팩스 · 02)3143-0654
신고번호 · 제 1997-000168호(1997. 12. 12)
www.ehbook.co.kr
ehbook@ehbook.co.kr

ISBN 978-89-5660-807-5 03100